Michaela Glöckler

ELTERNSPRECHSTUNDE

Im Gedenken an
Wilma Leimann,
Maria Hahn
und
Rosemarie Bütow

Michaela Glöckler

ELTERN-SPRECHSTUNDE

Erziehung aus Verantwortung

Schicksalsfragen
Entwicklungsstufen
Alleinerziehende
Unruhe – Angst – Aggressivität
Behinderungen
Erziehung zur Liebefähigkeit

Urachhaus

Zur Autorin

Dr. med. Michaela Glöckler, geb. von Kügelgen. 1946 in Stuttgart geboren. Besuch der Freien Waldorfschule bis zum Abitur. Studium der Germanistik und Geschichte in Freiburg und Heidelberg. Zahlreiche freiwillige Praktika an Waldorfschulen während der Semesterferien. 1971 Staatsexamen für das Lehramt an Unter- und Mittelstufen der Gymnasien. 1972 bis 1978 Studium der Medizin in Tübingen und Marburg als Stipendiatin der Studienstiftung des deutschen Volkes. Weiterbildung zum Kinderarzt am Gemeinschaftskrankenhaus in Herdecke und an der Universitäts-Kinderklinik in Bochum. Seit 1984 Weiterarbeit in der Kinderambulanz am Gemeinschaftskrankenhaus in Herdecke und schulärztliche Tätigkeit in der Rudolf-Steiner-Schule in Witten. Seit Ostern 1988 Leitung der Medizinischen Sektion am Goetheanum, Freie Hochschule für Geisteswissenschaften in Dornach/Schweiz.

5. Auflage 1999

© 1999 Verlag Freies Geistesleben & Urachhaus Gmbh, Stuttgart.

© 1989 Verlag Urachhaus Johannes M. Mayer Gmbh, Stuttgart.

Umschlaggestaltung: Rudolf P. Gorbach, Gauting-Buchendorf.

Satz und Druck: Offizin Chr. Scheufele, Stuttgart.

Inhalt

Geleitwort

Zum »Jahr des Kindes 1979« fand in Stuttgart eine große Elterntagung statt über »Die Würde des Kindes«. Michaela Glöckler hatte zusammen mit einem anderen Arzt eine Arbeitsgruppe über Kinderkrankheiten übernommen, in der auch Eltern und eine Krankenschwester aus Herdecke anwesend waren. Diese fragten mich, ob man nicht Elternberatung im Stil dieser Arbeitsgruppe auch am Gemeinschaftskrankenhaus in Herdecke durchführen könne. Der Bedarf an einer medizinisch-pädagogischen Elternberatung speziell im Umkreis der Kinderambulanz war groß, und so freute ich mich, daß Michaela Glöckler als Assistenzärztin der Kinderabteilung bereit war, diese Aufgabe zu übernehmen. Seit dieser Zeit finden in etwa vierwöchentlichen Abständen sehr gut besuchte öffentliche Elternabende statt. Nach einem einführenden Vortrag folgt eine längere Aussprache. Am Schluß schlagen die Zuhörer Themen für den nächsten Abend vor und stimmen gemeinsam darüber ab, welches gelten soll. Dadurch ist über die Jahre hin eine persönlich-menschliche Beziehung zwischen Referentin und Zuhörern entstanden.

Mit großer Freude habe ich diese Abende begleitet. Das Wesentliche daran scheinen mir die gemeinsamen Erkenntnisbemühungen zu sein, die angeregt werden. Begeisternd wirken sie immer dann, wenn sich für das eigene Leben neue Perspektiven ergeben. Nicht ein fertiges Ergebnis darf erwartet werden, sondern: ein Problem anders sehen zu lernen, es zu durchdringen, anzunehmen und sich selbst besser kennenzulernen. Erkenntnishilfen aus der Anthroposophie erweisen sich dabei als unmittelbar lebensnah und praktisch. Auch leuchtet durch die Ausführungen ein neues christliches Welt- und Menschenverständnis hindurch.

Viele Zuhörer blicken dankbar auf diese Abende zurück und auf das, was in ihrem Leben dadurch in Bewegung gebracht worden ist.

Ich wünsche diesen Vortrags- und Gesprächsaufzeichnungen, daß sie auch in der Buchform als Anregung zur eigenen Urteilsbildung dienen und hilfreich werden können, so wie es die Elternabende von Michaela Glöckler zweifellos sind.

Herdecke, im Sommer 1989   *Wolfgang Goebel*
Kinderarzt am
Gemeinschaftkrankenhaus
Herdecke / Ruhr

Vorwort

Dieses Buch verdankt seine Entstehung einer Gruppe von Eltern, die in der Patienten-Initiative am Gemeinschaftskrankenhaus Herdecke tätig sind. Sie haben seit einigen Jahren von den dort stattfindenden Elternberatungsabenden nach Tonbandaufzeichnungen Manuskripte angefertigt, mit dem Ziel, diese den Teilnehmern als Erinnerungshilfe mit nach Hause geben zu können.

Als nun Roswitha von dem Borne vom Verlag Urachhaus fragte, ob die so entstandenen Manuskripte nicht in Buchform erscheinen könnten, stand ich vor der Frage: Ist das in diesem Elternkreis eher persönlich Vorgebrachte auch für eine breitere Öffentlichkeit geeignet? Stehen die zum Teil doch recht heiklen Fragen und der Versuch, sie zu beantworten, nicht etwas ungeschützt da? Denn auch wenn die Manuskripte stilistisch überarbeitet wurden, haftet ihnen der Charakter des freien mündlichen Vortrags noch deutlich an und wurde bei den teilweise mitaufgenommenen Gesprächsbeiträgen aus dem Teilnehmerkreis kaum verändert.

Eine daraufhin vorgenommene Umfrage ergab eine überwiegende Zustimmung. Und so hoffe ich nun, daß diese Ausführungen überall da nützlich sein können, wo die angesprochenen Probleme aktuell sind. Sie seien dabei als Orientierungsmöglichkeiten genommen, als Anregungen für eigene Überlegungen. Es entspricht dieses auch einem methodischen Anliegen der Anthroposophie Rudolf Steiners: keine fertigen Anschauungen zu vermitteln oder bloße Rezepte für dieses und jenes. Vielmehr Wege aufzuzeigen, auf denen jeder lernen kann, selbständig an einer befriedigenden Selbst- und Welterkenntnis zu arbeiten.

Herzlich danken möchte ich der Herdecker Elterngruppe für ihre nun schon zehnjährige Mithilfe bei den Elternabenden und für die enorme Arbeit, die sie für das Erstellen der Vortragsmanuskripte aufgewendet hat. Ebenso gilt mein Dank Roswitha von dem Borne, die die Manuskripte redaktionell bearbeitet und das Buch dadurch auf den Weg gebracht hat. Dank sei auch Gisela Goebel, die das Manuskript vor der Drucklegung noch einer kritischen Durchsicht unterworfen hat, und meiner Mitarbeiterin in der Medizinischen Sektion am Goetheanum, Ruth Andrea, die die Schreibarbeiten zuverlässigst besorgte.

Arlesheim, September 1989   *Michaela Glöckler*

Der Vater in der Erziehung

Menschsein als Mann, Frau und Kind

> *Der Sohn*
>
> *Ich erwarte den Vater vom Feld.*
> *Er hat mir versprochen, den Drachen*
> *zu flicken…*
>
> Wolfdietrich Schnurre

Um herauszuarbeiten, welche Bedeutung der Vater für die Erziehung hat, sei zunächst der Blick auf dasjenige gelenkt, was zwischen Vater und Mutter steht: das *Kind.* Es ist weder Mann noch Frau, und bis zur siebten Schwangerschaftswoche zeigt der Embryo noch die Anlagen für die Fortpflanzungsorgane beiderlei Geschlechts. Danach geschieht die Rückbildung der Fortpflanzungsorgane des jeweils anderen Geschlechts. Erst jetzt beginnt die geschlechtsbestimmende Wirksamkeit der entsprechenden Geschlechtschromosomen: Die Fortpflanzungsorgane werden angelegt und verbleiben in einem funktionellen Ruhestadium bis zur Vorpubertät, ab welcher sich dann ihre eigentliche Entwicklung bis zur vollen Funktionstüchtigkeit vollzieht. Das Kind vor dem neunten Lebensjahr hat noch wenig von geschlechtsspezifischem Charakter in leiblicher und seelischer Hinsicht an sich – es ist in erster Linie Kind und lebt in diesem Zwischenbereich des rein Menschlichen.

Wer zu sehr auf die geschlechtliche Disponierung und die mit dem »Kinderkriegen« verbundene Rollenverteilung blickt, verliert das eigentlich Zentralmenschliche leicht aus den Augen. Daß dieses als ein Mangel empfunden wird, zeigt sich daran, daß heute immer mehr von »Selbstverwirklichung« gesprochen wird und gerade nicht in erster Linie von »Mann-Verwirklichung« oder »Frau-Verwirklichung«. Wir spüren, daß dieses »Selbst«, das sich durch eine männliche oder eine weibliche Konstitution äußert, nach einem neuen, mehr unabhängigen Selbstbewußtsein strebt. Eine gute Voraussetzung hierfür ist, die Kinder in erster Linie zum Menschsein zu erziehen und nicht zu einem rollenspezifischen Verhalten. Eine junge Frau erzählte mir einmal, daß sie erst während des Studiums, am Beginn ihrer zwanziger Jahre, realisiert habe, daß es viele Männer gibt, die in ihr in erster Linie die Frau und nicht den Menschen sehen. Sie war von ihren Eltern so erzogen worden, daß das »Mädchensein« nie eine besondere Rolle gespielt hatte. Daher fühlte sie sich im Umgang mit Männern und Frauen in gleicher Weise frei und wunderte sich, warum andere es im Umgang miteinander nicht so leicht hatten.

Die Art und Weise, wie Mutter und Vater ihre Aufgabe dem Kind gegenüber erfüllen, hat einen deutlichen Einfluß auf das spätere Sozialverhalten. Dabei spielt sowohl die Verschiedenheit der beiden als auch deren gemeinsame Orientierung eine wichtige Rolle.

Zur Aufgabe des Vaters

Vater sein ist ein biologisches, seelisches und geistiges Phänomen. Diese drei Aspekte des Väterlichen fallen nicht immer zusammen – weder zeitlich noch räumlich. Es gibt Väter, bei denen sich die Rolle des Väterlichen im Biologischen erschöpft. Andere wiederum haben mit dem Biologischen gar nichts zu tun, weil sie nicht die leiblichen Väter sind, und sie erfüllen trotzdem voll ihre seelische Vaterschaft. Darüber hinaus gibt es eine geistige Dimension, von der man zwar den Eindruck hat, daß sie heute noch eine geringe Rolle spielt, die aber dennoch eine wesentliche Komponente des Vaterseins ist.

Es sei jetzt einmal von der Situation ausgegangen, in der sich diese drei Möglichkeiten in einer Person vereinigen – das heißt, von einer Situation, in der eine Beziehung zwischen Vater und Mutter herrscht, wo beide in voller Verbindlichkeit und gegenseitiger Zuneigung sich auf ein Kind freuen und dieses Kind dann eines Tages auch haben. Da zeigt sich zunächst in den ersten Jahren die Bedeutung des Vaters für die Erziehung des Säuglings und des Kleinkindes noch stark in Anlehnung an seine biologische Rolle. In biologischer Hinsicht ist der Vater derjenige, der zwar den Anstoß zur Schwangerschaft gibt, diese jedoch nicht auszutragen hat. Durch die Tatsache, daß er weder zum Austragen des Kindes noch zur Milchbildung befähigt ist, ist er körperlich ungebunden und frei, diesem ganzen Prozeß mehr von außen zuzuschauen.

Diese gleichsam naturgegebene Rolle des Vaters entspricht dem, was Mutter und Kind insbesondere in der ersten Zeit am meisten brauchen: die Gegenwart, Hilfe und Anteilnahme des Vaters. Kann sich der Vater dieser Möglichkeit bewußt werden, die ihm in Form von liebevoller Anteilnahme und Wahrnehmung von Mutter und Kind gegeben ist, so ist dieses eine entscheidende Voraussetzung für das Gedeihen der Familie. Die Mutter spürt, ob der Vater sie im Bewußtsein hat oder nicht, und ob er innerlich Anteil nimmt. Und das Kind erlebt das durch seine enge Beziehung zur Mutter ebenfalls. Dabei spielt der Beruf keine große Rolle: Der Vater kann als Diplomat beispielsweise monatelang von zu Hause fortsein, er kann als Vertreter in der Wirtschaft ein reiner »Wochenend-Papa« sein, er kann in einem Restaurant tätig sein und morgens lange ausschlafen, um am Spätvormittag schon wieder zu verschwinden – ganz unabhängig von der Häufigkeit seiner äußeren Abwesenheit spürt die Mutter den Grad seiner inneren Beteiligung an ihr und dem Kind. Hier kommt es nicht auf viele Worte an – vielmehr darauf, ob er seine Freude an dem Kind und seinen Wahrnehmungen Ausdruck verleihen kann oder nicht.

Dieses Wahrnehmen ist eigentlich die wichtigste Aufgabe des Vaters in der ersten Zeit. Da wird etwas vom Väterlichen geleistet, das in vielen großen Biographien rückblickend mit Dankbarkeit ausgesprochen wird. Besonders schön hat das Jacques Lusseyran in seiner Autobiographie geschildert. Das, was er als das Glück seiner Kindheit empfunden hat, war dieses Gefühl, getragen zu sein von dem elterlichen Bewußtsein. »Meine Eltern – das war Schutz, Vertrauen, Wärme. Wenn ich an meine Kindheit denke, spüre ich noch heute das Gefühl der Wärme über mir, hinter mir und um mich, dieses wunderbare Gefühl, noch nicht auf eigene Rechnung zu leben, sondern sich ganz, mit Leib und Seele, auf andere zu stützen, welche einem die Last abnehmen.« Dieses Empfinden, in der Wärme zu leben, ist das Erlebnis der Anwesenheit des liebevoll wahrnehmenden Bewußtseins.

Was hat nun ein Kind von einem Vater, der fast nie da ist? Den es wohl hin und wieder sieht, aber was ist mit der übrigen Zeit? Da ist es entscheidend, wie stark die Mutter innerlich dem Vater verbunden ist. Wenn die Mutter spürt, daß der Vater sie wahrnimmt, innerlich mitnimmt, so erlebt das Kind dieses als Gefühl der Harmonie und der Dankbarkeit. Kommt hinzu, daß die Mutter gegenüber ihrem Säugling oder ihrem Kleinkind im Laufe des Tages immer wieder auch den Vater erwähnt und von ihm spricht und ihn in den Ablauf des Tages miteinbezieht, so ist der Vater anwesend, auch wenn er abwesend ist, und das Kind empfindet seine Nähe. Auch wenn die Mutter dem schon etwas älteren Kind viel vom Vater erzählt: »Weißt du, was der Papa jetzt macht? Weiß du, wo der Papa jetzt ist? Jetzt kaufen wir dies für den Papa, jetzt machen wir für den Papa sein Bett –«, so fühlt das Kind den Vater in alles miteinbezogen.

Eine Frau erzählte mir einmal eine entsprechende Kindheitserinnerung. Ihr Vater war Lehrer und in verschiedenen sozialen Zusammenhängen sehr engagiert und selten zu Hause. Morgens und abends sah man ihn selten, zum Mittagessen jedoch häufiger. Es waren mehrere Geschwister zu Hause, und sie erinnerte sich noch genau an ihre Mutter, die, wenn sie wußte, daß der Vater zum Mittagessen nach Hause kommen würde, die Kinder ausschickte, um zu schauen, ob er schon käme. Wenn er sich dann in der Ferne zeigte, rannte die kleine Mannschaft los, ihm entgegen, und das laute »er kommt«, mit dem die Kinder das Haus verließen, signalisierte der Mutter, daß es nun an der Zeit war, das Essen noch einmal warm zu machen. Wie anders ist so ein Nachhausekommen, als wenn die Mutter sauer in der Küche steht, weil der Ehemann schon wieder zu spät zum Essen kommt und ja ohnehin fast nie da ist und sich viel zu wenig für die Kinder interessiert und am Familienleben kaum mehr Anteil nimmt...! Wie anders, wenn statt dessen in freudiger Atmosphäre ein gemeinsames Essen stattfinden kann, bei dem die Eltern sich gegenseitig die Vorkommnisse des Tages erzählen, wichtige Mitteilungen machen über dieses und jenes und noch verabreden, wie es am Abend und wie es morgen sein wird. Nichts ist für Kinder so wichtig, als das Interesse zu erleben, das die Eltern aneinander haben.

Diese Art der Vaterschaft, die das Kind in der Form erlebt, wie die Mutter mit ihm verbunden ist und wie sie sein Leben akzeptieren und mittragen kann und ihn liebhaben kann – sie erhält sich in dieser Weise etwa bis zum ersten Schulalter. Dann wird der Vater von den Kindern zunehmend persönlich entdeckt. Auch wenn er früher schon eine starke Beziehung zu seinem Kind hatte – die Hauptfigur ist doch in der frühen Kindheit die Mutter gewesen. Jetzt jedoch wird der Vater neu erlebt, als ein Mensch, der einem vieles zeigen kann, was man bisher nicht wußte und konnte. Das Interesse der Kinder für seinen Arbeitsbereich nimmt zu, und er wird bis hin zur Pubertät in der ganzen Art und Weise, wie er im Leben steht und das Leben meistert, immer wichtiger. Die Kinder erleben unter Umständen auch, daß der Vater gut planen kann und den Plan zügig durchführt, daß er schnell entscheidet und überhaupt entschlußfreudig ist. Jetzt ist es nicht mehr so entscheidend, welches Bild die Mutter vom Vater hat. Vielmehr kehrt sich das jetzt um: Nun wirkt auf die Kinder, welches Bild der Vater von der Mutter hat. Viele Schwierigkeiten, die im Schulalter in der Familie auftreten, haben ihre Ursache darin, daß dieses nicht genügend gewußt wird. Meist hat sich die Ehe im Laufe der ersten sechs bis acht Jahre so entwickelt, daß eine gewisse Gewöhnung eingetreten ist. Jeder ist in seinem Alltagstrott voll ausgelastet, und die Ehe droht mehr und mehr Routine zu werden. Es ist die Zeit, in der man über viele Dinge nicht mehr spricht und sich daran gewöhnt hat, daß alles eben so ist, wie es ist. Es gibt keinen Grund für Krach, und wenn es ihn einmal gibt, so hat man sich auch daran gewöhnt, daß zu einer guten Ehe auch dazugehört, sich immer wieder einmal zu streiten – und es tritt die Gefahr auf, daß die Kinder in einer Atmosphäre neutraler Gleichgültigkeit leben und dieses dankbare und auch frohe Gefühl, das die Eltern früher verbunden hat, nicht mehr empfinden. Die Kinder werden selbständiger, gehen in die Schule und schwärmen jetzt vielleicht für einen Lehrer oder einen Klassenkameraden und nehmen das häusliche Geschehen nicht mehr so wichtig. Der Vater löst sich unter Umständen innerlich mehr und mehr aus dem Familiengeschehen heraus, wodurch dann diese Atmosphäre freundlicher Neutralität auch noch gefördert wird.

Wenn die Kinder jedoch erleben, daß er gerade jetzt zunehmend sich dafür interessiert, wie es der Mutter geht und was sie gerade macht, dann ist dieses nicht nur für das Familienklima, sondern ganz besonders auch für die spätere Entwicklung der Kinder in sozialer Hinsicht wichtig. Denn die Mutter hat es in der Pubertätszeit ihrer Kinder deutlich schwerer als der Vater. Sie erlebt, daß sie nicht mehr so gebraucht wird wie früher, obwohl sie nach wie vor im Dienst ihrer Familie voll eingespannt ist. Und hier ist nun die Haltung des Vaters entscheidend. Nimmt er das, was die Mutter leistet, einfach nur als Selbstverständlichkeit hin, ohne ihr immer wieder seine Dankbarkeit für die Hilfe in allen Alltagsdingen zu zeigen, so erleben die Kinder nicht nur die abgekühlte Familienatmosphäre, sondern vor allem prägt sich für sie auch ein negatives Mutterbild: der Mensch, der sich im täglichen Einerlei erschöpft, der keine besondere Rolle spielt und über den verfügt wird. Die Mutter sorgt für regelmäßiges Essen, ausreichenden Schlaf, das Durchführen der Hausaufgaben und einen geregelten Tageslauf. Sie ist es zumeist, die die Kinder zu dieser oder jener Tätigkeit veranlaßt und immer wieder auch einmal etwas verbieten muß. Man hat sich an die Mutter und ihr selbstverständliches Dasein und ihre ständige Hilfe schon sehr gewöhnt und empfindet alle ihre Leistungen als ganz natürlich.

Ergreift der Vater nun hier die Initiative, so kann das Familienleben neuen Schwung bekommen. Er zeigt, daß er die Leistungen der Mutter schätzt und mit Dankbarkeit beantwortet und sagt beispielsweise: »So Kinder, einen Nachmittag in der Woche machen *wir* jetzt einmal etwas zusammen. Erst räumen wir das Notwendige zu Hause auf und dann gehen wir zusammen etwas unternehmen. Die Mami möchte einen freien Nachmittag, damit sie einmal ungestört etwas für sich tun kann.« Oder die Kinder erleben, wie hin und wieder ein Wochenende zur Entlastung für die Mutter eingeführt wird. Oder, wie der Vater dafür sorgt, auch wenn nur wenig Geld da ist, daß jetzt doch stundenweise eine Hilfe ins Haus kommt. Denn da der Vater derjenige ist, der durch das berufliche Leben die Verbindung zur Umwelt herstellt, wird er in diesen Jahren für die Kinder und ihre Fragen nach den verschiedenen Lebensbereichen immer mehr zur zentralen Figur. Was er sagt, hat mehr Gewicht, und so, wie er jetzt der Mutter begegnet, prägt das für das Leben. Welches Bewußtsein die Eltern voneinander haben, wie sie sich begegnen, das wirkt prägend für das spätere Sozialverhalten. Gerade in dem Alter, wo die Kinder die Geschlechtsdifferenzierung am eigenen Leibe erleben und die Frage nach der Identifikation mit dem eigenen Geschlecht in den Vordergrund tritt, ist es wesentlich, *wie* das Vater- und das Mutterbild vorgelebt werden.

Nach der Pubertät kommt eine neue Phase in der Beziehung zu den Eltern. Mit der spezifisch väterlichen und mütterlichen Rolle ist es zu diesem Zeitpunkt eigentlich vorbei. Man braucht zwar immer noch Geborgenheit, Nahrung und ein einigermaßen harmonisches Familienklima – aber man ist nicht mehr so abhängig davon in bezug auf die eigene Entwicklung, und man erwartet auch nicht mehr so viel von den Eltern, deren Grenzen und Schwächen man so nach und nach doch auch kennengelernt hat. Man erwartet nun mehr von sich, mehr von anderen, von Freunden, von Lehrern, von Zielsetzungen und Vorbildern. Natürlich braucht man auch noch eine gewisse Hilfe und Führung – aber es wird doch immer mehr möglich, die Dinge selbst in die Hand zu nehmen. Hier haben Vater und Mutter nun dieselbe Aufgabe: Gesprächspartner zu sein für die Jugendlichen, wenn sie Fragen haben – aber auch dann, wenn die Jugendlichen diese nicht recht formulieren können. Eine große Hilfe ist es, wenn sie bei wichtigen Gesprächen unter den Erwachsenen zugegen sein und zuhören dürfen. Wenn sie erleben, daß die Erwachsenen es auch nicht so leicht haben, mit Problemen fertigzuwerden. Daß sie auch offene Fragen haben und ehrlich nach deren Beantwortung suchen. Wenn sie erleben, daß sich die Eltern gegenseitig ernst nehmen, einander zuhören und auch den Jugendlichen gegenüber eine offene und fragende Haltung einnehmen, so ist dies ein ideales Klima für die Heranwachsenden.

In dieser nachpubertären Zeit wird die soziale Grundeinstellung und damit auch ein feines moralisches Empfinden für menschliche Beziehungen ausgebildet. Eine starke Sensibilität ist da für das, was sich im Wechselverhältnis zwischen Mutter und Vater, aber auch überhaupt zwischen Erwachsenen abspielt. Das Beste, was der Vater in dieser nachpubertären Zeit tun kann, ist, den Jugendlichen vorzuleben, wie es ist, wenn man im Leben seine Orientierung gefunden hat. Auch wenn man noch viele offene Fragen hat, ist es doch entscheidend, daß die Jugendlichen erleben, daß der Vater weiß, was er will und was er für richtig hält und dies auch sagt; auch, daß er immer wieder Entscheidungshilfen gibt. Erleben die Jugendlichen auf der einen Seite Sicherheit und auf der anderen Seite die Offenheit, auch andere Möglichkeiten zuzulassen und ihre Ansichten ernstzunehmen, so ist dies für sie eine große Hilfe. Wird das Gespräch nicht als etwas aufgefaßt, wo es darum geht, recht zu haben oder recht zu behalten, sondern vielmehr als ein Prozeß, in dem es gilt, Dinge gemeinsam zu bewegen und mit Interesse zu verfolgen, so verhilft dies den Jugendlichen zu geistiger Selbständigkeit.

Es sollte nie vergessen werden, daß sich die Jugendlichen danach sehnen, ihre Eltern auch als Menschen kennenzulernen. Genauso, wie sie auf der Suche nach sich selbst sind, sind sie auch auf der Suche danach, wer die Eltern eigentlich sind. Daher sind sie so interessiert, die Meinung der Eltern zu hören, ohne den Zwang zu spüren, sich dieser Meinung anschließen zu müssen. Vielmehr stellen sie der Ansicht der Eltern gern ihre eigenen entgegen. Führt dies dann nicht zum gegenseitigen Kennenlernen, sondern zum Streit der Meinungen, so ist dies für Jugendliche eine Enttäuschung, aus der sie früher oder später dann die Konsequenz ziehen, daß man »mit den Alten eben nicht vernünftig reden kann«. Führt es jedoch zum Kennenlernen und zur gegenseitigen Anerkennung, so sind die »Alten eben schwer in Ordnung«.

Wie kann die Mutter die Aufgabe des Vaters unterstützen?

Ist der Vater nur »Gast« in der Familie, da er durch seinen Beruf sehr viel auswärts sein muß, so ist es das Beste, daß die Mutter diese Situation bejaht und nicht immer wieder insgeheim damit hadert. Gelingt es ihr, dankbar zu sein, wenn der Vater dann gelegentlich auch einmal das eine oder andere mit den Kindern macht (was sie sich natürlich wesentlich öfter gewünscht hätte), so ist das schon sehr viel. Ein Familienvater sagte mir einmal, daß er schon gar keine Lust mehr habe, nach Hause zu gehen, um etwas mit den Kindern zu unternehmen, da er es seiner Frau doch nie recht machen könne. Sie sei mit seiner seltenen Anwesenheit nicht einverstanden und würde dies dann immer vorwurfsvoll anbringen, wenn er sich gerade einmal Zeit genommen habe, nur zu Hause zu sein. Kein Gefühl ist so hilfreich für das häusliche Klima wie das der Dankbarkeit. Gelingt es der Mutter, immer wieder Gründe für Dankbarkeit aufzusuchen und dieses Gefühl zu entwickeln, so schafft sie eine seelische Atmosphäre, in der die Kinder fröhlich atmen können und sich geborgen fühlen.

Nach der Pubertät ist es meist die Mutter, von der es abhängt, ob die geschilderte Offenheit und Gesprächsbereitschaft stattfinden kann. Denn so, wie die physische Mutterrolle daran gebunden ist, das Kind zu empfangen, auszutragen und in der ersten Zeit zu ernähren, so ist es ihr auch seelisch-geistig leichter möglich, Fragen und Ansichten aufzunehmen, gleichsam zu empfangen und in sich weiterzubewegen und zur Reife zu bringen, ohne gleich ihre eigene Ansicht dem entgegenzustellen. Wenn es im Lukas-Evangelium heißt: »Maria aber nahm alle diese Worte und bewegte sie in ihrem Herzen«, so ist hier dieses geistige Element des Mütterlichen am schönsten beschrieben. Demgegenüber repräsentiert das Geistig-Väterliche mehr das Antworten, Klarheiten schaffen, zu Ende bringen. Im Gespräch können dieses Geistig-Mütterliche und Geistig-Väterliche im Empfangen und Geben zusammenwirken. Auch wenn diese geistigen Qualitäten des Mütterlichen und Väterlichen in der geschlechtsgebundenen Rolle leichter entwickelt werden können, so ist es doch auch jedem Menschen möglich, völlig unabhängig vom Geschlecht, diese beiden Qualitäten auszubilden.

Geben und Empfangen: Zum geistig Väterlichen und Mütterlichen

In der Vorschulzeit herrscht bei den Kindern die Offenheit und das Empfangenkönnen ganz und gar vor. Sie fragen nach allem, sie ahmen es nach und nehmen vieles auf. So gesehen wären die Kinder dieses Alters überwiegend weiblich gestimmt, das heißt aufnehmend, offen. Deshalb fühlen sie sich in der mütterlichen Sphäre auch ganz verstanden und aufgehoben. Wenn sie dann in die Schule kommen, wollen sie etwas von sich geben, sie melden sich, fragen nach, untersuchen und werden zunehmend produktiv und schöpferisch. Sie wollen eigentlich immer tätig sein und sind traurig, wenn es ihnen langweilig wird. Dann kommen sie und sagen: »Was soll ich jetzt machen?« In dieser Zeit sind die Kinder, so gesehen, eher etwas männlich. Nach der Pubertät jedoch kommt beides in der geistigen Entwicklung zusammen und findet in der Gesprächsbereitschaft Ausdruck und Entwicklungsmöglichkeit.

Fragen zum Thema:

Frage: Ich arbeite als Kindergärtner, das heißt, als Mann in einem Frauenberuf. Ist das aus Ihrer Sicht vertretbar, wenn doch in der Vorschulzeit das mütterliche Element vorherrscht?

Antwort: Ich bin in meinen Ausführungen bewußt auf die Frage des Rollentausches nicht eingegangen. Selbstverständlich läßt sich die seelische und geistige Vater- und Mutterschaft geschlechtsunabhängig entwickeln und im Umgang mit den Kindern zur Ausübung bringen. Ein Kindergärtner wird unwillkürlich mütterliche Eigenschaften ausbilden, weil sie von den Kindern ganz selbstverständlich aus ihm herausgelockt werden. Es gibt heute auch schon viele Väter, die den Haushalt besorgen, während die Mutter berufstätig ist und eben das väterliche Element vertritt. Da ist es dann tatsächlich umgekehrt. Der häuslich für Regelmäßigkeit und Gesundheit sorgende Vater muß danach trachten, den Kindern das notwendige Gefühl der seelischen Geborgenheit zu geben, und die Mutter verkörpert mehr das Äußere, Weltliche, für das die Kinder sich dann im Älterwerden zunehmend interessieren.

Frage: Mir gefällt die Zuordnung von Geben und Empfangen zum väterlichen und mütterlichen Element nicht.

Antwort: Die Frage ist, wo grundlegende Unterschiede und Gemeinsamkeiten bei Mann und Frau sind. Es ist nun einmal so, daß bei der geschlechtlichen Vereinigung von Mann und Frau Geben und Empfangen in dieser Weise zugeordnet sind. Bemerkenswert ist, daß das seelische und geistige Leben bei Mann und Frau ähnlich gestaltet ist. Das seelische Leben ist bei beiden mehr empfangend, die geistige Aktivität des Denkens mehr impulsierend und gebend. Weil das so ist, können männliche und weibliche Eigenschaften in seelischer und geistiger Hinsicht von beiden Geschlechtern entwickelt und verwirklicht werden.

Beitrag einer Mutter: Mein Mann ist ein Vater, der eigentlich eine bessere Mutter ist. Immer wenn ich etwas anzweifle, fühlt er instinktiv das Richtige. Er braucht gar nicht viele Worte zu machen.

Wenn irgend etwas passiert ist und ich mich furchtbar aufrege, dann kommt er nach Hause, läßt sich von seiner Tochter alles erzählen und sagt dann nur: »Das ist nun einmal so«, und dann machen wir das und das, und alles ist wieder gut. Auch wenn ich dann wieder Zweifel habe, ob das richtig ist, was getan wird, sehe ich doch, wie es auf meine Tochter wirkt, und wie sie sich dann wieder geborgen fühlt.

Ein anderer Beitrag: Ich habe so eine Erinnerung an meine Mutter. Wenn es irgendwo Krach gab und man lief zu ihr, dann brauchte sie nur ein Wort zu sagen, und alles war wieder in Ordnung.

Ein weiterer Beitrag: Sie sagten vorhin in Ihrem Vortrag, daß die Persönlichkeit des Vaters dadurch dem Kind wahrnehmbar wird, daß die Mutter den Grund zu der Vaterbeziehung legt, indem sie ein bestimmtes Bild von ihm hat und damit lebt. Sehen die Väter das auch so? Mein Mann hat einmal gesagt: »Außer der Schwangerschaft sind wir ja von nichts ausgeschlossen.« Es gibt aber auch Gegenstimmen bei uns im Bekanntenkreis, die sagen, ihr macht das ja die ersten Jahre doch alleine. Die Männer kommen mal hin und wieder und erzählen eine Gutenachtgeschichte, meistens reicht jedoch die Zeit am Abend zu nichts mehr, und man kann höchstens einmal am Wochenende zusammen etwas machen.

Antwort: Ganz unabhängig davon, ob wir es realisieren oder nicht, ist es doch so, daß wir häufig unterschätzen, wie stark die Wirkung ist von der Art und Weise, wie wir übereinander denken. Spricht die Mutter liebevoll vom Vater, so empfindet das Kind seine Wärme und Nähe, auch wenn er sich hin und wieder ganz anders dem Kind gegenüber benimmt, so daß es vielleicht sogar Angst vor ihm bekommt

Ergänzung einer Mutter: Wir haben drei Söhne, und ich spreche sehr viel von »unserem« Vater, der sehr oft weg ist. Das erste Wort, das alle drei sprachen war »Papa«. Das sagt eigentlich alles.

Frage: Ich habe eine Frage, auf die ich gern die Antwort eines praktizierenden Vaters hören würde. Kann man das wirklich so sehen, daß das Vaterbild in den ersten Jahren mehr oder weniger von der »Gnade« der Mutter abhängig ist?

Antwort eines Vaters: Es wurde uns eine Musterfamilie vorgestellt, bei der der Vater zeitlich wesentlich weniger Anteil nahm als die Mutter. Nun ist es ja heute ohne weiteres denkbar, daß Väter und Mütter zu gleichen Anteilen zeitlich mit der Erziehung zu tun haben, und daher der Vater wesentlich mehr die Möglichkeit hat, sich selbst dem Kleinkind gleichsam vorzustellen. Wie wirkt das jetzt auf das Kind? Wirkt sich das nicht doch etwas anders aus, als wie es besprochen wurde? Ich könnte mir das schon denken.

Zwischenbemerkung: Da ich in meiner kinderärztlichen Tätigkeit überwiegend mit Müttern zusammenkomme, die über die Abwesenheit ihrer Ehemänner klagen, habe ich vielleicht in meinen Ausführungen die Bedeutung des Vaterbildes im Bewußtsein der Mutter überbetont. Selbstverständlich kann der Vater, wenn er das Kind mitversorgt und täglich mit ihm zu tun hat, auch von Anfang an eine direkte und persönliche Beziehung zu ihm anknüpfen. Man sollte jedoch trotzdem nicht unterschätzen, daß nie nur die direkte Beziehung für das Kind Bedeutung hat, sondern eben auch die Art und Weise, wie die Eltern voneinander denken. Gedanken und Gefühle sind entscheidende Realitäten, die das Familienklima bestimmen. Und von diesem Familienklima ist ein heranwachsendes Kind in hohem Maße abhängig.

Beitrag eines Vaters: Es liegt sicher auch viel an der Bequemlichkeit des Vaters, das Vaterbild des Kindes durch die Mutter prägen zu lassen. Wenn die Mutter dem Kleinkind ein bestimmtes Vaterbild vermittelt, ist dadurch zwischen Vater und Kind ein gewisses Verhältnis durch die Mutter gesetzt, was natürlich für den Vater vieles erleichtert. Anders wird das natürlich, wenn der Vater selber mit dem Kind etwas unternimmt. Ich habe beispielsweise mit meinem Dreieinhalbjährigen viel im Haus gebastelt, besonders als ich die Küche eingebaut habe. Er war ganz stolz, als ich ihm sagte, als er mit seinem Hämmerchen klopfte, daß er ein fleißiger Handwerker sei. Das hat unserem Verhältnis gut getan. Und seither kommt er mit vielen Dingen zu mir, mit denen er früher nur zur Mutter gegangen ist. Ich glaube, daß es wichtig ist, wenn der Vater lernt, die Kinder an seinen Tätigkeiten zu beteiligen, selbst wenn man es vielleicht gewöhnt ist, seine Sachen schneller und einfacher allein zu machen. Auf diese Weise kann sich dann doch eine Art Partnerschaft mit dem Sohn aufbauen.

Beitrag eines Vaters: Inwieweit die Art der Beziehung zwischen Vater und Kind und Mutter und Kind gleich oder ähnlich ist, das ist schwer zu sagen. Wahrscheinlich ist das auch individuell verschieden. Ich kann aus eigener Erfahrung folgendes sagen: Wir haben ein Kind, das bald zwei wird. Ich bin während der Studienzeit sehr wenig zu Hause, aber in den Ferien immer. Und dann finden stets besondere Entwicklungsschritte statt. Beim erstenmal waren es die ersten Schritte und jetzt während der zweiten Sommerferien ein deutlicher Fortschritt in der Sprachentwicklung. Auch von anderen Familien habe ich gehört, daß das Kind immer dann einen deutlichen Entwicklungsschritt mache, wenn nach längerer Abwesenheit eines Ehepartners beide wieder zusammen sind.

Beitrag eines Vaters: In meinem Bekanntenkreis ist mir aufgefallen, daß viele Väter sagen, sie könnten mit dem Kleinen noch nichts anfangen, und daß sich eine Beziehung zu den Kindern erst später entwickelt habe. Ich meine jetzt nicht solche Dinge wie Zubettbringen und Geschichten lesen, sondern die wirklich seelische Beschäftigung mit dem Kind. Vielleicht ist das auch ein Zeichen unserer heutigen Leistungsgesellschaft, daß, wenn man den ganzen Tag im Beruf war, man von einem kleinen Kind abends gewissermaßen das Gleiche verlangt: Es soll alles richtig machen und vielleicht schon bestimmte Leistungen vollbringen, die man zwar nicht bewußt anfordert, aber im Unterbewußtsein erwartet. Ich glaube, Mütter sind da ganz anders eingestellt. Sie haben bessere Möglichkeiten, das Kind einfach kommen zu lassen und ihm mehr die Chance zu geben, so zu sein, wie es jetzt eben sein möchte.

Beitrag eines Vaters: Wir hatten die Möglichkeit, uns die Kindererziehung aufzuteilen, weil wir beide teilzeitbeschäftigt sind. Auf diesem Hintergrund möchte ich zwei Erlebnisse erzählen: Das eine stammt mehr aus dem Anfang dieser Zeit. Da hatte ich, wenn ich zu Hause war bei meinen Kindern, große Schwierigkeiten. Ich konnte meinen beruflichen Plänen nicht so nachgehen, wie ich wollte. Es ging zu Lasten meiner Wünsche, hinauszugehen, mich mit anderen Menschen auseinanderzusetzen und beruflich fortzubilden. Es ist mir dann aber mehr und mehr gelungen damit fertigzuwerden. Ich hatte den Eindruck, daß das meiner Frau leichtergefallen ist. Es war auch eine Zeit, in der ich mit meinem Vaterbild, also mit dem Bild, das ich von meinem eigenen Vater mir gebildet habe, zu kämpfen hatte. Mein Vater ist beruflich und auch sonst stark nach außen gegangen und war außerordentlich kreativ. Vielleicht hing es damit zusammen, daß ich zu Beginn große Schwierigkeiten hatte, mich in die häusliche Rolle hereinzufinden.

Später fiel mir das viel leichter. Es gelang mir, mit den Kindern den Alltag wirklich zu gestalten, wenn ich mit ihnen allein war. Allerdings traten immer dann Probleme auf, wenn meine Frau hinzukam. Und interessanterweise ging es ihr genauso. Wenn ich plötzlich unerwartet auftauchte, hatte auch sie mehr Schwierigkeiten mit den Kindern.

Aber eines möchte ich auch noch zugeben: Wenn ich nach der Arbeit nach Hause kam und meine Frau mich begrüßte, so wollte ich am liebsten auch »ein Kind« sein, mich versorgen lassen und ausruhen. Meine Frau und ich hatten daher immer wieder Schwierigkeiten, mit unseren Kindern zusammen unsere eigene Beziehung als Partnerschaft zu leben. Nachdem wir uns das aber klargemacht haben, ging es und geht es uns heute wesentlich besser.

Beitrag einer Mutter: Ich möchte hier noch einen Vater-Aspekt einbringen – und zwar den spielenden Vater. Ich finde das für das Familienleben entscheidend wichtig und habe auch die Erfahrung gemacht, daß das die Mutter so nicht geben kann. Wenn die Mutter mit den Kindern spielt, hat sie eher pädagogische Gesichtspunkte. Sie ist meist vernünftig, achtet darauf, daß der Jüngste nicht so oft verliert und ähnliches. Der Vater dagegen kann ›Mensch ärgere dich nicht‹ so spielen, daß er sich richtig freut, wenn er einen rauswirft. Er äußert auch echte Emotionen, wenn er das Opfer ist, und die Kinder haben einen Heidenspaß dabei. So unbeschwert tut er das, auch wenn er einen grauen Flanellanzug trägt, wie die Mutter das eigentlich nie tun kann. Oder, wenn die Kinder kleiner sind, kommt der Vater nach Hause und spielt ›Wolf‹ und heult dabei und brüllt, während die Mutter mit ihren pädagogischen Büchern denkt, das könnte vielleicht schädlich sein und den Kindern Angst machen. Dieses Unbeschwerte, Jungenhafte und Sorglose scheint mir ein wichtiges Element, das der Vater in die Familie bringen kann. Ganz zu schweigen davon, daß er es auch wagt, die kleinen Kinder hoch in die Luft zu werfen und wieder aufzufangen...

Beitrag eines Vaters: Unsere Tochter wird sechzehn Monate alt. Ich bin beruflich sehr angespannt und habe keine Vierzig-Stunden-Woche. Wenn ich dann nach Hause komme und habe mich tagsüber sehr angestrengt und mein Tagespensum erfüllt, so bin ich meist doch recht erschöpft. Dann ist es schon ein Problem, plötzlich sich umzustellen auf ›Familie‹. Besonders dann, wenn nicht alles schnell und planmäßig abläuft. Ich merke einfach, daß mir dieser Sprung aus einer angespannten, termingerechten Alltagssituation ins Familienleben ohne präzise Zeiteinteilung recht schwerfällt. Es würde mich interessieren, ob auch andere Väter das so empfinden.

Beitrag eines anderen Vaters: Ja, ich kann dem eigentlich nur zustimmen. Ich zähle mich zu den Leuten, die am Abend ziemlich genervt von der Arbeit nach Hause kommen. Wenn dann Situationen auftreten (ein Kind ist älter als zwei, der andere krabbelt erst), in denen ich nicht unmittelbar in der Lage bin, gleich mit den Kindern zu spielen, so merkt das unser Ältester sofort. Wenn ich mir die Zeitung nehme und mich ein bißchen hinsetze, um zu entspannen, so spüre ich nicht nur die enttäuschte Reaktion meiner Frau, sondern muß mir sehr bald auch sein Gequengel anhören. Inzwischen hat jedoch meine Frau eingesehen, daß ich erst nach einer halben Stunde Zeitunglesen und entspannen der Vater bin, den sie sich wünscht. Seither geht das besser, und ich bin dankbar, daß auch unser Zweijähriger das akzeptiert.

Beitrag eines Vaters: Für mich hat die Vaterrolle mit einem großen Streß begonnen, und zwar mit der Geburt unseres Sohnes. Ein Bekannter von mir hat drei Kinder und war bei den Geburten immer dabei. Er sagte:» Mach dir keine Sorgen, das ist ganz harmlos.« Ich bin trotzdem bei unserem ersten Kind ängstlich in das Krankenhaus gegangen. Ich habe festgestellt: Es gibt Leute – auch im Bekanntenkreis –, die sagen, es muß unbedingt bei der Geburt der Vater dabei sein. Ich muß sagen, die erste Geburt habe ich zitternd überstanden, bei der zweiten ging es schon etwas besser, und jetzt fühle ich mich langsam diesem Vorgang seelisch gewachsen.

Und noch einen Tip möchte ich geben. Wenn Sie gestreßt nach Hause kommen und haben da noch ein kleines Kind, so stecken Sie es in den Kinderwagen und schieben Sie es erst einmal eine Stunde spazieren. Das Kind ist ruhig und zufrieden, schaut sich die Leute an, und bei Ihnen kann sich der Streß abbauen.

Zwischenbemerkung: Die letzten Beiträge haben trotz ihrer Verschiedenheit doch etwas Typisches gezeigt: den Vater, der, wenn er abends nach Hause kommt, seine Ruhe braucht. Dabei wäre jedoch die Frage danebenzustellen, wie es der Mutter nach einem langen Arbeitstag mit dem Kind oder den Kindern zumute ist, wenn sie sich freut, jetzt am Abend etwas lockerlassen zu können, wenn der Mann nach Hause kommt. Es ist für die Mutter schwer zu ertragen, wenn der Vater sich dann erst einmal zurückzieht. Daher habe ich schon öfter geraten, wenn zwischen Arbeit und Zuhause eine Ruhepause notwendig ist, diese unterwegs einzubauen. Man kann (kurz!) in eine Kneipe gehen, auf einem Parkplatz sich im Auto ein wenig ausruhen oder an einer bestimmten Stelle noch einen kleinen Rundgang machen. Vielleicht läßt sich auch die geliebte Zeitung im Auto lesen, so daß man dann, wenn man nach Hause kommt, die Frage im Herzen haben kann: Mal sehen, was der Kleine gerade macht und wie es meiner Frau geht. Es ist sicher für Ihre Frau leichter, wenn Sie zwanzig Minuten später nach Hause kommen, aber dann auf das Familienleben eingestellt sind, als wenn Sie etwas früher kommen und erst einmal demonstrieren, wie erschöpft Sie sind.

Frage: Wie ist es nun mit dem alleinerziehenden Vater?

Antwort: Nicht sehr viel anders als mit der alleinerziehenden Mutter. Hinzu kommt, was über den männlichen Kindergärtner gesagt wurde. Beide tun den ganzen Tag beziehungsweise Vormittag dasselbe, was sonst die Mutter, beziehungsweise die Kindergärtnerin macht. Es geschieht das, was das Kind braucht. Und das ist das Wesentliche. Viel entscheidender als der Rollenaspekt ist, ob die Kinder bezüglich Ernährung, Kleidung, Tagesrhythmus und seelischer Anregung bekommen, was sie brauchen. Die Teilnahme an den verschiedenen Tätigkeiten im Haushalt, das Einkaufen, das Putzen und Waschen und Essen bereiten – alles sind für Kinder schöne Erlebnisse, wenn die Erwachsenen diese Tätigkeiten gern tun.

Überhaupt würde ich gern nochmals betonen, wie wichtig es für den Umgang mit Kindern ist, in erster Linie den Menschen zu sehen und nicht das Geschlecht. Natürlich verkörpert die männliche Konstitution mehr physische Kraft und die weibliche zeigt meist mehr seelische Differenziertheit. Individuell kann das jedoch außerordentlich verschieden sein.

Auch muß man daran denken, daß die Kinder mit bestimmten Erwachsenen auch bestimmte Schicksalsbeziehungen haben. Eine Mutter erzählte mir einmal, daß sie ein vollkommenes Mamakind und ein vollkommenes Papakind hat, obwohl der Vater sehr wenig zu Hause ist. Es spielen da eben noch andere Faktoren herein, die sich rational nicht ohne weiteres erklären lassen. Man versteht sie erst, wenn man den Hintergrund der wiederholten Erdenleben ernst nimmt und davon ausgeht, daß Eltern und Kinder sich nicht das erstemal begegnen, sondern an der Weiterentwicklung ihrer Beziehungen arbeiten. Unabhängig von männlich und weiblich, von Mutter und Vater, von Rollenverhalten und allgemein Menschlichem, ist jede Familie auch ein Schicksalsraum, wo konkrete Beziehungen bestehen, und wo man sehr unterschiedlich aufeinander reagiert und miteinander auskommt. Dabei kann auch erlebt werden, daß gerade in einer Familie bisweilen Menschen zusammenkommen, die es aufgrund früherer Schicksalsverhältnisse schwer haben, miteinander warm zu werden und sich harmonisch aufeinander abzustimmen. Andererseits gibt es auch schwierige Kinder und schwierige Erwachsene, denen es dennoch gelingt, recht harmonisch im Familienzusammenhang zu leben.

Ein Vater: Aus der Praxis eines älteren Vaters heraus möchte ich gern noch folgendes sagen: Daß heute abend so viele Väter hier sind und sich auch am Gespräch beteiligt haben, zeigt, daß sie ihre Aufgabe in der Erziehung stärker empfinden als früher. Beispielsweise war es an meinem Arbeitsplatz nie üblich, sich über die Kinder und über Erziehungsfragen zu unterhalten. Die Mütter dagegen sprechen sehr viel davon und sind ununterbrochen damit beschäftigt, sich zu überlegen, wie sie das Beste aus ihren Kindern machen und für die Kinder tun können. Auch möchte ich noch darauf hinweisen, daß es in Schweden heute den Hausmann schon häufig gibt – das heißt, die *Daueranwesenheit* des Vaters zu Hause. Bei uns hat der Hausmann immer noch ein wenig den Anstrich des Besonderen. Ich denke jedoch, daß das nur eine Frage der Zeit ist, wann sich das ändern wird. Denn die Struktur unserer Arbeitswelt ändert sich sehr, was nicht ohne entsprechende Konsequenzen auch für das Familienleben bleiben wird. Auch ich würde es sehr begrüßen, wenn in den Familien das Menschliche mehr in den Vordergrund treten würde und die Kinder erleben, daß die Erwachsenen selbstverständlich wechselseitig das tun, was für das Gelingen des Familienlebens notwendig ist. Wenn keiner sagt, »das ist doch deine Sache« – sondern man vielmehr einander in die Hände arbeitet. Dadurch wird verhindert, daß die Kinder sich mit einem bestimmten Rollenverhalten zu stark identifizieren.

Auch das Vaterbild, das man von seinem eigenen Vater hat, hat meiner Erfahrung nach nichts Zwingendes. Vielmehr habe ich in meinem Bekanntenkreis oft erlebt, daß die Väter mit ihren Kindern gerade das Gegenteil von dem machen wollen, was sie an ihrem eigenen Vater erlebt haben. Gerade die Negativ-Erlebnisse sind es, die man sich ja oft zu Beginn einer Partnerschaft erzählt, und die dann zu neuen Konzepten führen, wie man das Leben mit seinen Kindern gestalten möchte. Wir sind eben doch viel freier von den prägenden Einflüssen unserer Kindheit, als wir gemeinhin glauben. Ja, wir können unsere Ansichten sogar ständig ändern, je nachdem wir lernen, immer besser auf das Kind zu schauen und ihm das zu geben, was es braucht.

Die alleinerziehende Mutter

Kaum drei Jahre alt, war ich weder für Furcht noch für
Entzücken genügend entfaltet; ich saß am Arm der
Mutter und spürte durch sie hindurch den sichern Gang
der Welt... HANS CAROSSA

Es gibt heute eine kaum mehr überschaubare Literatur zum Thema
»Mutter« beziehungsweise »Mutter und Kind«. Dies macht deutlich, wie vielgestaltig die damit zusammenhängenden Erfahrungen,
Probleme und Perspektiven sind und wie unterschiedlich deren
psychologische oder philosophische Interpretation. Einmal werden
mehr die sozio-kulturellen Strukturen der Mutter-Kind-Beziehung
herausgestellt in ihrer spezifischen Bedeutung für die spätere Biographie. Dann wieder werden neue Lebensformen vorgestellt der
»Mütter ohne Männer«, in denen die Frauen zu Wort kommen, die
sich zwar ein Kind wünschen, das Zusammenleben mit einem Mann
jedoch problematisch finden und lieber mit zwei oder drei anderen
Müttern und deren Kindern eine Wohngemeinschaft bilden wollen.
Natürlich werden auch die »Mütter mit Beruf« in der Literatur beschrieben und beraten. Ihnen wird Hilfestellung geleistet mit dem
Ziel, die mit der Doppelbelastung verbundenen Vorurteile und
Selbstzweifel zu überwinden.

Die Vielzahl der Veröffentlichungen und die darin aufgezeigten
und beschriebenen Probleme machen auch deutlich, daß der Beruf
der Mutter, so menschheitsalt er auch ist, in unserer Zeit neu über-
dacht und in seiner sozialen Bedeutung neu verstanden werden
muß.

Warum scheitern so viele Ehen?

Es gibt heute Schulklassen, in denen nur ein Drittel der Kinder aus
Familien kommt, wo Vater und Mutter noch zusammen leben. Die

Zeit ist vorbei, in der eine Ehe nur aufgrund eines einmal in der Kirche gegebenen Versprechens oder aufgrund gesellschaftlicher Normen und Verpflichtungen aufrechterhalten wurde. Vielmehr entscheidet über das Zusammenleben, ob die Partner in der Lage sind, ihre persönliche Entwicklung (ihre Selbstverwirklichung) auch in der familiären Bindung zu realisieren. Und es zeigt sich, daß es ohne klare Gesichtspunkte für die Selbsterziehung immer schwerer wird, mit dem anderen Menschen und seinen Bedürfnissen zurechtzukommen. Enttäuschte Erwartungen, Ansprüche, Mißverständnisse, unerfüllte Sehnsüchte, Wunschträume, deren Realisierungsmöglichkeiten man nicht klar durchdacht hat, Neid- und Eifersuchtssituationen und nicht zuletzt Meinungsverschiedenheiten über Kindererziehung und Lebensgestaltung wirken sprengend, wenn sie nicht als fruchtbare Felder der Auseinandersetzung mit sich selbst und dem Partner angesehen werden können.

Bisweilen ist es so, daß einer der beiden Partner die Notwendigkeit der Selbsterziehung entdeckt hat oder durch andere Hilfen die Kraft besitzt, eine Beziehung auch dann fortzusetzen, wenn bereits vieles dafür spricht, sie abzubrechen. Oft ist es aber auch so, daß die Umstände so unerträglich geworden sind, daß es zum Wohl der beiden Partner und insbesondere zum Wohl des Kindes ist, die Trennung zu vollziehen. Es ist für ein Kind wesentlich gesünder, z. B. in einer harmonischen Mutter-Kind-Beziehung aufzuwachsen, als täglich die zermürbenden Spannungen oder die immer wieder auftretenden eisigen oder resignierten Stimmungen einer in Zerrüttung begriffenen Ehe zu erleben.

Was erwartet das Kind von der Mutter?

Die Beantwortung dieser Frage kann eine Hilfe sein, in der Vielfalt der Probleme, die mit dem Alleinerziehen verbunden sind, eine Orientierung zu finden für die innere und äußere Lebensgestaltung.

Das Kind erwartet von der Mutter zunächst das, was es schon empfangen hat, bevor es geboren wurde und woran es sich gewöhnt hat: Geborgenheit. Was sich während der Schwangerschaft zwischen Mutter und Kind als Atmosphäre des Bergens, Hütens und Ernährens entwickelt hat, das setzt sich zunächst nach der Geburt fort. Bergen und Ernähren sind zunächst biologische Tatsachen, die an das Organ des Uterus und an die Art der Keimreifung gebunden sind.

Hier tritt bereits ein ganz grundsätzliches Problem des Menschen auf. Im Gegensatz zum Tier, das seine biologischen Funktionen mit entsprechenden seelischen Verhaltensweisen hingebungsvoll begleitet, ist dies beim Menschen nicht selbstverständlich der Fall. Es kann eine Kluft bestehen zwischen der leiblichen Fähigkeit, zu bergen, und der manchmal fehlenden Fähigkeit, auch seelisch Geborgenheit zu bieten, da sich die Mutter selbst nicht genug geborgen fühlt.

Ein gesunder Mensch hat auf der leiblichen Ebene alles, was er braucht: Organe der Kraftentfaltung, Organe des Rhythmus, Organe der Ernährung, Organe der Bilanz, Organe der Kontrolle, Organe der Aufrichtung, Organe des Oben, Unten, Links und Rechts. Seelisch jedoch sind diese Eigenschaften meist nicht in derselben Weise vorhanden. Da fehlt beispielsweise der Mut, da fehlt für vieles noch die richtige Orientierung. Auch kann einem seelisch das Rückgrat durchaus gebrochen sein, obwohl es physisch ganz in Ordnung ist. Jede Selbstbesinnung dieser Art macht deutlich, wie vollkommen der Leib mit seinen Funktionen gebildet ist, während beim Seelischen alles noch offen, noch in Entwicklung, noch im Bereich der Selbstsuche, der Unsicherheit und des Umbruchs, ja des lebenslangen Lernens ist. Alles, was leiblich gegeben ist, hat man sich seelisch, das heißt bewußt, noch einmal zu erwerben, damit es wirklich eigene seelische oder geistige, das heißt persönliche Eigenschaft werden kann. Wie ist also Geborgenheit zu realisieren?

Auf leiblicher Ebene: Wärme, Wohnung, Nahrung, Kleidung, regelmäßige Lebensgestaltung.

Auf seelischer Ebene: Interesse, liebevolle Zuwendung.

37

Auf geistiger Ebene: sichere Orientierung, den Sinn der Dinge
erleben, Verstehen- und Einordnen-Können von Schwierigkeiten.
Wie kann das gelernt werden?
Wir können die Sorge für das Kind und seine Erziehung nicht
trennen von der eigenen Entwicklung. Nicht nur das Kind hat es
nötig, daß wir nach seinen Entwicklungsbedingungen fragen, sondern jeder Mensch braucht dies für jedes Lebensalter neu. Denn
seelisch und geistig sind wir genauso wenig ausgewachsen, wie das
Kind physisch noch nicht ausgewachsen ist. Seelisch und geistig
sind wir als Erwachsene oft in einer ähnlichen Lage wie ein Kind,
das gehen und sprechen lernt. Wir stolpern, verlieren den Halt, benützen die falschen Worte...
Wenn wir uns fragen, woher kleine Kinder ihre Energie nehmen,
unverdrossen und unermüdlich das Aufrichten und Sprechen zu
üben und sich durch keine Mißerfolge beirren zu lassen, so werden
wir auf eine entscheidende Tatsache hingelenkt: Das Kind beginnt
erst bewußt »ich« zu sich zu sagen, wenn diese wesentlichen Lernschritte absolviert sind. Und darin liegt das Geheimnis seines Erfolges. Denn in dem Augenblick, wo die Beteiligung des Selbstbewußtseins die Lernprozesse begleitet, ist zugleich auch die Möglichkeit gegeben, zu zweifeln, ob man das überhaupt lernen kann
oder will. Ein älteres Kind oder ein Erwachsener kann nach zwei
Mißerfolgen entscheiden: »Das kann ich nicht, das gebe ich auf.
Das ist mir jetzt schon zweimal mißlungen, davon habe ich genug!«
So kann ein kleines Kind nie reagieren, weil es die Fähigkeit zur
Selbstkritik noch gar nicht besitzt und statt dessen unverdrossen
und hingebungsvoll seinem Nachahmungstrieb folgt und weiter-
übt.
Hier kann der Erwachsene vom Kind lernen. Die Beobachtung
dieser freudigen Lernbereitschaft kleiner Kinder kann uns darauf
aufmerksam machen, wieviel Unzufriedenheit, Unlust und Destruktivität unserer Lebenshaltung davon herrühren, daß wir unsere Lernbereitschaft durch zu kritische Selbst- und Weltbetrach-
tung lähmen und stören. Dies zu bemerken kann für jede Mutter

eine große Hilfe sein. Angesichts ihres Kindes kann sie sich täglich sagen: »Das Vertrauen, mit dem du auf mich zugehst, deine Bereitschaft, mich und meine Umwelt als sinnvoll und nachahmenswürdig anzunehmen, und deine Daseinsfreude – das will ich dir wiedergeben, indem ich an meinem Vertrauen in die Welt und in mich selber arbeite, indem ich mir Ziele für meine Entwicklung setze und so lerne, ein zufriedener und daseinsfroher Mensch zu werden.« Wird dies angestrebt, so kann das Kind von seiner Mutter bekommen, was es braucht: geistige Geborgenheit durch Zuversicht und Vertrauen, seelische Geborgenheit durch Liebe und leibliche Geborgenheit durch Wärme, Sicherheit und Stabilität.

Diese Qualitäten sind nicht primär davon abhängig, ob man haupt- oder nebenberuflich Mutter ist, ob ein Vater in der Familie ist oder nicht. Vielmehr sind es Eigenschaften, die jeder Mensch sich erarbeiten und anderen Menschen und insbesondere Kindern schenken kann.

Bevor wir auf die Probleme der alleinerziehenden Mutter eingehen, seien noch zwei grundsätzliche Fragen des heutigen Mutter-Daseins berührt: Die Wertschätzung des Berufs der Mutter in der heutigen Gesellschaft und die Mutter im Berufsleben.

Ist das Mutter-Dasein ein Beruf?

Blickt man auf die Arbeit, die eine Mutter von morgens bis abends zu leisten hat, damit das Kind alles hat, was es braucht, und nicht nur leiblich gepflegt und versorgt ist, sondern auch seelisch angeregt und getragen, so kann man nur sagen: das Mutter-Dasein ist ein anstrengender Beruf ohne geregelte Arbeitszeit und ohne festen Ferienplan. Würde er mit einem angemessenen Stundenlohn honoriert, so wäre er sicher einer der bestbezahlten Dienstleistungsberufe der Gegenwart. Und damit ist auch bereits das Problem beim Namen genannt: In einer Zeit, in der eine Leistung, die nichts kostet, auch nichts gilt, und in der überall nur auf den Profit geschaut wird, ist es selbstverständlich, daß dem Beruf der Mutter nicht die gesellschaftliche Achtung zuteil wird, die ihm vom Arbeitsaufwand und der Leistung wegen zukommen müßte. Ganz abgesehen davon, daß jede Mutter im Bewältigen der täglichen Probleme auf Fragen stößt, deren Beantwortung ebenfalls Zeit und Kraft kostet. Sie muß sich weiterbilden in Erziehungsfragen, in psychologischen Fragen, in Ernährungsfragen, in sozialhygienischen Fragen und vielem mehr. Auch hierfür stehen keine Hilfen und Mittel bereit. Was die Mutter tut, muß sie aus eigenem Antrieb und ohne entsprechende Impulsierung und Honorierung von außen tun. Wieviel leichter ist demgegenüber jeder andere Beruf!

Es gehört zu den größten sozialen Problemen der Gegenwart, daß aufgrund des materialistischen Wertsystems nur das anerkannt wird, was auch Geld kostet. Wer mit solchen Wertsystemen und Wertvorstellungen aufgewachsen ist, wird den Mutterberuf leicht als disqualifiziert erleben, weil er nicht bezahlt wird. Es hat zwar immer wieder Initiativen gegeben, die gefordert haben, daß die Mutter für ihr Muttersein und für ihre jahrelange Tätigkeit ein Gehalt beziehen sollte – es konnte dies jedoch in der noch immer weitgehend von Männern geprägten Kultur und Politik nicht durchgesetzt werden. Das Leben von Mutter und Kind wäre zweifellos ein anderes, wenn die Mutter aus Steuergeldern ein gewisses Grundgehalt beziehen könnte, das ihr persönlich andere Möglichkeiten ihrer Zeitgestaltung geben würde – zum Beispiel das Bezahlen einer Haushilfe, damit verbundene neue Möglichkeiten der Freizeitgestaltung, eine kleine Erholungsreise, dies oder jenes, was das Leben erleichtern kann und die Lebensqualität erhöht. Es könnte auch in vielen Einzelfällen soziales Elend abgebaut werden, das dadurch entsteht, daß der Mann aufgrund der Tatsache, daß er die Familie erhält und die Macht in Form des Geldes hat, weitgehend über den Ablauf des Familienlebens bestimmen kann. Er hat damit häufig ein Druckmittel in der Hand, das die Frau daran hindert, sich von ihm zu trennen, weil sie den sozialen Abstieg scheut und nicht auf Sozialhilfe angewiesen sein will.

Es gehört heutzutage immer noch großer Mut dazu, diesen Weg zu gehen und mit sehr wenig Geld auskommen zu müssen, oder aber den Kompromiß einzugehen, selbst berufstätig zu werden und gleichzeitig ein Kind allein zu erziehen.

Wenn die Frau unabhängig von ihrem Ehemann ein entsprechendes Gehalt bezöge, würde das nicht nur ihre persönliche Freiheit und Lebensqualität erhöhen, sondern ihr auch gesellschaftlich eine ganz andere Stellung und eine andere Wertschätzung einräumen. Es würde ein attraktives Berufsangebot werden und sicher auch dazu beitragen, daß die Zahl der Schwangerschaftsabbrüche aus sozialer Indikation drastisch abnähme. Eine Fülle von Problemen würde durch eine solche Regelung beseitigt, die aus dem gekränkten Selbstbewußtsein der Mutter resultieren, die in dem Empfinden lebt: »Mein Beruf gilt nichts Ich kann arbeiten, wie ich will – es wird nicht anerkannt.«

Selbstverständlich gibt es auch unter den gegenwärtigen Bedingungen Frauen, die »nur« Mutter sind, diesen Beruf bewußt und mit vollkommener Bejahung und Freude ausüben und die Probleme, die auftreten, genauso bejahen und bearbeiten wie Probleme in anderen Berufen. Natürlich gibt es auch Ehemänner, die die Arbeit ihrer Frauen honorieren, und Kinder, die froh und dankbar sind.

Eine Mutter erzählte auf meine Frage hin, worin sie den Sinn ihres neuen Berufes sieht (sie war vor ihrem ersten Kind berufstätig gewesen): »Also der Sinn des Mutter-Berufs – das ist doch das Kind.« Auf die Frage: »In welcher Hinsicht?«, antwortete sie: »Wissen Sie, es ist so unglaublich schön, noch einmal von Anfang an zu erleben, was es heißt, Mensch zu werden – und was da alles dazugehört! Davon habe ich ja irgendwo doch keine Ahnung gehabt, was *das* alles heißt!« Und dann erzählte sie eine Fülle von Einzelheiten. Interesse, Glück und Freude strahlten aus ihren Augen. Sie schloß dann ihre Antwort damit: »Man hat dieses schöne Gefühl, nicht umsonst zu leben. Man tut doch wirklich etwas für die Zukunft, wenn man einem Menschen gute Startbedingungen schafft.«

Sicher wird jede Mutter auf eine solche Frage hin etwas anderes sagen. Aber an solch einem Einzelfall kann auch etwas Charakteristisches klarwerden. Man sieht daran, daß eine Mutter, die bereits berufstätig war und sich dann mit vollem Bewußtsein entschließt, Nur-Mutter zu werden, mit einer ganz anderen Sicherheit und Selbstverständlichkeit in diesem Beruf steht und den Sinn und die Anerkennung in dieser Tätigkeit selber findet und sie nicht von außen braucht. Andere Mütter beantworten die Frage oft einfach so, daß sie sich eben ein Kind gewünscht haben. Auf die Frage »warum?« können sie oft gar nicht konkret antworten. Sie würden jedenfalls nicht sagen »weil mich das Menschsein interessiert«. Ja, man wird sogar ein wenig komisch angesehen, wenn man solch eine Frage überhaupt stellt. Sie empfinden es als selbstverständlich, daß man als Frau ein Kind haben möchte.

Fragt man nun Mütter, die nicht durch Kinderwunsch oder durch Entschluß zur Familie ganz bewußt ihren Beruf als Mutter ergriffen haben, so stößt man bei ihnen auf eine Fülle von Konflikten und Problemen: Die Kinder werden als lästig empfunden, denn sie machen Arbeit. Es gibt Zeiten, in denen diese Mütter nur das Negative sehen können und ihre eigentlichen Lebenswünsche als nicht erfüllt betrachten. Auf sie wartet ein schmerzhafter Aufwachprozeß und ein schrittweises Annehmen-Lernen der Situation, in die sie eben nicht freiwillig eingetreten sind.

Hier liegt die Schwierigkeit vor, einen Lebensentschluß, den man nicht bewußt herbeigeführt hat, im nachhinein zu fassen und zu bejahen. Eine Frau, die gegen ihren Willen oder ganz ungeplant ein Kind bekommt und sich entschließt, es zu behalten, braucht Zeit, bis dieser Entschluß wirklich ihr eigener geworden ist. Sie wird immer wieder Phasen haben, wo sie denkt, daß sie es schon geschafft hat, um dann doch wieder verzweifelt dazusitzen und sich zu fragen, wie sie alles bewältigen soll. Es ist dies ein Beispiel für die Schwierigkeit, sein Schicksal anzunehmen. Denn man kann Mutter sein, ja sogar mehrere Kinder haben, ohne jedoch diese Situation innerlich anzunehmen. Schafft man es jedoch, zu der Situation, in der man sich befindet, wirklich ja zu sagen, so gelingt der Mutter-Beruf, und die Kinder finden die Geborgenheit und die warme und herzliche Atmosphäre, in der sie am besten gedeihen können.

Sich mit den Lebensrealitäten zu identifizieren und daraus das Beste zu machen – das ist das Schwerste, aber auch das Schönste, was man im Leben erreichen kann. Dichter wie Goethe haben dies als die »sauerste aller Lebensproben« bezeichnet und die Selbstüberwindung, beziehungsweise den inneren Sieg als höchsten menschlich-moralischen Wert dargestellt. Gelingt es, diesen Zwiespalt in der Seele durch einen solchen inneren Sieg zu überwinden, so hat das Kind von einem Tag auf den anderen eine neue Mutter bekommen. Jetzt ist sie nicht nur leiblich die wirkliche Mutter des Kindes, sondern auch seelisch und geistig. Kann sie so zu ihrem Kind stehen, so spielen andere Faktoren wie Berufstätigkeit oder Partnerlosigkeit für das Kind eine untergeordnete Rolle. Denn das Kind hat, was es braucht: einen Menschen, der es bejaht und es im wahrsten Sinne des Wortes beim Namen ruft und haben will. Aber auch die Mutter hat, was sie zum Leben braucht: nämlich eine gewisse Übereinstimmung mit sich selbst und ein daraus resultierendes gesundes Selbstbewußtsein.

Viele Menschen leben heute mit einem kranken Selbstbewußtsein. Es äußert sich darin, daß sie mit sich uneins sind und dadurch ein gespaltenes Selbstbewußtsein besitzen: eines, das sie haben, aber als wertlos empfinden, und eines, das sie gerne hätten und in ihren Wunschvorstellungen überbewerten. Das wirkliche Selbst befindet sich zwischen diesen beiden Möglichkeiten in einer tiefen Verunsicherung. Es bemerkt im Hin- und Hergehen zwischen Wunsch und scheinbarer Wirklichkeit, daß sich in dieser Spannung das eigentliche Selbstbewußtsein regt, das nach einer sinnvollen Identifikationsmöglichkeit mit sich sucht. Zustände dieser Art können durch eine ungewollte Schwangerschaft, durch das Auseinandergehen einer Partnerschaft, durch eine plötzliche Krankheit oder durch ein anderes Schockerlebnis ausgelöst werden. Derart schwere Erlebnisse sind jedoch auch oft der Beginn für den Vorgang, den man zu allen Zeiten die »zweite Geburt« genannt hat: nämlich sich selbst akzeptieren zu lernen und sich dadurch noch einmal neu zu wollen, das heißt selbst noch einmal hervorzubringen. Mit dieser Schicksalsbejahung beginnt dann auch ein zweites Leben.

Damit sind wir noch einmal bei dem Gedanken, der eingangs erwähnt wurde: daß alles, was zunächst leiblich mit uns geschieht, seelisch und geistig durch einen freien Entschluß, den jeder nur selber fassen kann, nachgeholt und gelernt werden muß. Dieser Prozeß der notwendigen zweiten Geburt im späteren Leben zeigt, daß der Mutterberuf eigentlich der *Urberuf* ist, durch den man das Menschwerden lernen kann. Hier liegt die überpersönliche, allgemein menschliche Botschaft des Mutterberufes: aufgerufen zu sein, sich seelisch und geistig weiterzuentwickeln, sich selbst hervorzubringen und zu verwirklichen.

Die berufstätige Mutter

Ist die Mutter nun selbst berufstätig, so hat sie zwei Berufe und kann für keinen ganz da sein. Kann sie die damit verbundenen Kompromisse bejahen, so ist dies selbstverständlich für das Kind das Beste. Denn diese Kompromisse sind durchaus mit einer gesunden Entwicklung des Kindes vereinbar. Voraussetzung ist allerdings, daß die Frage an erster Stelle steht: »Was braucht das Kind, und was kann ich ihm davon unter den gegebenen Umständen geben?« Ganz sicher müssen die mütterlichen Funktionen auf mehrere Personen verteilt werden, weil die Mutter durch ihre Abwesenheit nicht alles selbst verwirklichen kann. Kann sie dies bejahen und andere Menschen voll in den Lebensalltag ihres Kindes miteinbeziehen und dann auch deren Eigenarten mittragen, so erlebt das Kind Geborgenheit und Sicherheit.

Einziges Hindernis ist der Anspruch mancher Frauen, eben doch alles selber zu tun und nicht bereit zu sein, sich die Betreuung des Kindes mit einem anderen Menschen zu teilen. Sie bemerken dann

nicht, daß das Ungenügen, die Hetze und die Unzufriedenheit darüber, daß man eben doch nicht alles schafft, für das Kind viel schädlicher sind als eventuelle Eigenschaften anderer Pflegepersonen, die
man von dem Kind fernhalten möchte, weswegen man diese anderen vielleicht nicht zuzulassen bereit ist. Auch hier ist es entscheidend, zu der Lebenssituation, in der man steht, ganz ja zu sagen.
Hat man sich durch bestimmte äußere Zwänge oder auch durch
innere Neigung zur Berufstätigkeit entschieden, so ist es ganz wichtig, jetzt die Konsequenzen mit vollem Herzen zu tragen: Wenn
eine andere Person Mutterfunktionen übernimmt, so muß an dem
damit verbundenen Konkurrenzproblem gearbeitet werden. Anstatt zu fragen: »Wen mag das Kind lieber, wer hat das Kind jetzt
wirklich?« und angesichts der damit verbundenen Verwöhnungs-
aktionen, ist es notwendig, daß die Mutter die andere Bezugsperson
voll in ihr eigenes Leben und das des Kindes miteinbezieht, und daß
sie sich in erster Linie darüber freut, daß das Kind bekommt, was es
braucht.

Diese Doppelrolle verlangt von der Mutter etwas, was andere
Mütter, die nicht berufstätig sind, erst später lernen müssen: nämlich, ihr Kind nicht als ihr Eigentum anzusehen, sondern vielmehr
als einen Menschen, der ihr vorübergehend zur Pflege und Förderung übergeben ist. Denn sie muß von Anfang an, wenn sie ihr Kind
an einen anderen Menschen zur Pflege abgibt, äußerlich etwas tun,
was sie seelisch dann eben auch akzeptieren muß: einsehen, daß das
Kind nicht ihr, sondern der Welt gehört. Kann sie das lernen und
auch seelisch und geistig zulassen, so hat sie den mütterlichen Egoismus und auch das Problem Neid in die Fähigkeit verwandelt, die
Mitverantwortung anderer Menschen zuzulassen und gemeinsam
mit anderen Menschen um das Kind herum einen Freiraum entstehen zu lassen, in dem es sich entwickeln kann. Anstelle seelischer
Spannungen, Konkurrenzempfindungen und Verwöhnungsreak-
tionen entsteht eine liebevolle Atmosphäre der Geborgenheit.

Die Doppelrolle als Mutter und Berufstätige hat jedoch auch einen Vorteil. Der berufstätigen Mutter ist es selbstverständlich,

wenn das Kind oder die Kinder größer sind, wieder den Anschluß an das Leben außerhalb der Familie zu finden. Dies ist für die Nur-Mutter schwerer, denn es fordert von ihr oft eine völlige Umstellung ihres Lebens.

Die alleinerziehende Mutter

Unter den alleinerziehenden Müttern gibt es sowohl die hauptberufliche als auch die nebenberufliche Mutter. Meist lebt die hauptberufliche Mutter mit sehr wenig Geld und die nebenberufliche Mutter in etwas besseren Verhältnissen. Gelingt es der Mutter, sich mit ihren jeweiligen Lebensumständen zu identifizieren, so wachsen die Kinder in dieser Situation meist glücklicher auf als in einer Familie, wo häufig Zank und Streit herrscht. Identifiziert sie sich mit ihrem mütterlichen Beruf und schafft sie es, mit dem Wenigen, was sie hat, auszukommen, so ist das natürlich für das Kind ein Segen. Aber auch für sie selbst ist es die entscheidende Hilfe, denn so findet sie eher Freunde und Anschluß an andere Familien, die ihr dann auch bei der Bewältigung ihrer Lebenssituation helfen können.

Wer miterlebt, wie problematisch die Atmosphäre in vielen Familien der Gegenwart ist, der freut sich über jedes Kind, das einigermaßen unbehelligt und harmonisch aufwachsen darf. Auch wenn das Fehlen des Vaters natürlich ein Faktor im Leben des Kindes ist und die Mutter Sorge tragen muß, daß die väterlichen Funktionen von ihr und anderen Menschen übernommen werden, so kann sie sich doch auch immer wieder sagen, daß eine solche Art zu leben auch zum Wohl des Kindes ist. Denn es gibt ungezählte Kinder, die gerade in der Dreierbeziehung Vater-Mutter-Kind kein gesundes und harmonisches Existenzgefühl entwickeln können, da sie immer wieder in die zermürbenden Spannungen zwischen den Eltern einbezogen werden. Ein ungebrochenes Gefühl der Geborgenheit kann nicht entstehen.

Demgegenüber kann die alleinerziehende Mutter in keine Diskussion über Erziehung, Schule, Ferienaufenthalte, Anschaffungen zu Hause verwickelt werden, die Anlaß für Zank und Streit geben könnten. Das Kind erlebt, daß die Mutter tut, was sie für richtig hält, und dieses eindeutige Handeln schafft Sicherheit und Vertrauen. Die alleinerziehende Mutter kann hier dem Kinde etwas geben, was die andere Mutter gemeinsam mit dem Partner sich oft mühsam erst erarbeiten muß.

Begegnet man im späteren Leben Halbwaisen oder den vielen Erwachsenen, die infolge des Krieges ohne Vater aufgewachsen sind, so findet man unter ihnen oft besonders harmonische Menschen, die dankbar auf ihre Kindheit zurückblicken. Ein Vater erzählte mir einmal, daß er seinen Vater nur als Kleinkind erlebt hat, aber dennoch durch seine ganze Kindheit hindurch nie das Gefühl hatte, ohne Vater zu sein, denn die Mutter habe während des Krieges noch auf seine Heimkehr gewartet und viel von ihm erzählt. Als dann die Todesnachricht kam, sei besonders viel vom Vater gesprochen worden. Alle Bilder seien angeschaut worden, und die Mutter habe gesagt, daß er nun einen Vater im Himmel habe. Ein Vater im Himmel ist natürlich etwas anderes als ein Vater auf der Erde. Das väterliche Element jedoch, das sich im Wahrgenommenwerden ausdrückt, bleibt erhalten. Solch ein Beispiel kann auch den Alleinerziehenden helfen, die ihren Partner zunächst geliebt haben, aber dann Gründe hatten, sich zu trennen. Gelingt es der Mutter, dem Kind den Vater so zu schildern, wie er war, als sie ihn liebte und das Kind bekommen hat, so wächst das Kind doch in einer väterlichen Atmosphäre auf. Man kann dann auch eine Erklärung dafür finden, warum der Vater jetzt nicht mehr da ist, die der Wahrheit entspricht. Entweder braucht ihn jetzt ein anderer Mensch (eine andere Frau vielleicht) mehr, weswegen er jetzt dort lebt. Oder er lebt in einer anderen Stadt oder einem anderen Land und kann eben nicht kommen, weil er dort arbeitet.

Schwieriger wird es allerdings, wenn eine Besuchsregelung besteht und der Vater immer wieder mit dem Kind zusammen ist.

Hier ist es wichtig, daß die Mutter die Ausflüge zum Vater bejaht und so integriert, wie die berufstätige Mutter die Mitfürsorge eines anderen Menschen integrieren muß. Darf das Kind beispielsweise beim Vater fernsehen und bei der Mutter nicht, so ist es nicht sinnvoll, dem Kind Vorhaltungen zu machen, warum es wieder beim Vater ferngesehen hat, oder diese Tatsache zu ignorieren. Vielmehr ist es hilfreich, sich vom Kind erzählen zu lassen, was es beim Vater erlebt und gesehen hat. Das gibt dem Kind die Möglichkeit, das passiv am Bildschirm Aufgenommene noch einmal aktiv zu reproduzieren und sich dadurch auch mehr davon zu distanzieren. Der Mutter gibt es die Möglichkeit, Anteil zu nehmen an dem, was das Kind erlebt hat, und das eine oder andere vielleicht in den kommenden Tagen noch verarbeiten zu helfen und auszugleichen. Für das Kind ist es entscheidend, daß es in dem Empfinden leben darf, daß jeder der Erwachsenen gibt, was er geben kann, und daß sich das im Leben sinnvoll verbinden läßt. Viel schädlicher als eventuelle negative Einflüsse des einen oder anderen Partners ist es, wenn das Kind Uneinigkeit und seelische Spannung erlebt.

Zum Abschluß sei noch etwas angefügt, das für jede Muttersituation förderlich sein kann. Im Anschauen der Probleme, die man in der jeweiligen Lebenssituation hat, wird oft vergessen, daß diesen Problemen auch eine Fülle von unproblematischen und positiven Tatsachen gegenübersteht. Da wo dies nicht empfunden wird, ist es sinnvoll, systematisch nach diesen positiven Tatsachen zu suchen. Sowohl die Hausfrau als auch die berufstätige wie die alleinerziehende Mutter haben ihre Vor- und Nachteile. Gelingt es, beides gleichgewichtig zu sehen, so wird es auch leichter, die für die eigene Entwicklung fruchtbaren Gesichtspunkte festzustellen und das Leben für das Kind, aber auch für sich selbst, sinnvoll zu gestalten.

Fragen zum Thema:

Frage: Sehen Sie die Situation der alleinziehenden Mutter tatsächlich so positiv? Ich hatte zuletzt den Eindruck, die Väter könnten die Kindererziehung fast nur stören.

Antwort: Es ist eine Tatsache, daß es heute viele Frauen gibt, die ganz bewußt ohne Männer leben wollen, weil diese in ihren Augen für die Kindererziehung mehr Ärger bringen als Nutzen. Daneben gibt es natürlich viele andere Frauen, die sehr darunter leiden, daß sie keinen Partner haben, und nur das Negative sehen, was dem Kind entgeht und was ihnen selber fehlt. Dadurch ist der ganze Erziehungsprozeß dann depressiv getönt. Man hat dem Kind gegenüber ein schlechtes Gewissen, weil ihm der Vater fehlt, und daneben hat man das Gefühl, als Frau versagt zu haben, weil es nicht gelungen ist, mit dem Mann zusammenzuleben. Oft sind die Frauen auch traurig darüber, daß sie nicht genügend Toleranz hatten, um die Lebensgewohnheiten des Partners auszuhalten. Eine Frau erzählte mir einmal: »Wenn ich das gewußt hätte, daß man das, weswegen ich mich damals habe scheiden lassen, auch aushalten und verarbeiten kann, ich hätte mich nicht getrennt von meinem Partner.« Das sagte sie fünfzehn Jahre später. Die Auffassungen und Schicksale sind eben sehr verschieden.

Ich habe mich bemüht, in aller Kürze für die verschiedenen typischen Lebenssituationen der Mütter heute einige positive Aspekte aufzuzeigen, die vielleicht helfen können, sich mit der einen oder anderen Situation besser zu identifizieren. Denn vom Kind her gesehen ist es das Allerwichtigste, daß der Erwachsene lernt, seine besondere Lebenssituation anzunehmen und positiv daran zu arbeiten.

Beitrag einer Mutter: Ich fühle mich von der Welt der Mutter, die Sie geschildert haben, noch weit entfernt. Auch wenn ich mir meine beiden Kinder gewünscht habe, fühle ich mich doch als Hausfrau sehr oft überfordert und habe das Empfinden, daß ich eigentlich meinen Beruf noch gar nicht richtig kenne. Daher frage ich mich auch immer wieder, wie das kommt, daß ich mich bei einem relativ überschaubaren Beruf wie dem der Hausfrau doch immer wieder so überfordert und unsicher fühle. Auch für mich besteht die Aufgabe der Mutter und Hausfrau darin, zu Hause eine harmonische Atmosphäre zu schaffen. Aber das empfinde ich gerade als außerordentlich schwer.

Antwort: Sie haben recht, das Hausfrauen-Dasein ist ein besonders anspruchsvoller Beruf. Unerledigte Briefe oder Akten kann man auf einem Schreibtisch ohne weiteres ein oder zwei Tage liegen lassen. Im Haushalt geht das bei den laufenden Dingen nicht. Da müssen bestimmte Abläufe von morgens bis abends stattfinden, wenn das Notwendige getan werden soll. Auch stellt man natürlich höhere Ansprüche an sich selbst, wenn nicht nur Papier oder Maschinen, sondern konkrete Menschen von einem abhängen. Daher ist ein gewisses Überfordertsein im Hausfrauenberuf ganz natürlich. Es wäre jedoch ein schlimmes Mißverständnis zu meinen, ich hätte hier ein unerreichbares Mutterbild und Ideal zeichnen wollen, das nun bei den Betroffenen eher ein schlechtes Gewissen weckt als hilft. Mein Anliegen war es vielmehr, nicht nur Probleme zu schildern und darzustellen, wie schwer alles ist, sondern auf einige mögliche positive Leitbilder hinzuweisen, an denen man sich orientieren kann. Jedes Bemühen in dieser Richtung, jedes Streben nach Harmonie ist wertvoll. An dieser Aktivität, das heißt an dem *Bemühen* der Erwachsenen, orientieren sich die Kinder. Die Ergebnisse sind dabei nicht so entscheidend.

Frage: Wie wirkt sich eine vaterlose Erziehung auf die Entwicklung und auf die spätere Partnerwahl eines Mädchens aus?

Antwort: Diesbezügliche bisher aufgestellte Theorien, die ich kenne, haben sich meines Erachtens bei näherer Überprüfung in der Praxis nicht bestätigen lassen. Das ist individuell ganz verschieden. Aus der Tatsache als solcher läßt sich nichts Wesentliches ableiten. Vielmehr müssen noch viele andere Faktoren mit in Betracht gezogen werden, die zu der vaterlosen Erziehung hinzutreten: Freunde, Verwandte, Lehrer, die auf die Entwicklung des Mädchens Einfluß haben, und ähnliches.

Beitrag einer Mutter: Ich habe heute einiges gehört über den sozialen Abstieg, den habe ich selbst mitgemacht. Auch war ich so, wie Sie es geschildert haben, ganz dafür, mein Kind in den Mittelpunkt zu stellen und nicht berufstätig zu werden. Allerdings habe ich erlebt, daß es mir von seiten der Behörden und vom Vater des Kindes (ich kämpfe seit vier Jahren mit dem Kindesvater und komme nicht weiter) schwergemacht worden ist, mich auf meine Aufgabe als Mutter zu konzentrieren. Durch diese Einflüsse wird es einem nicht leicht gemacht, ein harmonisches Zuhause zu gestalten. Wenn man das neue Scheidungsgesetz genauso gut kennt wie die Grimmschen Märchen und jeden Abend wieder mit denselben Sorgen zu Bett geht, so fängt man doch irgendwann an, seine Unzufriedenheit an dem Kind auszulassen. Dabei ist das Schlimmste, daß einem nicht nur von seiten des Vaters Schwierigkeiten gemacht werden, sondern auch von den Behörden. Je älter das Kind wird, desto größer werden die Schwierigkeiten, und ich glaube, daß diese ganze Problematik der Allgemeinheit immer noch nicht genügend bewußt ist.

Beitrag einer Mutter: Ich bin berufstätige, alleinerziehende Mutter. Ich möchte hier jetzt keine Frage stellen, sondern drei Dinge nennen, die mir immer wieder helfen, wenn ich zu zweifeln anfange: Wem oder was muß ich den Vorzug geben? Zerteilt man sich? Wie kommt man mit dem schlechten Gewissen zurecht? Ich habe einmal einen älteren Menschen gefragt: »Was habe ich damit getan, daß ich ein Kind bei mir allein habe aufwachsen lassen?« Daraufhin sagte er: »Es kommt darauf an, was Sie jetzt machen aus dieser Situation.« Daraufhin kam mir dann der Gedanke: das Kind wird ja auch einmal in der Lage sein, aus seiner Situation das Beste zu machen. Alle Dinge haben doch ihre zwei Seiten und so auch die Tatsache, bei der Mutter aufzuwachsen. Das Dritte wurde bereits genannt. Das hat mir auch sehr geholfen, nämlich dieses, sich immer wieder ganz objektiv die Vor- und Nachteile der eigenen Situation aufzulisten und sich nicht nur immer mit den Nachteilen zu befassen und sich da seelisch hereinzuhängen.

Antwort: Diese Erfahrung habe ich auch immer wieder gemacht. Die Kinder sind in der Regel mit ihren Lebensumständen viel zufriedener als die Erwachsenen. Gelingt es der Mutter, sich mit ihrer Situation zu identifizieren, so wächst das Kind auch glücklich auf.

Beitrag einer Mutter: Mich beschäftigt das Problem der Trennung. Ich habe eine elfjährige Tochter, die ich praktisch seit der achten Lebenswoche bei verschiedenen Menschen immer wieder unterbringen mußte. Sie hat auch einige Male geweint, wenn ich sie abgegeben habe. Das hat mich dann immer sehr traurig gemacht. Inzwischen hat sie zwei kleine Brüder, und ich habe in letzter Zeit einmal gefragt, wie sie dazu stände, wenn ich jetzt wieder anfangen würde zu arbeiten. Darauf sagte sie: »Wenn das für dich besser ist, dann tu das doch.« Ich habe das dann für mich als ein »nein« aufgefaßt. Mir war klar, wenn ich nur zufriedener wäre mit meiner Situation, wäre es dann auch für sie besser.

Beitrag einer Teilnehmerin: Ich habe auch in der eigenen Familie erlebt, wie es die Kinder letztlich doch bevorzugen, daß die Mutter zu Hause ist. Als ich elf Jahre alt war, wollte meine Mutter arbeiten gehen, weil das Haushaltsgeld einfach nicht reichte. Sie entschloß sich, halbtags als technische Zeichnerin tätig zu sein. Ein halbes Jahr haben die Kinder das toleriert (wir waren sechs Kinder zu Hause), dann gab es Kinderstreik. Der Vater verhielt sich neutral, und die Mutter mußte zur Kenntnis nehmen, daß die Kinder sagten, sie würden lieber mit weniger Geld und weniger neuen Sachen und nicht so gutem Essen leben, als ein Zuhause haben, wo es ungemütlich ist. Wenn man nach Hause kam, war nicht alles schön vorbereitet, es fehlte irgendwie die Atmosphäre. Sicher spielt hier auch die Gewohnheit eine Rolle. Wenn sie uns damals gesagt hätte: »Nun wartet doch noch ein bißchen, ihr gewöhnt euch schon noch an das neue Leben, das kriegen wir schon hin«, dann wäre es vielleicht mit der Zeit noch anders geworden. Das hat sie aber nicht gemacht, und so war bald der frühere Zustand wieder hergestellt.

Beitrag einer Mutter: Ich kenne eine Frau, die mit vollem Einsatz Therapeutin und Krankenschwester ist und nebenher einen Haushalt und Kinder zu versorgen hat. Woher bekommt man nur die Kraft, beides zu schaffen?

Antwort: Dieser Frage nachzugehen, ist sicher eine Vorbedingung für Konfliktlösungen dieser Art. Denn gerade in therapeutischen, aber auch in pädagogischen Berufen ist man menschlich außerordentlich gefordert, und irgendwann kommt jeder an den Punkt, wo er entdeckt, daß er erschöpft ist und die früheren Kraftquellen irgendwie versiegen. Es gibt kaum eine Mutter, die nicht irgendwann einmal an diesen Punkt der Erschöpfung käme, wo sie sich menschlich verausgabt hat und nicht recht weiß, wie sie in dem laufenden Betrieb wieder zu Kräften kommen soll, um den alltäglichen Anforderungen zu genügen. Meist ist eine solche Situation ausgelöst durch eine Zeit besonderer Belastungen mit ungenügendem Schlaf. Oft ist dann eine ärztlich verordnete Kur der erste Schritt zu einer Änderung der Lebenseinstellung und Lebensweise.

Die Frage ist: woher beziehe ich als Mensch die Kraft für die eigene Existenz? Und da zeigt sich, daß man diese Kraft als Erwachsener – je älter man wird, um so mehr – zunehmend aus der geistigen Betätigung bezieht und immer weniger aus den Kraftreserven des Körpers. Spätestens ab der zweiten Lebenshälfte ist man körperlich jeden Tag etwas weniger wert als am Vortag, weil der biologische Abbau langsam, aber stetig vor sich geht. Oft bewirkt eine solche Erschöpfungskrise die Einsicht, daß man tatsächlich nicht mehr so kräftig und belastungsfähig ist wie noch vor fünf oder zehn Jahren. In der Jugend bekommt man die Kraft für alles aus dem Wachstum, aus den körperlichen Reserven. Gelingt es im späteren Leben nicht, sich geistige Kraftquellen zu erschließen, so kommt man von einer Krise in die nächste. Wenn man es sich leisten kann, in solcher Situation häufiger Urlaub zu machen, weniger zu arbeiten und sich öfter leiblich zu erholen, so ist das zwar auch eine Lösung, aber zumeist geht das nicht.

Wie kann man sich nun diese geistigen Kraftquellen erschließen? Auf der einen Seite dadurch, daß wir uns religiös oder meditativ betätigen, oder daß wir uns aus großen Werken der Literatur und Kunst geistige Anregung und Nahrung holen. Auf der anderen Seite gibt es die menschliche Begegnung als Kraftquelle. Eine Frage, ein interessevolles Aufeinanderzugehen, ja eine neue Menschenbegegnung, durch die Gemeinsamkeiten bewußt werden, können sich stärkend und hilfreich erweisen. Die erste Möglichkeit ist jedem Menschen zugänglich. Die zweite kann sich nur ereignen, wenn man selber bereit ist, auf andere Menschen zuzugehen, und wenn die Schicksalsumstände einem entsprechende Menschen in den Weg führen, die einem in dieser Weise helfen können.

Bei den meisten Menschen zeigt sich in der Lebenspraxis, daß diese beiden Kraftquellen abwechselnd oder zugleich die Hilfe geben, die benötigt wird. Möglich ist aber auch, daß eine durch die Fülle der häuslichen Tätigkeiten müde gewordene Mutter in erster Linie der Stärkung und Unterstützung durch den Lebenspartner oder anderer nah vertrauter Menschen bedarf. In diesem Zusammenhang sagte mir eine Mutter einmal: »Wissen Sie, das Entscheidende bei all diesen Fragen, ob man den Haushalt schafft oder nicht, ist, daß die Partnerschaft stimmt. Wenn mein Mann abends nach Hause kommt, geht es mir einfach sofort besser. Wenn ich ihm dann sagen kann, wie es mir gegangen ist, und wenn er sich interessiert und mich ein bißchen tröstet, so ist das Vertrauen wieder da, daß auch der nächste Tag gelingt.«

Frage: Wenn aber staatliche Behörden und der geschiedene Ehemann einem das Leben schwermachen?

Antwort: Wenn Sie sich dem Kind zuliebe fragen: Lohnt sich das, was ich durch den Kampf mit dem Ehepartner und mit den Behörden gewinne? Kämpfe ich nur um meines Rechthabens und meiner persönlichen Ruhe willen, oder kämpfe ich wirklich um des Kindes willen? Wiegt die Aussicht auf den Erfolg den Schaden beim Kind auf, das mich ständig in dieser Auseinandersetzung erlebt? Gibt es nicht doch noch eine andere Möglichkeit, mit diesem Problem fertigzuwerden?

Solche Fragen helfen, neue Ansätze zu finden, mit dem Problem fertigzuwerden. Denn wenn man drinnen steht in dem ganzen Rechtsanspruch-Denken, in der Geldknappheit, der Ungerechtigkeit, dann ist man so eingenommen von diesen Emotionen, daß man gar keinen anderen Ausweg sieht. Tritt man jedoch von dieser Situation einmal zurück und fragt sich wirklich: Das ist der eine Bereich, mit dem ich zu tun habe – der andere Bereich ist aber mein Kind, und ich selber bin auch noch da und kann beides angucken und bin letztlich doch derjenige, der jetzt für das Kind verantwortlich ist. Durch eine derartige Besinnung kann unter Umständen dann doch noch eine neue Idee kommen, wie die wirtschaftliche Seite zu sichern ist, und wie man sich den Kampf mit den Behörden und mit dem geschiedenen Ehemann ersparen kann. Allerdings erfordert dies die Bereitschaft zum Verzicht auf den als rechtmäßig empfundenen Anspruch. Oder aber man hat die Möglichkeit, diese inneren Kraftquellen zu erschließen und kommt dadurch in die Lage, diesen Kampf mit den Behörden weniger aufreibend fortzusetzen.

Frage: Ich habe mich dafür entschieden, wieder berufstätig zu sein, und kann mir jetzt die Frage nicht beantworten: Wie bewältigt mein Kind die Trennung von mir? Wenn ich morgens um sieben Uhr aus dem Haus gehe und ein weinendes Kind zurücklasse, macht mir das doch ziemlich zu schaffen. Mein Sohn ist jetzt fünfzehn Monate alt.

Antwort: Rein von dem Bild her, das Sie als morgendliche Szene schildern, kommen mir zwei Möglichkeiten in den Sinn. Einerseits kann dieses Bild einem sagen: das Kind hat recht. Es ist nicht ideal, daß die Mutter geht und eine andere Person zur Pflege kommt. Man sieht dem Kind förmlich an, daß ihm jetzt etwas genommen wird, wonach es sich sehnt. Andererseits ist es so: Wenn Sie sich sicher sind, daß Ihre Entscheidung sinnvoll und notwendig war, und derjenige, der das Kind jetzt am Vormittag versorgt, ihm rasch über den Trennungsschmerz hinweghilft und nun doch ein schöner Vormittag für das Kind beginnt – dann wird diese Sicherheit des Entschlusses sich bald auch dem Kind mitteilen und das Weinen am Morgen wird aufhören. Oft ist es so, daß die kleinen Kinder deutlich die Zerrissenheit und Unsicherheit im Erwachsenen mitempfinden, und dieses Erleben dann durch ihr Weinen zum Ausdruck bringen. Kommen Sie nachmittags mit gutem Gewissen (weil Sie Ihre Entscheidung bewußt gefällt haben und jetzt auch dazu stehen und mit den Konsequenzen leben) wieder nach Hause, so ist für das Kind doch die Welt wieder ganz in Ordnung.

Engel

Ihre Wirksamkeit im Leben der Kinder und Erwachsenen

Schutzengel mein,
Behüt mich fein,
Tag und Nacht,
Früh und spät,
Bis meine Seele
zum Himmel eingeht.

KINDERLIED

Engel sind keine unbekannten Wesen. Es gibt wohl kaum einen Menschen, der nicht zumindest ihren Namen kennte, und der nicht auch wüßte, was dieser Name bedeutet. Engel (Angelos) heißt: der Bote. Er ist ein vermittelndes und wissendes Wesen, denn ein Bote bringt eine Botschaft. Er weiß etwas, was man selbst noch nicht weiß. So hat man auch den Engeln immer ein umfassendes Wissen zuerkannt. Schon in den frühen christlichen Jahrhunderten finden sich Engeldarstellungen in der bildenden Kunst, die dieses zum Ausdruck bringen: der wissende Blick, die weisende Geste, die schicksalswendende Handlung, die vollkommene Gestalt. – Auch in den Evangelien begleiten Engel mit ihren Botschaften das Leben des Christus. Die Verkündigung, die Freudenbotschaft bei der Geburt, die Stärkung im Todeskampf in Gethsemane.

Engel erscheinen immer dann, wenn Menschen in Grenzsituationen kommen. Meist sind dies Augenblicke höchster innerer oder äußerer Not. Da werden sie auch von Menschen angerufen, die sonst vielleicht gar nicht an sie denken. In solchen Augenblicken werden sie auch am ehesten wahrgenommen und erkannt.

Viele Maler haben sich bis in die Gegenwart in der Darstellung von Engeln versucht. Sie stimmen dabei alle in den Hauptmerkmalen überein, wenn auch das eine oder das andere stärker betont sein kann. So gibt manchmal die Fingerhaltung die deutlichste Bot-

57

schaft, ein anderesmal die bewegte Gestalt, die zeigt, daß es hier um einen Entwicklungsprozeß geht, daß ein Woher und ein Wohin vorliegt. Auf nahezu allen Engeldarstellungen fällt jedoch der überaus wache Blick auf. Wach, ernst und wissend richtet er sich auf den Betrachter des Bildes. In der Ikonenkunst werden auch Erzengel, Cherubime und Seraphime dargestellt. Je höher die hierarchische Ordnung ist, desto mehr Augen werden diesen Wesen zuerkannt. Die Augen werden nicht nur im Gesicht, sondern auch an den Händen, an den Flügeln, ja zuweilen am ganzen Leib dargestellt. Damit wird zum Ausdruck gebracht, daß diese Wesen alles wahrnehmen, alles wissen.

Engel haben Flügel. Auch sie finden wir auf fast allen Darstellungen. Leichtigkeit, das heißt ein der Erdenschwere nicht Verhaftetsein spricht sich darin aus, aber auch eine starke Kraft und Beweglichkeit. Oft halten die Engel Musikinstrumente in den Händen. Die vollkommene Harmonie, die sich in den großen Musikwerken ausspricht, nennen wir gern himmlisch. Auch sagen wir, wenn wir eine schöne Stimme hören, »er oder sie sang wie ein Engel!« Überhaupt wird das Wort »Engel« in der Umgangssprache häufig gebraucht. Wie oft wird gesagt: »Du bist wirklich ein Engel«, selbst wenn vielleicht nur im richtigen Moment eine Briefmarke zur Hand ist. Es ist aber genau das, was gerade gebraucht wird. Wenn das Richtige zum richtigen Zeitpunkt geschieht, empfinden wir dies wie eine überirdische Gnade, wie ein Geschenk des Himmels, wie ein Engelereignis.

Ähnlich ist es mit den moralischen Qualitäten des Menschen. Wir sprechen von Engelsgeduld, Engelsgüte, warten können wie ein Engel. In Ibsens Drama »Peer Gynt« ist es Solveigh, die auf Peer Gynt wartet, während er in der Welt die verschiedensten Abenteuer besteht, zahlreiche Affären durchlebt, immer auf der Suche ist nach irgend etwas, rastlos –. Er weiß jedoch, daß im hohen Norden seine Solveigh ist und auf ihn wartet. Sie wird im weißen Kleid dargestellt, weil ihr Verhalten mit menschlichen Begriffen nur schwer zu beschreiben ist. Andere Frauen reagieren anders in entsprechenden Situationen, sie stürzen in Verzweiflung oder gehen eine neue Beziehung ein, wenn sie verlassen werden. Solveigh jedoch gelingt es, die innere Ruhe nicht zu verlieren. Sie kann auf ihn warten, weil sie weiß, daß in der Beziehung zwischen Menschen nicht nur die zeitliche, sondern auch die ewige Dimension stets anwesend ist und gepflegt werden kann. So singt sie dann auch mit einer Engelsstimme: »Ich will deiner harren, bis du mir nah, und harrest du dort oben (das heißt, wenn du schon gestorben bist), dann treffen wir uns da.« Ihr ist es gleichgültig geworden, wo sie Peer Gynt wieder treffen wird. Für sie ist nurmehr entscheidend, daß sie die Nähe des geliebten Wesens erahnen kann und die innere Anwesenheit und Verbundenheit mit ihm durch die unerschütterliche Liebe empfindet. Menschen, die solche Eigenschaften entwickeln, sind der Welt der Engel näher. Sie finden die Brücke zwischen der sinnlichen und der übersinnlichen Welt, in deren Grenzbereich die Engel als vermittelnde Boten wirken.

In ähnlicher Weise wird Anwesenheit und Wirksamkeit von Engeln im Alten Testament geschildert, zum Beispiel im 91. Psalm:

»Denn er hat seinen Engeln befohlen über dir,
daß sie dich behüten auf allen deinen Wegen,
daß sie dich auf den Händen tragen
und du deinen Fuß nicht an einem Stein stoßest.«

Schilderungen dieser Art haben zu dem Begriff des »Schutzengels« geführt, auf den wir später noch zu sprechen kommen werden.

Die Engel wirken als Vermittler, wenn der Mensch betet. Darauf weist auch das Hochamt der katholischen Kirche hin. Die Engel, insbesondere der Erzengel Michael, helfen, damit Gott die Opfergedanken und Gefühle der Menschen wahrnehmen kann. Es ist uns nicht gegeben, Gott unmittelbar zu schauen. Die Unvollkommenheit des Menschen ist zu groß. Die Engel treten hier vermittelnd ein. Wenn wir beten, so werden unsere eigenen schwachen Worte und Gedanken wie auf den Schwingen des Engels vor den Thron der Gottheit hingetragen und durch sie dort hörbar. Dies lebt auch in dem Bilde der »Offenbarung des Johannes«, wo gezeigt wird, daß Engel zu den Gebeten der Menschen »Weihrauch hinzutun«:

»Und der andere Engel kam und trat mit einem goldenen Rauchgefäß an den Altar. Ihm wurde viel Räucherwerk gereicht, damit er es zu den Gebeten aller Geist-Ergebenen spendete auf dem goldenen Altare angesichts des Thrones« (Apokalypse 8, 3).

Die Engel »nehmen« sich der Gebete der Menschen »an« und »machen etwas daraus«, »substantiieren« sie, legen ihnen Substanz bei, »bringen sie vor Gott«.

Nicht *zu* unserem Engel beten wir, sondern *mit* ihm. Und es ist von weitreichender Bedeutung für das Verhältnis zu unserem Engel, ob wir das Gebet üben oder es nicht tun. Deshalb ist es gut, wenn schon die Kinder das Beten lernen dürfen und die andächtige Stimmung erleben, in der die Engel anwesend sind.*

Dichter, die sich des Engelthemas annehmen, beschreiben ebenfalls die Motive, die wir bereits angesprochen haben: die Grenzsituationen des Lebens, die Qualität der Wachsamkeit, des Schützens, des Geleitens, des Behütens, des Belehrens, des Helfens, aber auch des Erschreckens. So schreibt Rainer Maria Rilke:

»Wer, wenn ich schriee, hörte mich denn aus der Engel
Ordnungen? Und gesetzt selbst, es nähme
einer mich plötzlich ans Herz: ich verginge von seinem
stärkeren Dasein. Denn das Schöne ist nichts
als des Schrecklichen Anfang, den wir noch gerade ertragen,
und wir bewundern es so, weil es gelassen verschmäht,
uns zu zerstören. Ein jeder Engel ist schrecklich.«

Die Über-Macht des Engels, dieses unglaubliche Wissen, die unsägliche Reinheit und Ruhe können einen Menschen vernichten, wenn sie ihn unvorbereitet treffen. Die gewaltige Spannung zwischen der Unvollkommenheit eines Menschen und der erahnten moralischen Vollkommenheit eines Engels bewirkt dies. Sie ist nur

---

* Siehe auch H. W. Schroeder, »Mensch und Engel«, Stuttgart 1979.

zu ertragen, wenn man bereit ist, sich zu verwandeln. Es bedeutet Freiheit für die menschliche Entwicklung, daß der Engel es verschmäht, den Menschen zu nahe zu kommen. Er gibt vielmehr die nötige Zeit, sich auf die Begegnung mit ihm nach eigenen Kräften und Möglichkeiten vorzubereiten.

Noch zwei weitere Zeugnisse möchte ich erwähnen, die mir in bezug auf unsere heutige Zeit besonders charakteristisch erscheinen. Das eine ist von Novalis, der im Zusammenhang mit seinen geistlichen Liedern öfter auch die Engel erwähnt. Er beschreibt eine Situation, die jeder von uns kennt – nämlich die Situation der Verzweiflung, in der man keinen Ausweg mehr zu finden glaubt. In solch einem Augenblick, wenn alles Hadern sich ausgetobt hat, alles gesagt ist, was man sich sagen wollte, kann dann schließlich mit einem Male die tiefe Ruhe im Inneren erlebt werden, in der erkannt wird, daß man selbst ein Wesen ist, das durch schöne und tragische Situationen *hindurchgeht* und nicht dazu verurteilt wird, in der einen oder anderen Lage steckenzubleiben. In diesen Augenblicken der Ruhe kann dann auch die tröstliche Nähe, die Anwesenheit einer hilfreichen Macht, empfunden werden, die einem bedeutet: Es geht ganz bestimmt weiter, habe nur noch weiter Geduld mit dir. Wenn es gelingt, aus der Verzweiflung heraus in die Ruhe einzutreten, taucht die Möglichkeit auf wie eine Art Selbstgespräch, wie eine Art Gedankengespräch mit sich selbst zu führen. Mit sich Selbst? Ja, man empfindet sich wie im Gespräch mit seinem besseren selbst und kann sich Trost zusprechen. Woher kommen diese tröstlichen Gedanken? Solange die Emotionen den Menschen hin- und herwerfen, tauchen sie nicht auf. Erst in der inneren Stille können sie erscheinen und ihre hilfreiche Kraft entfalten. Wer sendet solche Einfälle? Wer vermittelt solche Gedanken? Wenige Augenblicke vorher hatte man in der Seele nur schwarze Zerrissenheit – plötzlich ist es hell und warm geworden. Solch einen Moment beschreibt Novalis in einem seiner geistlichen Lieder:

Engel

»Es gibt so bange Zeiten, es gibt so trüben Mut
wo alles sich von weitem gespenstisch zeigen tut.
Es schleichen wilde Schrecken so ängstlich leise her,
und tiefe Nächte decken die Seele zentnerschwer.

Die sicheren Stützen schwanken, kein Halt der Zuversicht:
der Wirbel der Gedanken gehorcht dem Willen nicht.
Der Wahnsinn naht und locket unwiderstehlich hin.
Der Puls des Lebens stocket und stumm ist jeder Sinn.

Wer hat das Kreuz erhoben zum Schutz für jedes Herz?
Wer wohnt im Himmel droben und hilft in Angst und Schmerz?
Geh zu dem Wunderstamme, gib stiller Sehnsucht Raum.
Aus ihm geht eine Flamme und zehrt den schweren Traum.

Ein Engel zieht dich wieder gerettet auf den Strand.
Und schaust voll Freuden nieder in das gelobte Land.«

Eine andere Lebenssituation hat Rudolf Steiner beschrieben. Während des Ersten Weltkrieges hat er alle seine Vorträge begonnen mit einem Spruch, der sich an den Engel wendet. Er gedachte zunächst derjenigen, die in der Extremsituation an der Front waren, bereit, dem Tod ins Auge zu sehen. Dann sprach er für die Menschen, die im Kampf bereits gefallen waren. Es sind Worte, die sich an den Schutzengel sowohl der Lebenden als auch der Verstorbenen wenden:

»Die ihr wachet über Erdenseelen,
die ihr webet an den Erdenseelen,
Geister, die ihr über Menschenseelen schützend
aus der Weltenweisheit liebend wirkt,
höret unsre Bitte, schauet unsre Liebe,
die mit euren helfenden Kräftestrahlen
sich erfüllet, geistergeben, Liebe sendend.«

Für die Verstorbenen sagte er:

»Die ihr wachet über Sphärenseelen,
die ihr webet an den Sphärenseelen,
Geister, die ihr über Seelenmenschen
schützend aus der Weltenweisheit liebend wirkt,
höret unsere Bitte, schauet unsere Liebe,
die mit euren helfenden Kräfteströmen
sich einen möchte, geisterahnend, Liebe strahlend.«

Man kann sich vorstellen, was in solchen Augenblicken an innerer Bewegung bei den Zuhörern entstand, wußte doch keine Frau, die in einem solchen Vortrag saß, ob ihr Mann in dieser Stunde noch lebte. Wir leben heute in einer Zeit, in der man zwar durch Krankheiten und im Straßenverkehr auch vom Tod bedroht ist, in der wir aber doch relativ sicher unseren Tag durchleben. In solchen Zeiten empfinden wir die Engel nur, wenn wir sie aktiv suchen.

Wer jedoch Worte dieser Art hört, wird erleben, daß die Empfindungen, die da ausgesprochen sind, einem nicht fremd, sondern vielmehr vertraut sind. Auch ohne an Engel zu glauben, kennt man dieses Getröstetwerden, wenn man selber still wird, und erlebt auch das Gegenteil in der Trostlosigkeit, wenn man innerlich laut bleibt. Christian Morgenstern hat diese Situation in einem Gedicht aufgegriffen, das ich nun als letztes noch anführen möchte. Es beschreibt die Beziehung, die Engel und Menschen während des Lebens miteinander haben. Der Engel sagt:

»Oh, wüßtest du, wie sehr dein Antlitz sich verändert,
wenn du mitten in dem Blick,
dem stillen, reinen, der dich mir vereint,
dich innerlich verlierst und von mir kehrst!
Wie eine Landschaft, die noch eben hell,
bewölkt es sich und schließt mich von dir aus.
Dann warte ich. Dann warte schweigend ich
oft lange. Und wäre ich ein Mensch wie du,
mich tötete verschmähter Liebe Pein.

So aber gab unendliche Geduld
der Vater mir und unerschütterlich
erwarte ich dich, wann du immer kommst.
Und diesen sanften Vorwurf selber nimm
als Vorwurf nicht, als keusche Botschaft nur. «

In Dichtung, Malerei und Religion begegnen uns Engeldarstellungen und Hinweise auf Erlebnisse mit Engeln. Dabei erhebt sich immer wieder die Frage:

Warum sehen wir Engel nicht?

Für Kinder sind die Engel etwas Selbstverständliches. Das Empfinden, das sie von ihnen haben, fassen wir gern in Worte wie: » Da hat dein Schutzengel aber gut aufgepaßt « – wenn zum Beispiel ein Auto gerade noch anhalten konnte und das Kind nicht überfahren wurde. Je kleiner die Kinder sind, desto weniger besitzen sie die Fähigkeit, das Erleben der sinnlichen von dem der übersinnlichen Welt zu trennen. Erst in dem Maße, in dem das Denken abstrakt wird, verlieren sie die unmittelbare Kunde von dieser höheren Daseinsebene. Deshalb genießen kleine Kinder in bestimmten Stunden auch so unsäglich eine religiöse, andächtige Stimmung zu Hause oder in der Schule. Sie fühlen sich darin geborgen und wie selbstverständlich aufgehoben.

Wenn man einmal von dem Gebrüll absieht, in dem sich das menschliche Eigenwollen ankündigt, erleben wir an kleinen Kindern noch viele jener Eigenschaften, die zu den moralischen Qualitäten gehören, die wir den Engeln zuschreiben: der offene, helle, wache, manchmal außerordentlich prüfende Blick, den schon Säuglinge haben können. Die Leichtigkeit, mit der sie sich bewegen, wenn sie das Laufen gelernt haben. Manchmal springen sie wirklich so, als hätten sie Flügel. Und schließlich auch die instinktive Wahrnehmung der Wahrheit. Sie durchschauen die Lüge eines Erwachsenen, ohne diese jedoch benennen oder sich bewußt machen zu können. Die Kinder sind den Engeln noch näher als die Erwachsenen. Warum geht den Menschen aber das Wissen von den Engeln verloren? In dem Maße, in dem sich das selbständige Denken entwickelt, das ganz auf die äußeren Verhältnisse der Welt bezogen ist, geht die Fähigkeit verloren, Geistiges wahrzunehmen. Denn die geistige Fähigkeit des Menschen, das Denken selbst, heftet sich ausschließlich an die sinnliche Erfahrung. Man denkt nur, was man sehen kann, und erklärt sich mit Hilfe des Denkens den ganzen Umfang der Sinneserfahrungen. Dadurch verliert das Denken die Fähigkeit, Übersinnliches zu erfassen und zu schauen. Das Denken ist aber die einzige übersinnliche Wahrnehmungsfähigkeit, mit der wir normalerweise umgehen können. Wenn wir es nicht zum Innewerden geistiger Tatsachen benützen, dann können wir eben nichts von ihnen wissen. Zwischen Steinen und Blumen können wir sie nicht wahrnehmen, sinnliche Augen können sich eben nur auf Sinnliches richten. Wir können sie aber in den genannten Selbstgesprächen finden, wenn wir uns mit uns selbst über unsere inneren Entwicklungsmotive verständigen: Da können wir Übersinnliches in der Denkbetätigung ahnen. Trotzdem wird man wieder und wieder die Frage haben: Warum wird es dem Menschen so schwer gemacht? Es wäre doch viel einfacher, wenn das alles selbstverständliche Realitäten wären, wenn man wüßte, von wo die Gedanken ausgehen, von welchen geistigen Wesen: von Engeln – oder von anderen Wesen. Es ist jedoch klar: Wäre das wirklich so, daß wir die übersinnliche Natur unseres Denkens unmittelbar erleben und die Wahrheit schauen könnten, so bedürften wir nicht des mühsamen Erarbeitens von Gedanken im Lernprozeß. Wir wüßten schon alles und müßten nicht mehr lernen. Damit würde aber das Menschenleben, so wie es sich in der Gegenwart gestaltet, an Sinn verlieren. Wenn uns nichts mehr schrecken könnte, wenn wir wüßten, was auf uns zukommt und uns unserer ewigen Natur bewußt wären – was wäre dann Entwicklung? Was könnten wir dann noch lernen? Wir müßten uns eine andere Aufgabe suchen. Wir wären eben keine Menschen, sondern Engel. Engel haben andere Entwicklungsbedingungen und andere Aufgaben als Menschen. Für uns Menschen ist charakteristisch, daß wir uns selbst erst suchen müssen. Daß wir suchen, was wir noch nicht haben, und daß wir sehr oft etwas überwinden müssen, verlassen müssen, was wir haben: zum Beispiel Eigenschaften wie die der Angst. Ja, es gibt eigentlich nur eine menschliche Eigenschaft, für die dieses nicht zutrifft; etwas, was wir schon haben, was wir jedoch nie verlassen und überwinden müssen und doch durch eigene Anstrengung noch unvorstellbar steigern können: die Qualität der Liebe. Hier haben wir eine Kraft im Menschen, die sowohl teilhat an der zeitlichen Entwicklung als auch über diese erhaben ist und überzeitlichen, ewigen Charakter hat.

Diese Qualität bringt einen daher auch dem Engel am nächsten. In Augenblicken der Liebe können selbst Menschen, die ganz diesseitig und materialistisch erzogen wurden und nichts mit Religion zu tun haben wollen, Äußerungen tun wie die: »Jetzt kann ich mir vorstellen, was andere Leute meinen, wenn sie von einer geistigen oder göttlichen Welt sprechen.« Sie erfahren etwas, was sie mit Begriffen des äußeren materiellen Lebens nicht beschreiben können. In solchen Augenblicken kann auch verstanden werden, warum die Begegnung mit geistigen Wesen, insbesondere mit dem Christus, immer im Bilde der Hochzeit, im Bild der Liebe dargestellt wird. Wirklich Mensch werden, den Christus finden, heißt eben lieben lernen. Diese Erfahrung kann uns auch verständlich machen, warum man Engel nicht »sehen« kann. Denn all ihre Eigenschaften – Wachsamkeit, Treue, umfassendes Wissen – sind moralische Qualitäten, die man weder mit Händen greifen noch mit Augen schauen kann. Man kann sie nur seelisch erfahren, fühlen oder in Form einer Idealbildung denken.

Den Engel »sehen« heißt eben: ihn denken, ihn erleben können. Und das kann jeder lernen, der es will. Ein möglicher Weg hierzu ist der bewußte Umgang mit dem Phänomen Angst.

Worin liegt die Botschaft der Angst?

Angst und Sorge sind jedem Menschen bekannt. Nehmen sie überhand, so wirken sie sich schädigend auf das seelische und körperliche Leben aus. Angst hat jedoch eine wichtige Funktion im Menschenleben. Sie läßt den Menschen aufmerksam werden, angespannt, wach. Wenn man beispielsweise von einer neuaufgetretenen Krankheit hört, beginnt man sogleich darüber nachzulesen und sich sachkundig zu machen. Weiß man dann, wie sie einzuordnen ist und wie man sich schützen kann, so ist durch Einsicht in die Zusammenhänge die Angst vor der Krankheit weitgehend abgebaut. Die Funktion der Angst war jedoch, diesen Erkenntnisprozeß auf den Weg zu bringen. Das heißt also: die Angst weckt auf, Wachheit führt zur Erkenntnis, und die Erkenntnis beruhigt die Angst. Wie viele Menschen würden stumpf dahinleben, wenn sie keine Angst hätten und sich nicht um irgend etwas sorgten! Führt die Angst jedoch nicht zur Erkenntnis, so ist die Gefahr gegeben, in der Angst gleichsam steckenzubleiben, ihr ausgeliefert zu sein. Das führt dann zur seelischen Zerrüttung und zur Krankheit.

Wer sich zum Beispiel verzehrt in der Angst vor Umweltgiften oder der künstlichen Radioaktivität, wird weder für sich noch für die Umwelt etwas Hilfreiches bewirken können. Wer jedoch diese Gegenwartsprobleme zum Anlaß nimmt, grundsätzlich über das eigene Leben und die Weltverhältnisse nachzudenken, wird dadurch auf den Weg gebracht, an einer Veränderung der Kulturverhältnisse und einer Überwindung dieser Krise unserer Zivilisation mitzuarbeiten. Die Angst kann immer dazu führen, daß wir einen Lernschritt tun. Jede Angst, ja jede Ängstlichkeit ist im Grunde Vorbote einer zukünftigen Erkenntnis. Wer mit großen Ängsten zu kämpfen hat, kann daran ermessen, zu welch umfassenden Erkenntnissen er eigentlich kommen müßte, und was er sich erwerben muß, um diese Ängste aufzulösen und zu überwinden. Und hierbei kann der Engel helfen. Denn da, wohin die Erkenntnis noch nicht reicht und die Angst bestehenbleibt, können die im ersten Teil unserer Betrachtung geschilderten Verzweiflungsmomente im Leben auftreten. Wer sich hingegen in diesen Augenblicken ins Bewußtsein bringen kann, daß es ja eigentlich doch nichts gibt, was den Menschen geistig vernichten kann, und daß selbst Tod und Geburt tiefmenschliche Vorgänge sind, die zu unserem Leben dazugehören, der kann die Nähe des Engels empfinden. Vertrauen in das eigene Schicksal und Liebe zur Entwicklung können erwachen. Es gehört nun einmal zum Menschenleben dazu, durch Extremsituationen zu gehen, und wenn kein Sterben in der Welt wäre, könnte nichts Neues entstehen. Verwandlung ist nur möglich, wenn das zuvor Bestehende sich hingibt und opfert. Wenn das Vertrauen in die eigene Existenz erwacht, in die Wandlungs- und Entwicklungsmöglichkeiten, in die Fähigkeit, zu sterben und wieder geboren zu werden, kann eine nie gekannte Dankbarkeit gegenüber dem Schicksal sich regen, und die Angst schwindet. Dann spürt man die schützenden Schwingen seines Engels um sich herum. Man ist wie abgeschirmt von dem, was einen vorher bedrängte. Wer die Existenzangst verloren hat, erlebt nur noch die positive Wirkung der Angst – die zur Erkenntnis führen will.

Daher ist es hilfreich, wenn man mit seinen Ängsten nicht fertig wird, sich ganz bewußt und ruhig am Abend eine Viertelstunde Zeit zu nehmen – regelmäßig durch eine längere Zeit hindurch – und sich mit der Engelwelt zu beschäftigen. Dabei kann man so beginnen, daß man verschiedene Engeldarstellungen miteinander vergleicht und der Frage nachgeht: »Was hat dieser Maler wohl von den Engeln gewußt? Was hat ihm daran gefallen? Welche moralischen Qualitäten liegen darin verborgen?« Wer das tut, merkt sehr bald, wie ihm sein Engel näherkommt, und wie eine neue Ruhe und innere Sicherheit in ihm möglich wird.

Warum sind Engel so zurückhaltend?

Engel sind unsichtbar und nur dem denkenden Erleben zugänglich. Dieses drängt sich jedoch nicht auf, sondern muß aktiv vom Menschen gesucht werden. Hier spricht sich der Wille des Engels aus, nichts zu tun, was die menschliche Entwicklung zur Freiheit stören könnte. Es ist dem Menschen selber überlassen, ob er sich an die Spitze der sinnlichen Welt stellt und nach seinem Willen einfach nur schaltet und waltet, oder ob er sich als unterstes Glied einer Welt erhabener Geistwesen aufzufassen lernt mit der Aufgabe, sich seiner eigenen Geistnatur bewußt zu werden und einem höheren Ganzen zu dienen.

Wir erleben gegenwärtig sehr deutlich, daß das Leben auf der Erde davon abhängt, welche Aufgaben und welche Entwicklungsziele wir uns setzen. Diese Möglichkeit zu wählen, dieses Freiheitserleben verdanken wir der Tatsache, daß sich die Wesen der höheren Welten nur dem Unsichtbaren in uns, dem Gedankenleben zuneigen. Es bedeutet viel für das menschliche Gemüt, sich klarzumachen, daß das Gedankenleben im Grunde nichts anderes ist als ein Leben in der geistigen Welt, ein Leben mit den Wesen der geistigen Welt selber. So wie wir mit den Gedanken die Naturgesetze fassen können, die als Unsichtbare in jedem sichtbaren Naturgeschehen verborgen sind (vgl. Seite 235), so können wir mit unseren Gedanken auch die moralischen Qualitäten, die Eigenschaften geistiger Wesen erfassen und mit ihnen leben.

Das Gedankenleben macht uns das Unsichtbare in der sichtbaren Welt bewußt. Es macht aber auch das Unsichtbare der unsichtbaren Welt erlebbar. Es durchdringt alles, es ist ein Leben in den Gesetzen, in dem Geist, der in der Welt wirksam ist. Sich auf das eigene Gedankenleben zu besinnen, bringt einen der geistigen Welt auf eine sachliche und natürliche Art nahe.

Im Denken dem Engel begegnen

Mit Hilfe des Denkens können wir die gesamte sichtbare Welt begreifen. In den Ideen und Idealen können wir auch die Welt des Religiösen, die unsichtbare geistige Welt erfahren. Wer die Beschaffenheit seiner Ideale näher untersucht, lernt eine Seite des Gedankenlebens kennen, das ihm normalerweise verborgen bleibt: nämlich, daß Gedanken Kräfte sind und nicht bloße schattenhafte Vorstellungsbilder.

Woher kommen diese Kräfte? Wer die beiden Ideale des Christentums, Freiheit und Liebe, ernst nehmen kann, erlebt, daß es nichts im Menschenleben gibt, was zu diesen beiden Idealen nicht in Beziehung steht. Wer ihnen nachstrebt, ist allen Lebenslagen gewachsen, ist gleichsam unschlagbar und fühlt sich von einer großen Kraft getragen. Diese Kraft geht von dem Wesen aus, das sich durch diese Ideale dem Menschengeist kundgibt. Das heißt, lebt ein solches Ideal in einem Menschen, dann lebt auch das Wesen, das mit diesem Ideal verbunden ist, in ihm. So geht die Kraft der Ideale von den Wesen der geistigen Welt selber aus.

Welches ist nun das Ideal, durch das der Engel uns von seiner Kraft schenken kann? Es ist das Ideal der Selbstlosigkeit. Denn dies ist die Eigenschaft, die wir am stärksten mit dem Engel identifizieren können. Er ist immer da, immer hilfsbereit, immer wach, begleitet uns durch alle Höhen und Tiefen der Entwicklung, ohne jemals etwas für sich zu fordern. Er bleibt uns treu, er wartet, er geleitet uns, immer zur Verfügung stehend. Dadurch kann sich der Mensch in völliger Freiheit und Bewußtheit der unsichtbaren Welt nähern. Wenn man zunächst die höheren Wesen nur denkt, ist dies wie eine erste zarte Berührung. In dem Augenblick jedoch, wo man sich entschließt, einen Gedanken so wesentlich zu nehmen, daß man sich mit ihm ganz verbindet, sich mit ihm identifiziert und erstrebt, so zu werden, wie es dem Ideal entspricht – erlebt man die Kraft und Realität des geistigen Wesens, das sich durch diesen Gedanken offenbart. Wird man einem solchen Ideal später wieder untreu, so kann man deutlich empfinden, wie diese Kraft von einem geht. Dann mag man sich »wie von allen guten Geistern verlassen« vorkommen. Beginnt man jedoch die Beziehung wieder aufzunehmen, so kommt einem die geistige Welt wieder näher. Die Wesen der geistigen Welt sind ständig in uns und um uns, der Grad ihrer Wirksamkeit und Hilfe hängt jedoch davon ab, wie wir uns mit ihnen verbinden wollen.

In jedem Augenblick, in dem wir eine Idee zu einem Ideal erheben, können wir durch diese Identifikation uns mit einem Wesen der geistigen Welt in Beziehung setzen. Und da gibt es viele Qualitäten. Treue ist etwas anderes als Selbstlosigkeit, Liebe etwas anderes als Mut, Friede etwas anderes als Stille. Sobald man sich einem solchen Ideal hingibt, wird man von der Kraft berührt, die in ihm lebt und in uns wirken kann und die von einem geistigen Wesen ausgeht.

Wege zum Engel

Engel sind Boten. Selbstlos vermitteln sie die Botschaft der höheren Welten durch das Denken. Das Gedankenleben der Menschen wird dabei als Brücke zwischen der sinnlichen und der übersinnlichen Welt zum Haupttätigkeitsfeld der Engel. Wenn es einleuchtet, daß es diese Engelwelten gibt und daß uns, weil uns das Gedankenleben immer begleitet, auch die geistige Welt nie verläßt –, dann erwacht der Wille, durch das Denken die geistige Wirklichkeit zu finden. Das heißt aber mit anderen Worten: Wie kann man lernen, vom Erfassen der Ideale zum Erleben der Wesen vorzudringen und die Botschaft der Engel zu hören? Das Denken allein genügt natürlich nicht. Entscheidend ist, daß das Ideal auch gefühlt wird und durch dieses gefühlsmäßige Erleben die Begeisterung erwacht, dieses Ideal nun auch im täglichen Leben zu verwirklichen.

Dies kann dadurch geübt werden, daß man Gefühle wie Vertrauen und Dankbarkeit in sich zu wecken versucht. Sie sind Voraussetzung für die Identifikation mit einem Ideal. Das kann gelingen, wenn man sich Begebenheiten in Erinnerung ruft, in denen man Vertrauen und Dankbarkeit empfunden hat, und indem man keinen Tag verstreichen läßt, ohne für irgend etwas Dankbarkeit gefühlt zu haben. Viele Menschen verschlafen gleichsam die Momente während des Tages, in denen Dankbarkeit und Vertrauen hätten erwachen können.

Rudolf Steiner beschreibt in einem Vortrag* die Engel nicht nur als Boten, sondern auch ihre Eigenschaft als Wächter. Sie umfassen die Aufeinanderfolge der menschlichen Erdenleben mit ihrem Bewußtsein und verfolgen wach jeden Schritt unserer Entwicklung. Wer sich nun selbst bemüht, in Wachheit die eigene Entwicklung in die Hand zu nehmen, schafft sich eine Eigenschaft, die der der Engel verwandt ist, und die damit auch zur Wahrnehmung des Engels führt. Er wird auf die verborgenen, stillen Seiten des Lebens aufmerksam und entdeckt die vielen Gründe für Dankbarkeit und Vertrauen. Dadurch erwacht die innere Ruhe, die nötig ist, um einer Begegnung mit dem Engel gewachsen zu sein.

Das geistige Organ zur Wahrnehmung des Engels können wir ausbilden, indem wir an den Eigenschaften arbeiten, die der Engel hat: Wachsamkeit, mildes, selbstloses Begleiten, weisheitsvolles Schützen, furchtloses durch Tod und Geburt Hindurchgehen, im Bewußtsein eines größeren Zusammenhanges leben – diese Eigenschaften machen uns dem Engelwesen ähnlich und helfen, seine Nähe zu empfinden und seine Hilfe zu empfangen. So wie wir ein lichtempfindliches Organ brauchen, um das Licht wahrzunehmen, und ein schallempfindliches Ohr, um zu hören, so müssen wir uns Seelenstimmungen aneignen, die uns für die Engelwelt empfänglich machen. Durch Dankbarkeit und Vertrauen wird die Seele dieser Welt gegenüber aufgeschlossen. Denn der Engel behütet unser

---

* Rudolf Steiner, »Der Tod als Lebenswandlung«, GA 182

Schicksal und kann uns daher im Schicksalsvertrauen begegnen. Das wird jeder bestätigen können, der es versucht hat.

Eine weitere Möglichkeit bietet sich darin, am Abend einen Rückblick auf das Tagesleben zu machen und sich zu fragen: An welcher Stelle im Ablauf des heutigen Tages hättest du sterben können? Wer mit dieser Frage lebt, dem kann sehr schnell bewußt werden, wie unendlich viele Gelegenheiten vorübergehen, die alle angetan sind, unserem Leben ein Ende zu bereiten. Man empfindet die Tatsache des Beschütztseins mit einer neuen Kraft und Zuversicht.

Eine andere Möglichkeit, dem Engel nahe zu kommen, eröffnet sich, wenn man für andere Menschen beten lernt. Andere Menschen mit guten Gedanken und Wünschen zu begleiten, ruft Kräfte in der Seele wach, die dem Engel eigen sind. Wer mit der Frage lebt, was kann ich zum Wohl meiner Mitmenschen beitragen, was kann ich zu einer positiven Veränderung der Weltverhältnisse tun, bringt sich seinem Engel näher, denn dieser rechnet mit dem Mut zur Entwicklung und vertraut auf den Menschen, mit dem er geht.

Man kann sich auch ein Gedicht vornehmen, wie das nachfolgende von Christian Morgenstern, und sich bemühen, die dort angesprochene Seelenstimmung in sich wachzurufen. Christian Morgenstern blickte zu seinem Engel auf als zu dem Wesen, welches ihn zur vollkommenen Menschlichkeit führen möchte. Daher spricht er seinen Engel an als Weisheit seines höheren Ich, das noch nicht Wirklichkeit geworden ist, dem er aber zustrebt:

»Du Weisheit meines höheren Ich,
die über mir den Fittich spreitet,
und mich von Anfang her geleitet,
wie es am besten war für mich,
wenn Unmut oft mich anfocht,
nun, es war der Unmut eines Knaben,
des Mannes reife Blicke haben die Kraft
voll Dank auf dir zu ruhen.«

Wenn Kinder spüren, daß ein Erwachsener sich um die Engelnähe bemüht, kann es hin und wieder geschehen, daß sie anfangen, einem vom Engel zu erzählen. Kinder sind nämlich taktvoll – wenn sie den Eindruck haben, die Eltern kennen sich da nicht aus, dann erzählen sie davon auch nichts. Sie werden an Ihren Kindern ganz neue Erfahrungen machen, wenn Sie sich um diese Welt kümmern, und Sie werden merken, daß Ihre Kinder darin wie selbstverständlich leben. Sie fühlen sich auch bei Ihnen als Eltern um so wohler, je mehr sie nicht nur äußerlich, sondern auch innerlich bei Ihnen zu Hause sind.

Fragen zum Thema:

Frage: In dem Film »Der Himmel über Berlin« ist ja versucht worden, mit den heutigen Mitteln auf den Engel hinzuweisen. Könnten Sie dazu noch etwas sagen?

Antwort: Mir ist bei dem Film aufgefallen, daß nur die Dinge szenisch ins Bild gebracht worden sind, die von den Engeldarstellungen her bekannt sind als die Beziehungen der Engel zum Menschen: der Blick, der Schutz, das Behüten, die tiefe Trauer über einen Selbstmord, das Mitgehen vom Morgen bis zum Abend – ganz unabhängig, ob der Engel wahrgenommen wird oder nicht. Auch daß Kinder den Engel erkennen und der Engel ihnen zulächelt.

Was jedoch gar nicht berücksichtigt wurde, war die geistige Daseinsweise der Engel, so wie wir sie aus den Darstellungen Rudolf Steiners und aus religiösen Überlieferungen kennen. Damit hängt sicher auch zusammen, daß der größte Teil dieses Films in schwarz/weiß gehalten war, zum Zeichen, daß das wahre farbige Leben doch nur auf der Erde stattfindet. Uns ist eben die geistige Farbigkeit, die Realität dieser Wesenswelt heute sehr ferngerückt. Daher ist es auch verständlich, daß die entscheidende Wende in dem Film darin besteht, daß einer der beiden Hauptdarsteller aus der Engelwelt sich entschließt, ein Mensch zu werden. Dies entspricht der heutigen Mentalität. Es fällt leichter, sich vorzustellen, daß die Himmlischen zu uns heruntersteigen, als daß der Mensch sich entschließt, sich zu den Engelwelten aus eigener Anstrengung und durch innere Entwicklungsvorgänge zu erheben.

Frage: Haben die Engel etwas mit dem Schicksal zu tun?

Antwort: Engel und Schicksal haben viel miteinander zu tun, weil der Engel sich für jede Schicksalseinzelheit interessiert und in der Kontinuität seines Bewußtseins die Vorkommnisse aller Erdenleben bewahrt. Er kennt unsere Herkunft und unser Ziel, die Geburts- und die Todesstunde und blickt voller Erwartung auf uns hin, was wir mit dieser Entwicklungsmöglichkeit machen. Aber in einer noch tieferen Hinsicht ist das Leben der Engel mit unserem Schicksal verbunden. Das hängt mit dem Christentum zusammen. Im Evangelium ist geschildert, wie sich Christus aller himmlischen Gewalt entäußert, die Engelreiche hinter sich läßt und Mensch wird. Das bedeutet für die Engel, daß sie den Christus nun auch bei den Menschen finden können. Seitdem hängt es auch von den Menschen ab und von ihrem Willen zur Weiterentwicklung, welche Nahrung dem Engel von seiten der Menschen zukommt. In der vorchristlichen Zeit lebte der Mensch ganz unter der Engelführung, es fehlte ihm noch die Freiheit zur eigenen Selbstbestimmung. Diese ist durch die Verbindung des Christus mit dem Menschen möglich geworden. Seither hängt es auch vom Menschen ab, wie der Engel seinen weiteren Weg gehen kann, und ob er von den Menschen das Neue empfangen kann, das der Mensch durch das Christusleben bekommen hat.

Frage: Ich habe vor kurzem gehört, daß jeder Mensch einen Schutzengel haben soll, und daß dieser sich aber, wenn die Jugend vorbei ist, vom Leben des Menschen mehr und mehr zurückzieht. Stimmt das? Und wenn ja, wohin geht der Engel?

Antwort: Daß sich der Engel später vom bewußten Erleben des Menschen zurückzieht, damit dieser in Freiheit bestimmen kann, mit welchem Ideal er sich verbinden will, das, denke ich, ist aus den vorangehenden Betrachtungen deutlich geworden. Es handelt sich hier sicher nur um ein Zurückziehen aus dem Bewußtsein des Menschen von seiten des Engels. Der Engel zieht sich in dem Maße zurück, in dem der Mensch selbst in der Lage ist, die Verantwortung für seine Entwicklung zu übernehmen. Ich würde das jedoch nicht für ein bestimmtes Lebensalter festmachen, da bezüglich dieser Bewußtseinsreife große individuelle Unterschiede vorliegen. Der Engel bleibt jedoch immer mit dem unbewußten Leben und damit auch mit der menschlichen Existenz verbunden. Jede Nacht beim Einschlafen beispielsweise begegnen wir ihm, weil wir da einen Moment völliger seelischer Ruhe erleben. Ebenso beim Aufwachen. Man kann dies gelegentlich noch nachempfinden und geht dann besonders gestärkt in den Tag.

Frage: Sind die Toten bei den Engeln zu finden?

Antwort: In der Tat sind die Verstorbenen in der Engelwelt zu finden, denn wenn ein Mensch stirbt, kehrt er ganz in die Hut seines Engels zurück. Das höhere Menschen-Ich ist dann gleichsam wieder in seine Heimat zurückgekehrt. Daher kann auch über das Gedankenleben, das der Engelwelt so verwandt ist – denn jeder Gedanke ist Bote einer Wirklichkeit –, eine Beziehung zu dem Verstorbenen entstehen. Man kann mit ihnen in Gedanken sprechen, ja ihnen sogar Fragen stellen. Rudolf Steiner hat uns darauf hingewiesen, daß wir abends bestimmte Fragen an einen uns nah verbundenen Verstorbenen richten können und dann am Morgen oder während des Tages plötzlich die Antwort uns einfallen kann. Normalerweise geben wir uns keine Rechenschaft darüber ab, woher unsere guten Einfälle kommen. Sehr oft sind es die Verstorbenen, die uns diese Gedanken senden und dadurch mit uns verbunden weiterleben.

Frage: Warum gibt es bei den Engeln eine Hierarchie?

Frage: Was sind Erzengel?

Antwort: Hierüber gibt uns die Geistesforschung Rudolf Steiners Aufschluß. In vielen Vorträgen und besonders in seinem Buch »Die Geheimwissenschaften im Umriß« schildert er die Reiche der Engel in vielen Einzelheiten. Blickt man auf die Vielfalt der äußeren Natur mit all ihren Steinen, Pflanzen, Tieren, kosmologischen Phänomenen – dann erscheint es einem nur natürlich, daß auch bei den Wesen der geistigen Welt unterschiedliche Gliederungen und Tätigkeitsbereiche vorhanden sein müssen. Das wird auch in der christlichen Überlieferung so geschildert.

Erzengel (Archangelos) heißt dem Namen nach: Bote des Anfangs. Diese Hierarchie reicht mit ihrem Bewußtsein noch weiter als der Engel. Das Engelbewußtsein umspannt den gesamten Schicksalsverlauf eines Menschen. Das Erzengelbewußtsein hingegen reicht bis zum Ursprung der ganzen Menschheit zurück. Daher sind seine Flügel auf den Darstellungen auch größer und gewaltiger. Eine ganze Menschengruppe ist seine besondere Aufgabe, ja ein ganzes Volk kann hier Platz finden.

Die nächsthöhere Hierarchie sind die Archai, das heißt die »Anfänge« oder »Urbeginne«. Auf sie ist hingedeutet am Anfang des Johannes-Evangeliums, wenn es heißt, im Urbeginne war das Wort. Sie leben im Bewußtsein des Menschheitsursprungs und stehen am Anfang der Entwicklung von Raum und Zeit. Alle höheren Hierarchien bis zu den Thronen, Cherubim und Seraphim ragen aus anderen Daseinsbereichen in unsere Raumes- und Zeitwelt hinein.

Es gibt Qualitäten und Entwicklungsmöglichkeiten des Menschen, die so weit außerhalb unseres heutigen Gesichtskreises liegen, daß wir schon aus diesem Grunde die höheren Hierarchien zunächst nicht verstehen können. Wir kennen die moralischen Qualitäten nicht, durch die wir ihre Nähe wahrnehmen könnten. Die Geisteswissenschaft Rudolf Steiners ermöglicht es, sich auch in diese Bereiche einzuarbeiten.

Es ist sehr sinnvoll, den Kindern zu helfen, den Gedanken an ihren Engel als etwas Selbstverständliches lebendig zu halten. Denn wenn der Tag kommt, an dem man seinen Engel vergißt und nichts mehr damit anfangen kann, von Engeln zu sprechen, ruht doch in der Erinnerung das Erleben von seiner Anwesenheit so, wie man es in der Kindheit gehabt hat. Auch eine Erinnerung kann im späteren Leben eine große Hilfe sein, aus eigener Kraft zu den Wesen der geistigen Welt wieder hin zu finden. Es ist bedeutend schwerer, die Beziehung zum eigenen Engel aufzunehmen, wenn man nie vorher von ihm gehört hat. Oft müssen schwere Schicksalsschläge kommen, um ihn erlebbar werden zu lassen. Durfte man jedoch mit ihm aufwachsen, kann man ihn später auch ohne große Not wiederfinden.

Frage: Wie kann ich mit dem Engel meines Kindes in Verbindung treten?

Antwort: Man findet den Engel des Kindes, wenn man dem Schicksal des Kindes Vertrauen entgegenbringt. Gerade wenn es sich um ein krankes oder gestörtes Kind handelt, ist das besonders wichtig. Denn die Zukunft des Kindes liegt in der Hut des Engels, und der Engel weiß um den Sinn auch des härtesten Schicksals. Ringt man nun selber um den Sinn eines schwierigen Schicksals, so bringt einen das dem Engel des Kindes näher. Jede Fürbitte, in der man nicht egoistisch etwas für sich wünscht, sondern wirklich möchte, daß sich das Schicksal des Kindes gemäß seinem Ziel erfüllen möge, ist hier eine Hilfe.

Zahlreiche Dichter haben die Nähe der geistigen Welt nur über die Erfahrung liebevoller Hinwendung zu einem anderen Menschen erlebt. Dafür ist Novalis ein großes Beispiel. Durch die Liebe zu seiner Braut, Sophie von Kühn, wurde sein inneres Seelenleben so verwandelt, daß er nach ihrem Tode in der Lage war, ihr in der geistigen Welt zu begegnen und das Raum-Zeit-Gefüge seines Bewußtseins zu sprengen. Er beschreibt dieses Erlebnis in seinem Gedicht »Hymnen an die Nacht«.

Frage: Wie können einem die Engel helfen?

Antwort: Die Engel helfen einem einerseits in der geistigen Welt, die Erdenerfahrungen aufzuarbeiten und ein neues Erdenleben vorzubereiten, andererseits helfen sie einem auch jeden Tag, die Erlebnisse und Erfahrungen dieses Tages zum Ausgangspunkt für eine sinnvolle Gestaltung des kommenden Tages zu machen. Hierzu ein Beispiel: Eine Bekannte fuhr kürzlich nach einer kurzen Nacht übermüdet und in gedrückter Stimmung mit dem Auto zur Arbeit, zweifelnd, ob sie den Anforderungen des Tages gewachsen sein würde. Da sah sie mit einem Male auf dem Bürgersteig ein etwa dreijähriges Kind entlanghüpfen, im raschelnden Herbstlaub – ganz allein. Mit einer Selbstverständlichkeit, einer Vertrauensseligkeit und Leichtigkeit – das beeindruckte sie so, daß ihre Stimmung vollständig umschlug. Es war wie ein Morgengruß des Engels. Sie hätte auch unbeeindruckt vorbeifahren können. Dann wäre sie in gedrückter Stimmung am Arbeitsplatz angekommen, und der Tag wäre sicher nicht sehr ersprießlich verlaufen. So aber kam sie fröhlich und sicher an, und der Tag gelang.

Ein solches Beispiel kann deutlich machen, daß viel mehr Hilfen ständig um uns sind, als wir normalerweise denken. Jede Blume, jede Wolkenstimmung, jeder Sonnenstrahl enthält eine Botschaft und kann uns an etwas erinnern, was wir eigentlich wissen und nur über den Alltagssorgen leicht vergessen.

Ist das Böse für Kinder eine Wirklichkeit?

*Sprich über das Böse, wo du mußt,
und über das Gute, wo du kannst.*

Eng verbunden mit der Angst, mit der wir uns beinahe täglich auseinanderzusetzen haben, ist die Frage nach dem Bösen. Ist es auch der Welt Gottes zugehörig? Ist es »von Anfang an« dagewesen? In welcher Art erleben Kinder das Böse als Wirklichkeit? Die Fragen werden noch drängender, wenn man sie auch im Zusammenhang mit den Vernichtungswaffen oder der atomaren Verseuchung sieht. Denn wenn man sich dazu durchgerungen hat, die Existenz des Bösen als von Gott zugelassen zu akzeptieren, gilt diese Akzeptanz zunächst doch nur bis zu einer gewissen Grenze. Wenn wir jedoch der schieren Vernichtung gegenüberstehen, der Tatsache, daß Tausende von Menschen dem Tod anheimfallen, daß die Natur unwiederbringlich zerstört wird, so stellt sich die Frage nach der Wirklichkeit des Bösen jedem noch einmal neu, und man gerät in Zweifel.

In den bisherigen Darstellungen ist schon verschiedentlich der Mensch dahingehend betrachtet worden, daß er zur Freiheit berufen ist. Jeder Mensch möchte selber urteilsfähig werden, sich selbst verwirklichen, sich von einem anderen nichts sagen lassen. Bisweilen wissen schon kleinere Kinder ganz genau, was sie wollen, und machen ihren Willen lautstark gegenüber demjenigen der Eltern geltend. Deutlich regt sich ein Autonomiebedürfnis in jedem Menschen, und diese Autonomiefähigkeit setzt natürlich ein individuelles Urteilsvermögen voraus – das heißt, die Möglichkeit, zwischen richtig und falsch, sinnvoll und sinnlos, passend oder unpassend zu entscheiden. Letztlich ist das jedoch die Entscheidung zwischen Gut und Böse, das heißt, zwischen dem, was für eine Situation förderlich oder schädlich ist.

So weit wird es in der Regel von den meisten Menschen auch eingesehen. Dann aber kommt ein Punkt, an dem man plötzlich Einhalt gebieten möchte. Man merkt, wie sich alles in einem dagegen aufbäumt, das mit der Tatsache der Entwicklung zur Selbständigkeit auch verbundene schlechthin Böse und Unsinnige in seiner Notwendigkeit für diese Entwicklung anzuerkennen.

Das Böse hat viele Gesichter. Wer einen buddhistischen Tempel betritt, zum Beispiel den Tempel des tausendarmigen Buddha in Kyoto in Japan, der sieht dort viele goldene Statuen, die alle in derselben Weise gestaltet sind: ein stilles, liebevoll-mildes Angesicht, die Hände betend zusammengelegt und seitlich noch zahlreiche Arme, die alle möglichen Werkzeuge in der Hand haben, zum Zeichen dafür, daß ein guter Mensch in den verschiedensten Bereichen Gutes tun kann. In demselben Tempel findet man aber auch in den Umgängen Gestalten, von denen man den Eindruck hat, daß sie nicht gerade sehr sanft sind. Dieselben Menschen, die die goldenen Buddhas verehren, blicken auch auf diese anderen in der verschiedensten Weise widerwärtig-böse aussehenden Skulpturen hin. Fragt man danach, wer hier dargestellt ist, bekommt man die erstaunliche Antwort: Das sind die Götter.

In romanischen, christlichen Kirchen findet man ein ähnliches Phänomen: Neben den anbetungswürdigen Statuen der Heiligen finden sich oft tierhafte Figuren oder Gestalten mit grausamem Gesichtsausdruck, die außen an der Kirche angebracht sind.

Auch in den Faschingsbräuchen herrscht in manchen Gegenden noch die Sitte, die bösen Geister zu vertreiben, indem man in ihre Haut schlüpft und damit zeigt, daß man sie durchschaut.

Die Frage ist: Womit haben wir es da zu tun? Welche Wirklichkeit wird hier dargestellt? *Ist* das eine Wirklichkeit? Für Erwachsene zeigt sich hier ein Erkenntnisproblem, das differenziert zu lösen ist. Uns stellt sich das Böse in drei Schichten unseres Erlebens, im Denken, Fühlen und im Wollen jeden Tag dar: im Bereich des Denkens als Irrtum und Lüge, im Bereich des Fühlens als Haß und Antipathie, im Bereich des Wollens als die Fähigkeit, Böses zu tun.

Die Möglichkeit des Bösen im Denken und Wollen

Täglich ringen wir Menschen in unserer Denktätigkeit um das Richtige, im Gefühlsleben um ein ehrliches Verhältnis zur Welt – und im Wollen mit der Tatsache, daß gute und böse Handlungen möglich sind.

Im Kampf mit dem Bösen auf diesen drei Ebenen steht dem Menschen eine Kraft gegenüber, die alles wenden kann und immer wieder eine neue Ausgangssituation zu schaffen vermag: das Verzeihen.

Rudolf Steiner hat einmal auf die Frage: »Welchen Fehler würdest du am ehesten entschuldigen?« geantwortet: »Alle, wenn ich sie begriffen habe.« Im Verstehen und Verzeihenkönnen liegt ein zentraler Erfahrungsraum für das Erlebnis der Freiheit vor. Wer jemandem verzeiht, von dem er schlecht behandelt wurde, kann dies nur aus innerer Freiheit heraus tun, denn alles, was geschehen ist, würde dafür sprechen, dem anderen Gleiches mit Gleichem zu vergelten.

Wenn wir unseren Kindern gegenüber sagen: »Du bist lieb«, oder: »Das war böse«, dann müssen wir uns klarmachen, daß wir hier im Grunde vor den Kindern stehen wie jemand, der weiß, was Gut und Böse ist.

Im Alten Testament wird die Schöpfung von Weltall und Mensch dargestellt und nach jedem Schöpfungsakt immer wieder betont, daß »Gott sah, daß es gut war«. Augenscheinlich haben bereits hier die Mächte des Bösen eine Rolle gespielt. Als dann der Mensch erschaffen wurde, war das Böse ebenfalls im Paradies anwesend. Daß der Mensch es eines Tages erkannte, wird als ein besonderes Ereignis seiner Entwicklung dargestellt, denn Gott hatte verboten, vom Baum der Erkenntnis zu essen. Das Böse in Gestalt der Schlange verführt jedoch den Menschen, indem es ihm verspricht, daß er durch den Genuß der Früchte eines bestimmten Baumes Gut und Böse erkennen würde. Damit wird angedeutet, daß von Anfang an im Menschen die Möglichkeit, frei zu wählen, veranlagt ist, und daß das Böse zur Zeit der menschlichen Schöpfung bereits eine Wirklichkeit war. Und hierfür werden Adam und Eva nun die »Augen aufgetan«. Damit verbunden werden ihnen Mühe, Arbeit, Schmerzen und Leiden vorhergesagt, aber auch die Vergebung verheißen. So wie im Alten Testament Gott vor dem Menschen steht, so steht der Erwachsene vor dem Kind, wenn er sagt: »Das ist gut, böse, lieb, häßlich, ja oder nein.« Selbst wer mit dem Alten Testament nichts anfangen kann und will, verhält sich so, wie es dort von Gott geschildert wird, wenn er mit Kindern lebt und ihnen ratend helfen will.

In der Gegenwart gibt es auch Erzieher, denen dieses unangenehm ist. Sie fragen sich: »Ist das nicht eine Anmaßung, so als Richter vor dem Kind zu stehen?« Aus solchem Impuls heraus ist beispielsweise der antiautoritäre Erziehungsstil entstanden. Hier dürfen die Kinder machen, was sie wollen. Es sind jedoch aus dieser Erziehung nicht die erhofften selbstsicheren und seelisch besonders starken Menschen hervorgegangen. Und das ist auch nicht anders zu erwarten, da ein solches Vorgehen nicht der menschlichen Entwicklung entspricht. Kinder durchlaufen eine unmündige Phase, in der sie Entscheidungshilfen seitens der Erwachsenen brauchen. Sie sind umgeben von vielem, was ihnen schadet, und was die Erwachsenen von ihnen fernhalten müssen, da sie es von sich aus noch nicht durchschauen können. Außerdem können Kinder bei Erwachsenen, die nicht wagen, klare Entscheidungen zu fällen, auch keine Orientierungsfähigkeit und kein Entscheidungsvermögen lernen. Sie können im nachahmungsfähigsten Alter diese wesentliche menschliche Eigenschaft nicht erfahren.

Das Erleben von Gutem und Bösem im Kindesalter

Die Frage, ob und inwiefern das Böse und auch das Gute für Kinder eine Wirklichkeit sind, wird im späteren Leben ganz unterschiedlich beantwortet. Die einen haben es in der Kindheit mehr als äußere Macht wahrgenommen und erlebt, andere mehr als von innen kommend im Sinne böser Gedanken, Gefühle oder auch Neigungen. Ebenso das Gute. Auch haben viele Menschen die Erfahrung gemacht, daß es ihnen äußerlich ganz gut gehen konnte, während man im Innern gequält war von bösen Ahnungen, Neigungen oder von Problemen. Umgekehrt wurde z.B. während des Krieges oft erlebt, daß man kein Dach über dem Kopf hatte und doch im Inneren tiefe Ruhe, Dankbarkeit und auch Frieden empfinden konnte. Äußeres und inneres Erleben stimmen nicht von vorneherein überein, sie müssen vielmehr vom Menschen erst in Übereinstimmung gebracht werden.

Außenerlebnisse des Bösen können vielfältig auftreten. Kinder können in der Natur, besonders in der Abenddämmerung, vor allen möglichen Gegenständen und Vorgängen Angst bekommen. Sie erleben ein dunkles Zimmer, ein Kellergewölbe, einen Baumstumpf in einer nebligen Abendwiese noch wie beseelt und erschauern vor dem Feindlichen oder Drohenden, das sie wahrnehmen. Es gibt aber auch Wahrnehmungen, die sich auf nichts sinnlich Sichtbares beziehen. Ein Kind kann beim Einschlafen erleben, wie ein schwarzes Tier mit einem ohrenbetäubenden Gebrüll aus der Wand herausspringt. Gepeinigt schreit das Kind auf, die Mutter läuft herbei und sieht – nichts. Die Mutter, die mir letzteres Ereignis aus dem Leben ihrer Tochter erzählte, sagte auf meine Frage hin, wie sie denn darauf reagiert habe: »Ich habe meiner Tochter einfach gesagt, du darfst halt nicht mit dem Gesicht zur Wand einschlafen – dreh dich doch anders herum, dann kommt das Tier nicht.« Das wirkte. Die ältere Schwester, die dies ebenfalls gehört hatte, wandte dann einige Tage später dasselbe Rezept an, als die Mutter aus dem Hause war und die Kleine plötzlich wieder laut aufschrie und Angst vor dem schwarzen Tier hatte. Sie sagte: »Was bist du denn auch so dumm, mit dem Gesicht zur Wand einzuschlafen. Du weißt doch, daß das Tier dort herauskommt.«

Es ist für die Kinder eine wichtige Erfahrung, diese Sicherheit zu erleben, mit der der Erwachsene solchen Erzählungen entgegentritt, und wie er durch einen klaren Gedanken oder ein ruhiges Wort die Situation beherrschen kann. Woher kommen aber derartige »Gesichter« bzw. Erscheinungen? Welche Realität haben sie? Wieso ist es möglich, daß Kinder Wahrnehmungen haben, die der Erwachsene normalerweise nicht hat? Diese Fragen hängen mit demjenigen zusammen, was in Märchen und Sagen als Hexen, Teufel und Gespenster beschrieben wird – als Elementarwesen und Gnome. Sind diese für das Kind eher sichtbar? Warum wurde in früheren Zeiten auch von Erwachsenen über sie berichtet und geschrieben? Der Erwachsene kann sich Gedanken über gute und böse Einflüsse machen, sie aber normalerweise nicht wesenhaft schauen. Kinder scheinen diese Fähigkeit noch zu besitzen und Gedanken wie etwas konkret Wesenhaftes wahrzunehmen. Ihr Denken hat noch nicht den abstrakten Charakter, von dem es später geprägt sein wird.

Die Frage: »Ist das Böse für die Kinder eine Wirklichkeit?« kann man in zweifacher Hinsicht bejahen. Zum einen erleben sie es in Form der unheimlichen und erschreckenden Eindrücke. Andererseits erfahren sie auch sehr viel Häßliches, Freches und Böses in ihrer unmittelbaren Umgebung, im Umgang miteinander, wenn sie sich kratzen und beißen oder von anderen gejagt und geschlagen werden. Für die Bewältigung beider Erlebnisbereiche ist die Hilfe des Erwachsenen notwendig, der diese Erlebnisse zu verstehen und zu verarbeiten hilft, indem er beispielsweise sagt: »Es ist nicht gut, einen anderen zu schlagen oder zu treten – auch wenn er dir etwas getan hat. Das bringen wir auf andere Weise in Ordnung.« Oder wenn der Erwachsene Märchen erzählt, in denen die Wirklichkeit der Elementarwesen, Kobolde, Nixen und Hexen dargestellt wird. Dies gibt den Kindern die Sicherheit, daß das, was sie an erschreckenden und angenehmen Erscheinungen wahrnehmen, genauso zum Bestand der Welt gehört wie Teller und Tassen auf dem Tisch.

Vom Umgang mit dem Bösen

Wie kann der Erwachsene lernen, sein Verhältnis zur Realität des Bösen zu klären und dadurch auch fähig zu werden, den Kindern im Umgang damit zu helfen?

Im Zusammenhang mit dieser Frage ist Goethes »Faust« sehr aktuell. Denn hier wird geschildert, wie Faust in der ersten Lebenshälfte die bewußte, existentielle Auseinandersetzung mit dem Bösen noch nicht erlebt hat. Er ist Professor geworden, hat alles studiert: Medizin, Jura, Theologie, Philosophie – und dann kommt plötzlich eine Krise. Er sitzt in seinem Studierzimmer und hat den Eindruck, daß alles, was er bis jetzt gelernt hat, ihn im Grunde nicht wirklich der Wahrheit nähergebracht hat. Es ist ein vernichtendes Erlebnis für ihn. Wie soll seine Entwicklung weitergehen? In diesem schmerzlichen Moment der Selbsterkenntnis wird ihm deutlich, daß er zur Wahrheit des Lebens nur kommen kann, wenn er bereit ist, das Böse als Bestandteil seiner Entwicklung, ja seiner eigenen Existenz anzuerkennen. Dichterisch wird dies so dargestellt, daß er sich mit seinem eigenen Blut nun bewußt dem Teufel verschreibt. Er erkennt an, daß an seinem Blut auch die Kraft des Bösen Anteil hat, daß in seinem Willen diese böse Macht auch da ist, und daß, wenn er sie nicht in sein Erkenntnisleben, in sein Gefühlsleben und in sein Handlungsleben integriert und bewußt damit umgehen lernt, er auf dem Weg zu Wahrheit und Menschlichkeit nicht weiterkommt. Natürlich ist Faust auf diesem Wege nicht vor Irrtum und Fehlern geschützt. Er erlebt entsprechende Verzweiflungen und Schmerzen – wird jedoch durch sie auf seinem Weg weitergeführt, so daß er am Ende erkennen kann, daß in dem strebenden Bemühen und in diesem unausgesetzten Ringen um das Gute die Wirklichkeit seines Menschentums verborgen liegt. Goethe hat hier dichterisch ausgearbeitet, daß man ohne eine Auseinandersetzung mit dem Bösen die soziale Lebenswirklichkeit erkenntnismäßig nicht durchdringen kann und ein wirkliches Herankommen an die Wahrheit so nicht möglich ist.

Viele Menschen wollen diese Tatsache nicht wahrhaben. Stellt man sich jedoch einmal vor, die Welt hätte das Böse nicht – sie wäre nicht denkbar als Raum für menschliche Entwicklung. Nichts könnte zugrunde gehen. Nichts könnte zerstört werden. Alles würde ewig dasein. Im Frühling könnten keine neuen Pflanzen wachsen, weil die vom Sommer noch dastehen, keiner Fliege würde etwas zuleide getan. Entwicklung wäre nicht möglich: die Erde wäre längst überfüllt und an ihr Ende gekommen. Was sollte man eigentlich tun? Wie will man etwas bauen, wenn man nicht irgendwo Material findet, das man aus seinem Zusammenhang nimmt und so etwas Vorhandenes zerstört? Bauen wir aus Stein, so wird ein Berg abgetragen oder ein Steinbruch geplündert. Bauen wir aus Holz, so werden lebendige Organismen vernichtet. Die Lebenswirklichkeit ist einfach so, daß wir ohne Zerstörungsvorgänge nicht leben können. Auch unser eigener Organismus ist in diesen Prozeß eingeschaltet: Wir sprechen von guter Verdauung, wenn wir in der Lage sind, zu verdauen, was als Mahlzeit auf dem Tisch steht. Das heißt jedoch, daß wir in der Lage sind, den Lebenszusammenhang eines Radieschens genauso zu zerstören wie den Stoffzusammenhang in Fleisch, Ei oder Krabben. Und gerade dieses Beispiel zeigt, wie relativ die Begriffe Gut und Böse sind. Man mag auf der einen Seite bedauern, daß die herrlichsten Früchte, zu einem Obstsalat zubereitet, vom menschlichen Organismus zerstört werden – auf der anderen Seite dient dieser Vorgang dem Aufbau und der Erhaltung des Menschenwesens, indem aus den Zerstörungsprodukten etwas Neues gebildet wird: die körpereigene Substanz. Natürlich sind wir nicht gewöhnt, die Verdauungsvorgänge mit moralisch belegten Begriffen wie gut und böse in Beziehung zu bringen. Vielmehr finden wir es selbstverständlich, daß um unserer Nahrung willen die Wesen der anderen Naturreiche sterben und sich an den Menschen hingeben. Alles, was wir sind, verdanken wir dieser Hingabe in Form von Nahrungsstoffen. Wir setzen damit eigentlich auch voraus, daß in der ganzen Schöpfung letztlich Liebe waltet, gegenseitige Hingabe, Opfer, Geschenk.

Kann man da nicht auch von Opfer sprechen, wo man es mit dem Bösen zu tun hat? Besteht nicht in der Natur die Möglichkeit der Zerstörung im Dienst des Aufbaus? Ist es nicht sogar so, daß *gut* dasjenige ist, was sich sinnvoll in den Gesamtzusammenhang hereinstellt, auch wenn bei seiner Entstehung Kräfte der Zerstörung mitwirken mußten, beziehungsweise mitgewirkt haben?

Vielleicht muß an dieser Stelle eines deutlich betont und als Hintergrundgedanke festgehalten werden: In dem Freiheitserleben, das wir als Menschen haben, wenn wir uns im Spannungsfeld der Kräfte von Zerstörung und Aufbau, von guten und bösen Neigungen tätig finden, haben wir zugleich die Quelle des Gewissens und unserer Moral. Denn in diesem Freiheitserlebnis liegen alle Möglichkeiten begründet, aus Einsicht in die Zusammenhänge des Lebens förderlich oder zerstörerisch einzugreifen. In ihm liegt aber auch die Möglichkeit, zu verzeihen.

In diesem Zusammenhang sei daran erinnert, daß im Neuen Testament das »Vaterunser« als ein reines Bittgebet steht, im Sinne des wiederholten »Gib uns«. Wo wird in diesem Gebet auf die Menschenwürde im Sinne der Freiheit hingewiesen? Wir finden es bezeichnenderweise in Verbindung mit dem Bösen genannt: »Vergib uns unsere Schuld, wie wir vergeben unseren Schuldigern.« Die Fähigkeit zu vergeben ist das einzige, was wir in diesem Gebet zu tun versprechen. Wir müssen sie uns selbst erringen. Die Fähigkeit zu vergeben setzt die menschliche Freiheit voraus. Denn Vergeben ist nicht selbstverständlich. Es kann nie von außen erzwungen, sondern nur vom Herzen geleistet werden. Oft spricht viel mehr dafür, nicht zu verzeihen. Es bedarf einer großen inneren Anstrengung, sich durch Verständnis und Mitleid zum Vergeben durchzuringen. Wenn es jedoch gelingt, ist das Böse in allen drei Bereichen der menschlichen Seele überwunden: in der Form des Irrtums durch die errungene Einsicht; als Antipathie durch das empfundene Mitleid und als böse Neigung oder Handlung durch das Verzeihen. Das Vergeben ringt sich ebenso schwer heraus aus der menschlichen Seele wie ein wirkliches, klares Freiheitsbewußtsein, das bereit ist, der Wirklichkeit des Bösen gegenüberzutreten.

Ein Mensch, der das übt, wird durch die damit verbundenen Erfahrungen anderen Menschen gegenüber tolerant. Er erkennt an, daß andere ebenfalls dem Bösen ausgesetzt und daher in gleicher Weise ringen und kämpfen müssen wie er selbst. Aus dieser Einsicht heraus lernt er zu verzeihen. Wer nicht verzeihen kann, hat so gesehen das menschliche Freiheitserlebnis noch nicht erfahren und verstanden. Kinder fühlen sich bei Menschen wohl, die das erfaßt haben. Auch wenn Mutter, Vater oder Lehrer immer wieder in die Situation kommen, daß ein strenges Wort gesprochen werden muß oder eine Strafe am Platze ist, so wird doch von den Kindern stets empfunden: Die Art dieser Strafe schließt die Verzeihung mit ein. Denn die Erwachsenen verstehen, warum das Kind in dieser Situation eben so und nicht anders gehandelt hat.

Vom Erleben des Bösen in der seelischen Innenwelt und in der täglichen Umwelt

Es ist schon darauf hingewiesen worden, wie Kinder in der Vorschulzeit das Böse als eine äußere Realität, zum Beispiel in Form von dämonischen Gestalten oder häßlichen Taten in der Umgebung erleben können. Jetzt sei ein Beispiel aus der Pubertätszeit genannt. Es wird von dem Dichter Johann Peter Hebel autobiographisch überzeugend dargestellt und ist typisch für ein Pubertätserleben, in dem das Böse als innere Realität erstmals voll empfunden wird. He-

bel war ein intelligenter Junge. Er verlebte seine Schulzeit als Wai-
senknabe im Hause eines Hofdiakonus, wo auch ein älterer Mitschüler wohnte, dessen Pedanterie Hebel ärgerte. Eines Abends
macht er mit einer Kerze die Klinke an der Tür des Mitschülers heiß
und schildert das Wohlgefühl, das er empfand, als dieser beim Öffnen der Tür einen Schreckens- und Schmerzensschrei ausstieß. Hebel sollte daraufhin des Hauses verwiesen werden. Er schreibt einen
Reuebrief und sagt zu nahen Freunden, sie sollten sagen, er sei ver-
stört zum Rhein gegangen...
   Dort sitzt er solange, bis er meint, daß die Stimmung des Hofdiakonus nun in Sorge umgeschlagen sein könnte. Jetzt könnte es soweit sein, daß dieser sich freut, wenn er wieder heimkommt. Und
dann geht er langsam und bedrückt zurück und wird tatsächlich mit
offenen Armen empfangen:»Daß du wieder da bist, gottseidank!«
Der tiefe und für die Pubertät bezeichnende Wahrheitsgehalt dieses
Vorfalls zeigt sich darin, daß Hebel rückblickend erkennt, wie er
hier zum erstenmal erlebte, daß er das Böse in sich trägt als eine reale
Macht. Er hat die Intelligenz des Bösen erlebt und das Wohlgefühl
über die gestillte Rache genossen. Er hatte auch die Fähigkeit in sich
entdeckt, wie man durch Emotionen angeheizt und unter Einbeziehung seiner Intelligenz wirklich böse Handlungen planen, vollbringen und sich dann auch noch im Sozialen so raffiniert verhalten
kann, daß man selber der Strafe entgeht.*
   Dieses Beispiel mag für viele stehen. Es gehört zu den erschüt-
ternden Erfahrungen dieser Jahre, daß man erfährt, wie schwer es
ist, die in der eigenen Seele vorhandenen Triebkräfte und Emotionen zu beherrschen. Diese Erfahrung wird verständlicherweise in
den mythologischen Bildern durch Tierdarstellungen repräsentiert:
durch das Bild des Drachen, Lindwurms oder aber der Schlange das
Böse im Willensbereich; durch das Bild des Wolfes das Böse im
haßerfüllten Fühlen und durch dasjenige des Fuchses das Böse im
Denken.

* Zitiert nach: Georg Hartmann: Lebenswege, Dornach 1980

Es ist ein typisches Erlebnis dieses Alters, festzustellen, daß die Herrschaft, die man als Kind noch ganz selbstverständlich über das Innenleben empfand, vollständig in Frage gestellt ist. Man sieht sich konfrontiert mit bösen Neigungen bis hin zu Selbstmordgedanken und dem Drang der Selbstzerstörung, ohne es eigentlich zu wollen. Dennoch erlebt man die Faszination dieser bösen Neigungen und ist immer wieder in Versuchung, ihnen nachzugeben. Ohne diese Tatsache wäre es auch unverständlich, warum so viele Jugendliche zum Beispiel in der Popmusik Teufelslieder und »I like Satan«-Motive so lieben. Eine Schülerin sagte mir einmal: »Ich weiß, daß es eigentlich nicht gut ist, diese Sachen zu hören. Aber ich habe diese Musik gern.« Darin spiegelt sich genau diese Stimmung wieder: Man weiß, eigentlich ist es nicht gut, in diesen Teufelsvisionen zu schwelgen und daran seine Sympathien zu knüpfen, aber irgendwie gefällt es einem eben doch. Und es gefällt einem natürlich auch, daß die Erwachsenen Angst und Sorge haben und es problematisch finden. Es ist ein Phänomen der heutigen Zeit, daß schwarzmagische Kulte, Grausamkeiten und Teufelsgeschichten eine so ungeheure Anziehungskraft bekommen haben und nicht nur zum Inhalt von Filmen und Unterhaltungsmusik geworden sind, sondern immer wieder auch von Jugendlichen real praktiziert werden. Sie sind der Realität des Bösen ausgesetzt, und typischerweise tritt dieses Problem in der Pubertätszeit ins Bewußtsein.

Im Erwachsenenalter ist man dann vor die Aufgabe gestellt, in der Auseinandersetzung mit dem Bösen in der eigenen Seele und demjenigen, was in der Umwelt in Form von Zerstörung, Krieg, Umweltvergiftung oder menschlicher Gemeinheit wirkt, zu einer positiven Lebensgestaltung zu kommen.

Wie können wir nun die Situation des kindlichen Bewußtseins und dessen Konfrontation mit dem Bösen besser verstehen?

Im Rahmen unserer Elternabende haben wir wiederholt davon gesprochen, daß die Sinneswahrnehmung beim kleinen Kind einen anderen Charakter hat als beim älteren Kind, beim Jugendlichen und beim Erwachsenen. Sie ist viel intensiver und lebhafter als spä-

ter. Dafür ist das Denken und mit ihm das Gedächtnis noch nicht zur Abstraktion von der Sinneswahrnehmung befähigt. Dies kann man an den charakteristischen Entwicklungsstufen des Gedächtnisses im Kindesalter sehen:
Kleinere Kinder besitzen ja noch kein abstraktes Gedächtnis wie der Schulanfänger. Bis zum dritten Lebensjahr haben sie ein Lokalgedächtnis. Wenn sie etwas wiedersehen, dann erinnern sie sich. Wenn sie aber etwas anderes sehen, haben sie das Vorherige vergessen. Dies läßt sich eindrucksvoll beobachten, wenn man die Kinder morgens in den Kindergarten kommen sieht: wie sie, je näher sie den vertrauten Räumen kommen, die Schritte beschleunigen, weil sie jetzt plötzlich alles wiedererkennen, wiedererinnern, sich sicher fühlen. Und wie arm ist so ein Drei- bis Vierjähriger dran, der erst zum zweiten oder dritten Mal in den Kindergarten geht, sich kaum von der Mutter lösen kann, weil ihm alles noch so fremd ist! Es zeigt sich dies aber auch an der leichten Ablenkbarkeit kleiner Kinder. Wenn sie sich beispielsweise an einer scharfen Kante gestoßen haben und heftig weinen, so hören die Tränen sehr rasch auf, wenn man sie in ein anderes Zimmer bringt und die schmerzauslösende Umgebung verschwunden ist. Es kann jedoch passieren, wenn sie vielleicht schon kurze Zeit später die »böse Kante« wiedersehen, daß sie dann nochmals zu weinen anfangen, weil ihnen die ganze Sache wieder einfällt. Das Gedächtnis und damit das Denken ist in diesem Alter noch ganz an die Sinneswahrnehmung gebunden und dadurch an eine bestimmte Lokalität.

Im vierten und fünften Lebensjahr sind die Kinder hingegen im »nochmal«-Alter und bilden ein Gedächtnis aus, das an die Wiederholung gebunden ist. Jetzt wird das Erinnerungserlebnis an die Wiederholung des schon einmal Erlebten geknüpft. »Hoppe hoppe Reiter« wird immer und immer wieder gewünscht, bis der Erwachsene es zum aller-allerletzten Mal macht. Auch Rotkäppchen wird zigmal erzählt, und der Erwachsene steht staunend davor, daß die bereits bekannte Geschichte die schönste ist und nicht die neue, unbekannte.

Vom sechsten Jahr an ändert sich das deutlich. Will der Lehrer in der Schule etwas erzählen, was die Kinder bereits kennen, so tönt ihm aus der einen oder anderen Ecke ein lautstarkes: »Kenn ich schon...« entgegen. Das Gedächtnis ist abstrakt geworden. Unabhängig von Ort und Zeit kann das einmal Gehörte oder Gesehene im Denken festgehalten und erinnert werden und macht eine Wiederholung überflüssig. Das äußere Wiedersehen (Lokalgedächtnis) ist dem inneren, selbst herbeigeführten (abstrakten Gedächtnis) gewichen. Die Wiederholung erfüllt jetzt die wichtige Funktion der Befestigung im Gedächtnis.

Diese Entwicklung des Erinnerungsvermögens aus seiner ursprünglichen Verbindung mit der Sinneswahrnehmung über das rhythmische Erleben bis hin zur Abstraktion ist die Vorbedingung für ein von der Sinneserfahrung losgelöstes Erkenntnisleben und auch für ein von den Umgebungseindrücken unabhängiges seelisches Innenleben. In dieser Fähigkeit zur Abstraktion liegt aber auch die Voraussetzung für die Erkenntnis von Gut und Böse.

Bis zur Mündigkeit hin vollziehen sich noch weitere charakteristische Schritte in der Entwicklung des Denkens. Mit der Pubertät taucht als neue Fähigkeit das selbständige Urteilsvermögen auf. Danach tritt von Jahr zu Jahr stärker die Fähigkeit zur eigenständigen Wahrheitssuche ein. Der französische Literaturprofessor und Dichter Jacques Lusseyran beschreibt in seiner Autobiographie »Das wiedergefundene Licht« die Geburtsstunde seines selbständigen, idealistischen Denkens. Er schildert die Verabredung mit seinem Freund im Alter von sechzehn Jahren, wo sie sich versprechen, daß sie sich ab heute nur noch die Wahrheit sagen wollen. So etwas würden sich Zwölfjährige nie in dieser Weise brennend wünschen und vornehmen können. Wenn ein Zwölfjähriger sagt: »Lüg mich nicht an«, so hat dies einen anderen Charakter, als wenn Jugendliche zueinander sagen: Wir sagen uns die Wahrheit.

Hier zeigt sich ein Entwicklungsgang durch verschiedene charakteristische Etappen. Was jedoch in derjenigen Zeit geschieht, bevor das Gedankenleben durch die Abstraktion verfügbar wird, ist etwas Geheimnisvolles und hängt mit dem besonderen Charakter der kindlichen Sinneswahrnehmung zusammen.

Man kann sich die Frage stellen, woher Kinder die Fähigkeit haben, in den ersten Lebensjahren alles, was sie sehen, auch nachahmen und sich zu eigen machen zu können? Woher verstehen sie schon so viel, auch wenn sie selber noch gar nicht sprechen können? Sie besitzen gleichsam ein wortloses, elementares Verständnis ihrer Umgebung. Sie sind (wie Piaget sagt), *sensomotorisch* intelligent. Das heißt, alles, was sie durch die Sinne wahrnehmen, können sie in intelligenter Weise in eigenen Handlungen nachvollziehen. Sie sind im Wahrnehmen und Sich-Bewegen unmittelbar aufnahmefähig, verstehen alles intuitiv, während wir als Erwachsene unter Umständen lange grübeln müssen, bis wir zur Einsicht in bestimmte Zusammenhänge kommen und begreifen, was wir gesehen haben. Man kann sagen, daß bei den Kindern die Intelligenz, das heißt das Denken, noch ganz eng mit der Sinneswahrnehmung und dem Leib verbunden ist und noch nicht getrennt als Wahrnehmung und Begriff zur Verfügung steht wie später beim Erwachsenen.

Diese Fähigkeit verschwindet jedoch in dem Maße, wie die Intelligenz sich von der Sinneswahrnehmung gedanklich loslöst und abstrakt wird. Jetzt muß durch gedankliches Verstehen und entsprechendes Üben gelernt werden. Wie rasch lernt ein Kind seine Muttersprache, und wie mühsam ist es später, mit Hilfe der abstrakten Intelligenz sich eine neue Sprache anzueignen!

In diesem Wandel der Intelligenz zeigt sich eine der wichtigsten menschenkundlichen Tatsachen, deren Erforschung wir Rudolf Steiner verdanken: die bereits erwähnte Metamorphose der Wachstumskräfte in Gedanken (vgl. S. 271). Er hat erkannt, daß die sensomotorische Intelligenz auch tatsächlich die Intelligenz ist, die uns später abstrakt zur Verfügung steht. So vermögen wir später nur deswegen abstrakt zu denken und beispielsweise die drei Dimensionen im Koordinatensystem handzuhaben, weil wir uns als Kinder real im dreidimensionalen Raum erlebt, aufgerichtet, orientiert und in ihm das Gleichgewicht gefunden haben.

Wenn wir das real nicht erlebt hätten, könnten wir es auch nicht abstrakt denken. Alles, was unseren Leib in intelligenter Weise gebildet hat, was in seinen Wahrnehmungensvorgängen gelebt hat, wird gemäß der Reifungsschritte des Organismus als Tätigkeit frei für die rein gedankliche Arbeit.

Da das spätere Denken im kindlichen Alter noch in den Wachstums- und Bildevorgängen des Körpers mitarbeitet und auch in der Sinnestätigkeit mitlebt, können sich die Kinder mit dem ganzen Leib so intelligent nachahmend verhalten. Deshalb werden auch die gedanklichen und moralischen Qualitäten der Umgebung miterlebt. Kinder sehen eben nicht nur das äußere Wahrnehmungsbild, so wie wir später, sondern immer zugleich auch den inneren Sinngehalt, die gedankliche, beziehungsweise moralische Qualität. Diese Qualität ist es, die wir später bewußt gedanklich fassen müssen, um das sinnlich Gegebene wirklich zu verstehen. Gedanken jedoch sind nicht sinnlicher Natur. Sie sind unsichtbar und leben als außer-, beziehungsweise übersinnliche Qualitäten in der kindlichen Sinneswahrnehmung mit. Daher können Kinder auch *Gedanken noch sehen,* das heißt, Geistig-Wesenhaftes, Elementarwesenhaftes, gute und böse Physiognomien. Man kann sagen, daß Kinder die klare Trennung zwischen Sinnlichem und Übersinnlichem noch nicht vorzunehmen in der Lage sind. Dem kindlichen Bewußtsein ist die Welt der Gedanken, das heißt die Welt der nichtsinnlichen, geistigen und moralischen Realitäten noch offen. Deshalb können sie auch Eindrücke haben und von Erscheinungen berichten, die wir Erwachsene nur noch in Gedanken uns vergegenwärtigen können. Was wir als Irrtum denken, kann ein kleines Kind gleichsam noch als Gespenst wahrnehmen. Wir *sehen* die Irrtümer nicht mehr, wir können sie nur noch *denken.* Es ist also wichtig, daß wir das nicht als fixe Idee abtun, wenn Kinder von besonderen Erscheinungen berichten, die sie gesehen haben, die aber für uns nicht in der greifbaren Realität existieren.

Zurückkommend auf die Darstellung häßlicher und böser Kreaturen in dem erwähnten buddhistischen Tempel, sei nun die Frage gestellt: Was bedeutet es, wenn in alten Kulturen solche Wesen als Götter bezeichnet wurden? Ist dies die künstlerische Darstellung brutaler Gefühle oder moralischer Verfehlungen? Sind hier Leidenszustände wiedergegeben? Wo finden wir in unserer heutigen Kultur Entsprechendes? Ein Blick auf die Theater-, Kino-, Video- und Fernsehprogramme zeigt, daß es reichlich da ist. Horrorfilme, Darstellungen von Wut, Haß, Verzweiflung, Mordlust werden augenscheinlich gerade von Menschen unserer Zeit gerne angesehen und millionenfach genossen. Was liegt hier vor? Offenbar ist hier im Bilde etwas gegeben, als Realität sichtbar gemacht, was wir als Teil unseres bildlosen Innenerlebens haben, und womit wir uns instinktiv identifizieren, wenn es uns in dieser Bildform von außen entgegengebracht wird. Und dies war in gesunder Weise die Aufgabe der Tempel. Die Skulpturen dienten der Selbsterkenntnis, der Erkenntnis von Gut und Böse. In den Darstellungen grausamer Gesichtszüge wurde dem Menschen vor Augen geführt, daß er diese Kraft selber in sich trägt und in den Dienst des Guten stellen kann. Daß er die Kraft, die beispielsweise im Zorn lebt, in brennende Begeisterung für das Gute umwandeln kann. Daher kann auch gesagt werden, daß diese scheinbar so grausamen Gestalten eigentlich gute Götter sind. Sie zeigen die Kräfte, die dem Guten dienen sollen.

Ähnlich ist es mit den Tierdarstellungen an der Außenseite christlicher Kirchen. Hier werden die Kräfte dem Menschen im Bild vor Augen geführt, in deren Überwindung der Mensch sich üben muß, wenn er zum Guten kommen will. In diesem Zusammenhang war es auch sehr interessant, daß mir ein im japanischen Buddhismus bewanderter Japaner bestätigen konnte: »Ja, diese häßlichen Wesen sind für uns deswegen gute Götter, weil sie im Tempel darinnen sind und dadurch zum Ausdruck gebracht wird, daß ihre Kräfte jetzt im Dienste der guten Gottheit stehen.« Und mit einem Male erscheinen einem diese grausamen Gestalten nicht mehr so dämonisch und die ganze Tempeleinrichtung irgendwie sinngetragen und menschlich.

Wie ist es nun mit der Frage nach der Wirklichkeit des Bösen? Jeder erlebt es als Realität in sich, jeder erlebt es aber auch als Realität außer sich in seiner Umwelt. Schreckensnachrichten in der Zeitung, Krieg, Zerstörungswut, aber auch Abbauvorgänge in der Natur im Herbst sprechen eine deutliche Sprache. Die Frage ist nur: Wo ist die Zerstörung wirklich zerstörerisch-böse, und wo ist sie durch ihre Intention die Vorbedingung für das Gute, für den Aufbau? Auf diese Weise kommt man zu einem Begriff vom Bösen, der nicht absolut ist. Nicht das Böse an sich ist böse – vielmehr wird es erst zum Bösen, wenn es sich am falschen Platz und sinnwidrig betätigt. Beispielsweise zerstört ein Teelöffel Salz anstatt Zucker in einer Tasse Kaffee den Kaffeegenuß; ebenso ein Teelöffel Zucker in einer pikant abgeschmeckten Suppe. Genauso wenig wie man Zucker und Salz in diesem Fall als böse bezeichnen kann, weil sie hier am falschen Platz den Genuß verderben, genauso wenig kann man die Kräfte der Zerstörung absolut böse nennen, da sie am richtigen Platz letztlich doch der Entwicklung und dem Aufbau dienen. Dabei hat man den Eindruck, daß in der Natur die Kräfte der Zerstörung in einem wundervoll aufeinander abgestimmten ökologischen Gleichgewicht leben und eigentlich immer am richtigen Platze sind. Tatsächlich gibt es nur einen Ort in der Welt, wo das Böse am falschen Platz auftreten kann, und das ist der Mensch selbst. Der Mensch ist die sensible Stelle in der Schöpfung, wo das ökologische Gleichgewicht zwischen Zerstörung und Aufbau aus den Fugen geraten kann. Deswegen kann der Mensch auch das ökologische Gleichgewicht der Natur zerstören, wenn er will. Nur in der menschlichen Natur ist diese Möglichkeit vorhanden, daß Gutes in Böses und Böses in Gutes sich verkehren können. Darum fällt uns die Aufgabe zu, in unserem Ringen um Einsicht und um das für die jeweilige Situation Gute diese Auseinandersetzung mit dem Bösen zu führen.

Sind wir nun dieser Auseinandersetzung gewachsen? Das fragen sich heute viele Menschen. Welche Hilfen gibt es?

Eine erste und sicher wichtige Hilfe kann sein, die Realität des

Bösen anzuerkennen und empfinden zu lernen, daß sie zu unserem Heil im Schöpfungsplan vorgesehen ist, genauso, wie uns unverlierbar der Trieb zur Menschwerdung eingeboren ist und mit unserem Wesen, unserer Ich-Natur zusammenhängt (vgl. S. 233). Goethe beschreibt diese Empfindung in seinem Wilhelm Meister folgendermaßen:

»Ich erinnere mich kaum eines Gebotes; nichts erscheint mir in Gestalt eines Gesetzes; es ist ein Trieb, der mich leitet und mich immer recht führet; ich folge mit Freiheit meinen Gesinnungen, und weiß so wenig von Einschränkung als von Reue. Gott sei Dank, daß ich erkenne, wem ich dieses Glück schuldig bin und daß ich an diese Vorzüge nur mit Demut denken darf. Denn niemals werde ich in Gefahr kommen, auf mein eigenes Können und Vermögen stolz zu werden, da ich so deutlich erkannt habe, welch Ungeheuer in jedem menschlichen Busen, wenn eine höhere Kraft uns nicht bewahrt, sich erzeugen und nähren könne.«[*]

Dankbarkeit und Demut in Verbindung mit dem Bewußtsein der Freiheit: Sie helfen in der Auseinandersetzung mit dem Bösen und werden zugleich dadurch in uns stärker wachgerufen und bewußt.

Eine weitere Hilfe kann durch die Frage angeregt werden: Welche Realität besitzen unsere Gedanken? Wie offenbart sich uns die Wirklichkeit guter und böser Mächte?

Wer sein Denken beobachtet, wird bemerken, daß es tatsächlich in der Lage ist, alles darzustellen, nachzuvollziehen und zu verstehen, was an Naturgesetzlichkeiten vorhanden ist und was an mathematischen Gesetzen die Welt beherrscht. Alle chemischen und physikalischen Vorgänge, alle Wachstumsgesetze des Organismus können mit Hilfe des Denkens erfaßt und beschrieben werden, weil dieses Denken selber in allen Vorgängen von Natur und Mensch als das Sinntragende, Sinnvolle darinnen lebt. In der Natur wirkt das Unsichtbare, nämlich das Naturgesetz, im sichtbaren Vorgang im-

---

[*] Zitiert nach »Würde der Dinge – Freiheit des Menschen«, Goethe-Texte, ausgewählt und eingeleitet von W. Schad, Stuttgart 1983.

mer wie selbstverständlich mit. Nur im Menschen tritt es abstrakt auf: Der abstrakte Gedanke kann getrennt von der Wahrnehmung gefaßt werden. Nur Menschen sind in der Lage, etwas Sinnloses zu sehen und mit Hilfe des Denkens den Sinnbezug wiederherzustellen. So wie man sagen kann, daß der Mensch der Ort ist, in dem die Möglichkeit des Bösen im Bewußtsein erscheint, so kann man auch sagen, daß der Mensch der Ort ist, an dem das Sinngebende, das Unsichtbare, rein Geistige herausgelöst werden kann aus dem Naturzusammenhang, um abstrakt zur Verfügung zu stehen. Das ist zunächst vielleicht noch ein schwieriger Gedanke, für die Erfahrung ist er jedoch ständig gegeben. Wir erleben unser Denken als ein unsichtbares Sinnpotential und merken, daß wir auf der einen Seite mit seiner Hilfe alles Sichtbare verstehen können bis hin zum eigenen Leib und auf der anderen Seite aber auch das Unsichtbare: die Gefühlsregungen, die Ideale, das Böse. Hätten wir jedoch diese sinngebenden Gedanken nicht, wären wir getrieben von all unseren Neigungen und wüßten nicht, was wir tun und was wir erleben. Unser an die Sinne gebundenes Denken, das Übersinnliche in uns also, gibt uns Aufschluß über den Charakter unserer Sinneserfahrungen. Ihm kommt daher eine geistige Realität zu. Wir sollten den Mut haben zu der Feststellung: Im Denken ist uns eine Erfahrung gegeben, die rein übersinnlicher Natur ist. Wir können mit Hilfe des Denkens in den Bereich des Unsichtbaren vorstoßen: Mathematische Gesetze, Ideale, das Böse, das Gute, alles kann in reiner Form gedacht werden. Auch die Liebe, der Friede, die Treue, Verehrung, Andacht – all diese Ideale sind übersinnliche Realitäten. Wo jedoch ein Ideal verwirklicht wird, bleibt es keine bloße übersinnliche Realität, sondern wird zu einer kraftspendenden Lebenshilfe, ja zu einer geistigen Wegzehrung in schwierigen Lebenssituationen. Die Kraftnatur des Übersinnlichen wird so erfahren. Es kann auch erlebt werden, daß diese Kraft von einem geistigen Wesen ausgeht, das sich dem Menschen durch das entsprechende Ideal kundgeben kann. Moralische Ideale sind gleichsam wie Gedankenaugen zur Wahrnehmung von übersinnlichen Wesen, deren Realität wir erfahren, wenn wir uns existentiell mit diesem Ideal, beziehungsweise mit dieser Wesenheit verbinden und dann selber werden, was sie schon sind.

Von diesem Gesichtspunkt aus würde sich die Frage, ob es den Teufel gibt, und ob es Gott gibt, klar mit »ja« beantworten lassen. Die Freiheit des Menschen geht nur eben so weit, daß es uns selbst überlassen ist, ob wir durch unsere Erfahrungen und unser Erkenntnisbemühen zur Anerkennung hoher und geistiger Schöpferwesen kommen wollen oder nicht.

In früheren Zeiten wurde noch ganz selbstverständlich an eine geistige Welt und geistige Wesen geglaubt. Man hat diese noch *gesehen*, weil damals die heute gegebene Möglichkeit der Freiheit noch nicht zureichend entwickelt war. Der Bewußtseinszustand war noch eine anderer – ähnlich dem der Kinder heute. Die Menschen früherer Zeiten haben die Kräfte der Zerstörung und die Kräfte böser Menschen noch real als Wesen sinnhaft gesehen, so wie wir das heute nur noch bei kleinen Kindern beobachten können. Daher konnten sie diese Gestalten beschreiben als Kriegsgötter oder böse Geister und Dämonen.

In dem Maß jedoch, wie das Denken im Laufe der Entwicklung abstrakt geworden ist, beginnend bei der griechischen Philosophie bis in unsere Tage, in dem Maße konnten sich die Mächte des Guten und Bösen dem Menschen nur noch über dieses Denken kundgeben. Daß es jedoch wirklich reale Wesen sind, zeigt sich daran, wie real sie zur Wirksamkeit kommen in dem Augenblick, wo der Mensch nach ihren Intentionen handelt – bewußt oder unbewußt. Ein Mensch, der sich dem Bösen verschreibt, verfügt über ungeheure Kräfte. Ebenso derjenige, der sich dem Guten verschreibt. Es sind eben Kräfte, die real in der Welt vorhanden sind und weit über das hinausgehen, was ein Mensch nur von sich alleine aus könnte. Ein Idealist, der sich einem guten Ideal verschrieben hat, ist im Besitz der Kraft des Wesens, das durch dieses Ideal zum Menschen gedanklich spricht. Auch ein Mensch, der uns mit guten Gedanken begleitet, kann uns stärken, weil etwas von seinem Wesen mit dem

Gedanken verbunden in uns lebt und uns erhellen und erwärmen kann, so daß wir seine Gedanken als eine innerliche Wesensberührung empfinden können. Eine im wahrsten Sinne des Wortes übersinnliche Macht durchdringt uns dann. Der Mensch ist nicht nur in stofflicher Hinsicht über die Ernährung ein offenes System, sondern auch in geistiger Hinsicht über seine Gedanken. Er kann sich geistig ernähren, indem er sich klarmacht, daß Gedanken geistige Wirklichkeiten und Wirksamkeiten sind.

Das Böse ist nicht nur für Kinder, sondern auch für Erwachsene eine Wirklichkeit. Rudolf Steiner hat dem Bösen in uns und um uns die Namen wieder neu gegeben, die es schon in früheren Zeiten hatte, als man es noch als geistige Realität kannte. Luzifer und Ahriman (in der Bibel Luzifer und Diabolos genannt) sind mit ihren Scharen die Mächte, die in der ganzen Schöpfung wirksam sind und dem Menschen dadurch helfen, zur Freiheit zu gelangen. Mit Luzifer verbunden sind die Kräfte von Stolz, Hochmut, Selbstüberschätzung. In der Natur entspricht dies den Gesetzen, die z. B. wie die der Luft das Erdflüchtige charakterisieren. Mit Ahriman verbunden sind die Kräfte und Gesetze, die zur mineralisch-festen Natur hinstreben und sich in ihr darleben.

In der Auseinandersetzung mit diesen Kräften erlebt sich der Mensch in seiner Freiheit. Dadurch findet er auch in bewußter Weise den Weg zu Christus. Er ist das göttliche Wesen, das alle Kräfte in Natur und Mensch in weisheitsvollen Zusammenhang bringt und seine Liebe zum Menschen und zur Erde durch das uns allen eingeborene Streben nach Einklang und Gleichgewicht offenbart. So können wir ihn auch finden, wenn wir dieses Streben betätigen und ihn suchen.

Fragen zum Thema:

Frage: Gibt es auch noch andere Möglichkeiten der Konfliktbewältigung als zu verzeihen?
Gegenfrage: Können Sie dazu ein Beispiel nennen?
Antwort: Ja, Vergewaltigung oder Folterung.
Gegenfrage: Wenn man es in der Zeitung liest oder wenn man es konkret in der Bekanntschaft erlebt? – *Entgegnung:* Letzteres.
Antwort: Wenn dem, der das Böse getan hat, verziehen wird, hat er das Böse trotzdem getan. Er hat allerdings durch die Tatsache des Verzeihens andere Möglichkeiten, an einer Wiedergutmachung zu arbeiten. Er ist gleichsam wie von einer Wärme umgeben, die ihm hilft, seine Tat wieder gutzumachen. Sagt der Betroffene hingegen: »Das kann ich dir nie verzeihen« – dann wird der andere es schwerer haben, wenn er versucht, etwas Positives an diese Stelle zu setzen. Er wird von den haßerfüllten Gedanken des anderen wie von bösen Geistern geplagt und beeinträchtigt.

In der griechischen Mythologie werden die Rachegeister, die Geister des Nicht-verzeihen-Könnens, die unversöhnlichen Gedanken und Gefühle, Erinnyen genannt. Das was kleine Kinder unter Umständen als »schwarze Tiere« oder andere greuliche Gestalten sehen, kann damit zusammenhängen. Noch während der Zeit der griechischen Tragödien war es vielen Menschen möglich, Rachegedanken eines anderen wie objektive geistige Wesen wahrzunehmen und sich durch sie unmittelbar beeinträchtigt zu fühlen.

Wir haben als Menschen die Möglichkeit, durch unser Verzeihen auch dessen, was eigentlich unverzeihlich ist, den, der geirrt hat, in seiner Entwicklung zu unterstützen. Wenn wir nicht verzeihen, hat er ein doppeltes Hemmnis mit sich zu tragen: auf der einen Seite die Folgen seiner Tat und auf der anderen Seite die Beeinträchtigung durch unsere unversöhnlichen Gedanken und Gefühle.

Der Umgang mit dieser Tatsache ist eine moralische Frage, die jeder bewältigen muß, der mit einer solch schwerwiegenden Sache konfrontiert wird. Meistens ist es so, daß man eigentlich nicht verzeihen kann, wenn etwas Schreckliches in der unmittelbaren Nähe passiert, sei es in der eigenen Familie oder in der näheren Nachbarschaft oder Verwandtschaft. Es ist einfach extrem belastend, wenn man so etwas unmittelbar erlebt. Ich habe beispielsweise von einer Bekannten gehört, daß ihre Tante vor den Augen ihrer Kinder – als die Russen bei Kriegsende nach Berlin kamen – von etwa zwanzig Soldaten hintereinander vergewaltigt wurde. Sie haben die Kinder gezwungen, dabei zuzusehen. Es bedurfte vieler Jahre, bis diese im christlichen Glauben verankerte Frau dieses Schicksal bewältigt hatte und sich zu einem Verzeihen hindurchringen konnte.

Anders ist es mit den Menschen, die von derart belastenden Ereignissen nur durch die Zeitung hören. Dadurch, daß sie nicht unmittelbar betroffen sind, können sie sich erkenntnismäßig mit dieser ganzen Problematik viel eher auseinandersetzen. Sie können sich klarmachen, daß hinter diesen Schreckenstaten soziale Probleme, Fehlentwicklungen und menschliches Versagen stecken, an deren Bewältigung zu arbeiten eine Aufgabe unserer Zeit mehr denn je ist. Wenn mehr Menschen auf der Erde versuchten, wirklich zu verstehen, warum Menschen wie du und ich aus unserer Gesellschaft zu Verbrechern werden können – weil sie vielleicht in einem miserablen Milieu geboren wurden, in der Schule verständnislosen Erziehern begegneten und in mancher Hinsicht fehlgeleitet worden sind – würde es eher gelingen, die gesellschaftlichen Verhältnisse wirksam zu ändern. Denn hätten diese Verbrecher ähnliche Entwicklungschancen gehabt wie die anderen, Gesunden, wären vielleicht liebenswerte Menschen aus ihnen geworden. Als nicht direkt Betroffener kann man es unternehmen, Gedanken des Verständnisses in die Welt zu schicken oder das, was in der christlichen Fürbitte lebt, diesen sogenannten Sündern zukommen zu lassen. Anstelle der Verzeihung zwischen den unmittelbar Betroffenen, könnte man hier wenigstens geistig-gedanklich einen Akt brüderlicher Nächstenliebe vollbringen.

Ich habe eine protestantische Pfarrersfrau kennengelernt, die noch im Alter von vierundachtzig Jahren jeden Tag in dieser Art die Zeitung gelesen hat. In ihrer abendlichen Fürbitte schloß sie dann alle ein, von deren Not und Leiden sie erfahren hatte. Das hat mir außerordentlich großen Eindruck gemacht. Auch kann man sicher sein, wenn man die Realität der Gedanken einmal erfahren hat, daß die Welt nicht nur von dem lebt, was äußerlich sichtbar geschieht. Vielmehr lebt sie auch gerade von dem, was in dieser Weise im Stillen real-geistig geleistet wird. Beispielsweise ist Sagorsk, in der Nähe von Moskau, ein Kloster, in dem rund um die Uhr für den Frieden in der Welt gebetet wird. Die Mönche wechseln sich im Laufe der vierundzwanzig Stunden ab. Diese Mönche sind davon überzeugt, daß sie damit einen Beitrag zum Überleben der Menschheit leisten.

Frage: Wenn das Gute und das Böse in dieser Welt notwendig sind, warum soll man sich dann nur für das Gute einsetzen und danach streben?

Antwort: Diese Frage wird immer auftauchen, wenn man sich mit dem Freiheitsproblem beschäftigt. Dazu kann ich nur sagen: Es lohnt sich, für das Gute zu kämpfen, weil das Konsequenzen hat für die eigene Entwicklung und für die Welt, die anders sind als die Konsequenzen einer Handlung in Gleichgültigkeit oder in Destruktivität: Wird doch Ihr eigenes Wesen so, wie die Gedanken sind, denen Sie sich hingeben und denen Sie durch Ihre Handlungen dienen. Jeder Mensch steht im Dienste einer unsichtbaren Macht, das heißt der Idee, der er sich und seine Handlung verpflichtet hat. Wir alle verwirklichen ständig bestimmte Gedanken, die wir über uns und die Welt haben. Unsichtbare Gedanken sind die Richtschnur unseres Handelns. Wir sind Diener unserer eigenen Vorstellungen, was wir jeweils für sinnvoll oder richtig halten. Und da ist es doch nicht gleichgültig, *wem* wir dienen. Die Entscheidung liegt wirklich in dem Maße, in dem der Mensch sich seiner Freiheit bewußt wird, bei ihm selbst, wie sein Wesensausdruck werden wird. Und in dieser Entscheidungssituation entdeckt man dann auch, daß das sogenannte Gute gar nicht immer so gut ist, wie man vielleicht ursprünglich gedacht hat.

Haben Sie schon einmal Menschen kennengelernt, die alles richtig machen? Haben Sie erlebt, wie schwierig diese Menschen im Sozialen werden können? Da ist einem jeder Mensch mit kleineren Schwächen lieber als einer, der so lebt, als hätte er keine. Es ist tatsächlich eine Schwäche, all seine Schwächen so zu verdrängen und zu vertuschen, daß man sich und anderen vormacht, man wäre gut und – nur die anderen wären zu Bösem in der Lage.

So wie das Böse am richtigen Platz sich hilfreich erweisen kann, so kann ein scheinbar Gutes am falschen Platz sich auch negativ auswirken. Ein ungeheurer Egoismus kann sich in dem Streben verbergen, tugendhaft und gut zu sein und auf weniger tugendhafte und gute Menschen herabzublicken. Wer das Gute wählt, um sich selbst und anderen Menschen zu gefallen, wird genauso moralisch anfechtbar wie derjenige, der einen Fehler begeht.

Herauszufinden, was für eine bestimmte Situation heilsam ist und das dann auch in einer inneren Hingabe an die Sache zu tun, das nennt Rudolf Steiner in seiner ›Philosophie der Freiheit‹ die Fähigkeit der moralischen Intuition. Sie ist absolut gesehen weder gut noch böse, sondern sachgerecht, hilfreich und der augenblicklichen Situation angemessen.

Die Frage, warum man für das Gute kämpfen soll, ist im Grunde nicht ganz wirklichkeitsgemäß formuliert. Eigentlich müßte es lauten: Was für ein Wesen soll sich in uns zur Herrschaft entwickeln? Welchem Gedanken, welchem Entwicklungskonzept von uns selbst, welchem Ideal von Menschlichkeit wollen wir nachstreben? Wie wollen wir werden, wem wollen wir dienen? Und wie die Menschen uns nach dem beurteilen, wie wir über uns selber denken und wie wir handeln, so werden wir auch erleben, daß wir es niemals allen recht machen können. Man muß selber wissen, was man will und sein Tun entsprechend verantworten. Sie können ja zum Beispiel auch sagen, daß es gut sei, daß Sie hier heute abend im Vortrag sitzen. Zu Hause fühlen sich vielleicht aber Ihre Kinder alleingelassen und gar nicht wohl. Was ist nun für wen in welcher Situation gut? Im menschlichen Leben kommt eben immer beides vor, und es ist wichtig, die guten und bösen Aspekte jeder Handlung mitzuerwägen und in Betracht zu ziehen. In diesem ständigen Abwägen sind wir eigentlich als Menschen zu Hause. Unser Leben würde irreal, wenn wir meinen, das Gute wäre absolut zu fassen und müßte nicht in jedem Augenblick neu errungen werden. Es ist dies ein merkwürdiges Paradox unserer Entwicklung.

Frage: Was ist das Böse? Ich könnte jetzt eine lange Liste aufstellen mit dem, was ich als böse empfinde. Das braucht sich aber nicht mit dem zu decken, was ein anderer als böse erlebt. Sind menschliche Schwächen denn auch etwas Böses?

Antwort: Wenn der Mensch etwas tut, was einem anderen schadet, was einen anderen quält, und er tut es ohne Zwang, einfach aus sich heraus, dann wäre das ein Beispiel für Böses in dem Sinn, wie ich heute darüber gesprochen habe. Das Böse so gesehen wäre etwas, das nur vom Menschen ausgeht, während in der Natur die Kräfte der Zerstörung und des Aufbaus in einem ökologischen Gleichgewichtszustand geregelt sind. Dieser Gleichgewichtszustand ist zwischen Mensch und Mensch gestört, weil hier die Freiheitsmöglichkeit zweier Wesen in diesen Prozeß gleichsam eingeschaltet ist, damit wird aus eigener Erkenntnis der Zusammenhänge, zerstörend oder aufbauend, selber tätig werden können. Böses in diesem Sinne wäre also etwas Zerstörerisch-Problematisches, Gutes hingegen etwas Heilsames beziehungsweise Aufbauendes.

So ist es auch mit den sogenannten menschlichen Schwächen. Kommt eine Schwäche zum Tragen und wirkt sich negativ aus, so bewirkt sie zweifellos Böses. Wird jedoch die Schwäche wahrgenommen und an ihr gearbeitet, so ist sie der Vorbote einer künftigen Stärke, wenn die Schwäche überwunden sein wird.

Frage: Ab wann kann man ein Kind für eine böse Handlung verantwortlich machen?

Antwort: Mit Recht nennt man den Menschen erst mit einundzwanzig Jahren strafmündig und für sein Tun voll verantwortlich.

Erst wenn der Mensch ausgewachsen ist, ist er auch im Vollbesitz seiner Urteilsfähigkeit. Davor ist seine Gedankenentwicklung noch nicht abgeschlossen, ebensowenig die Willensreife. Dem Erwachsenen fällt in jedem Alter der Kindes- und Jugendzeit die Aufgabe zu, da mit seiner Verantwortlichkeit einzutreten, wo das Kind mit seinem Bewußtsein und mit seinem Willensvermögen noch nicht hinreicht. In dem Augenblick, wo der Jugendliche die Voraussetzungen für ein verantwortliches Handeln erworben hat, kann der Erwachsene eigentlich nur noch dann helfen, wenn er um Rat gefragt wird. Jeder ist dann für sich selbst verantwortlich und muß lernen, mit den Folgen seiner Taten zu leben und diese als Teil seiner eigenen Entwicklung zu erkennen.

Angst im Kindesalter und ihre Überwindung

Wie kommt Humor in die Erziehung herein?

In der Welt habt ihr Angst.
Aber seid getrost, ich habe die Welt überwunden.

JOH. 16,33

Angst und Humor

Was haben Humor und Angst gemeinsam, und wodurch unterscheiden sie sich? Um mit dem Unterschied anzufangen: Angst haben wir, Humor brauchen wir! Beiden gemeinsam ist, daß sie sehr alltägliche, typisch menschliche Verhaltensweisen sind. Schaut man im Neuen Testament nach, was dort über Humor und Angst gesagt wird, so ist man erstaunt, das Wort Humor hier nicht zu finden, wohl aber die Angst. Anstelle des Humors findet man jedoch häufig das Wort Freude. Freude ist nicht Humor, obwohl Humor in der Freude immer mitenthalten ist. Freude ist ein umfassendes, vollkommenes Erlebnis. Humor brauchen wir aber gerade da, wo wir den Unvollkommenheiten im Alltag begegnen, die uns keine Freude machen. Wer die Sixtinische Madonna von Raffael betrachtet, ein vollkommenes Kunstwerk, wird nicht zum Schmunzeln angeregt – Humor wird nicht geweckt. Überall da jedoch, wo kleine Schwächen sichtbar werden, wo etwas unvollendet geblieben ist, da stellt sich – wenn es gutgeht – eine humorvolle Stimmung ein. Man spricht ja auch gerne von der Komik des Alltags. Wenn zum Beispiel ein kleines Kind anfängt, stolz seine ersten Schritte zu machen und dabei besonders drollig wieder hinplumpst, müssen wir schmunzeln – das ganze Alltagsleben ist voll von derartig komischen Situationen. Humor hängt eben damit zusammen, daß wir als Menschen unvollkommen sind und dies mit Fassung tragen... Und das haben Humor und Angst wiederum gemeinsam: beide zeigen verschiedene Seiten der menschlichen Unvollkommenheit und Unzulänglichkeit und beide hängen mit der Tatsache zusammen, daß wir uns entwickeln.

Unsere Ängste sind in jedem Lebensalter verschieden. Die Ängste des Kleinkindes sind andere als diejenigen des Schulkindes, und diese wiederum andere als die Ängste des Jugendlichen, des Erwachsenen oder des alten Menschen. Immer kann man jedoch beobachten, daß die Angst im Laufe des Lebens weniger wird, wenn die Entwicklung in gesunder Weise gelingt. Der Humor jedoch nimmt im Laufe des Lebens zu. Hoffentlich!!!

Im Johannesevangelium steht am Ende der Abschiedsreden im 16. Kapitel der Satz: »In der Welt (im Kosmos) seid ihr bedrängt, aber seid vertrauensvoll, da, wo ich bin, wird die Angst (Bedrängnis) besiegt.« Wo ist nun im Menschen diese Kraft zu finden, die die Angst überwindet und mit ihr fertig wird?

Entwicklung durch Trennungserleben und Geborgenheit

Angst ist immer verbunden mit einem Verlust von Geborgenheit, mit dem Erleben des Getrennt- und Isoliertseins. In diesem Zusammenhang wurde daher von psychologischer Seite immer wieder auf die Bedeutung der Abnabelung bei der Geburt, auf diese Urtrennung hingewiesen. Wenn das Kind im Mutterleib noch in voller Geborgenheit heranwächst und sich in dem angenehm warmen Fruchtwasser bewegt, den Kopf hebt, den Rumpf aufrichtet, sich dreht, die Augen öffnet und schließt, Arme und Beine bewegt in diesem der Schwere enthobenen wäßrigen Milieu – so hat man ein Bild reinster Geborgenheit vor sich. Und dann kommt die Geburt. Das Kind wird aus diesem Zusammenhang, in dem es sich schwimmend, schwebend, träumend erlebt hat, herausgepreßt und hängt schließlich nur noch an der Nabelschnur, die dann durchgeschnitten wird. Das Kind ist in der Welt, erlebt Kälte, Licht, Geräusche und – das Getrenntsein. Wird es in den Arm genommen, umsorgt, gewärmt, gefüttert, gepflegt, liebevoll gestreichelt, so erlebt es wiederum die Geborgenheit.

Und dann beginnt das Leben der ersten Monate. Ein rhythmischer Wechsel von Trennungserleben und Geborgenheitserleben. Das häufige Stillen, Wickeln und Saubermachen bringen es mit sich, daß das Kind regelmäßig in den Arm genommen wird und Geborgenheit erlebt. Die notwendigen Pausen dazwischen, in denen es vorwiegend schläft, lassen es sich an das Getrenntsein langsam gewöhnen. Kehrt die Geborgenheit in schöner Regelmäßigkeit wieder, ist das Trennungserlebnis nicht mit Angst verbunden. Es entsteht Vertrauen in die Tatsache der Eigenexistenz und in den damit verbundenen Zustand der Getrenntheit. Im zweiten Lebensjahr vollzieht sich schon der Übergang von der primär leiblich erlebten Geborgenheit zu der mehr seelisch erlebten. Das Wahrnehmen der vertrauten Umgebung und der bekannten Menschen gibt das Gefühl der Sicherheit und Geborgenheit, auch wenn man vielleicht allein im Kinderzimmer spielt oder gerade von der Mutter wegläuft. Kommt jedoch ein fremder Mensch herein, oder wird in der Wohnung plötzlich etwas verändert, reagiert das Kind mit Angst und sucht Zuflucht auf dem Arm oder in der unmittelbaren Nähe der Mutter. Ein derartiges Ereignis kann anschaulich machen, was Angst überhaupt im menschlichen Leben bewirkt: Angst verstärkt in enormem Maße das Selbstbewußtsein. Was im Erlebnis des Getrenntseins erst leise anklingt als Selbsterfahrung im Unterschied zur übrigen Umgebung, das erfährt eine Steigerung dadurch, daß nun das Gefühl der Unsicherheit, der Ängstlichkeit, ja der Angst vor dem Fremden, vielleicht Gefährlichen und Unbekannten hinzutritt. Im Erleben dieses Wechsels zwischen dem Auftauchen der Angst und der Beruhigung in der Geborgenheit liegt das Wesentliche für die Entwicklung des Selbstbewußtseins. Das Wiederfinden der Geborgenheit festigt das Existenzvertrauen, das Erleben und

Aushalten der Angst stärkt das Selbstbewußtsein und die Selbster-fahrung am Andersartigen. Ja, es ist sogar so, daß ohne das Erlebnis der Trennung kein Erleben des eigenen Selbst und damit auch kein Selbstbewußtsein möglich wäre. Daher ist auch die Entwicklung des kindlichen Selbstbewußtseins nicht zu trennen von dem Erle-ben und dem Umgehen mit der Angst. Auch die ersten Erinne-rungserlebnisse sind häufig Schockerlebnisse, Erfahrungen des Ge-trenntseins oder der Angst. Der eine findet sich plötzlich während eines Spaziergangs von den Eltern getrennt und allein in einem dich-ten Straßengetümmel. Das erste Ich-Erlebnis wird zur verzweifel-ten Suche nach den Eltern. Und welche Seligkeit wird dann erlebt, wenn man sie wiederfindet. In diesem Wechsel liegt das Wesentliche für die Selbsterfahrung. Der Wert der Geborgenheit wird nach ei-nem Angsterlebnis viel bewußter erfahren als davor. So hat auch die Weckung des Selbstbewußtseins durch ein Angsterlebnis mehr Be-deutung für das Kind (und es ist auch eher in der Lage, dieses Angsterlebnis gut durchzustehen), wenn sonst die Geborgenheit in starker Weise gegeben ist.

Es ist interessant, daß die Angst vom Zeitpunkt der Geburt an erst einmal zunimmt und dann von einem bestimmten Lebensau-genblick an rasch abnimmt. Da, wo die Kurve sich neigt, sind die Kinder zwei bis drei Jahre alt. Wenn das Selbstbewußtsein so weit fortgeschritten ist, daß die Kinder zu sich Ich sagen, ist es mit der ersten Fremden- und Trennungsangst vorbei und damit auch mit der leibgebundenen Angst. Ein Drei- bis Vierjähriges braucht die ständige körperliche Nähe des Erwachsenen nicht mehr. Oft stram-pelt es sich schon nach kurzem Umarmen wieder frei, es will nur noch kurz gedrückt werden, aber nicht mehr längere Zeit in den Armen ruhen wie ein Säugling. Das Geborgenheitserlebnis löst sich von dem Körperlichen mehr und mehr los und nimmt einen zuneh-mend seelischen Charakter an. Jetzt genügt meist der Blick des Er-wachsenen, um das Gefühl der Geborgenheit zu geben. Man will Mutter und Vater nicht mehr unbedingt anfassen – das Sehen und Gesehenwerden genügt. Und dies ist dann auch wichtig! Es genügen ein paar Worte zwischendurch, eine kleine Handreichung, und dann können die Kinder wieder ruhig ein bis zwei Stunden spielen. Sind sie in der Lage, ohne weiteres die Trennung von den Eltern über einen halben oder einen ganzen Tag auszuhalten, so sind sie kindergartenreif. Dann genügt das Wiedersehen am Mittag, das gemütliche Zubettgehen und das gemeinsame Frühstück, um die nötige Geborgenheit zu vermitteln. Bisweilen gehen auch Kinder im Alter von drei bis vier Jahren einmal auf eigene Faust von Zuhause weg und werden dann von fremden Menschen oder von der Polizei wieder nach Hause gebracht. Fragt man sie dann: »Hattest du denn keine Angst?«, so können sie genau berichten, in welchen Situationen sie plötzlich Angst bekommen haben – aber sie haben auch schon erlebt, daß man das aushalten kann und daß das Leben weitergeht. Das schafft Sicherheit und Selbstvertrauen.

Angst und Bewußtsein

Wir können drei Etappen unterscheiden:

1. die leibgebundene Angst, die mit dem körperlich Getrenntsein verbunden ist und auch nur durch körperliche Berührung überwunden werden kann,
2. die mehr seelische Trennungs- und Fremdenangst, die durch das Sehen eines vertrauten Menschen überwunden wird,
3. die im denkenden Bewußtsein erlebte Angst, wenn das Kind beispielsweise zu Hause nur die Schwester vorfindet und dann ängstlich fragt, wo denn die Eltern sind. Jetzt hilft der Gedanke: die Eltern sind nur zum Einkaufen gegangen, sie werden bald wiederkommen, und das Gefühl der Geborgenheit ist wiederhergestellt.

Diese drei Stadien werden in den ersten drei Lebensjahren von jedem Menschen durchlebt. In ihrer Aufeinanderfolge zeigen sie eine

Gesetzmäßigkeit, die sich im Laufe des Lebens in größeren Abschnitten weiterhin wiederholt. Die Jugend betrachtend kann man sagen, daß in der ganzen Vorschulzeit die leibgebundene Angst überwiegt, verbunden mit der Möglichkeit, durch In-den-Arm-Nehmen Trost zu spenden. Im Schulalter bis zur Pubertät treten dann mehr die gefühlsmäßigen Ängste in den Vordergrund: die Angst zu versagen, die Angst vor dem neuen Lehrer, die Angst vor dem Fremden und dem Unbekannten. Sie wird beschwichtigt durch beruhigende Worte von vertrauten Personen, durch einen aufmunternden Blick und durch das In-der-Nähe-Sein von geliebten Menschen.

Nach der Pubertät tritt dann die gedanklich-bewußt erlebte Angst in den Vordergrund. Es wird dem Jugendlichen klar, daß er eines Tages auf seine eigene Verantwortung hin leben muß und die Geborgenheit und Lebenssicherheit nur noch durch ein Übereinstimmen mit sich selbst und durch ein sich Auf-sich-selbst-verlassen-Können finden kann. Körperliche oder seelische Geborgenheit bleiben unerfüllt, wenn das denkende Bewußtsein an diesem Vorgang nicht beteiligt ist. Daher strebt der Jugendliche auch danach, seine Angst denkend zu verarbeiten und selber zu überwinden. Es werden sogar waghalsige Dinge unternommen, um sich diese Fähigkeit der Angstüberwindung zu beweisen. Man möchte Herr über die Angst und seines Selbst ganz sicher und gewiß werden. Ein Elfjähriger läßt sich daher noch durch liebevollen Zuspruch trösten, ein Siebzehnjähriger hingegen braucht nicht mehr die tröstliche Stimmung und die beruhigenden Worte, bei denen es auf den Inhalt nicht so sehr ankommt. Er braucht Antworten, die Gedanken enthalten, an denen er sich orientieren und halten kann.

Diesen Dreischritt kann man dann auch bezogen auf das ganze Leben beobachten:

In Kindheit und Jugend, während der gesamten Wachstumsperiode, ist man froh, ein Zuhause zu haben, wohin man immer wieder gehen kann und wo für das leibliche Wohl gesorgt wird. Die

Vorstellung, alles selber machen zu müssen, was mit Nahrung und Kleidung zusammenhängt und mit der ganzen Einrichtung des äußeren Lebens, ist noch bis in das Jugendalter hinein eher ein Alptraum als eine Verlockung. Man ist froh, daß Mutter oder Vater sich doch meist noch um alles kümmern, und es brechen nur die Jugendlichen aus, die zu Hause auf Unverständnis stoßen oder die kein wirkliches Zuhause haben.

Die jungen Erwachsenen hingegen streben oft recht vehement nach eigener Lebensgestaltung und nach Trennung vom Elternhaus. Man traut sich ohne weiteres zu, für all das zu sorgen, was die körperliche Existenz anbetrifft. Jetzt treten jedoch Erwartungs- und Versagensängste hervor. Das Überwinden dieser seelischen Ängste und die Sicherung der inneren Existenz stehen im Vordergrund.

Ende der dreißiger, Anfang der vierziger Jahre kommt dann die seelische Entwicklung zu einer gewissen Reife. In Familie und Beruf gelingt der Umgang mit den Menschen in ganz anderer Weise als zu Beginn der zwanziger Jahre. Innere Sicherheit und Selbstvertrauen sind bis zu einem gewissen Grad erworben. Auf dieser Grundlage können dann in dem dritten Abschnitt des Lebens neue Fragen gestellt werden, die nunmehr nach der geistigen Existenzsicherung hin orientiert sind. Was ist der Sinn des Lebens? Gibt es überhaupt ewige Werte einer Biographie? Was kommt nach dem Tode? Fragen dieser Art können sich natürlich auch schon früher stellen, sie können jedoch im letzten Lebensdrittel ganz anders bearbeitet werden.

Im Lebensrückblick zeigt sich, wie jedes Lebensalter seine Ängste und Gefahren hatte, und wie man gerade der Arbeit an diesen Unsicherheiten und Problemen seine spätere Sicherheit und Stabilität verdankt. Es wird deutlich, daß der Umgang mit der Angst für das gesamte Erdenleben eine zentrale Bedeutung hat: den Menschen aufzuwecken für Erkenntnisfragen seiner eigenen Existenz und seines Zusammenhangs mit der Welt und allen Wesen, die zu ihr gehören. Ja, die Erfahrung selbst, daß man durch so viele Unsicherheiten hindurchgehen konnte, ohne sich dabei zu verlieren, wird zum Hinweis darauf, daß das geistige Wesen des Menschen seiner Natur nach nicht abhängig ist von den Wechselverhältnissen des Erdenlebens, sondern vielmehr in diese hineinversetzt wird, um sich und die Welt kennenzulernen und ein selbstbewußtes Verhältnis zum Ganzen der Schöpfung zu bekommen. Das errungene Selbstbewußtsein und die Ergebnisse dieser Erfahrungen werden unverlierbarer Bestandteil des geistigen Wesens, das der Mensch seiner inneren Natur nach ist. Hat sich der Mensch zu dieser Anschauung seines eigenen übersinnlichen Wesens hindurchgearbeitet, so ist die Angst überwunden und das Erleben der Verunsicherung und des Getrenntseins aufgelöst. Man erlebt sich als Geistwesen innerhalb der Gemeinschaft anderer geistiger Wesen und erkennt, daß Getrenntheit und existentielle Not und Angst nur auf der Erde in dem Eingeschlossensein in einem physischen Leib erfahren werden können. So beginnt man dann auch das Evangelienwort zu verstehen, daß wir in der Welt Angst haben, daß aber durch die Verbindung mit IHM die Kraft wahrer Selbsterkenntnis geweckt wird, die die Angst überwindet.

Hilfen für den Umgang mit der Angst in den verschiedenen Lebensaltern

Aus dem bisher Dargestellten kann deutlich werden, daß das Auftreten der Angst auf der einen Seite mit der Tatsache der Getrenntheit zusammenhängt und auf der anderen Seite mit der Bedrohung, die man als Einzelindividuum von seiten eines übermächtigen Umkreises erfährt. Man erlebt die Angst entweder von innen ausgelöst durch das Bewußtsein des Alleinseins oder der Schwäche oder aber durch das Erleben eines übermächtigen äußeren Einflusses. Deshalb müssen auch die Techniken der Angstüberwindung in den verschiedenen Lebensaltern immer nach beiden Seiten hin ausgebildet werden.

Wie kann man dem Kind dazu verhelfen, das Bewußtsein der Schwäche, der Getrenntheit und des Alleinseins zu überwinden? In erster Linie durch das immer wiederkehrende Vermitteln des Erlebens von Geborgenheit. Beim kleinen Kind ist dies in der schützenden Umarmung und in der liebevollen täglichen Fürsorge gegeben. Beim älteren Kind durch das Vermitteln seelischer Geborgenheit und beim Jugendlichen durch Vermittlung der Tatsache, daß man innerlich zu ihm steht, ihn im Bewußtsein hat und jederzeit zum Gespräch bereit ist. Damit wären die wichtigsten Hilfen für den Umgang mit der Angst, die aus dem eigenen Innern aufsteigt, gegeben.

Schwieriger ist dies bei der Angst, die durch die Bedrohung von außen hervorgerufen wird. Denn hier sind ja auch die meisten Erwachsenen ratlos und unfähig, mit ihren Ängsten fertig zu werden. Umweltzerstörung, atomare Bedrohung, Gifte in Nahrungsmitteln, Natur- und Kriegskatastrophen – wie kann man die Angst davor überwinden lernen? Wie werden wir mit diesen Tatsachen fertig? Sie sind doch ganz objektiv furchtbar. Macht man den Kindern nicht etwas vor, wenn man ihnen Geborgenheit vermittelt, während man selber Angst hat?

Das ist für viele Menschen heute auch eine Frage der Ehrlichkeit. Sie erleben leiblich und seelisch ganz elementar die Gefahren von außen als eine echte existentielle Bedrohung. Und es wird auch deutlich, daß diese Angst nicht schwinden kann und bis zum Tode bestehen bleiben muß für denjenigen, der sich nicht auf seine geistigen Entwicklungsmöglichkeiten besinnt. Denn die von außen kommenden Tatsachen, daß wir beispielsweise alle sterben müssen, daß es Krankheit, Not, Machtkonflikte und eben ganz objektiv die Möglichkeit des Bösen gibt – diese Tatsachen bleiben ja bestehen. Gelingt es nicht, sich zu ihnen in ein neues Verhältnis zu setzen und ihre Bedeutung für die geistige Entwicklung des Menschen zu erkennen, so kann die Angst vor ihnen nicht wirklich überwunden werden. Sie läßt sich auch vom besten Freund nicht wegtrösten, sondern höchstens vorübergehend lindern. Daher ist es notwendig für denjenigen, der seine Kinder ehrlich trösten und ihnen bei der Angstüberwindung helfen will, daß er auch bereit ist, an seiner eigenen Angstüberwindung zu arbeiten. Tut er dies, so ist das eine zusätzliche Hilfe für das Kind. Geschieht dies nicht, so teilen sich seine eigenen unausgesprochenen Ängste dem Kind mit, so daß es von doppelter Angst erfüllt ist: von seiner eigenen, altersspezifischen und von der Angst der Eltern, die es instinktiv mitempfindet. Erlebt das Kind hingegen, daß die Mutter zwar auch vor vielen äußeren Dingen im Leben Angst hat, daß sie aber lernt, sich zu schützen und an der Überwindung dieser Angst zu arbeiten, dann gibt das dem Kind die Sicherheit: wenn ich groß bin, dann werde ich das auch können. Da Kinder zu der geistigen Verarbeitung der Angst noch nicht in der Lage sind, haben sie viel mehr Angst, sind sie ihrer Angst in ganz anderer Weise ausgeliefert als der Erwachsene.

In diesem Zusammenhang ist es wichtig, sich klarzumachen, daß die Entwicklung von Angst und Bewußtsein zusammengehören. Bewußtsein von der Getrenntheit und von der Bedrohung, von der Übermacht – das sind die angstauslösenden Faktoren. Je mehr Bewußtsein, um so mehr potentielle Angstbereitschaft. Welche Bewußtseinsinhalte machen Angst? Es sind all diejenigen, die man nicht versteht, oder nicht verarbeiten kann, denen man sich nicht gewachsen fühlt. Je früher demnach das Bewußtsein der Kinder durch weitläufige Erklärungen über dieses und jenes geweckt und kultiviert wird, desto stärker wird auch ihre Bereitschaft, vor diesem und jenem Angst zu haben. Es gibt Menschen, die sich in bestimmten politischen oder wirtschaftlichen Kreisen gut auskennen und daher wissen, was auf ihr Land oder auf ganze Teile der Erde zukommt. Sie leiden angesichts dieser potentiellen Katastrophe, weil sie die Lawine auf sich zurollen sehen. Sie sind von Sorge und Angst erfüllt, wogegen die anderen in ihrem Umkreis davon überhaupt nichts wissen und angstlos-ruhig in bezug auf diese Tatsache dahinleben können. Je mehr man weiß, desto mehr hat man auch die Möglichkeit, sich vor diesem oder jenem zu fürchten. Daher ist es im Umgang mit den Kindern so wichtig, ihnen kein Wissen beizubringen, für das sie nicht auch eine konkrete Erfahrung haben, die ihnen Sicherheit gibt. Das Vertraute, Verstehbare, Nachvollziehbare entängstigt und schafft Sicherheit. Geht die Bewußtseinsentwicklung Hand in Hand mit der Möglichkeit der Verarbeitung der Bewußtseinsinhalte und des wirklichen Verstehens, so ist die entscheidende Hilfe zur Entängstigung gegeben.

Wie kann nun der Erwachsene sich selber entängstigen und lernen, mit seinen eigenen, noch nicht verarbeiteten Bewußtseinsinhalten fertigzuwerden? Die entscheidende Hilfe ist das Nachdenken über den Sinn der Angst, über die Bedeutung des Bösen und Zerstörerischen in der Welt, das heißt desjenigen, wovor man eben Angst hat. Man kann sich fragen, was geschehen würde, wenn die Pflanzen, Tiere und Menschen nicht zerstört würden und nicht sterben könnten. Die Erde könnte kein Entwicklungsraum sein. Alles wäre bereits erfüllt, Wandlung und Veränderung, neues Aufblühen und Werden wäre nicht möglich. Und die erstaunliche Tatsache tritt vor das Bewußtsein, daß Entwicklung nur möglich ist, wenn Welken und Sterben zugelassen sind, damit ein immer wieder neues Beginnen und Schaffen möglich ist!

Auch das Wach- und Schlafleben des Menschen ist in diesen Rhythmus von Zerstören und Wiederaufbauen eingegliedert. Bei Tage nützen wir unsere Organe ab – bei Nacht bedürfen sie der Regeneration und des Aufbaus. Ohne diese täglichen Zerstörungsprozesse könnten wir kein Bewußtsein entwickeln – denn in der Nacht, wenn unser Organismus sich regeneriert und die abgenützten Strukturen wieder aufgebaut werden, ist das Bewußtsein ausgeschaltet. Wird man auf diesen Zusammenhang aufmerksam, so wird einem auch der Sinn klar, der mit der Tatsache des Bösen und der Zerstörung verbunden ist. Und mit einem Mal ist nicht mehr die Angst vor dem Bösen vorherrschend, sondern es erwacht ein Verständnis dafür, warum dies alles so ist. Diese Erkenntnis ruft einen tiefen Ernst, aber auch eine ganz neue Ruhe in der Seele auf, und die Angst schwindet angesichts des Sinnvollen und Durchschaubaren.

Eine zweite Frage liegt nun nahe: Wie kann das Dauernde in allem Werden und Vergehen, wie kann das Tragende in der Entwicklung, wie kann das Ewige in dem Vergänglichen erfaßt werden? Bei der Suche nach einer Antwort wird die Besinnung auf die Natur des Gedankens eine Hilfe. Man kann sich zum Bewußtsein bringen, daß auch der Gedanke der eigenen Persönlichkeit, des eigenen Ich zu dem allgemeinen Gedankenleben der Welt gehört. Man kann entdecken, daß zu jedem Gedanken etwas in der Welt gehört. Ja, daß jedes Gesetz zu irgendeiner realen Wirkung in der Welt in Beziehung steht. Jeder Gedanke, jedes Naturgesetz, jede mathematische Formel kann irgendwo sinnenfällig verwirklicht oder angewandt sein. Und so vergänglich die sinnenfälligen Erscheinungen auch sein mögen, so dauernd und unverlierbar und unzerstörbar sind die Formen, Gesetze und Gedanken, die sich auf das Vergängliche beziehen. So gelten beispielsweise die mathematischen Gesetze, die von uns gedanklich erfaßt werden können, über die ganze Erde hin und können von den verschiedensten Menschen gefunden werden. Ja, ein guter Unterricht an der Schule verhilft den Schülern dazu, alle Naturgesetze, die im Unterricht behandelt werden, selber herauszufinden. Selbst den Satz des Pythagoras zu entdecken, selbst die Idee zu fassen, warum es einen geschlossenen Blutkreislauf geben muß, so wie das erstmals William Harvey entdeckt hat. Wer als Jugendlicher so denken und forschen lernen durfte, wird es leichter haben, in seinem eigenen schöpferischen Ideenvermögen den ersten Anhaltspunkt für das Unverlierbare und Unzerstörbare seines eigenen ewigen Wesens zu finden. Denn der Gedanke des eigenen Selbst ist ebenso unzerstörbar und immer wieder in der Welt auffindbar wie alle anderen Gedanken auch. Und da schließt sich dann wie von selbst die Frage nach den wiederholten Erdenleben an.

Könnte es nicht mit dem eigenen Leben genauso sein wie mit dem Leben einer Rose, die immer wieder und wieder aufwachsen und sich im Sinnlichen verwirklichen kann? Ist nicht jeder Mensch einmalig und unverwechselbar, so wie eine bestimmte Rosenart einmalig und unverwechselbar ist? So, wie ein Naturgesetz unabhängig von seiner Wirksamkeit gedacht werden kann –, kann sich so auch der Menschengeist unabhängig von seiner Verkörperung denken? Gehört er nicht ebenso zu dem Gedankenwesen der Welt, das über Werden und Vergehen erhaben ist und der Welt der Dauer, der sogenannten Ewigkeit angehört?

Es gibt heute bereits Bücher, in denen Frauen über ihre Erlebnisse berichten, die sie während der Konzeption oder Schwangerschaft mit den noch nicht geborenen Kindern hatten. Andere berichten von ihren Erfahrungen im Umgang mit sterbenden Kindern. Aus diesen Berichten spricht, wie deutlich die Nähe und Anwesenheit der Kinder empfunden wird, auch wenn sie noch nicht in der sichtbaren Welt geboren sind oder aber, nachdem sie bereits aus dieser sichtbaren Welt wieder fortgegangen sind.

Beschäftigt man sich mit Fragen dieser Art, so kann dies helfen, die Angst zu überwinden. Anstelle der Todes- und Existenzangst tritt ein tiefes Vertrauen in den Bestand der eigenen geistigen Existenz. Die Angst erweist sich als der Welt der Vergänglichkeit angehörig, in der die Möglichkeit zur Entwicklung gegeben ist. Die geistige Welt erscheint als Welt ohne Angst und voller Beständigkeit – dafür aber auch ohne die Möglichkeit, Neues zu entwickeln. Der Sinn des sich Verkörperns auf der Erde in der Welt der Vergänglichkeit kann so neu empfunden werden. So wie der Säugling den Wechsel braucht zwischen dem Erleben des Getrenntseins und der Geborgenheit, damit er zum Selbstbewußtsein erwachen kann – so braucht der Mensch die Geborgenheit in der geistigen Welt, wo man als Gedankenwesen einverwoben ist dem Bestand des ewigen Seins, um dann in der Erdenverkörperung zum Bewußtsein des eigenen Selbst aufzuwachen in dem Sich-getrennt-Erleben vom Bestand der Welt und sich als selbständiges Menschenwesen zu erkennen. Bei der Geburt steht das leibliche Trennungserlebnis und die Möglichkeit der Angst im Vordergrund. Im Tode hingegen leuchtet das Aufheben des Getrenntseins auf und die Nähe des Geborgenseins in der geistigen Welt.

Gedanken dieser Art können dem Erwachsenen helfen, an seiner eigenen Entängstigung zu arbeiten, indem er sich seines Zusammenhangs mit der geistigen Welt, seiner eigenen Geborgenheit in der Welt der Gedanken bewußt wird. Auf dieser Grundlage wird er seinen Kindern ein anderes Gefühl von Geborgenheit vermitteln können. Menschen, die sich diese innere Sicherheit nicht erarbeiten, können nur die körperbezogene und seelische Geborgenheit vermitteln. Damit ist dann oft verbunden, daß man das Kind nicht aus den Augen läßt und übermäßig behütet. Dies kann noch dadurch unterstützt werden, daß man es bereits frühzeitig aufmerksam macht auf alles, wovor es sich in acht nehmen soll. Durch den Aufbau vieler Gebote und Verbote, durch die man das Kind schützen möchte, verstärkt man die Angstbereitschaft der Kinder.

Wirkliche Geborgenheit enthält beides: die körperliche Nähe, aber auch das innere Vertrauen in das Schicksal des Kindes, so daß man es ohne Sorgen auch immer wieder von sich gehen lassen kann.

Gerade ängstliche Kinder brauchen nicht nur die körperliche Geborgenheit, sondern das Erleben der inneren Sicherheit des Erwachsenen und in dieser Sicherheit das Erleben seelischer und geistiger Geborgenheit. Es ist sehr unterschiedlich, wann die körperliche Nähe der Erwachsenen nicht mehr nötig ist zur Entängstigung. Beispielsweise gibt es Kinder, die noch bis ins neunte, zehnte Lebensjahr herein es nicht tolerieren, daß die Eltern abends weggehen. Selbst wenn ein Babysitter da ist, fühlen sie sich verunsichert und machen ein Riesentheater. Sind die Eltern jedoch in der nahen Nachbarschaft und können von den Kindern leicht erreicht werden, so ist diese Angst nicht da.

Hier sieht man den Übergang von der an die körperliche Nähe gebundenen Geborgenheit zu der an die seelische Nähe gebundenen, wo es genügt, das Bewußtsein zu haben, wenn ich sie brauche, kann ich sie gleich erreichen. Meist sind dies besonders phantasiebegabte Kinder, die sich, sobald die Eltern weg sind, in die gräßlichsten Situationen des Verlassenseins und der Bedrohung hineindenken können. Hier hilft nicht das Ausreden der Angst im Sinne von: »Ich habe dir doch schon so oft gesagt, du brauchst wirklich keine Angst zu haben«, sondern hier hilft nur das Verständnis und das Gewähren der von dem Kind benötigten Geborgenheit, so oft dies eben möglich ist.

Die Möglichkeit zur eigenen bewußten Angstverarbeitung ist eben erst ab dem 12., 13. Lebensjahr gegeben, wenn das selbständige Denken erwacht. Eine große Hilfe bis zu diesem Zeitpunkt und später auch ist die Pflege des religiösen Lebens in der Familie. Erleben die Kinder immer wieder die andachtsvolle Stimmung und den Aufblick zu Gott als dem ewigen Schöpferwesen der Welt, so erleichtert dies den Zugang zum Erleben des Göttlichen in der eigenen Seele, des Ewigen im eigenen Denken.

Die Frage nach dem Tod und nach der Vergänglichkeit ist Bestandteil der Pubertätskrise. Kann hier im wahrsten Sinne des Wortes eine Konfirmation stattfinden, eine Befestigung im Vertrauen auf die eigene geistige Existenz, so ist dies das wirksamste Gegenmittel gegen die seelische Not und Angst dieser Zeit. Für ältere Jugendliche ist es dann auch eine Befreiung, die Philosophie zu entdecken, oder die verschiedenen Religionen zu studieren und im eigenen Denken und Verstehen dieser verschiedenen Gesichtspunkte das Dauernde und Tragende im eigenen Bewußtsein zu empfinden.

Und wie steht es mit dem Humor?

Erziehung ohne Humor gibt es nicht. Denn Erziehung hat immer etwas mit Unvollkommenheit zu tun und Humor ist das einzige, was einen über jede Unvollkommenheit jederzeit erheben kann. So, wie man als Vater des Humors den Ernst bezeichnen kann, so als Mutter die Fröhlichkeit, die Heiterkeit. Wirken diese beiden nicht zusammen, so entsteht kein Humor. Wer sich über Unvollkommenheiten nur ärgert oder zynisch reagiert, der hat noch nicht entdeckt, daß gerade in der Unvollkommenheit der Ansporn zur Entwicklung und zum Erlangen der Vollkommenheit gegeben ist. Wer dies entdeckt, wird dankbar und fröhlich. Und diese humorvolle Stimmung ist genau das, was Kinder und insbesondere Pubertierende brauchen: Sie wollen ernst genommen werden, aber auch die Freiheit zur Entwicklung im Tolerieren der Unzulänglichkeiten erleben.

Läßt sich Humor erlernen? Wie entwickelt sich Humor?

Humorvolle Menschen sind besonders Ich-starke Menschen. Da sie selber aktiv und in Entwicklung begriffen sind, haben sie Verständnis für Entwicklungsprozesse und im Zusammenhang damit eben auch für Unzulänglichkeiten. Humorlose Menschen sind demgegenüber schwächer. Sie brauchen den Ernst und den moralischen Imperativ als Stütze für ihr Selbstbewußtsein und die Kritikfreude, um sich gegenüber der Umwelt zu behaupten und als stark zu erleben. Eine Ich-starke Persönlichkeit hingegen hat das nicht nötig und kann daher offen sein für alles, was um sie herum vorgeht, und sich auch fremden Ansichten und schwierigen Problemen gegenüber verständnisvoll zeigen. So ist ein Mittel, Humor zu entwickeln, schwierige Situationen und schwierige Menschen zu verstehen und sich auch für Dinge interessieren zu lernen, für die man sich früher nicht interessieren konnte. Dadurch erstarkt die Persönlichkeit.

Eine andere Hilfe, Humor zu entwickeln, ist, die Komik des Alltags zu entdecken. Hierzu ein Beispiel: Sie kommen nach Hause, haben es eilig, setzen schnell die Reste des Essens vom gestrigen Tag in einem Topf zusammen auf und machen einen Eintopf aus Reis, Gemüse, Butter, Gewürzen und Wasser. Während das Ganze zum Kochen kommt, richten Sie schon alles für Ihr Weggehen. Dann gehen Sie rasch in die Küche zurück und wollen den Topf vom Herd nehmen. Und nun passiert es: Sie rutschen auf ein paar Tropfen Suppe, die beim Zusammenschütten auf den Fußboden gelangt sind, aus, der Topf, den Sie gerade vom Herd nehmen wollten, fällt

Ihnen aus der Hand, und das ganze Essen verteilt sich gleichmäßig auf dem Küchenboden. Wem es in solcher Situation gelingt, den Ärger gar nicht aufkommen zu lassen, sondern erst einmal zu schmunzeln, wie gekonnt sich diese Suppe in der Küche verbreitet hat, der hat schon viel gewonnen, handelt es sich hier doch um ein außergewöhnliches Alltagsereignis. Das muß erst einmal betrachtet werden. Man tritt zurück und schaut sich das Ganze in Ruhe an. Würde man diese Szene im Film sehen: der hungrige eilige Mensch, der gleichmäßig auf dem Küchenboden verteilte Reis, der umgekippte Topf auf dem Boden, der leere Teller – so würde man selbstverständlich schmunzeln. Gelingt es, diese Szene des eigenen Lebens auch von ihrer komischen Seite zu sehen, so wächst die Kraft, diese Situation nun auch originell zu meistern. Entweder geht man dann mehr oder weniger schmunzelnd mit seinen gepackten Sachen auf die Straße und kauft sich im Vorbeigehen ein Stück Kuchen oder Brötchen, um den Hunger zu vertreiben, und verschiebt das Putzen auf den Abend – oder aber man sagt die Verabredung ab und widmet sich in aller Ruhe seinem Haushalt und macht sich klar, daß diese gehetzte Tagesplanung einfach nicht sinnvoll war, und daß man eine Pause braucht.

Kinder lieben Ereignisse dieser Art und können sie interessant finden. Sie lachen ja auch, wenn ein anderes Kind hinfällt, sogar dann, wenn etwas Schlimmes passiert, weil sie den Ernst der Lage noch nicht richtig erfassen können und mehr das Bild der Situation als solches wahrnehmen. Erleben Kinder jedoch, daß der Erwachsene nicht die Nerven verliert, sondern sachlich tut, was zur Beseitigung beziehungsweise Verbesserung der Situation nötig ist, und dürfen sie dabei mithelfen, so können diese Erfahrungen sinnvolle Ereignisse des Alltagslebens werden und helfen, den Ernst zu erkennen, der mit dieser Situation ebenfalls verbunden ist.

Der Erwachsene kann aber auch aus den kindlichen Reaktionen lernen, die Dinge viel humorvoller zu nehmen. Beispielsweise erzählte mir einmal eine Mutter, wie sie von ihrer dreijährigen Tochter in dieser Hinsicht belehrt worden sei. Es sei in der Zeit gewesen, da sie noch keine Waschmaschine gehabt habe und einmal in der Woche im Keller in der Waschküche stand und in einem Kessel die Kochwäsche aufsetzte. Dabei nahm sie dann ihre kleine Tochter immer mit und setzte sie auf das Waschbrett zum Zugucken. Einmal war sie sehr eilig, in der Küche oben kochte der Eintopf auf dem Herd, und sie erwartete in Kürze die übrigen Kinder von der Schule und war insgesamt in etwas gestreßter, deprimierter Stimmung. Sie trat an den Kessel heran und hob den Deckel ein wenig, um zu sehen, ob die Wäsche schon kochte, da quoll eine Riesendampfwolke unter dem wenig geöffneten Deckel hervor. Das dreijährige Mädchen warf die Arme in die Luft und schrie vor Begeisterung über dieses Ereignis. Die Mutter mußte lächeln und dachte bei sich: das Kind hat recht – diese Seite hat das Waschen auch, wir achten nur zu wenig darauf.

Fragen zum Thema

Frage: Sollte man den Kindern zeigen, daß man selber auch Angst hat? Meine Fünfjährige hat mich neulich gefragt: »Mami, hast du Angst im Dunkeln?«

Antwort: Ich würde in jedem Fall die Wahrheit sagen. Wenn Sie Angst im Dunkeln haben, so sollten Sie dies auch sagen. Wenn Sie jedoch in Ihrem jetzigen Lebensalter schon weniger Angst haben und besser damit umgehen können als früher, so ist das für Ihr Kind tröstlich zu hören. Es weiß dann, wenn man älter wird, hat man weniger Angst.

Zusatzfrage: Neulich fragte mein Fünfjähriger: »Gibt es Teufel? Und wo wohnen die?«

Antwort: Bei einer solchen Frage ist es eine Hilfe, anstatt nur mit ja zu antworten (oder auch mit nein) ein Märchen zu erzählen, in dem der Teufel und die Hölle vorkommen. Da erscheint das Böse immer sinnvoll eingeordnet in einen größeren Zusammenhang. Besonders die Grimms-Märchen eignen sich hierfür sehr gut, weil hier das Gleichgewicht der Kräfte zwischen Gut und Böse geschildert wird und das Gute stets siegt und die Erzählung nicht im Stadium der Tragödie abbricht wie bei vielen Andersen-Märchen, wo der Weg nicht bis zum Ende, bis zum Sieg des Guten gezeigt wird.

Zusatzfrage: Wenn ich aber selber nicht an Teufel und Hexen glaube?

Antwort: Dann können Sie sich klar machen, daß es gute und böse Gedanken gibt. Es gibt sogar ausgesprochen häßliche und teuflische Gedanken. Früher haben die Menschen noch nicht so einen abstrakten Verstand gehabt wie wir heute. Dafür konnten sie die Gedanken noch wie lebendige Wesen sehen. Das Denken wurde bildhaft-konkret erlebt und noch nicht so schattenhaft abstrakt wie heute. Auch war das Denken noch stärker mit der Sinnesanschauung verbunden. Man sah um die Pflanzen und Tiere herum die sogenannte geistige Aura, das heißt das geistige Wesen von Pflanze und Tier, das sich in dieser oder jener Körperform verleiblicht. Man sah die Natur noch beseelt und durchgeistigt, weswegen man sie auch noch viel mehr achtete und unfähig gewesen wäre, so gewaltsam in sie einzugreifen, wie wir dies heute tun, wo die Sinnesbeobachtung und das Denken (das heißt das Erfassen des Geistigen in dem Sinnending) scharf voneinander getrennt sind. Kinder haben noch dieses frühere Bewußtsein, das die Menschen im Mittelalter noch hatten. Kinder sehen demnach so bis in das vierte, fünfte Lebensjahr hinein oft noch das Geistige verbunden mit den sinnlichen Dingen. Sie sehen auch unabhängig von sinnlichen Gegenständen in bestimmten Situationen die Elementarwesen der Natur oder auch häßliche und böse Gedanken von Menschen als Gespenster. Es ist für die Kinder eine Hilfe, wenn der Erwachsene um diese Tatsache weiß und ruhig bestätigen kann, daß es Hexen und Teufel gibt, daß diese aber den Menschen verlassen müssen, wenn er das Gute denkt und tut.

Zusatzfrage: Wenn das Kind aber dann Angst vor der Hexe hat?

Antwort: So will es an Ihnen erleben, daß Sie keine Angst haben.

Wenn Sie in der Lage sind, innere Zweifel zu besiegen, deprimierende Gedanken zu vertreiben, Mißtrauen zu verarbeiten und wieder eine positive unbefangene Haltung gegenüber Menschen einzunehmen, die Ihnen das Leben in einer bestimmten Situation schwergemacht haben, so können Sie auch Gespenster vertreiben. Diese Kraft will Ihr Kind an Ihnen erleben, und die damit verbundene innere Sicherheit wird ihm zum Vorbild, das auch zu lernen.

Meistens hört das Sehen der Realität von Gedanken als etwas Wesenhaftes bis zum siebten, achten Lebensjahr auf. Dann werden die Kinder, die dafür empfänglich sind, mehr durch innere Phantasiebilder geplagt. Sie erleben stark den Übergang von der äußeren Wahrnehmung des Gedankens über das innere Wahrnehmen von Phantasiebildern bis zu dem dann zunehmend abstrakt werdenden Umgang mit der eigenen Intelligenz, die sich nicht mehr aufdrängt, sondern als Denkmöglichkeit neutral zur Verfügung steht.

Frage: Und wenn Kinder Angst vor Tieren haben?

Antwort: Bei der Angst vor Tieren liegt oft eine familiäre Belastung vor. Wenn Mutter oder Vater Angst vor Tieren haben, zeigt sich das häufig auch bei den Kindern. Es kommt jedoch auch vor, daß ein Kind ganz individuell Angst vor Tieren hat und dann eben daran gearbeitet werden muß. Dabei ist es immer die wichtigste Hilfe, wenn das Kind an den Eltern erlebt, daß diese sich den Tieren liebevoll zuwenden können, und daß Sie ihm vormachen, wie man gefahrlos mit ihnen umgehen kann. Alles Weitere muß man dann dem Kind und seiner Entwicklung überlassen.

Frage: Wie kann man unterschiedlich stark empfundene Ängste bei Geschwistern erklären? Sind Erstgeborene ängstlicher? Können Ängste durch Geburtserlebnisse entstehen?

Antwort: Wenn das erste Kind besondere Angst hat, hängt es meistens damit zusammen, daß die Eltern sich um das erste Kind besonders sorgen und sie in der Regel viel zu erwachsenenmäßig mit ihm reden und dadurch seine Bewußtseinsmöglichkeiten zu früh wecken. Hat das zweite von drei Kindern mehr Angst als die anderen, so hängt dies häufig damit zusammen, daß das erste eine gewisse Sonderstellung hat und dann sehr bald das neugeborene dritte besondere Aufmerksamkeit genießt, während das zweite ein wenig in den Hintergrund tritt. Entdeckt es dann, daß, wenn es Angst äußert, es sich besonderer Zuwendung seitens der Eltern erfreut, so wird es sich instinktiv in dieser Weise häufig bemerkbar machen. Was das Geburtserlebnis anbetrifft, so ist dies natürlich ein Trennungserlebnis, und damit hängt dann auch die Angstbereitschaft zusammen. Dies ist jedoch ein allgemein menschliches Ereignis und betrifft jeden von uns. Zu diesem Allgemeinen des Geburtsvorgangs kommen dann die individuellen Faktoren dazu, daß die Mutter mehr oder weniger Angst vor oder während der Geburt hat, und daß auch das Kind aufgrund seines Schicksals sich mehr oder weniger Angstbereitschaft mitbringt. Dieses zusammen führt dann zu dem oder jenem Erscheinungsbild der Ängstlichkeit. Auf jeden Fall sollten Sie den Ausdruck: »Du brauchst keine Angst zu haben« so selten wie nur möglich benützen. Denn je mehr Sie von Angst reden, um so ängstlicher wird Ihr Kind. Das Beste ist, wenn Sie sich stets an das halten, was real gegeben ist und dem Kind das Gefühl vermitteln, daß Sie mit den verschiedenen Lebenssituationen fertigwerden, beziehungsweise daß Sie positiv an deren Bewältigung arbeiten.

Frage: Wie kann ich meinem Vierjährigen helfen, mit seiner Angst fertig zu werden? Er ist das zweite von drei Kindern.

Antwort: Hier ist entscheidend, daß Sie keine Angst, beziehungsweise Sorge haben, die Angst Ihres Kindes nicht sofort auflösen zu können. Wenn Sie sich sorgen, daß Ihr Kind Angst hat und Sie ihm nicht dabei helfen könnten, so wirkt sich diese Empfindung zusätzlich erschwerend und bedrückend auf die Situation des Kindes aus. Nehmen Sie die Angst Ihres Kindes hingegen wie ein Naturereignis, das zur Entwicklung dazugehört, und lassen dies Ihren Sohn fühlen, in dem Sie ihn lieb in den Arm nehmen und einfach sagen: »Und die Mama hat gar keine Angst. Komm, hier ist alles gut« – so dürfte das der erste Schritt zur Angstbewältigung sein. Entscheidend ist, daß Sie ihm das Gefühl der Geborgenheit geben und ruhig abwarten, bis sich das Kind beruhigt. Oft hilft beim Vierjährigen auch schon eine lustige Bemerkung oder ein Ablenken auf etwas anderes, um die Angst rascher zu vertreiben.

Frage: Meine Vierjährige leidet unter Angstphantasien, besonders vor Hexen hat sie Angst.

Antwort: Die konkreten Ängste, beispielsweise vor Spinnen, vor dem Dunkeln, vor Hexen, Teufeln und Gespenstern haben alle eines gemeinsam: sie lassen sich vom Kind leichter ertragen, wenn es merkt, daß der Erwachsene dies versteht, selbst daran schon gearbeitet hat und damit inzwischen fertiggeworden ist. Eine Mutter erzählte mir einmal, daß ihre Tochter (ein phantasiebegabtes Mädchen von fünf Jahren) immer abends, wenn sie mit dem Gesicht zur Wand einschlief, plötzlich schreiend aufschreckte und über scheußliche schwarze Tiere berichtete, die aus der dunklen Wand herauskamen. Sie sagte zu ihrem Kind nicht: »Das bildest du dir nur ein, solche Tiere sind nicht in der Wand«, sondern sie sagte schlicht und nüchtern: »Ich würde dir raten, nicht mit dem Gesicht zur Wand einzuschlafen. Dann können nämlich diese dunklen Tiere gar nicht herauskommen aus der Wand.« Und das wirkte. Kinder fühlen sich erleichtert, wenn die Erwachsenen ihre Wahrnehmungen ernst nehmen und nüchtern und sachlich damit umgehen.

Eine andere Mutter erzählte mir, daß ihr Kind immer abends, nachdem sie das Licht ausgemacht hatte und aus dem Zimmer gegangen war, nach einer Weile aufschrie und Angst bekam, weil eine böse Hexe zum Fenster hereinkam. Das wurde mit der Zeit so schlimm, daß das Kind die Mutter nicht mehr aus dem Zimmer hinausgehen lassen wollte. Nichts half – auch nicht, das Licht anzulassen. Das Kind sagte: »Die Hexe hat keine Angst vor dem Licht, sie kommt trotzdem.« Die Phantasie des Kindes war so stark, daß die Mutter sich keinen anderen Rat wußte, als eines Tages zu sagen: »So, und jetzt bleibe ich da, bis die Hexe kommt, und dann werfen wir sie raus.« Die Hexe kam aber nicht. Da wartete die Mutter, bis das Kind eingeschlafen war und ging hinaus. Nach einiger Zeit ertönte das ohrenbetäubende Gebrüll, sie ging zurück ins Schlafzim-

mer des Kindes, öffnete weit das Fenster und sagte mit lauter
Stimme: »So, nun werfe ich die Hexe zum Fenster hinaus – sie wird
nicht wieder kommen!« Und beide hatten Glück. Die Hexe kam
nicht wieder.

Wie man diesen sehr verschiedenen und doch auch wieder ähnlichen Situationen im Kindesalter begegnet, hängt von vielen Faktoren ab und auch von den Möglichkeiten und Einfällen des Augen-
blicks. Entscheidend ist jedoch die Sicherheit, mit der der Erwachsene sich dem Kind gegenüber verhält.

Frage: Mein Sechsjähriger hat Ängste, von denen ich meine, daß
sie nicht alterstypisch sind. Er spricht oft von Krankheiten, und
neulich sagte er auch, daß er Angst vor dem Tod habe.

Antwort: Kinder übernehmen natürlich vieles, was sie in ihrer
Umgebung hören. Wenn sie erleben, wie die Erwachsenen im Zusammenhang mit solchen Themen sorgenvolle Gesichter haben und
ihre eigene Angst davor nicht verbergen, so beunruhigt das natürlich. Allerdings nehmen Kinder die Schilderungen von Krankheiten
und Tod wesentlich nüchterner auf als Erwachsene, da ihnen die
Gefühlstiefe noch fehlt, derartige Ereignisse wirklich mitzuempfinden oder aber auf sich zu beziehen. Ihre Fragen sind demnach meist
recht sachlich. Auch in Ihrem Fall sollten Sie noch einmal genau
prüfen, ob das Kind wirklich von sich aus seelische Angst schon
geäußert hat, oder ob es nicht vielmehr die Angst der Erwachsenen
nachahmt und auch davon redet. Manchmal entdecken Kinder
auch, wenn sie von Krankheit und Tod sprechen, daß die Erwachsenen ihnen ganz besondere Aufmerksamkeit schenken und sich Sorgen machen. Das regt sie dann zur Wiederholung an. Baut dann der
Erwachsene seine Angst ab, das Kind könnte verfrüht Angst vor
dem Tode haben, so beruhigt sich das Ganze höchstwahrscheinlich
bald.

Frage: Mein Fünfjähriger will nicht allein einschlafen. Er hat
Angst vor dem Alleinsein.

Antwort: Die Angst vor dem allein Einschlafen kann noch bis in
die späte Kindheit bleiben. Diese Kinder brauchen noch länger das

leibliche und seelische Erleben der Geborgenheit – das heißt, sie lieben ein längeres Gute-Nacht-Sagen-Zeremoniell und möchten dann noch in Sichtweite oder Rufweite bleiben. Da ist es eine Hilfe, die Tür offen zu lassen und dem Kind hin und wieder noch etwas zuzurufen, so daß es merkt, daß es nicht allein ist. Denn je phantasiebegabter ein Kind ist, um so mehr kommen gerade im Moment des Einschlafens die schon öfters erwähnten Gedanken in die innere Wahrnehmung und können das Kind ängstigen. Sehr hilfreich wirkt, ein schönes Engelbild in guter Sichtbarkeit des Kindes aufzuhängen und dem Kind zu sagen: Wenn du den anschaust, dann kann dir nichts passieren. Auch eine neue Puppe kann helfen, die das Kind beim Einschlafen nicht allein läßt. Oft hilft ein solcher sichtbarer Ersatz für die Nähe der Mutter, und sie braucht dann nicht selbst im Zimmer zu bleiben. Hat jedoch das Kind irgendein Schlüsselerlebnis gehabt und ist seither von furchtbaren Ängsten heimgesucht, so kann es für eine gewisse Zeit nötig sein, daß es im Bett der Eltern einschlafen darf und man es dann später in sein eigenes Bett zurückträgt.

Zu berücksichtigen ist auch, daß die Angst im Dunkeln dadurch wachgerufen wird, daß der Sehraum plötzlich verschwindet, in dem die seelische Angst durch Wahrnehmen eines vertrauten Menschen überwunden werden kann. Ist dieser Sehraum plötzlich weg, so taucht die seelische Angst mit elementarer Gewalt auf. Die Angst im Dunkeln ist genau so elementar wie die Trennungsangst der frühen Kindheit, da man hier von seinen Sinneswahrnehmungen abgeschnitten ist und sich in Getrenntheit und Verunsicherung erlebt. Daher sollte man diese Angst vor dem Alleinsein im Dunkeln dadurch mildern, daß eben ein Nachtlicht brennt oder die Tür offen bleibt, so daß ein Lichtstrahl in das Kinderzimmer hereinkommen kann, das von der Nähe der Erwachsenen erzählt.

Frage: Sind Ängste erblich?

Antwort: Ich denke, daß aus dem Vorangegangenen deutlich geworden ist, daß Angst etwas typisch Menschliches ist und sich sehr spezifisch und individuell in die Bewußtseinsentwicklung des einzelnen Menschen hereinstellt. Dennoch spielt das Vorbild der Erwachsenen eine Rolle und die Ängste, die diese haben. Es gibt aber auch Familien, wo die Eltern ganz unängstlich sind und unter mehreren Kindern ein Kind ist, das scheinbar ohne jeden Grund (normale Geburt, ruhige Kleinkindzeit) vor dem Alleinsein, vor Tieren, vor fremden Menschen eine panische Angst hat. Jeder Mensch bringt sich eben auch seine eigene Angstbereitschaft mit, die ihm dann hilft, den inneren Entwicklungsweg eines gesunden Selbstbewußtseins zu gehen.

Rudolf Steiner äußerte einmal auf die Frage nach der Angst und ihrer Bedeutung, daß diese schicksalsmäßig mit einem Mangel an Interesse für die Wahrheit zusammenhänge. Dies ist einleuchtend, wenn man bedenkt, daß Angst durch Interesse an der Wahrheit und durch Arbeit an den existentiellen Fragen überwunden werden kann.

Aggression und Aggressivität im Kindesalter

Aggressivität im Kindesalter ist Zeichen eines Mangels an Erziehung, nicht jedoch Zeichen von Bosheit oder Verderbtheit.

Zum Verständnis der Aggressionsbereitschaft

Wer handelt, bedarf einerseits eines Motivs und andererseits der Kraft, die nötig ist, um die Handlung auszuführen. Je sorgfältiger das Motiv der Handlung abgewogen und mit den Erfordernissen der Umgebung in Einklang gebracht wird, um so heilsamer und förderlicher stellt sich die dann folgende Tat in das Leben des Alltags hinein. Ein Mangel an Besinnung oder ein spontanes Handeln aus Emotion führen nicht selten zu Handlungen, die wir als aggressiv bezeichnen. Sie stehen nicht im Einklang mit den Erfordernissen der Umgebung, sondern bedeuten einen Angriff. Das Motiv ist es, das eine Handlung – auch eine aggressive – als verständlich und nachvollziehbar erscheinen läßt oder als unverständlich-krankhaft. Beispielsweise wird ein Triebtäter von seiner Natur überwältigt und ist nicht in der Lage, seiner Vernunft zu folgen, die ihm sagt: Eigentlich möchte ich das nicht tun. Das Motiv als Anteil des Bewußtseins an der Handlung und die Kraft, die für die Ausführung der Handlung benötigt wird, müssen vom Menschen bewußt zusammengefügt werden, wenn die Handlung eine sinnvolle sein soll.

Wann geht nun eine normale Handlung in eine aggressive über? Beim gesunden Erwachsenen findet dieser Übergang da statt, wo er in die Enge getrieben wird oder in höchster Not in der Selbstverteidigung ungeahnte Kräfte mobilisieren kann. Auch der besonnenste und beherrschteste Mensch kann unter solchen Umständen zu aggressiven Handlungen in der Lage sein. Zwischen dem krankhaft

Aggressiven und dem normal Aggressiven, das sich nur im Zustand der Not zeigt, gibt es ein breites Zwischenfeld. Denn bei jedem Menschen sitzt die Schwelle, die auf dem Wege zur aggressiven Handlung überschritten werden muß, an einer anderen Stelle. Der eine reagiert auf dieses, der andere auf jenes aggressiv; und umgekehrt läßt sich jemand durch dieses oder jenes nicht aus der Ruhe bringen. Wir können also verschiedene Formen aggressiver Handlungen unterscheiden:

1. der bewußt und besonnen ausgeführte Angriff, dem ein bestimmtes Motiv zugrunde liegt.
2. die spontane und situations-gebundene aggressive Handlung, bei der die Selbstkontrolle mehr oder weniger stark beibehalten wird.
3. die instinkt- beziehungsweise trieb-geführte Handlung, bei der die Vernunft ohnmächtig ist.

Ein Blick in die Tageszeitung oder das Hören von Nachrichten machen uns darauf aufmerksam, daß unausgesetzt diese Grenzüberschreitungen zwischen den gedanklich kontrollierten und den nicht mehr kontrollierten Handlungen geschehen. Damit verbunden sind Vorhandensein oder Mangel an Selbstkontrolle. Ein Mangel tritt im Zustand von Streß und Überforderung eher zutage. Besonnenheit und Konzentration bedürfen einer gewissen Ruhe und Beschränkung auf das Wesentliche. Daher gehört das Problem der Aggressivität, das Hand in Hand geht mit einem Verlust an Besonnenheit und Selbstkontrolle, zu den Kernproblemen unserer heutigen Gesellschaft. Denn sehr viele Menschen haben gegenwärtig aus den verschiedensten Gründen darunter zu leiden. Dabei haben wir es nicht nur mit den vielen versteckten Aggressionen zu tun, sondern auch mit den ganz offen ausgetragenen. Wie kann dem begegnet werden? Was liegt dem kriegerischen Verhalten zugrunde? Wie können in die Erziehung Elemente Eingang finden, die der Aggression vorbeugen und eine Art Gegengewicht schaffen gegenüber den zerstörerischen Tendenzen im sozialen Leben? Diese Frage betrifft jeden einzelnen Menschen. Denn letztlich kann jeder nur sich selbst und seine Handlungen kontrollieren. Wie kann durch Erziehung und Selbsterziehung das Aggressionspotential abgebaut werden? Es befindet sich ja in jedem einzelnen Menschen und bedarf der Kultivierung.

Aggressivität im Kindesalter

Schauen wir auf das Kind, so sehen wir, daß schon während der kindlichen Entwicklung selber die Aggressivität mit Notwendigkeit auftreten muß. Es folgt dies aus dem normalen Reifungsprozeß, den der kindliche Körper und die kindliche Seele im Laufe des Heranwachsens durchmachen. Im ersten Lebensjahr steht die Bewegungsentwicklung ganz im Vordergrund: Motorik, das heißt körperliche Aktivität und Geschicklichkeit werden geübt und schließlich der aufrechte Gang erworben. Dann beginnen die feinmotorischen Geschicklichkeiten in Form des Fingerspiels und des Spracherwerbs, der Lautbildung. Das Sprechen wird gelernt und im Zusammenhang mit dem Sprechen auch die Möglichkeit des Denkens. Der Entwicklungsverlauf ist dieser, daß zuerst die Kraft geübt wird, und als letztes das Bewußtsein von dieser Kraft und damit die bewußte Führungsmöglichkeit durch das Denken. In den weiteren Etappen der kindlichen Entwicklung setzt sich dies fort, denn die ganze Vorschulzeit ist eine überwiegend bewegungsbetonte Entwicklungsphase. Das Kind setzt sich in Bewegung, wenn ein Vorbild da ist, und wenn es irgend etwas Interessantes nachmachen kann. Je besser die Vorbilder sind, und je häufiger und geschickter das Kind sich in den Wiederholungen derselben Handlungen betätigen kann, um so besser wird der Wille des Kindes erzogen. Sitzen die Kinder hingegen immer wieder reglos vor dem Fernsehschirm, ohne die Möglichkeit zu haben, aktiv mitzutun, so erfolgt ein Stau an Handlungsbereitschaft, der sich nach dem Fernsehkonsum in aggressiven Handlungen entlädt. Auf die unnatürliche Willenshemmung während des Fernsehkonsums folgt eine ebenso unnatürliche, das heißt nicht gesunde Willensentladung. Unabhängig vom Inhalt der Fernsehsendung führt das Fernsehen als solches zu einer Förderung aggressiver Handlungsbereitschaft, weil hier keine Vorbilder und keine Zeit für sinnvolles Mittun gegeben werden, sondern das Aufnehmen von Handlungsverläufen ganz untypisch für ein Kind vom aktiven Handlungsvollzug getrennt wird. Wir haben es also in dieser ersten Zeit mit einer Entwicklungsetappe zu tun, in der die aktive Führung des Willens durch gedanklich gefaßte Handlungsmotive noch nicht möglich ist, sondern wo die Handlungsbereitschaft des Kindes sich ganz an dem Vorbild bzw. der Sinneswahrnehmung orientiert.

In der nächsten Entwicklungsetappe bis zur Pubertät steht die Gefühlsentwicklung im Vordergrund – auch hier noch nicht das besonnene Denken. Erlangt dann die Reifung des Gefühlslebens mit der Pubertät einen gewissen Abschluß, so zeigen sich die Jugendlichen häufig recht unbeherrscht in ihren Entscheidungen und Handlungen, da auch ihnen die Selbstkontrolle, die nur aus dem eigenständigen Denken kommen kann, noch fehlt. Daher bedarf gerade dieses Lebensalter unserer besonderen Sympathie und Fürsorge! Denn die Jugendlichen leiden selbst unter diesem Mangel am meisten. In der Zeit nach der Pubertät bis zur Mündigkeit entwikkelt sich dann schließlich die Fähigkeit eigenständiger Urteilsbildung und selbständigen Nachdenkens. Erst dann können wir ja auch einen Jugendlichen für seine Taten zur Verantwortung ziehen, weil er jetzt die Möglichkeit hat, sich vorher zu überlegen, was er tut und was er läßt.

Wir müssen also davon ausgehen, daß ein Kind, je kleiner es ist, aufgrund seines Entwicklungszustandes nicht über die Möglichkeiten der Handlungskontrolle verfügt wie der Erwachsene. Woher muß demnach die Führung, die Kontrolle und Lenkung seines zunächst unbeherrschten Willens kommen? Denken Sie nur an die

Trotzphase: wie ein schreiendes, zwei- bis dreijähriges Kind sich wütend auf den Boden wirft und brüllt:»Ich will aber nicht!« und *aggressiv* das ablehnt, was es nicht will, d.h. mit Umsichschlagen, Treten usw. Da haben Sie das Vollbild der Willens- und Kraftäußerung ohne eine klare Führung.

Hier wird allerdings öfter gefragt: Gibt nicht das Kind, das da lautstark »nein« brüllt, damit deutlich seinen Willen kund? Darf ich denn als Erwachsener den Willen meines Kindes brechen? Muß ich nicht, wenn es nein sagt, dieses nein auch für mich gelten lassen? Wie darf ich dann ja sagen? Mit welchem Recht? Diese Unsicherheit und der damit verbundene Machtkonflikt: wer beherrscht wen, das Kind die Eltern oder die Eltern das Kind? – müssen so lange die Situation belasten, so lange die Eltern nicht einsehen, daß das Kind der Führung durch die Eltern bedarf, bis die eigene Urteilsbildung herangereift ist. Denn solange die Kinder durch das Vorbild lernen, brauchen sie eben auch das Vorbild eines Erwachsenen, der weiß, was er will, und der über ein selbständiges Urteilsvermögen verfügt. Erleben die Kinder anstelle eines in dieser Weise selbstbewußt handelnden Erwachsenen jemanden, der sich sogleich zurückzieht, nachdem das Kind einmal laut »nein« gebrüllt hat, oder der weich wird und sich nach dem Kind richtet, so findet das Kind in den ersten Lebensjahren kein Vorbild für diese so schwer zu erringende Eigenschaft der Selbstkontrolle und Selbstbeherrschung. Viele Eltern sind angesichts dieser Tatsache hin- und hergerissen. Sie fühlen: mein Kind müßte eigentlich von mir lernen dürfen, daß ich Selbstkontrolle habe. Statt dessen erlebt es ständig, daß ich nicht in der Lage bin, meine Entscheidungen durchzuführen. Auf der anderen Seite erleben sie die Zweifel: wenn ich streng bin und einfach bei dem ja bleibe, das ich einmal gesagt habe, oder eventuell bei dem nein, so weiß ich nicht, ob ich meinem Kind nicht durch diese Härte etwas antue.

Erziehung zur Handlungsbereitschaft

Aktivität statt Aggression

Die Frage, ob der Erwachsene seinen Willen dem Kind aufdrängen darf, oder ob er sich nicht vielmehr nach dem Willen des Kindes zu richten hat, gerät in ein anderes Licht, sobald der Erwachsene einsieht, daß es hier ja nicht um das Durchsetzen »seines« Willens geht, sondern darum, daß mit dem Kind in einer bestimmten Situation das jetzt Sinnvolle und Notwendige geschieht. Ist es beispielsweise draußen kalt, und würde sich das Kind erkälten, wenn es leicht bekleidet nach draußen ginge, so ist es eben sinnvoll, das Kind auch anzuziehen, wenn es dagegen protestiert. Es wäre keine Lösung, das Kind – um dem Konflikt zu entgehen – dann einfach in der Wohnung zu lassen. Auch hier gilt, daß das *Motiv* einer Handlung über deren moralische Qualität entscheidet. Genießt der Erwachsene seine Machtfülle, so wird dies natürlich von dem Kind anders empfunden, als wenn der Erwachsene aus Liebe zu dem Kind und seiner Gesundheit handelt. So gesehen handelt es sich gar nicht um einen Machtkonflikt, sondern um einen Sach-Autoritäts-Konflikt. Die Autorität, die hier die Entscheidung fällt, ist ganz objektiv – in dem genannten Fall das Wetter draußen – und beide, der Erwachsene und das Kind, richten sich danach. Der Unterschied zwischen dem Erwachsenen und dem Kind liegt nur darin, daß der Erwachsene den ganzen Vorgang bewußtseinsmäßig überschaut und klare Richtlinien für das Handeln angeben kann, das Kind hingegen noch nicht. Bei den meisten Alltagskonflikten können diese drei Aspekte der Autorität oder der Führungsmöglichkeit entdeckt werden: die Sachautorität der Dinge und Vorgänge, die Machtanspruchs-Autorität des Erwachsenen und die Willkür-Autorität des Kindes.

Oft wird gefragt, warum die Aggressivität im Kindesalter gegenwärtig so zunimmt? Die Antwort ist einfach: bekommt der Wille des Kindes nicht genügend Anleitung für sinnvolles Tätigsein, so liegt er brach und muß sich in willkürlichen und aggressiven Handlungen ausleben. Wird den Kindern hingegen ein Vorbild gegeben für das Tätigsein, dürfen sie mit den Erwachsenen mitgehen, und sind sie einbezogen in den Ablauf des Alltags, so ermüdet das Kind im Laufe des Tages in gesunder Weise, und der Wille übt sich in geschickten Handlungen. Schon die Ein- und Zweijährigen können in ihrem Laufstall mit eigenen kleinen Werkzeugen beschäftigt sein und einfach mittun und nachahmen, was die Erwachsenen tun. Sinnvolle Tätigkeiten, ausreichend körperliche Bewegung, längere Spaziergänge, Spielen auf dem Spielplatz, im Wald oder im Garten sind das beste Vorbeugungsmittel gegen Aggressivität. Jede Mutter kennt doch das Problem, wenn es regnet und die Kinder nicht hinauskönnen, und zu Hause wenig Interessantes geschieht, wie sie dann übellaunig und aggressiv werden. Sind sie dagegen genügend beschäftigt, tritt dieses Problem gar nicht auf, weil der Wille sinnvoll angespannt ist. Hieraus werden die Hauptursachen für die Zunahme der Aggressivität im Kindesalter verständlich:

1. der Fernsehkonsum, der die Kinder in eine reglos-faszinierte Zuschauerhaltung hineinzwingt und es ihnen unmöglich macht, mit ihrer Handlungsbereitschaft sinnvoll tätig zu werden. Ganz abgesehen davon, daß sie am Bildschirm einer Scheinwirklichkeit begegnen, durch die sie nicht in eine direkte, unmittelbare Beziehung zu den Dingen und Wesen in ihrer Umgebung kommen. Die Wahrnehmungen bleiben unverbindlich und stimulieren die Handlungsbereitschaft ungenügend.

2. Mangel an sinnvoller Anregung zum Tätigsein. Nur wenig geschieht im Haushalt, das dem Kind Anregung für sein Spiel bietet. Kann hier nicht der Kindergarten einspringen und das Kind in die Fülle der Alltagstätigkeiten einführen, so führt dies ebenfalls zu einem Aktivitätsstau, der sich dann irgendwann und irgendwie entladen muß.

3. Bewegungsmangel. Die Straßen sind zum freien Spiel nicht mehr geeignet, die Wohnungen sind meist zu eng, um dort Bewe-

gungsspiele zu machen, die Erwachsenen gehen selber nicht gern spazieren und benützen auch am Wochenende lieber das Auto, um an das Ausflugsziel zu gelangen. Werden Besuche bei Bekannten gemacht, so dürfen die Kinder vielleicht im Vorgärtchen spielen oder in der Wohnung sitzen und fernsehen, damit die Erwachsenen sich in Ruhe unterhalten können.

Begeisterung wecken

Zu Beginn der Schulzeit löst sich die Handlungsbereitschaft des Kindes immer mehr von den Sinneseindrücken, und die Nachahmungsfähigkeit nimmt ab. Jetzt brauchen die Kinder andere Anregungen für ihre Handlungsbereitschaft als vorher. Jetzt sind sie mit Feuereifer dabei, wenn es dem Erwachsenen gelingt, ihre Sympathie für eine Handlung zu wecken. Wenn ein Schüler seinen Lehrer toll findet, hat er es leichter, auch eine schwierige, mit Unlustgefühlen verbundene Aufgabe in Angriff zu nehmen. Dann macht er auch seine Kopfrechnungen, obwohl er das freiwillig vielleicht nie machen würde. Wenn der Lehrer beispielsweise seine Klasse fragt: »Wieviel ist 17 × 45?« so kann er den Gesichtern unmittelbar ansehen, wie die Kinder auf diese Frage reagieren. Etwa die Hälfte seiner Schüler beginnt sofort mit dem Kopfrechnen. Ein anderer Teil verhält sich zunächst abwartend, ob sich schon der Beste meldet, um das Ergebnis zu sagen, und ein weiterer Teil bleibt teilnahmslos, weil die Schüler entweder keine Lust haben oder schon öfters festgestellt haben, daß sie es nicht richtig herausbringen. Hat der Lehrer genügend Erfahrung, so wird er sich das Ergebnis von den schnellen Rechnern nur ins Ohr sagen lassen, um auch die anderen zu motivieren, es herauszufinden. Er wird seine Freude über die Ergebnisse zeigen und sich die wenigen, die nicht einsteigen konnten, gut merken. Diese bedürfen seiner ganz besonderen Zuwendung und müssen merken, daß der Lehrer persönlich Anteil nimmt daran, ob sie es schaffen oder nicht. Auf der Basis einer solchen liebevollen Beziehung zwischen Lehrer und

Schüler kann die Handlungsbereitschaft des Kindes ganz anders gefördert werden, als wenn das Kind durch Angst oder durch das Versprechen von Belohnungen motiviert wird. Will man in diesem Alter der kindlichen Aggressivität vorbeugen, so ist tatsächlich die liebevolle Beziehung zum Kind das wirksamste Mittel. Jedes Kind, das sich nicht angenommen und geliebt fühlt, neigt zu weit mehr aggressiven Handlungen als ein anderes, bei dem dies nicht der Fall ist. Lieblose Strenge, die angsterregend wirkt, fördert ebenso aggressive Neigungen wie Desinteresse oder die »Alles-ist-erlaubt-Haltung«. Sowohl Über- als auch Unterforderung bringen das Kind in Situationen, in denen es mit seinem Handlungsvermögen nicht mehr recht etwas anzufangen weiß. Da bleibt ihm dann nur, eine »Dummheit« zu machen oder aber andere Kinder, beziehungsweise die Erwachsenen zu ärgern, um auf sich aufmerksam zu machen und dadurch zu zeigen, daß es nicht in der richtigen Weise gefördert wird. Lernt er sich jedoch für das Tun in der Schule und Zuhause zu begeistern, kommt man durch Spiele im Freien und andere Unternehmungen seinem Aktivitätsbedürfnis entgegen, so ist der Aggressivität wirksam vorgebeugt.

Einsicht fördern

Der Jugendliche ist bereit, etwas zu tun, wenn er den Sinn einer Handlung einsieht. In diesem Alter kann man aggressiven Handlungen am besten dadurch vorbeugen, daß man den Jugendlichen hilft, den Sinn der Arbeit in der Schule und Zuhause für sich selbst und die Umwelt einzusehen und aus dieser Einsicht heraus dann auch zu handeln. Sinnlosigkeitserlebnisse, Resignation, Langeweile führen hingegen zu aggressiven Neigungen und Handlungen der verschiedensten Art. Ist es bereits dahin gekommen, so kann man die Jugendlichen am ehesten durch gemeinsame Unternehmungen in Form von Reisen erreichen, wo es viel zu sehen und zu diskutieren gibt. Theaterspiel, Sport und

Wanderungen können ebenfalls zu Sinnerlebnissen führen. Manchmal steht jedoch die »Null-Bock-Mentalität« allen wohlmeinenden Vorschlägen entgegen. Da ist man dann gezwungen, sich erst einmal ganz in die Situation des Jugendlichen hineinzudenken und zu schauen, wo überhaupt noch Fragen und Interessen vorhanden sind, an die man anknüpfen kann, um wieder mit ihm ins Gespräch zu kommen.

So schlicht diese Maßnahmen zur Vorbeugung aggressiver Handlungen auch klingen mögen, so wirksam sind sie, wenn man sie ausführt. Leider sieht die Erziehungspraxis der Gegenwart sehr oft anders aus. Schon in der Vorschulzeit hat das Kind, wie oben dargestellt, zu wenig Anregungen zum Tätigsein und zu wenig körperliche Bewegung. Dadurch kommt es zu einer verlängerten Trotzphase, die sich oft noch weit bis in die Schulzeit hineinzieht und die Kinder verwöhnt und kindlicher erscheinen läßt, als es ihrem Alter entspricht. Häufig treten dann in der Schule Probleme auf, da die Leistungsbereitschaft nicht ausreichend ist und auch das Konzentrationsvermögen nicht hinreicht. Die frühe Freizügigkeit seitens der Eltern führt dann dazu, daß sie zu einem späteren Zeitpunkt unzeitgemäß streng sein müssen. Nicht altersentsprechende Freizügigkeit und nicht altersentsprechendes Vorbildverhalten stören die Entwicklung. Das ist die Situation, in der sich heute sehr viele Heranwachsende befinden. Hier kann eine Familientherapie unter kinderpsychiatrischer Führung weiterhelfen, bei der alle Beteiligten lernen, sich alters- und situationsgerechter zu verhalten.

Zusammengefaßt läßt sich sagen: der Wille bedarf in jedem Lebensalter einer klaren Führung. Zunächst geschieht dies durch das Vorbild und die Bereitschaft, sich durch seine Sinneswahrnehmungen zu Handlungen motivieren zu lassen. In der Zeit bis zur Pubertät läßt sich das Kind durch das Wort der Erwachsenen und durch seine Sympathie zu ihnen leiten. Ist das gelungen, so ist der Grund gelegt für eine Erziehung zur Freiheit, bei der dann nach der Pubertät das eigene Denken die Führung des Willens, das heißt der Handlungsbereitschaft übernehmen lernt.

Es gibt auch Krankheiten, die zu aggressivem Verhalten führen. Diese sind jedoch recht selten. Hirnorganische Schäden und Stoffwechselkrankheiten müssen, wo es möglich ist, natürlich sachgemäß behandelt werden. Die weitaus größte Anzahl aggressiver Kinder ist jedoch eigentlich gesund und leidet nur an dem Lebensstil unserer Zeit. Daher ist es so wichtig, das soziale Leben daraufhin zu überprüfen, wieviel Inkonsequenz, Beziehungslosigkeit und Interesselosigkeit im Umkreis eines Kindes oder Jugendlichen herrschen. Aggressivität ist so gesehen kein Fehlverhalten und auch keine »Untugend«. Vielmehr ist es die legitime Wesensäußerung eines Kindes, das nicht die nötigen Anregungen für seine Entwicklung bekommt und sich nicht anders zu helfen weiß, als durch aggressive Handlungen die Aufmerksamkeit der Erwachsenen auf sich zu ziehen und durch diese Provokation zu zeigen, daß es Hilfe braucht. Aggressivität im Kindesalter ist Zeichen eines Mangels an Erziehung, nicht jedoch Zeichen von Bosheit oder Verderbtheit.

Abschließend sei noch ein aggressionsförderndes Element erwähnt: die Uneinigkeit der Eltern bezüglich des Erziehungsstils. Neben Inkonsequenz, Beziehungslosigkeit und Interessemangel kommt das Erlebnis der Uneinigkeit und Unsicherheit als aggressionsförderndes Element hinzu. Es ist für das Kind belastend, wenn beide Eltern einen verschiedenen »idealen« Erziehungsstil haben und ständig darüber debattieren, wer recht hat. Viele Beratungen in der kinderpsychiatrischen Praxis haben zum Ziel, bei den Eltern ein Bewußtsein dafür wachzurufen, *wie* wesentlich und fördernd für die Entwicklung der Kinder ihr Bemühen um Einigkeit in Erziehungsfragen ist.

Fragen zum Thema

Frage: Wie ist das Verhältnis zwischen Angst und Aggression?
Antwort: Es gibt in jedem Menschen eine klare Grenze, bei der er auf etwas, was geschieht, mit Zurückhaltung reagiert. Das kann bis zur Zurückgezogenheit gehen und in der Angst kulminieren. Oder man reagiert mit Sympathie, mit ›Nachvornegehen‹, und das kann sich bis zur Aggression, bis zum Angriff steigern. Die gesteigerte Angst jedoch kann auch in blinde Aggression umschlagen.

Frage: Wie ist einem vierjährigen fremden Kind zu begegnen, das dem eigenen Zweijährigen aggressiv gegenübertritt und es schlägt? Bei zwei Geschwistern wiederum ist das Zweijährige dem Vierjährigen gegenüber aggressiv. Wie soll man hier reagieren?
Antwort: Bei dem vierjährigen Kind, welches das zweijährige kratzt, würde ich mit der Mutter sprechen. Wenn das nichts nützt, würde ich wirklich versuchen, die Begegnungen nur unter der Kontrolle der Erwachsenen stattfinden zu lassen. Denn fremde Kinder sind etwas anderes als die eigenen. Die eigenen Zwei- und Vierjährigen, die sich streiten, sollten erleben, daß der Erwachsene nur eingreift, wenn es wirklich gefährlich wird. Denn wenn die Kinder sich daran gewöhnen, daß immer jemand kommt, wenn sie sich streiten, bildet sich eine problematische Gewohnheit heraus: Jederzeit können die Kleinen die Großen dann herbeizitieren. Toleriert man jedoch einen gewissen Streit und läßt die Kinder das unter sich abmachen und taucht dann auf bei ihnen, wenn sie schön spielen, so bildet sich eine Gewohnheit heraus.

Frage: Das Kind geht in eine Spielgruppe (11 Kinder, 8 Mütter, die eigenen Mütter sind anwesend) und wird dort wiederholt von einem aggressiven Kind geschlagen. Dessen Mutter aber reagiert nicht.
Antwort: Wenn Sie den Eindruck haben, daß die Aggression, die auf Ihr eigenes Kind ausgeübt wird, die Toleranz-Grenzen überschreitet, und das Verhalten über ein normales ›Mal-Kneifen‹ oder ›Sich-Schlagen‹ hinausgeht und Ihr Kind wirklich malträtiert wird,

darf das nicht geduldet werden. Wenn es nicht möglich ist, daß ein Erwachsener das verhindert, indem er mit den Kindern etwas Nettes macht, würde ich die Kinder nicht sich selbst überlassen.

Doch kommt noch etwas anderes in Betracht: Aggressivität ist eine Äußerung des Kindes. Wir haben jetzt manches besprochen, was zu aggressiven Handlungen führen kann. Eines aber habe ich noch nicht erwähnt: Die aggressive Handlung eines Kindes ist oft die einzige Möglichkeit, dem Erwachsenen – gerade in dem Alter zwischen zwei und vier Jahren – mit der Ausdruckssprache seiner Aggression etwas zu sagen, auf das dieser von sich aus nicht kommt.

Manche Kinder sind in der Spielgruppe überfordert. Ein Zweijähriger zum Beispiel wäre lieber bei seinen Eltern zu Hause und würde gerne da in aller Ruhe mit der Mutter irgend etwas im Haushalt erleben. Und dieses Bedürfnis kann er nicht anders zum Ausdruck bringen, als daß er in der Spielgruppe andere Kinder kratzt und beißt.

So ist die Aggression immer auch die Frage für den Erwachsenen: ›Mache ich hier vielleicht etwas falsch?‹ Und dann kann unter Umständen die Antwort auf eine Aggression auch einmal sein, daß man ein Kind aus der Gruppe herausnimmt. Oder man übernimmt die Führung und macht etwas Sinnvolles mit den Kindern.

Frage: Das ältere, stärkere Kind nimmt dem jüngeren Geschwisterkind das Spielzeug weg und bringt es auch in Gefahr, indem es zum Beispiel die Tür zuschlägt, wenn das kleinere aus dem Zimmer gehen will.

Antwort: Da kann Eifersucht dahinterstecken, weil die Tochter zwei Jahre lang Einzelkind war, und dann das Geschwisterchen kam. Plötzlich war sie aus ihrer besonderen Rolle entfernt. Da ist es jetzt hilfreich, zu fragen: Woran hat meine Vierjährige besondere Freude?! Wie schaffe ich es, ihr wenigstens einmal am Tag für eine kürzere Zeit meine *ungeteilte* Aufmerksamkeit zu widmen?

Frage: Dreieinhalbjährige Zwillinge, die es gewohnt sind, bewundert zu werden, reagieren jetzt aggressiv, wenn ihnen jemand zu nahe kommt.

Antwort: Das ist eine gesunde Reaktion – eine Aufforderung zu mehr Sachlichkeit.

Frage: Ein zweieinhalbjähriges Kind freut sich, einem Erwachsenen zu begegnen, seien es die Eltern oder andre Menschen, läuft ihnen entgegen und möchte auf den Arm genommen werden. Sobald es aber auf dem Arm ist, fängt es an zu schlagen, zu hauen und zu kratzen.

Antwort: Für ein zweieinhalbjähriges Kind ist das eigentlich kein altersgemäßes Verhalten mehr. Man würde auch erwarten, daß der Erwachsene das dann durch gewisse Handgriffe verhindert, wenn es unzumutbare Formen annimmt. Aber ich erlebe heutzutage häufig, daß die Mütter sich fast nicht trauen, bei solchen Vorkommnissen einzugreifen, sondern das beinahe wie eine Selbstprüfung hinnehmen. Warum schafft man nicht Verhältnisse, daß es so etwas einfach nicht tun kann?

Zwischenbemerkung: Trotz aller Versuche wie Aua-Sagen, bitte nicht, weghalten, schlägt es immer weiter!

Antwort: Es ist immerhin zweieinhalb Jahre alt, und man darf annehmen, daß es eigentlich schon in der Trotzphase ist. Es will etwas erleben am Erwachsenen. Es möchte eine Konsequenz erleben, die ihm klarmacht: ›So kommst du nicht an mich heran!‹ Das einzige, was Sie tun sollten, ist, dafür zu sorgen, daß es keinen Erfolg hat, das heißt, daß Sie seelisch nicht affiziert – betroffen, erregt – sind, sondern daß es, wenn es haut und kratzt, sehr rasch wieder auf dem Boden landet, ohne daß Sie emotional besonders tangiert sind.

Das Kind hat bis jetzt immer erlebt, wie sehr Sie das beeindruckt, wenn es anfängt zu schlagen und zu kratzen; es bemerkte bei Ihnen schon fast so etwas wie eine Erwartungsangst, daß das jetzt wieder kommt. Weil das ein starker Persönlichkeitseindruck ist, den es da von Ihnen empfängt, wird es eine Wiederholung anstreben, solange

Sie nichts dagegensetzen. Bieten Sie ihm jetzt etwas anderes an, so wird das rasch aufhören.

Das berühmte Erziehungswort vom »situationsgerechten Verhalten« trifft hier zu. Wenn man jemand auf den Arm nimmt, ist es nicht situationsgerecht, zu kratzen und zu beißen. Daher wäre es sinnvoll, den Betreffenden sofort loszulassen!

Frage: Ein dreieinhalbjähriges Kind hat immer sehr viel Lob bekommen, als es klein war. Jetzt verträgt er keine Kritik mehr, auch wenn sie sehr vorsichtig kommt. Selbst aus dem »Willst du es nicht noch einmal versuchen?« hört es schon Kritik und ist gekränkt, haut sich auf den Kopf und ist tief verärgert.

Antwort: Wenn Sie sagen: »Willst du es nicht noch einmal versuchen?«, dann wird ein Dreijähriger in der Trotzphase mit Sicherheit immer »nein« antworten. Rein methodisch ist hier das Allerwichtigste, daß sie sich darüber klar sind: *Sie* bestimmen, was gemacht werden soll, und verlangen vom Kind gerade *nicht* die Führung und eine Entscheidung. Wenn Sie wollen, daß eine Sache noch einmal gemacht wird, muß dieser Impuls von Ihnen ausgehen. Das dürfen Sie nicht vom Kind erwarten. Sie sagen einfach: »Das machen wir noch einmal, das war nicht schön« und fangen sofort an. Dann sind Sie für das Kind Vorbild, weil Sie das gern noch einmal machen.

Damit hängt etwas zusammen, das ich auch noch nicht genannt habe, und das schon in Richtung der Schulprobleme geht. Das Wichtigste, was sich die Kinder aus der Vorschulzeit mitnehmen müssen an Vorbeugung gegen Aggressionen, sind gute Gewohnheiten: Es wird eben nicht immer *gefragt*, sondern man *tut* bestimmte Dinge einfach, weil man es gewöhnt ist. Die guten Gewohnheiten werden vor dem vierten Lebensjahr veranlagt. Danach wird es schon schwierig, wenn vorher nicht damit angefangen wurde. Wenn die Kinder mit guten Gewohnheiten in die Schule kommen, gehören sie nicht zu denjenigen, die das Schulmobiliar zertrümmern, die die Bänke durchbohren und verschmieren, oder die Kleiderhaken abreißen.

Zwischenfrage: Könnten Sie noch einige gute Gewohnheiten nennen?

Antwort: Gute Gewohnheiten sind:
- zu dem Zeitpunkt ins Bett gehen, wenn es die Mutter will,
- zu dem Zeitpunkt aufstehen, und zwar möglichst jeden Tag zur selben Zeit, damit gar nicht erst die Frage entsteht: »Wann stehen wir morgen auf?«, sondern man weiß einfach, daß zu einer bestimmten Zeit aufgestanden wird;
- daß Aktivitäts- und Ruhephasen einander abwechseln. Das vegetative Nervensystem braucht auch Pflege und das können Sie nur durch Rhythmus und durch gute Nahrungsgewohnheiten erreichen. Wenn ständig gevespert oder genascht wird und zu den richtigen Mahlzeiten nichts Vernünftiges mehr gegessen wird, dann ist das eine schlechte Gewohnheit. Haben Sie hingegen regelmäßige Mahlzeiten, regelmäßige Pausen dazwischen, regelmäßige Wachphasen, regelmäßige Schlafphasen – dann ist das gut für das Kind;
- wenn der Tag dann noch einen Höhepunkt hat: zum Beispiel jeden Tag irgendeine Zeit, von der die Kinder wissen – da habe ich Mama oder Papa einmal ganz für mich –, dann ist das eine weitere gute Gewohnheit, in der Liebe und Vertrauen wachsen können.

Frage: Wie ist mit einer Horde von Kindern umzugehen, die gerade in das Schulalter gekommen sind und sozusagen einen »Aggressions-Pool« gebildet haben? Es ist schwer, da einzugreifen, denn einzeln sind es alles liebe Kerle.

Antwort: Es ist dies ein typisches Problem, das immer da zu finden ist, wo die Erwachsenen nicht genügend die Verantwortung oder die Kontrolle übernehmen können, weil sie durch anderes abgehalten sind. Die Kinder folgen dann der Führung der Clique. Ratsam ist, sich mit den betroffenen Eltern zu besprechen und zu versuchen einen neuen gemeinsamen Anlauf zu machen in der Bewältigung des Problems. Zunächst muß hier ganz sicher erst einmal mit den Kindern regelmäßig etwas unternommen werden, an dem sie Freude haben.

Frage: Zwei Kinder, von denen eines zu Hause bleibt, das andere in den Kindergarten geht, trauern über diese ›Trennung‹ und reagieren aggressiv, wenn sie danach wieder zusammentreffen. *Antwort:* Das Vierjährige erlebt, wenn es nach Hause kommt, daß das Zweijährige die ganze Zeit bei der Mutter war. Es kann noch so gerne im Kindergarten gewesen sein, in dem Moment erlebt es, daß es sehr schön ist, wieder zu Hause zu sein. Und gleichzeitig hat es ein Bild vor sich: das kleine Kind und die Mutter – und es selbst war woanders. Das war zwar schön, aber es war ja dort allein, vielleicht war es auch ein bißchen überfordert. Und jetzt geht es eben auf das Kleine los. Dieses hat am Vormittag die Mutter genossen und ist insofern ›satt‹. Das Vierjährige hat Nachholbedarf. Kommen Sie diesem Bedürfnis Ihrer Vierjährigen entgegen und wenden sich ihr ganz zu, so wird sich sicher alles bald einspielen.

Zum hyperkinetischen Syndrom im Kindesalter

*Und das ist die Botschaft der
hyperkinetischen Kinder: Seht an uns
Euer eigenes Problem. Helft Euch selbst,
indem Ihr uns helft!*

»Während der letzten zehn bis fünfzehn Jahre ist die diagnostische Bezeichnung ›Hyperaktivität‹ oder ›hyperkinetisch‹ für eine zunehmende Zahl von Kindern verwandt worden, deren Verhalten durch einen entwicklungsmäßig unangemessenen Überschuß an motorischen Bewegungen, Aufmerksamkeitsstörungen, schlechter Impulskontrolle und herabgesetzter Fähigkeit zur Hemmung emotionaler Reaktionen gekennzeichnet ist. Zur gleichen Zeit haben eine Vielzahl anderer Bezeichnungen wie ›minimal brain damage (MBD)‹, ›minimal brain disfunction‹, ›minimal cerebral disfunction‹ und ›minor cerebral disfunction‹ eine ähnliche Popularität bei der Diagnose vieler Kinder mit diesen Merkmalen erhalten. Die zuletzt genannten Begriffe besagen, daß die Hyperkinese mit einem – wenn auch minimalen – cerebralen Schaden einhergeht. Dies ist jedoch nicht der Fall.«

So beginnt die Beschreibung des hyperaktiven Syndroms von Professor Klaus Minde in der neuesten Ausgabe der »Kinder- und Jugendpsychiatrie« von Remschmidt. Minde beschreibt des weiteren, daß von den verschiedenen Ärzten und Autoren von Zeitschriftenartikeln und Büchern sehr verschiedene Kinder als hyperaktiv bezeichnet worden sind, und daß unter diesem Begriff möglicherweise eine Anzahl verschiedener Krankheitsbilder zusammengefaßt werden. Leitsymptom für die Diagnose ist immer der obengenannte Mangel an Kontrollfunktionen im Bereich der Aufmerksamkeit, im Bereich des Gefühlslebens und – was als besonders problematisch erlebt wird – im Bereich des Willens- und Bewegungslebens. Daneben können dann noch eine Reihe anderer neurologischer Störungen vorliegen oder auch nicht vorliegen, Stoffwechselstörungen vorhanden sein oder nicht, – es haben sich bisher keine gesicherten organischen Störungen nachweisen lassen, die bei allen als hyperaktiv bezeichneten Kindern in gleicher Weise zu beobachten gewesen wären. Therapeutisch werden Medikamente eingesetzt (Neuroleptika, Antidepressiva), die das Nervensystem stimulieren und beruhigen. Daneben setzt sich immer mehr das Bewußtsein durch, daß die medikamentöse Behandlung durch heilpädagogische, psychotherapeutische und besonders familientherapeutische Behandlungsweisen ergänzt, wenn nicht gar ersetzt werden muß. Die Erfolge dabei sind sehr unterschiedlich. Therapeuten und Eltern haben, ebenso wie die Lehrer, eine Schlüsselrolle in der Behandlung. Die Erfolge sind da am besten, wo Eltern, Lehrer und Therapeuten gemeinsam eine bestimmte Behandlungsweise verfolgen und dem Kind durch ihr Verhalten die Sicherheit geben, daß es angenommen und geliebt ist, so wie andere Kinder auch, daß man es in seiner Eigenheit versteht und ihm hilft, Fortschritte zu machen.

Es sei jetzt der Versuch unternommen, vom Gesichtspunkt der anthroposophischen Menschenkunde einiges zum hyperaktiven Syndrom beizutragen, in der Hoffnung, daß dies eine Hilfe sein kann, die davon betroffenen Kinder besser zu verstehen und damit auch besser behandeln zu können.

Kontrollfunktionsstörung im Bereich des Denkens, Fühlens und Wollens

Zunächst fällt bei den betroffenen Kindern auf, daß sie es schwer haben, sich auf bestimmte Sinneseindrücke zu konzentrieren. Da, wo konzentrierte Ruhe sein sollte – beim Denken, beim Anschauen, beim Zuhören –, tritt eine ungewollte Bewegungsfülle auf. Das Kind jagt von einem Sinneseindruck zum anderen, die Gedanken fliegen und können nicht festgehalten werden. Und wie steht es mit dem Gefühlsleben? Hier fällt ein Mangel an Impulskontrolle auf. Insbesondere können die Gefühlsäußerungen nicht ausreichend gehemmt werden. Die Kinder erscheinen distanzlos, fallen jedem um den Hals, geben gerne Küßchen und scheinen kein Empfinden dafür zu haben, wo die Grenze zwischen der einen Person und der anderen besteht, die man normalerweise nicht ohne eine gewisse Scheu überschreitet. Urbild eines gesunden Gefühlslebens ist der Verlauf der Atmung: Aufnehmen, ruhiges Bewahren, wieder Abgeben. Dieser rhythmische Wechsel, den die Atmung Tag und Nacht vollzieht, lebt auch in dem auf- und abwogenden Gefühlsleben (vergleiche Seite 271). Ein Gefühl wird erregt, taucht auf, wird erlebt und klingt wieder ab. Fragt man sich nun, welche Phase des Gefühlslebens bei diesen Kindern gestört ist, so ist dies die mittlere Phase, in der die Gefühle bewußt erlebt werden, nachdem sie aufgetaucht sind, und bevor sie wieder verschwinden. Dieser Besinnungs- und Ruhemoment, dieses Innewerden, indem sich die Aufmerksamkeit mit einer Sache verbinden kann und wo die Gefühlsbeziehung als solche erlebt und gestaltet wird, ist nicht ausgebildet.

Im Willensbereich folgen die Kinder den Impulsen, zu denen sie durch die Sinneswahrnehmungen oder durch die in ihren eigenen Triebkräften liegenden Impulse angeregt werden. Zum Beispiel drehen sie sich um sich selbst, oder sie zerstören, was sie gerade vorfinden. Wenn sie beispielsweise einen Fenstergriff sehen, so beginnen sie an ihm zu wackeln, bis er abgebrochen ist. Dann werfen sie ihn hin und suchen sich den nächsten Gegenstand, mit dem sie weitermachen können. Die Handlungen erscheinen unmotiviert und sinnlos. Bei genauem Hinsehen zeigt sich jedoch, daß diese Handlungen gar nicht so sinn- und ziellos sind, sondern daß die Kinder mit ihren Bewegungen einfach dem folgen, was sie gerade vor Augen haben. Sie nehmen mit ihrer Handlungsbereitschaft teil an dem, was sie durch die Sinne erleben. Das Kind hat Freude an seiner Sinneserfahrung: Es freut sich, wenn etwas kracht oder zu Boden fällt.

Zusammengefaßt kann man sagen: Eigentlich liegt nur *eine* Störung vor. Es ist die Willensfunktion, das Beherrschungsvermögen im Bereich der Gedanken, der Gefühle und der Bewegungsimpulse. Im Sinnesbereich ist die Aufmerksamkeit zerspalten, die Handlungsbereitschaft folgt diesem und jenem, ohne eine klare Lenkung und Koordination. Schon die kleinen Kinder haben es schwer, sinnvoll nachzuahmen, weil hierzu eine gewisse Ruhe und Aufmerksamkeit gehört. Ebenso zeigt sich der Wille im Gefühlsleben als macht- und haltlos.

Die Kinder sind ihren Emotionen ausgeliefert, können sie weder bremsen noch steuern, haben es schwer, sich zu besinnen oder bestimmte Stimmungen zu überwinden.

Im Handlungsbereich selbst ist die Impulskontrolle als solche nicht genügend ausgebildet. Aggressivität oder Erschöpfung, Sympathie oder Gleichgültigkeit den Eindrücken gegenüber – so läßt sich das Kind mehr von den Umgebungseindrücken bestimmen, als daß es selber bestimmen könnte, worauf es seine Aufmerksamkeit lenken will, und womit es sich beschäftigen möchte.

Die Symptomatik ist einheitlich: In allen drei Bereichen des Seelischen ist die *Kontrollfunktion* gestört, das heißt, die *Ich-Funktion*. Interesse, Gefühl und Bewegungsvermögen sind da – aber sie sind nicht wirklich Eigentum der Person. Das Kind macht immer wieder den Eindruck, als sei es diesem und jenem ausgesetzt und nicht Herr seiner selbst oder Herr der Lage.

Was ist aber das Besondere an diesen Kindern? Es ist ihre spezifische Begabung zu einer großen Hingabe an die Welt. Interessiert folgen sie allem, was sie sehen, gefühlsmäßig sind sie offen und spontan, willensmäßig sind sie leicht erregbar und bereit, vieles anzugreifen. Lernen müssen sie hingegen in allen Bereichen, was mit der Selbstbeherrschung und der Selbstkontrolle zusammenhängt. Und die Frage steht da: Wie kommt es nur, daß diese Ich-Führung, diese autonome Aktivität, diese Kontrollfunktion im gesamten seelischen Bereich zu schwach ausgebildet ist? Und warum ist dies besonders in den letzten zwanzig bis dreißig Jahren zunehmend ein

Problem geworden? Warum war das in den Kriegszeiten, in den Notzeiten der vierziger und fünfziger Jahre dieses Jahrhunderts nicht der Fall?

Die Botschaft der unruhigen Kinder

Was können wir von ihnen lernen? Wie können wir ihnen helfen? In den letzten zwanzig bis dreißig Jahren hat sich nicht nur dieses Problem des Kindesalters immer mehr in den Vordergrund gedrängt, sondern Hand in Hand damit ging auch eine entsprechende Entwicklung beim Erwachsenen. Interessanterweise hat auch das Willensleben der Erwachsenen in den letzten Jahrzehnten eine kontinuierliche Schwächung erlitten. Sicherheit und Bequemlichkeit sind zu Lebensidealen geworden. Im Bereich des äußeren materiellen Lebens herrschen vielfach keine großen Sorgen und Mühen mehr. Die Kinder erleben auch, daß die Erwachsenen nur noch wenig mit den eigenen Händen tun, und daß das meiste von den Maschinen übernommen wird. So gibt es wenig Vorbilder für gut kontrollierte, sachbezogene Handlungen, die jeden Tag notwendig sind, die man jeden Tag nachahmen, mitmachen und üben kann. Dadurch haben viele Kinder eine Anregungsarmut schon in der Kleinkindzeit für geordnete, sinnvolle und engagierte körperliche Tätigkeiten.

Und wie steht es mit dem Gefühlsbereich? In der Nachkriegszeit war die Stimmung im sozialen Leben durch Dankbarkeit, dem Krieg entronnen zu sein, durch Hoffnung auf einen Neuaufbau und auf bessere Lebenszustände geprägt. Heute hat sich Resignation, Kulturangst, Unzufriedenheit und Gehetztheit breitgemacht. Dasjenige, was ein Kind braucht, um gefühlsmäßig geborgen zu sein und sich angenommen zu erleben, kommt sehr oft zu kurz. Hetze, Angst und Sorge haben in den letzten zwanzig Jahren enorm zugenommen. Fröhlichkeit, Zuversicht und Lebensbejahung treten zurück. Auch eine gewisse Ratlosigkeit und Unsicherheit der Zukunft gegenüber ist da.

Und wie steht es mit dem Konzentrationsvermögen und der Aufmerksamkeit der Erwachsenen? Streß und Hetze machen oberflächlich, Sorge und Angst verhindern ein besonnenes Nachdenken und Sich-Vertiefen in die Probleme. Es werden immer wieder neue Sachen gekauft, die alten weggeworfen – auch bei den Erwachsenen zeigt sich zunehmend eine Beziehungslosigkeit zu den Dingen um sie her und ein Mangel an Verbindlichkeit. Auch die Beziehung zu Natur und Umwelt zeigt diese zunehmende Teilnahmslosigkeit und Unverbindlichkeit. Und dieses wirkt sich selbstverständlich auch auf das Verhalten der Kinder aus. Hinzu kommen noch andere Einflüsse, die das Konzentrationsvermögen beeinträchtigen, z. B. der verkehrt herum eingerichtete Kinderwagen. Kleinkinder werden mit dem Gesicht von der Mutter weg durch das Getümmel eines Kaufhauses, durch belebte Straßen geschoben. Ein Eindruck nach dem anderen flutet vorbei: verschiedenste Geräusche, Bilder von Menschen und Sachen, Gerüche – nichts kann vom Kind verarbeitet werden, nichts kann annähernd so tief gehen, daß das Kind in Ruhe darauf reagieren könnte. Aufmerksamkeit und Sensibilität der Kleinkinder werden bereits hier zersplittert und durch die Fülle zur Oberflächlichkeit erzogen. Wie anders dagegen ein Kinderwagen, bei dem das Kind während der ganzen Fahrt immer nur *eines* sieht: das Gesicht der Mutter, das sich zwar jeden Augenblick ein wenig ändert, weil die Mutter auf das Kind und auf die Umgebung reagiert – das aber doch immer dasselbe Gesicht ist, nämlich das der Mutter. Konzentration bedeutet, sich lange Zeit mit ein und derselben Sache beschäftigen zu können. Diese Fähigkeit wird vorbereitet dadurch, daß die Kinder in der Lage sind, über längere Zeit dasselbe mit Aufmerksamkeit und Interesse zu betrachten. Andere Einflüsse sind häufige Ortswechsel, Überangebot von technischem Spielzeug, das wenig Eigenaktivität ermöglicht, und vieles andere, dem die Kinder unbedacht ausgeliefert werden.

Kardinalproblem Fernsehen

Im Juni 1989 war in einer deutschen Tageszeitung zu lesen unter der Überschrift »Kinderkultur ohne TV«, daß ein SPD-Politiker, der Bremer Bildungssenator Horst Werner Franke, sich offen gegen den Fernsehkonsum in der Kindheit ausgesprochen hat. Die Forderung nach dem Fernsehverbot gilt in seinen Augen auch für sogenannte wertvolle Kindersendungen. Denn »dreißig Minuten Sesamstraße bedeuten für ein vierjähriges Kind eine Reizüberhäufung mit allein rund sechshundert unterschiedlichen Bildeinstellungen«. Besonders Grundschulpädagogen erleben – so Franke – intensiv die Zerstörung kindlicher Phantasie, von Lese- und Schreibkultur sowie des Konzentrationsvermögens.

Das Fernsehen ist nicht nur für Kinder ein Problem, sondern auch für viele Erwachsene. Es untergräbt die Eigenaktivität und das Willensvermögen dadurch, daß die Informationen perfekt geliefert werden und passiv aufgenommen werden. Nicht einmal die Eigenaktivität der Augen ist beim Fernsehen gefragt. Die Augen sind starr auf den Bildschirm gerichtet, die Augenmuskeln arbeiten nicht wie sonst mit beim Wahrnehmungsvorgang, indem die Augen den Gegenständen folgen oder die Konturen eines Gegenstandes abwandern. Vielmehr ist es das Fernsehbild, das sich bewegt, wobei die Augen starr und ruhig auf den Bildschirm gerichtet sind. Man macht sich ja diesen Effekt nach manchen Augenoperationen zunutze, wenn man, um den Heilvorgang zu beschleunigen, das Auge durch Fernsehen für einige Stunden ruhigstellt.

Es gibt nichts, was für hyperkinetische Kinder problematischer wäre als der Fernsehkonsum. Denn wer in allen drei Bereichen des Seelischen unter einem Kontroll- und Willensdefizit leidet, wird darin durch den Fernsehkonsum bestärkt. Die nicht zu verarbeitende Bilderfülle schwächt Konzentration und Aufmerksamkeit, die rasch wechselnden Motive lassen wenig Gefühlsbeziehung aufkommen, und die dargestellten Handlungen regen nicht zum Mitvollzug an, weil das Kind reglos davor sitzt und erst hinterher die

Möglichkeit hat, das eine oder andere aus der Erinnerung in der eigenen Handlung nachzuvollziehen. Dies wird jedoch nur von gesunden Kindern getan; die bereits in ihrer Nachahmungsfähigkeit geschwächten Kinder tun dies nicht.

Auf die Frage, welche Einflüsse unserer Zivilisation diesen dreifachen Kontrollverlust im Seelischen fördern, muß leider gesagt werden, daß Fernsehen, Video und Kassetten hier an erster Stelle zu nennen sind, weil interessante Erlebnisse, Bewegungen und Spiele, alles, was dem Kind Spaß macht, in sein Bewußtsein hereinkommen, ohne daß es sich dabei selber anstrengen muß. Und wer sich daran gewöhnt hat, daß die interessanten Dinge von selber kommen, der erfährt eben eine kontinuierliche Schwächung seiner Eigenaktivität und damit auch seiner Kontrollfunktionen.

Sicher mag zu dem ganzen Problemkomplex auch noch der eine oder andere künstliche Nahrungsmittelzusatz kommen oder diese und jene Organfunktionsstörung – ganz sicher liegen hier jedoch nicht die Hauptursachen des Problems, sondern höchstens Begleitsymptome. Meines Erachtens nach liegt die Ursache für diese zunehmende Störung in dem Verlust an Ich-Aktivität in den drei genannten Bereichen in der heutigen Erwachsenenwelt. Die Kinder erleben dies als Vorbild und verhalten sich entsprechend.

Therapeutisches für Kinder und Erwachsene

Aus der kurzen Skizze kann deutlich werden, daß die Botschaft der hyperkinetischen Kinder ist: Seht an uns Euer eigenes Problem. Helft Euch selbst, indem ihr uns helft. Es sei an dieser Stelle auf die vielen praktischen Ratschläge für eine gesunde Entwicklung verwiesen, die in dem Buch ›Kindersprechstunde‹ für alle Bereiche des Alltags, für Feriengestaltung, Kinderzimmereinrichtung, Nahrung und Kleidung und Spiel gegeben sind. Eines sei jedoch hier als besonders wesentlich hervorgehoben: die Notwendigkeit, Augenblicke der Sammlung und inneren Ruhe zu schaffen. Ich möchte an dieser Stelle eine Begebenheit erzählen, die sich in einer Sonderschule für geistig Behinderte zugetragen hat, wo ein sehr unruhiges Kind, das kaum in der Lage war, dem Musikunterricht zu folgen und über einige Zeit stillzusitzen, am Ende der Stunde ganz ruhig wurde, wenn der Lehrer zum Abschluß einen Spruch sagte. Es war dies der Spruch von Herbert Hahn:

Erst wenn ich Lichtes denke,
leuchtet meine Seele.
Erst wenn meine Seele leuchtet,
ist die Erde ein Stern.
Erst wenn die Erde ein Stern ist,
bin ich wahrhaft Mensch.

Der Lehrer sagte mir nach der Stunde, daß dieses Kind eigentlich nur während dieses Spruches ganz ruhig und aufnahmebereit sei. Gerade die unruhigen Kinder genießen vom Erwachsenen aktiv herbeigeführte Andachts- und Besinnungsmomente außerordentlich. Sie genießen eine andachtsvolle Stimmung, sie genießen die Ruhe des Gebetes, die Schlichtheit und Vertrautheit der Worte und kommen an der Ruhe des Erwachsenen, der diese Worte spricht, selbst zur Ruhe. (Vergleiche auch das Kapitel ›Religiosität im Kindesalter‹ in der ›Kindersprechstunde‹). Solche vom Erwachsenen bewußt herbeigeführten Augenblicke zu schaffen, hilft nicht nur den Kindern, sondern hilft auch den Erwachsenen. Gelingt es, dem Sonntagmorgen in dieser Weise einen Akzent zu geben, die Jahresfeste bewußt zu gestalten, die Qualitäten von Morgen, Mittag und Abend dem Kind vielleicht auch durch wechselnde Tischgebete bewußt zu machen, so ist dies eine Unterstützung aller anderen zu treffenden Maßnahmen. Die Unruhe ist ohne das Erarbeiten einer religiösen Grundstimmung der Seele nicht wirklich zu heilen. Denn in der inneren Ruhe liegt das Vorbild für die äußere Ruhe.

Die Kinder spiegeln durch ihr Leid und ihr Problem etwas wider, womit wir selber zu tun haben. Die Kinder zeigen uns unsere eigenen Störungen in verstärkter Form. Wir können von diesen Kindern viel über uns selber und unsere Zeit lernen, wenn wir versuchen, ihnen zu helfen. Gelingt uns dies, so helfen wir dadurch auch uns und unserer Zeit. Immer wieder kann erlebt werden, wie Kinder innerhalb von ein bis zwei Jahren durch eine rigorose Änderung des gesamten Lebensstils, verbunden mit einer homöopathischen oder anthroposophisch-medikamentösen Behandlung wieder fröhliche Schulkinder wurden.

Fragen zum Thema

Frage: Welche Schulform geht auf diese Kinder besonders ein? Wie ist der Unterschied zwischen einer normalen Waldorfschule und einer sonderpädagogischen Schule?

Antwort: Jede Schule, in der alle Bereiche des Seelischen genügend Anregung erfahren, kommt in Frage. Das Wichtigste für diese Kinder ist jedoch nicht das Schulsystem, sondern der Mensch, der in diesem System arbeitet. Diese Kinder müssen geliebt, müssen verstanden werden, und das kann nicht jeder. Hat man einen guten Pädagogen gefunden, der eine besondere Liebe zu diesen Kindern hat, dann ist es gar nicht so wichtig, in welchem Schulsystem dieser arbeitet.

Frage: Gibt es eine Altersgrenze, nach welcher das Syndrom schlecht heilbar ist?

Antwort: Es gibt schon Säuglinge, die es schwer haben, zur Ruhe zu kommen. Sie bringen praktisch schon von Geburt an die Veranlagung zu dieser Verhaltensauffälligkeit mit und bedürfen daher auch von Anfang an der heilpädagogischen Betreuung. Je später die Hyperkinese auftritt, desto stärker ist sie durch die äußeren Umstände mithervorgerufen worden und geht weniger zu Lasten der eigenen primären Veranlagung.

Meistens hat sich das Erscheinungsbild äußerlich gesehen bis zur Pupertät weitgehend normalisiert. Der Mangel an Konzentrationsfähigkeit bleibt jedoch häufig bestehen und bedarf einer konsequenten Selbsterziehung.

Frage: Warum reagieren Kinder auf gleiche familiäre Bedingungen unterschiedlich?

Antwort: Zunächst ein Beispiel: Ein zweieinhalbjähriges Kind wird zum Orthopäden gebracht, weil es hinkt. Der Orthopäde kann keine Ursache feststellen, und auch die Röntgenuntersuchung gibt keinen Hinweis auf eine krankhafte Veränderung. Es zeigte sich jedoch, daß in dieser Familie der Großvater infolge einer Kriegsverletzung hinkte. Die drei anderen Kinder dieser Familie haben den Großvater nicht nachgeahmt – nur das vierte Kind hat sich daran orientiert und dieses Hinken so stark imitiert, daß es selber nicht mehr normal laufen konnte.

Phänomene dieser Art begegnen einem in jeder Familie. Daraus ist ersichtlich, daß jede Entwicklung durch drei Faktoren bestimmt wird: Einmal durch die Möglichkeiten, die in dem ererbten Leib liegen, zum anderen durch das Angebot, das seitens des Milieus auf das Kind einwirkt, und zum dritten durch die Persönlichkeit des Kindes selbst, die mit beidem zu arbeiten beginnt und das Beste daraus zu machen versucht. Die menschlichen Beziehungen sind eben verschieden, und so ist es normal, daß auch die Liebe für den Opa bei den Kindern unterschiedlich ist. Verschiedene Gefühle und Beziehungen werden zu demselben Menschen entwickelt, und dieser spiegelt sich dann auch im Nachahmungsverhalten der Kinder. Die Kinder greifen auf, wozu sie innerlich eine Verwandtschaft haben und was sie für ihre Entwicklung brauchen. So werden auch schädigende Umwelteinflüsse von Kindern intensiv aufgenommen, wenn die Kinder dafür disponiert sind – auch in der sogenannten intakten Familie. Es gibt Kinder, die sehen beispielsweise nicht fern, wenn sie wissen, daß die Eltern das nicht mögen. Andere wiederum fiebern – obwohl sie das wissen – dem Wochenendbesuch bei der Oma entgegen, weil sie wissen, daß sie dort fernsehen dürfen.

Diese Affinität liegt im Kind selbst, und es ist für die Mutter in dem einen Fall leichter und in dem anderen Fall schwerer, die schädigenden Einflüsse auszuschalten. Jede Persönlichkeit kommt mit einem Lernziel für ihre Biographie auf die Welt. Dieses aktualisiert sich durch die Auseinandersetzung mit Vererbung und Milieu. Das Lernziel jedoch, das sich ein Mensch für sein Leben mitgebracht hat, läßt sich nicht aus der Vererbung oder dem Milieu erklären, sondern nur aus seinem individuellen Schicksal.

Hyperkinetische Kinder haben eine besondere Affinität zu einem Problem unserer Zeit: zu der um sich greifenden Willensschwäche, die sich als Konzentrationsschwäche, Unrast, Hetze und Nervosität auslebt. Ihr Leiden ist eine Aufforderung an uns alle, an diesem Problem zu arbeiten und dadurch auch ihnen zu helfen.

Frage: Kann durch spätere Selbsterziehung ein Ausgleich geschaffen werden?

Antwort: Unruhe kann natürlich zeitlebens in der Selbsterziehung bekämpft werden. Nur sind die Heilungschancen in der Zeit, in der das Nervensystem noch eine stärkere Plastizität hat – also bis zum neunten, zehnten Lebensjahr – am besten.

Frage: Wo liegt der Übergang von der Unruhe zur Hyperkinese?

Antwort: Die Grenze zwischen Unruhe und Hyperkinese ist recht gut festzustellen. Ein unruhiges Kind wird in einer liebevollen Atmosphäre, in der man sich ganz auf das Kind einstellt, relativ leicht wieder zur Ruhe und zur Konzentration zu bringen sein. Dies ist eine tägliche Erfahrung im Unterricht. Es gibt Kinder, die sind sehr unruhig, aber wenn es dann wirklich spannend und interessant wird, dann sind sie sogleich bei der Sache. Diese Kinder sind nicht hyperkinetisch, sondern unruhig. Ein hyperkinetisches Kind kann sich auch selbst dann nicht konzentrieren, wenn es das will. Da ist eben eine gezielte Behandlung und viel Geduld nötig. Es muß wochen-, ja monatelang geübt werden, bis dann eines Abends beim Erzählen der kurzen Geschichte der Augenblick da ist, bei dem das Kind tatsächlich ruhig wird und zuhört.

Frage: Ich habe gute Erfahrungen mit einer phosphatarmen Diät gemacht. Was halten Sie davon? *Antwort:* Dazu gibt es eine Reihe von Untersuchungen, die diese Behandlungsart getestet haben. Dabei wurde festgestellt, daß sie bei dem einen Kind wirkt und bei dem anderen nicht. Die offiziellen Statistiken weisen ein Verhältnis von fünfzig zu fünfzig auf, das heißt, die positive Wirkung ist nicht erwiesen. Hierzu müßte mindestens eine Erfolgsquote von fünfundsiebzig Prozent da sein. Ich selber empfehle auch eine gesunde Ernährung und das Weglassen künstlicher Nahrungsmittelzusätze und vor allem die drastische Reduktion des Zuckers. Mit einer konsequenten Durchführung dieser gesunden Ernährungsweise, bei der man dem Kind erspart, daß es auf so gesunde Nahrungsmittel wie Milch oder Nüsse verzichten muß, habe ich in Verbindung mit der heilpädagogischen Führung und anthroposophischen Medikamenten sehr gute Erfahrungen gemacht. Warum die phosphatreduzierte Diät sich bei vielen Kindern so positiv auswirkt, führe ich auf den enormen Willenseinsatz zurück, den die Eltern leisten müssen, um diese Diät in ihrer strengen Form beim Kind durchzusetzen. Diese Selbstkontrolle und Willensdisziplin sind so vorbildlich, daß sie sich auf das Kind stärkend und beruhigend auswirken. Daher sind die Erfolge, die die Eltern bei ihren Kindern zu verzeichnen haben, wesentlich besser als die Erfolge in Kliniken, wo keine entsprechende individuelle Anstrengung und Fürsorge nötig ist, weil sich unter stationären Bedingungen in einer Klinik solche Diät-Maßnahmen wesentlich leichter durchführen lassen als zu Hause.

Eine Mutter: Nach einer hochfieberhaften Masernerkrankung habe ich bei meinem Kind eine deutliche Besserung des Verhaltens festgestellt.

Antwort: Das leuchtet mir durchaus ein. Die Fieberreaktion verändert das Stoffwechselgeschehen des Körpers. In der erhöhten Wärme verlaufen viele biochemische Prozesse schneller als gewöhnlich, und bestimmte Regulationsmöglichkeiten werden angeregt oder auch nur durch das Fieber möglich gemacht. Es wird dadurch tatsächlich am Organismus etwas verändert, und das Kind fühlt sich anschließend mehr »Herr im Haus« als vorher. (Vergleiche auch das Fieber-Kapitel in der ›Kindersprechstunde‹.)

Frage: Gibt es außer Heileurythmie auch noch andere Therapieformen, die sich besonders günstig auswirken?

Antwort: Andere Therapien wie Mototherapie (Bewegungstherapie), Kinderpsychotherapie, Spieltherapie, Familientherapie wirken auch. Am erfolgreichsten sind die Bewegungstherapien in Verbindung mit der Familienberatung. Die beste Therapie ist immer die, die sich am Kind und seinen besonderen Problemen unmittelbar orientiert. Da wird einmal der Schwerpunkt mehr auf der medikamentösen Seite liegen und ein anderesmal mehr in der Bewegungs- und Verhaltenstherapie.

Frage: Gibt es auch bestimmte Schlüsselerlebnisse wie Unfälle, Krankenhausaufenthalte oder ähnliches, die den Ausbruch der Hyperkinese fördern können?

Antwort: Derartige Erlebnisse können verstärkend auf eine vorhandene Anlage wirken, sind jedoch nie allein dafür verantwortlich zu machen.

Nonverbale Erziehung

Ein pädagogisch-medizinischer Kunstgriff in der Vorschulzeit

*Nicht moralische Redensarten, nicht vernünftige
Belehrungen wirken auf das Kind in der angegebenen
Richtung, sondern dasjenige, was die Erwachsenen in
seiner Umgebung sichtbar vor seinen Augen tun.*

RUDOLF STEINER

Es ist für den Menschen bezeichnend, daß er nie auslernt und selbst
im Älterwerden immer noch Neues und Anderes zu dem Bisherigen
dazugewinnt. Dabei kann man aber entdecken, daß sich die Lernbegabung im Laufe des Lebens charakteristisch ändert und jedes
Lebensalter für bestimmte Lernprozesse besonders geeignet ist.
Das zeigt sich vor allem in den ersten zwanzig Lebensjahren, wo
sich im Zusammenhang mit dem körperlichen Wachstum auch die
seelisch-geistige Aufnahmefähigkeit und Lernbereitschaft charakteristisch wandelt. Dies sei kurz dargestellt, um dann den Blick auf
die besondere Situation der Vorschulzeit zu lenken.

Die Entwicklung der Lernfähigkeit bis zum Beginn des Erwachsenenalters

Im Laufe seiner Entwicklung lernt das Kind auf unterschiedliche
Weise. In der ersten Zeit geschieht dies durch Nachahmung: das
Gehen, das Sprechen, das Denken, das Hantieren mit Gegenständen, das Ankleiden und Ausziehen, die Eßgewohnheiten, das
Handgeben beim Begrüßen und vieles, vieles mehr. Was heißt das
aber? Durch Nachahmung lernen heißt, *sich selbst* an einem Vorbild zu erziehen. Ohne daß irgendwelche Erklärungen oder Lern-

anweisungen gegeben werden, nimmt das Kind die Vorgänge um sich herum wahr und übt sie aus eigenem Antrieb so lange, bis es die entsprechenden Fähigkeiten beherrscht. Nicht durch Erklärungen lernt das Kind sprechen, nicht durch Bewegungsanweisungen erlernt es das Laufen – vielmehr lernt es diese komplizierten und weitreichenden menschlichen Fähigkeiten ausschließlich aus *eigenem Antrieb* am Vorbild der Erwachsenen. Dieses nachahmende konzentrierte Lernen des Kindes, diese Aktivität, die sich am Vorbild entzündet und unermüdlich zu üben bereit ist, sei hier *nonverbales Lernen* genannt, das heißt Lernen ohne Worte. Eltern, die sich bemühen, ihrem Kind in diesem Sinne Vorbild zu sein, wären in dem hier gemeinten Sinne nonverbale Erzieher.

Ein Beispiel möge verdeutlichen, wie das gemeint ist. In der ärztlichen Praxis begegnet es einem oft, daß Mutter und Kind das Arztzimmer betreten und gleich das erste Problem auftritt: Man hat die Mutter begrüßt und wendet sich nun dem Kind zu, das einem ebenfalls die Hand entgegenstreckt. Oft ist es bei kleineren Kindern nicht die rechte Hand, sondern die linke. Eine Mutter, die den nonverbalen Erziehungsstil beherrscht, wird ruhig zusehen, wie das Kind dem Doktor die linke Hand entgegenstreckt und dieser die Hand ergreift und es freundlich begrüßt. Eine Mutter, die diesen Erziehungsstil noch nicht beherrscht, wird das Kind ermahnen, dem Doktor doch »die richtige Hand« zu reichen. Verschämt oder enttäuscht zieht es die Hand wieder zurück; die spontane Bereitschaft zur Begrüßung schwindet, unter Umständen sinkt die Hand lustlos herab oder gleitet auf den Rücken, und es entsteht eine peinliche Situation. Wie anders aber ist es für das Kind, wenn es die Hand geben darf, die es gerade aus der Nachahmung heraus geben will, und es dem Doktor überlassen bleibt, ob er von sich aus, nachdem er der linken Hand »guten Tag« gesagt hat, nun auch noch dasselbe für die rechte Hand tut. Oder ob er es mit der einmaligen Begrüßung bewenden lassen will, wohl wissend, daß sich die endgültige Festlegung auf die rechte Hand ganz von selbst im Alter zwischen fünf und sieben Jahren einstellt.

Wer Kinder im Vorschulalter verbal korrigiert, unterstützt ihre altersentsprechende Lernbegabung nicht und bringt ein Element in den Erziehungsvorgang hinein, das erst einem späteren Lebensalter angemessen ist. Denn dadurch, daß das Vorschulkind in der Lage ist, den Sinngehalt einer Handlung intuitiv zu verstehen und nachzuahmen, ist es den zu den Handlungen hinzugefügten Erklärungen gegenüber noch nicht aufnahmebereit. Seine Handlungsbereitschaft, sein Wille, damit aber auch seine körperliche Motorik bzw. sein Bewegungsspiel sind noch an die Sinneswahrnehmung gebunden. Der große französische Intelligenzforscher Piaget sprach deswegen auch bezüglich dieser Phase von der sensomotorischen Intelligenz (»senso« steht für Sinneswahrnehmung, »motorisch« für Bewegungsorgane bzw. Muskulatur). Die Intelligenz und damit auch das rationale Verständnis ist noch nicht unabhängig vom Körper abstrakt erfahrbar, sondern durch die Sinne unmittelbar intuitiv, so daß der an die Sinne gebundene Bewegungsvollzug direkt im Nachahmungsvorgang geschieht. Dadurch können die Kinder in intelligentester Weise das tun, was sie sehen, das sprechen, was sie hören. Alles, was sie erleben, wird sogleich verstanden, auch wenn sie dafür noch keine Worte oder Begriffe haben. Die ganze Sinneswelt wird als unmittelbar sinnvoll erlebt. Das ändert sich erst, wenn das Denken sich vom Leib emanzipiert (vergl. S. 95) und damit das unmittelbare Sinnerleben verlorengeht. Mehr und mehr muß die Sinneserfahrung von gedanklicher Verarbeitung begleitet sein, damit ein Sinnerleben zustande kommen kann. Dieses spätere, mehr auf das Denken gegründete Lernen ist dann allerdings wesentlich mühsamer und geht auch bedeutend langsamer als das intuitiv-nachahmende Lernen in der Vorschulzeit.

Daher ist es so wichtig, nicht durch vorzeitiges Training der abstrakten Intelligenz die Nachahmungsphase abzukürzen. Genau dies geschieht aber, wenn das kleine Kind verbal erzogen wird und ihm für alles Erklärungen angeboten werden. Es kommt dadurch zu einem verfrühten Erwachen der abstrakten Intelligenz, die dann in entsprechender Weise die Nachahmungsfähigkeit hemmt. Waldorf-

Kindergärtnerinnen erleben dies häufig, wenn beispielsweise ein Kind von vier Jahren gebracht wird, das diesen verbalen Erziehungsstil bereits »genossen« hat. Diese Kinder stehen dann oft an der Wand oder laufen mit den Händen in den Taschen herum und betrachten, was die anderen tun. Sie haben keine Neigung, nachahmend-unbefangen sich dem Spiel zu überlassen wie die anderen. Es dauert meist ein halbes Jahr oder noch länger, bis sie wieder in der Lage sind, wirklich mitzumachen und durch das Vorbild aktiv zu werden wie die anderen.

Man kann natürlich fragen, warum es denn so wichtig ist, daß die Kinder im Vorschulalter möglichst viel nachahmen. Es ist deswegen so wichtig, weil jede Tätigkeit und insbesondere jede körperliche Geschicklichkeit, die im nachahmenden Tun entfaltet wird, nicht nur eine Fähigkeit für das spätere Leben bedeutet, sondern zugleich auch viel stimulierende Anregung für die Ausbildung der gesunden körperlichen Funktionen im Hauptwachstumsalter ist. Wir dürfen ja nicht vergessen, daß das Kind nicht nur lernt, sondern täglich auch wächst. Lernen und Wachsen gehören hier zusammen. Die Frage ist daher bei jedem Lernvorgang: unterstützt dieser auch die körperliche Entwicklung? Es ist klar, daß die körperliche Entwicklung am besten durch Aktivität, geschicktes Mit- und Nachtun angeregt wird, und nicht durch Stillsitzen (wie beispielsweise vor dem Fernsehapparat) oder durch das Betätigen elektrischen Spielzeugs, bei dem nur wenig geschickte Bewegungen ausgeführt werden müssen; auch nicht durch das Eingeschlossensein in engen Wohnungen ohne interessante Tätigkeiten, die zur Nachahmung anregen, sondern dadurch, daß man dem Kind die Möglichkeit gibt, alle seine körperlichen Fähigkeiten (insbesondere sein Bewegungsvermögen, seinen Gleichgewichtssinn, seine feinmotorische und grobmotorische Geschicklichkeit) zu betätigen.

Jeder Lernvorgang ist zugleich ein Willensvorgang. Es kostet Anstrengung, etwas zu lernen. Beim Vorschulkind ist der Wille noch unmittelbar an die alles mitvollziehende und miterlebende Sinnestätigkeit gebunden, ohne ein dazwischengeschaltetes Überlegen.

Deswegen liegt hier die Einmaligkeit eines optimalen Lernvermögens vor, gemäß der Funktionen der Sinnesorgane und gemäß dem Interesse, mit dem das Kind seine Sinnesorgane zur Wahrnehmung der Welt benützt. Es gibt Kinder mit mehr Interesse und solche mit weniger Interesse, mit dem Vermögen zu wacher Aufmerksamkeit oder zu schwacher Aufmerksamkeit. Der Erwachsene muß wissen, wie er das Interesse des Kindes in besonderer Weise wecken und seine Aufmerksamkeit erregen kann. Dies geschieht, wenn es dem Erwachsenen gelingt, das, was er tut, gern und mit Eifer zu tun. Denn ein liebevolles, eifriges und bemühtes Handeln wirkt wesentlich anziehender und anregender auf das Interesse des Kindes als eine lustlos oder gar ungern getane Arbeit.

Das macht sich sogar auch noch bei älteren Kindern bemerkbar, wenn es beispielsweise darum geht, wer nach dem Essen abräumt und abwäscht. Wenn einer aufspringt und sagt, ich wasche heute ab, wer kommt mit? – und schon in der Küche verschwunden ist und beginnt, so wird viel leichter einer folgen, als wenn nach dem Essen jeder aufsteht und bemüht ist, sich stillschweigend zu verdrücken in der Hoffnung, daß ein anderer die Arbeit macht. Je überzeugter der Erwachsene von dem ist, was er tut, um so attraktiver ist das für die Nachahmungssituation des Kindes.

Dies ändert sich in der Schulzeit. Die Handlungsbereitschaft des Kindes wird jetzt unabhängiger von den Sinneseindrücken. Als Motivation für Handlungsbereitschaft und Willensvermögen bedarf es jetzt der Anregung von Gefühlen, denn zwischen dem Zahnwechsel und der Pubertät entwickelt sich das Gefühlsleben. Die Kinder reagieren jetzt nicht primär mit Handlungen auf das, was sie sehen und erleben, sondern mit Gefühlen. Daher wird auch alles, was erlebt wird, gefühlsmäßig beurteilt. Sympathie und Antipathie spielen eine große Rolle. Welcher Lehrer nett ist, welche Kleider einem gefallen, welche Schüler in der Klasse »doof« sind, das wird festgestellt und besprochen. Lust und Unlust beim Tun spielen eine große Rolle, und es muß dem Lehrer gelingen, bei den Schülern Gefühle anzuregen, die die Lernbereitschaft beflügeln. Lernen ist jedoch immer mit Mühe verbunden. Daher kann es nicht darum gehen, daß die Schüler nur das lernen, wozu sie Lust haben. Vielmehr ist es wichtig, daß die Schüler Willensanstrengungen und Lernprozesse *lieben* lernen. Und das können sie nur, wenn sie den Erwachsenen liebgewinnen, der solches von ihnen verlangt. Und in der Tat finden wir gerade in diesem Schulalter das Phänomen, daß die Schüler in den Unterrichtsfächern gute Fortschritte machen, wo sie den Lehrer liebhaben. Ein Kind, das beispielsweise im Rechnen nie etwas verstanden hat, wird plötzlich ein ganz ordentlicher Schüler, nachdem der Mathematiklehrer gewechselt hat und der neue eine gute Beziehung zu dem Kind bekommt.

In diesem Alter bedarf es natürlich der verbalen Erziehung. Sie ist jetzt auch sinnvoll, da die Intelligenz des Kindes soweit abstrakt geworden ist, daß es im Gedächtnis behalten kann, was der Lehrer gesagt hat, und daß es in der Lage ist, die Intelligenz, die in Wort und Satz liegt, unabhängig von einer Handlung zu begreifen. Diese Fähigkeit kündigt sich am Ende der Kindergartenzeit beziehungsweise zu Beginn des Schulalters an.

Man kann das an der Art und Weise erkennen, wie die Kinder einer Geschichte zuhören. Solange sie in der nonverbalen Phase sind, haben sie noch kein abstraktes Gedächtnis und lieben es, immer wieder dieselben Geschichten zu hören und dieselben Spiele zu machen. Die Erwachsenen stehen ja oft staunend davor, daß das den Kindern nicht langweilig wird. Es wird ihnen deswegen nicht langweilig, weil das Gedächtnis diesen Abstraktionsgrad noch nicht erreicht hat, sondern die Intelligenz im Vollzug der Tätigkeit darinnen lebt. Die Kinder haben sozusagen ein Wiederholungsgedächtnis. Im *Wieder*erleben und *Wieder*hören empfinden sie, daß sie das schon kennen. Die Freude des Wiedererinnerns erwacht nur im Wiedertun und nicht in abstrakter Weise wie später.

Dies ändert sich ziemlich schlagartig zu einem Zeitpunkt zwischen dem sechsten und achten Lebensjahr. Daß dieser Zeitpunkt gekommen ist, merkt man daran, daß die Kinder eines Tages die geliebte Abendgeschichte verweigern und statt dessen etwas Neues hören wollen. Wenn ein Kind auf die Ankündigung seiner Mutter hin, daß jetzt vor dem Schlafengehen noch Schneewittchen erzählt wird, mit einem Male nicht mehr freudig reagiert, sondern sagt: Aber das kenne ich doch schon so gut, erzähl mir lieber etwas anderes – dann ist dieser Zeitpunkt gekommen. Solange die Kinder jedoch dieselbe Geschichte immer wieder gerne hören, sind sie noch in der nonverbalen Phase, in der ihnen die Intelligenz noch nicht abstrakt zur Verfügung steht.

Nach der Pubertät bedarf die Handlungsbereitschaft des Heranwachsenden wiederum einer anderen Motivierung und Anregung. Weder das Vorbild noch allein die Gefühlsmotivation sind nunmehr ausreichend. Vielmehr muß der Jugendliche *einsehen,* was er tun soll. Mehr und mehr setzt es sich bei ihm durch, daß er nur noch das tut, was er auch versteht, und wofür er die Gründe einsieht. Wille und Handlungsbereitschaft sind jetzt abhängig geworden vom Denken, von der Einsicht. Jetzt wollen die Jugendlichen ihre Tätigkeiten auch nicht mehr in erster Linie einem Erwachsenen zuliebe ausführen, sondern einer Sache zuliebe, in der sie etwas Berechtigtes sehen.

Diese unterschiedlichen Lerndispositionen und Lernbegabungen im Kindes- und Jugendalter erleichtern die Tätigkeit des Erziehens, wenn man sie berücksichtigt. Geschieht dies hingegen nicht, so treten Widerstände und Probleme auf, die jeden Tag aufs neue überwunden werden müssen und das Lernklima verschlechtern.

Wie lernt man das nonverbale Erziehen?

Hier liegt das Problem. Was tut man denn im Vorschulalter, wenn man vom Kind etwas möchte und das Kind das verweigert? Wie bringen wir ohne Wortschwall von Erklärungen, ohne Begründungen, ohne Rechtfertigungen das Kind zur Handlung? Hier kann man von einer in der nonverbalen Erziehung geschulten Kindergärtnerin sehr viel lernen. Im Waldorf-Kindergarten verläuft das beispielsweise folgendermaßen. Wenn die Kinder draußen spielen, Stelzen laufen oder Hütten bauen, und man möchte, daß sie jetzt zum Essen hereinkommen, so bedeutet das natürlich für viele ein unangenehmes Abbrechen ihres schönen Spiels. Eine große Hilfe ist nun für die Kindergärtnerin, wenn das Essen jeden Tag zur selben Zeit stattfindet und die Kinder daran gewöhnt sind. Die Gewohnheit ist eine wichtige Stütze für die nonverbale Erziehung: Man tut einfach, was man jeden Tag tut, und das wird irgendwie selbstverständlich.

Sie geht also von Gruppe zu Gruppe und singt das Lied, das sie jeden Morgen singt, und das davon handelt, daß man jetzt das schöne Spiel beiseite läßt und zum Essen geht. Einige Kinder folgen ihr schon, es bildet sich ein kleiner Zug, das wirkt anregend auf die anderen, es gesellen sich immer mehr dazu, und schließlich geht die ganze Schar ins Haus. Kein Schimpfen, kein Ermahnen, kein Drohen, sondern einfach ein Hineingehen, dem gefolgt wird!

Eine Mutter sagte mir einmal: »Ja, wenn ich Sie so reden höre, finde ich das alles ganz verständlich und irgendwie auch klar. Aber wenn ich dann zu Hause bin, frage ich mich immer: Wo ist nun meine Klarheit geblieben? Es ist alles wie weg, und es klappt doch nicht so, wie ich es mir gedacht habe.« Daher sei hier zuerst noch einiges von den Schwierigkeiten dargestellt, denen sich die Erwachsenen in bezug auf die nonverbale Erziehung gegenübersehen. Warum ist sie denn so schwierig? Warum ist es für einen Erwachsenen heutzutage kaum möglich, auf Erklärungen und Worte zu verzichten, wenn er von einem Kind etwas möchte? Weil er statt der Erklärungen und des Redens lernen muß, mit ganzer Intensität etwas zu *tun*. Man muß etwas tun, was man heutzutage normalerweise eben nicht macht: sich mit dem, was man sagen möchte und will, so verbinden, daß man es wie in einer Pantomime darstellen könnte und so durch sein ganzes Verhalten zum Ausdruck bringt. Denn wenn ich über eine Sache rede, über sie nachdenke, bin ich zunächst von ihr distanziert. Ich rede *über sie,* ich denke *über sie nach* – ich bin sie nicht selbst, ich bin nicht in ihr, nicht ganz und gar mit ihr verbunden; sie kann nicht aus mir sprechen. Dieses unverbindlichere »Über-eine-Sache-Reden« ist heute allgemeine Gewohnheit. Mit diesem Menschen redet man so über eine Sache, mit einem anderen anders – Meinungen haben etwas Relatives, man legt sich ungern fest. Das ist der typische Charakter einer intellektuellen Kultur, wie wir sie gegenwärtig haben. Man hat Abstand, man nimmt die Dinge nicht so streng und liebt die Distanz. Es ist selten nötig, sich ganz hinter eine Sache zu stellen, bzw. in sie. Viele Schüler sind nicht gewöhnt, daß ein einmal ausgesprochenes Wort seitens der Erwachsenen gilt. Sie meinen, alles könnte diskutiert und relativiert werden und wäre letztlich doch nicht verbindlich. Sie sind dann recht erstaunt, wenn sie einmal auf einen Erwachsenen treffen, bei dem jedes Wort, was er sagt, auch wirklich so gemeint ist und damit für ihn Gültigkeit hat.

Wir sind heute alle zu dieser mehr distanzierten, unverbindlichen Lebensart erzogen. Wir sind aber auch zu einer gewissen Unsicherheit erzogen. Die meisten Menschen haben Minderwertigkeitskomplexe, weil sie deutlich empfinden, daß sie vieles von dem, was heute geschieht, eigentlich nicht wirklich verstehen. Diese Art von Unsicherheit im Beurteilen ist weit verbreitet und damit auch die Relativität, das heißt das Empfinden, was man selber meint, habe nur bedingte Gültigkeit – es könne eigentlich auch ganz anders sein. Offenheit und kritische Distanz sind natürlich unerläßliche Voraussetzungen für ein ehrliches und realistisches Erkenntnisstreben. Sie sind jedoch störend für die Zeit der nonverbalen Erziehung. Denn hier wollen die Kinder eindeutig den Sinn erleben in allem, was sie sehen. Wenn der Erwachsene diesen Sinn aber nicht geben kann, weil er davon nicht überzeugt ist oder unsicher ist oder die Dinge als relativ und nur halbwichtig empfindet, so bekommt das Kind nicht, was es braucht. Es wird selbst verunsichert, und dadurch entstehen viele typische Erziehungsprobleme dieses Alters.

Wiedererlernen der Körpersprache

Heute gibt es bereits eine ganze Reihe von Psychotherapien verschiedener Richtungen, die vom Sensitivity-Training bis hin zur
Gestalt-Therapie reichen und die dem Menschen vermitteln wollen,
daß er das, was er innerlich empfindet und denkt, wieder lernt, in
ehrlicher Weise auch durch seinen Körper auszudrücken und in der
Körpersprache zu zeigen. Denn es hat sich gezeigt, daß viele Menschen erkranken, weil zwischen dem, was sie innerlich erleben, und
der Fassade, die sie äußerlich zur Schau tragen, eine unerträgliche
Spannung entstanden ist. Damit möchte ich nicht die genannten
psychotherapeutischen Methoden empfehlen für das Erlernen der
nonverbalen Erziehung, sondern lediglich zeigen, daß das nonverbale Erziehungsvermögen, das heißt die Fähigkeit, durch die Körpersprache ohne Worte zu zeigen, was man gerade meint und
worum es geht, etwas ist, was den Erwachsenen unserer Zeit immer
schwerer fällt, so daß sich bereits krankhafte Störungen bemerkbar
machen.

Für das Erlernen der Fähigkeit, nonverbal zu erziehen, seien hier
zwei Dinge empfohlen: zum einen die Eurythmie, bei der in jeder
Bewegung etwas Sinnvolles, gefühlsmäßig und gedanklich Reales
zum Ausdruck gebracht wird und systematisch an dieser Art der
Körpersprache geübt wird, und zum anderen das Theaterspiel, bei
dem man lernt, sich ausdrucksvoll zu bewegen und nur das zu sagen, was man im Moment auch ganz so meint. Ideal wäre es, wenn
sich Eltern von Kindern im Vorschulalter in solchen Gruppen zu-
sammentäten und in kleineren Szenen, in Form von Pantomimen
übten, Gedanken, Gefühle, Verfahrensweisen, Gebote und Verbote, Alltagsprobleme nonverbal darzustellen und sich über ihre
damit verbundenen Erfahrungen auszutauschen. Es ist faszinierend
zu sehen, wie beeindruckt Kinder sind, wenn ein Erwachsener eine
interessante Bewegung macht, wenn sein Gesicht eine sprechende
Mimik hat. Dann lieben sie ihn, dann wollen sie gar nicht mehr von
ihm weggehen, dann tun sie alles, was er möchte! Daher provozie-

ren Kinder auch so gern eindeutige, sprechende Reaktionen beim Erwachsenen. Sie lieben es, wenn die Eltern Emotionen zeigen. So kommt es öfters vor, daß Kinder im Kindergarten alle möglichen häßlichen Worte lernen und diese dann provokativ in der einen oder anderen Situation zum besten geben.

Eine typische Situation hierzu ist beispielsweise, wenn die Mutter auf der Straße eine Bekannte trifft und mit ihr ins Gespräch kommt. Der Knirps steht dabei und beginnt: »Kacke, Pimmel, Scheiße... usf.« Interessiert beobachtet er, wie die Freundin verlegen wird und die Mutter unruhig. Er genießt diese Szene. Würden die Erwachsenen hingegen ungerührt weitersprechen und das Gerede einfach ignorieren zum Zeichen, daß sie davon nichts halten, so würde das Kind bald aufhören mit einer derartigen Provokation.

Woher kommt es, daß Kinder instinktiv wissen, wann sie mit einer Provokation günstig landen und wann es sich nicht lohnt? Denn der kleine Junge würde auf dem Spaziergang mit seiner Mutter allein höchstwahrscheinlich nicht mit diesen Worten angefangen haben. Sie kamen ihm erst in den Sinn, als die Mutter mit der Freundin sprach. Kinder nehmen in der nonverbalen Phase eben tatsächlich den *Sinn* in allen Sinneswahrnehmungen mit wahr. Sie erleben die Sinneswahrnehmung nicht getrennt vom verstandesmäßigen Begreifen. Damit ist es ihnen möglich, intuitiv moralische Qualitäten und damit auch das Seelenleben der Erwachsenen mitzuerfassen. Was uns Erwachsenen im späteren Leben nur in Extremsituationen gegeben ist, wenn wir beispielsweise unmittelbar spüren, daß in einem Raum »dicke Luft« ist, oder wenn zwei Menschen ineinander verliebt sind und wir das sogleich merken, so ist das bei den Kindern tägliches und ständiges Erlebnis. Sobald die Mutter die Freundin trifft, spürt das Kind, daß sich ihr Interesse von ihm abwendet und der anderen zuwendet. Durch seine Provokation möchte es nun erreichen, daß es wieder im Mittelpunkt steht. Es muß aber nun lernen, daß das nicht immer sein kann. Das erreicht die Mutter am besten dadurch, daß sie jetzt ganz konsequent tut, was sie für richtig hält, das heißt, daß sie mit der Freundin spricht. Wenn sie jedoch die Situation des Kindes versteht, das sich jetzt im Moment ein wenig verlassen fühlt, so wird es ihr leichterfallen, auch während des Gespräches mit der Freundin immer wieder einen Blick auf ihr Kind zu werfen oder eine kleine Bemerkung zu machen, so daß es sich nicht ganz abgekoppelt sieht. Auf diese Weise kann sie der Provokation seitens des Kindes vorbeugen.

Die Voraussetzung für freies und verantwortliches Handeln

Es gibt noch eine dritte Behinderung für das nonverbale Erziehungsvermögen. Das ist der Wunsch vieler Eltern, ihr Kind freizulassen und nicht zu bestimmen. So wird das Dreijährige schon gefragt, was es gern essen möchte, oder was es anziehen möchte – damit es nur ja nicht fremdbestimmt wird. Wer jedoch weiß, daß Kinder in diesem Alter durch das Vorbild lernen und gerade jetzt intensiv die unsichere Haltung des Erwachsenen wahrnehmen (daß er beispielsweise nicht weiß, was er will, und deswegen das Kind fragt), der wird dieses Verhalten aus Liebe zum Kind ändern. Denn Freiheit kann sich erst entwickeln, wenn die eigene Einsicht gereift ist. Natürlich gibt es Vorstufen der Freiheitsentwicklung. In der nonverbalen Phase der Erziehung liegt sie darin, daß man das Kind ungehindert nachahmen läßt, was es sieht. Es muß sich *frei bewegen* dürfen. Die Wohnung muß so eingerichtet sein, daß man die kleinen Kinder nicht von diesem und jenem wegziehen muß, was sie nicht anfassen dürfen, sondern daß sie ihrem Betätigungsdrang wirklich freien Lauf lassen können. Die Vorbilder sind vom Erwachsenen gegeben, die Art und Weise, wie das Kind sich im Nachvollzug betätigt, wird vom ihm jedoch frei gestaltet und frei erlebt.

Auch später in der Schulzeit, wenn die Kinder aus Liebe zum Lehrer etwas lernen, spielt das Freiheitselement eine wichtige Rolle. Denn wenn man etwas gerne tut, fühlt man sich frei, auch wenn die Anregung zu dieser Handlung von einem Erwachsenen und nicht von einem selber ausgegangen ist. Wenn sich das Kind durch diese Vorstufen hat hindurchentwickeln dürfen, dann ist es auch in der Lage, nach der Pubertät, wenn das selbständige Denken und Urteilsvermögen reift, aus freier, selbstgewählter Einsicht und eigenem Verständnis heraus zu handeln. Und erst dann ist die volle Freiheit möglich.

Im Vorschulalter steht das Vertrauen in den Erwachsenen und das freie Bewegungsspiel für die Freiheit. Im Schulalter die Liebe und die Freude am Tun. Im Erwachsenenalter hingegen das für wahr und richtig Erkannte als Voraussetzung für freies und verantwortliches Handeln.

Bringt der Erwachsene dem Kind das Vertrauen entgegen, daß es von seiner Freiheit Gebrauch machen wird, wenn es dazu reif ist, so wird er sich in der Zeit bis dahin als Stellvertreter fühlen und dem Kind im Laufe der Erziehungszeit nur die Fähigkeiten ersetzen, über die es noch nicht selbst verfügt, und sich überall da zurückhalten, wo es schon zu seiner Selbständigkeit erwacht ist. Das Kind wiederum bringt dem Erwachsenen von Anfang an und besonders in der Vorschulzeit das tiefe Vertrauen entgegen, daß er das tun wird, was das Richtige ist. Ein Säugling, der mit geöffneten Armen und offenen Augen, lächelnd und zufrieden auf dem Wickeltisch liegt, ist gleichsam ein Urbild der Vertrauensseligkeit. Er läßt alles mit sich geschehen. Etwas von diesem Urvertrauen bleibt durch die ganze Vorschulzeit erhalten und spricht sich auch in dem hingebungsvollen Nachahmungsbedürfnis des Kindes aus. Das Kind hält eben alles für nachahmenswert und vertrauenswürdig, was um es herum vorgeht. Deshalb ist es so wichtig, daß dieses Vertrauen nicht enttäuscht wird. Es wird aber enttäuscht, wenn das Kind am Erwachsenen erlebt, daß dieser nicht weiß, was er will. Ebenso, wenn der Tageslauf keine Regelmäßigkeit, keinen Rhythmus, keine Sicherheit bietet. Herrschen jedoch gute Gewohnheiten in Form eines festen Schlaf-Wach-Rhythmus, regelmäßiger Essenszeiten, regelmäßigen Wechsels von Spiel und Ruhe, so fühlt das Kind sich sicher und geborgen und erlebt das Sinnvolle eines solchen Tageslaufs und fügt sich ihm gerne ein.

Ohne eine solche klare und gut gegliederte Struktur des Alltags bekommen auch die heranwachsenden Organe des Kindes nicht die Anregung, die sie brauchen. Grundlage für ein gutes Funktionieren der Organe ist ein regelmäßiges Beanspruchen und Ruhenlassen im Wechsel. Viele funktionelle Labilitäten im Sinne einer vegetativen Dystonie im späteren Alter haben ihre Ursache in schlechten Eßgewohnheiten der frühen Kindheit. Wenn die Kinder nur nach Lust und Laune essen und dann bei den Mahlzeiten keinen Appetit haben, weil sie schon zwischendurch immer wieder genascht haben, lernen die Verdauungsorgane nicht, kräftig und regelmäßig zusammenzuarbeiten und wieder zu entspannen.

Es ist eigentlich recht leicht, das Prinzip der nonverbalen Erziehung zu verstehen. Die Schwierigkeiten treten jedoch wie schon angedeutet in der täglichen Verwirklichung auf. Daher wollen wir uns jetzt den praktischen Fragen zuwenden und es bei dieser einleitenden Betrachtung bewenden lassen.

Fragen zum Thema:

Frage: Meine fünfjährige Tochter zieht sich nie ihre Pantoffeln an, gleichgültig ob ich es ihr vormache oder sie dazu ermahne. Bisher habe ich mich am Schluß doch immer durchgesetzt, weil ich es wichtig finde, daß sie warme Füße hat – aber mir kommt doch immer wieder die Frage, ob ich ihr nicht meinen Willen aufzwinge.

Antwort: Das ist ein klassisches Beispiel. Die Mutter sagt: Im Endeffekt hat mein Kind doch immer seine Pantoffeln an, aber es gibt jedesmal ein Riesentheater, und das war schon immer so – da kann ich nur sagen: Kinder lieben eben Gewohnheiten! Sie streben nach Wiederholung dessen, was für sie angenehm war. Und so wird hier, in Ihrem Fall, offensichtlich ein für das Kind beliebtes Pantoffel-Anziehspiel gespielt, das Ihr Kind von kleinauf gewöhnt ist, mit Ihnen zu spielen. Es geht hier ganz nach dem Grundsatz: die vertraute Geschichte oder das vertraute Theater ist das schönste Theater oder die schönste Geschichte. Ob im Märchen von der Überwindung eines Ungeheuers erzählt wird, oder ob es dramatisch um das Pantoffel-Anziehen geht – das ist für das Kind kein so großer Unterschied. Natürlich ist es schwer, in einer so gut eingespielten Sache jetzt etwas zu ändern. Wahrscheinlich wäre es am besten, in dieser Angelegenheit konsequent nonverbal zu werden und auf kein Argument des Kindes einzugehen, wenn es das Anziehen der Pantoffeln verweigert. Statt dessen strahlen Sie es an und sagen einmal mit hundertprozentiger Sicherheit: »Jetzt ziehen wir die Pantoffeln an!« Wenn dann das Strampeln und Brüllen und Weglaufen oder Auf-den-Boden-Werfen losgeht, warten Sie ruhig, bis die Erregung nachläßt, und setzen Ihre Handlung fort. Da es für die Gesundheit des Kindes wichtig ist, daß es warme Füße hat, ist diese Handlung ein Vorbild dafür, daß der Erwachsene aus Einsicht in die Zusammenhänge handelt. So ein Vorbild macht das Kind nicht unfrei, sondern ist eine wichtige Erfahrung. Handeln Sie konsequent, aber liefern Sie ihrem Kind nicht mehr das geliebte verbale Theater mit Formulierungen wie: Du weißt doch, daß Du sonst kalte Füße bekommst, wir haben einen glatten, ungeheizten Boden, usw. Ich bin überzeugt, wenn Sie auf den nonverbalen Erziehungsstil übergehen, hört dieses Theater relativ bald auf, da das Publikum, das heißt der Aktionspartner, nicht mehr da ist.

Eine Mutter: Ich habe bei meinem Kind einmal auf alle Ermahnungen beim Anziehen der Hausschuhe verzichtet, weil es warm war. Und da hat es die Schuhe von allein angezogen.

Eine andere Mutter: Diesen Zeitpunkt habe ich wohl verpaßt. Wenn ich an Hausschuhe denke, geht mein Blutdruck schon auf 180!

Antwort: Da haben Sie die klare Antwort auf das Problem: Dieses Theater, das den Blutdruckanstieg bewirkt, genießt Ihr Kind.

Da hilft wirklich nur, das Vorhaben nonverbal durchzuziehen und sich auf diese Handlung zu freuen, anstatt Angst davor zu haben. Denn diese ängstliche Spannung nimmt Ihr Kind natürlich auch wahr und stellt sich dann dementsprechend ein.

Wenn das Kind schon älter ist, eventuell auch schon bei dem Fünfjährigen, könnte man auch so vorgehen, daß die Pantoffeln von einem Tag auf den andern gar nicht mehr erwähnt werden, so daß das Kind sehr erstaunt ist und vielleicht nach einer Weile selber merkt, daß es kalte Füße bekommt, worauf es sich stillschweigend die Pantoffeln anzieht. Dann sollten Sie das aber auch nicht bemerken, sondern sich im stillen freuen. So ein Experiment würde ich zunächst an einem Tag versuchen, an dem es nicht besonders kalt ist. Beim zwei- bis dreijährigen Kind wird das jedoch selten klappen, weil die Kinder noch kein ausgeprägtes Wärmegefühl haben und gern mit nackten Füßen herumlaufen, bis es dann tatsächlich zu spät ist und sie eine Erkältung bekommen.

Zusatzfrage: Was mache ich aber beim Anziehen, wenn ich merke, daß das Kind sich sträubt?

Andere Mutter: Wenn mein Junge sich wieder auszieht, gehe ich einfach weg. Das hilft dann meistens. Dann zieht er sich wieder an.

Antwort: Das ist tatsächlich eine gute Möglichkeit. Wenn Sie einfach weggehen, erlebt Ihr Kind an dieser Haltung, daß Sie hier für sich im Moment keine sinnvolle Aufgabe sehen und nun etwas anderes tun. Wenn die Kinder das merken und der Erwachsene ganz ruhig und nicht beleidigt ist, suchen sie doch bald selbst einen Ausweg aus dieser Situation und kommen unter Umständen mit ihren Kleidern und sagen: Jetzt will ich. Wenn Sie sich dann freuen und das Kind rasch anziehen, wird es sicher am nächsten Tag schon besser gehen.

Wenn es allerdings morgens früh schnell gehen muß und keine Zeit ist, noch eben etwas zwischendurch zu machen und zu warten, bis das Kind kommt, so ist es eine Hilfe, wenn man sich ganz stark mit dem, was noch zu erledigen ist, identifiziert und konzentriert eins nach dem andern tut. Dabei wird nicht argumentiert, sondern allenfalls zu den entsprechenden Tätigkeiten gesagt, um was es sich handelt im Sinne von: So jetzt ziehen wir uns an. Erst kommt die Unterhose, dann das Unterhemd, und jetzt ziehen wir die Bluse an und machen alle kleinen Knöpfe zu usw. Wenn Sie gar nicht mit der Möglichkeit rechnen, das Kind könnte opponieren, und wenn es Wünsche hat, einfach sagen, jetzt bitte nicht – nun kommen die Strümpfe... usw., so erlebt das Kind Ernst und Eindeutigkeit der Situation. Schön ist es auch, wenn Sie dann nach erfolgreichem Aufbruch die Freude über den gelungenen Start das Kind empfinden lassen.

Frage: Im Urlaub hat sich unser Sohn nicht rechtzeitig angezogen, obwohl er es schon konnte (unsere Kinder sind vier und zwei Jahre alt). Er trödelte ganz bewußt und hörte weg, wenn wir etwas sagten. Ich muß vielleicht dazu noch sagen, daß wir zu Hause immer sehr eilig sind am Morgen und deshalb den Jungen meist anziehen. Im Urlaub wurde unsere zweijährige Tochter natürlich auch noch von uns angezogen, der Sohn sollte es selber machen.

Antwort: Da kommen viele Faktoren zusammen. Einmal die neue Umgebung im Urlaub, dann die Tatsache, daß es morgens nicht so eilig zugeht, und die Wahrnehmung, daß die kleine Schwester liebevoll angezogen wird, man selber aber plötzlich nicht mehr. Da wäre es sicher für Ihren Sohn eine Hilfe gewesen, wenn Sie ihn am Anfang genauso angezogen hätten wie die Schwester und dann vielleicht am Ende der ersten Woche erklärt hätten: So und morgen wollen wir einmal sehen, ob Du es ganz allein kannst. Sicher war in diesem Fall von seiner Seite auch Provokation dabei. Provokation ist auch eine mehr oder weniger nonverbale Sprache, bei der die Kinder zum Ausdruck bringen, daß sie mit der Art und Weise nicht einverstanden sind, wie der Erwachsene mit ihnen umgeht. In jedem Fall ist es dann hilfreich, sich zu fragen: Habe ich etwas übersehen? War das, was ich von dem Kind verlangte, eine Überforderung? Habe ich es zu wenig beachtet? Was erwartet es eigentlich von mir? In Ihrem Fall wäre zu fragen: Konzentriert sich die Aufmerksamkeit zu sehr auf die Schwester? Könnte der Vater nicht das Ankleiden übernehmen und seinen Stolz zeigen, wenn der Junge es nach ein paar Tagen allein macht wie der Papa?

Frage einer selbständig arbeitenden Mutter: Mein Sohn ist sonst ein liebes Kind, aber zu den Kunden in meinem Laden ist er stets unfreundlich. Er schimpft dann in ihrer Gegenwart »Scheißkunden...« Je mehr Kunden hereinkommen, um so schlimmer wird es. Er macht das schon seit dem vierten Lebensjahr – jetzt ist er fünfeinhalb.

Antwort: Es ist nicht leicht für ein Kind, wenn es in zwei verschiedenen Lebensbereichen, der Wohnung und dem Geschäft, aufwächst. Im Geschäft sind Sie nicht in der Lage, die Dinge nach Ihren Vorstellungen zu regeln, weil dort der Kunde König ist. Auch gehen Sie mit den Kunden sicher ganz anders um als mit Verwandten und Bekannten. Das Kind erlebt diese nicht ganz natürliche Umgangsform als etwas Unklares und bringt das zum Ausdruck. Außerdem empfindet es natürlich auch, daß es mit seinen Wünschen immer hinten anstehen muß, weil das Geschäft vorgeht, und ist auch deshalb ärgerlich. Schließlich kann es auch sein, daß es einmal das Wort aufgeschnappt hat und dann in Gegenwart eines Kunden zum ersten Mal reproduzierte. Und dann haben Sie entsprechend entsetzt reagiert, und auch der Kunde blickte erstaunt auf. Dieses eindrucksvolle Schauspiel möchte Ihr Kind nun immer wiederholen. Da liegt nun diese Art von Provokation vor, wie wir sie schon im Zusammenhang mit den im Kindergarten aufgeschnappten Worten betrachtet haben. Und da wäre natürlich in Ihrem Zusammenhang auch die Frage zu stellen: Was möchte das Kind mit seinem Verhalten provozieren? Was möchte es zum Ausdruck bringen? Welche Botschaft spricht sich hier in seinem Verhalten aus?

Ganz sicher möchte Ihr Kind mehr ungeteilte Aufmerksamkeit und Zuwendung von Ihnen erleben. Läßt sich das in den Zeiten, wo gerade kein Kunde im Laden ist, stärker realisieren als bisher? Oder gibt es nicht doch eine Möglichkeit, das Kind zumindest zweimal in der Woche in einer befreundeten Familie unterzubringen, wo es ungehindert spielen und sich mit anderen betätigen kann? Es ist kaum möglich, bei dieser geschilderten Konstellation eine altersentsprechende Erziehung durchzuführen, wenn Ihr Kind tatsächlich die ganze Zeit mit Ihnen im Geschäft zusammen ist. Es wäre gut, wenn Sie sich einmal mit einer erfahrenen Kindergärtnerin über mögliche Änderungen in der Struktur und im Ablauf des mit dem Kind gemeinsam verlebten Tages beraten würden.

Frage: Meine Kinder (2½ und 6 Jahre) wollen sich nicht die Zähne putzen. Das Vormachen hat bisher auch keinen Erfolg gehabt. – Auf jeden Fall nicht beim Sechsjährigen.

Antwort: In diesem Fall ist es sicher das Beste, nachdem man sich selbst die Zähne geputzt hat und das Kind nicht mitmachen wollte, ihm die Zähne zu putzen. Das ist für die Kinder in der Regel unangenehmer, als wenn sie es selber machen. Daher werden sie gerne dazu übergehen, wenn sie merken, daß kein Weg am Zähneputzen vorbeiführt. Ebenso ist es mit dem Waschen. Wenn die Kinder erleben, daß das Waschen eine Tätigkeit ist, die einfach ausgeführt werden muß – wenn nicht von einem selbst, dann vom Erwachsenen –, dann gewöhnen sie sich bald daran. Entscheidend ist nur, ob tatsächlich gehandelt wird. Wenn statt der Aktion des Waschens Ermahnungen ertönen, die sich wiederholen und den ganzen Vorgang in die Länge ziehen und vielleicht in ein regelrechtes Spektakel ausarten, dann ist das eben keine nonverbale Erziehung, sondern eine familiäre Strapaze.

Frage: Meine Tochter (2¾ Jahre) durfte im Urlaub auf dem Sofa einschlafen. Jetzt möchte sie nicht mehr in ihr Bett gehen, obwohl wir schon seit einiger Zeit wieder zu Hause sind. Wie kann ich ihr dieses Ferienverhalten abgewöhnen?

Antwort: Ich gehe davon aus, daß es in Ihrem Fall nicht darum geht, das Kind zum Ins-Bett-Gehen zu motivieren, sondern darum, daß Ihre Tochter nicht bereit ist, in ihrem eigenen Bett einzuschlafen. Dann müßte eine Hilfe sein, wenn Sie am Bett des Kindes irgend etwas verändern. Sie hängen entweder ein neues Bild an die Wand oder einen neuen Vorhang auf, oder Sie beginnen mit irgendeiner neuen abendlichen Gewohnheit in bezug auf Erzählen, Abendlied-Singen oder ähnliches. Das Kind erlebt Ihr Entgegenkommen, aber auch Ihre ganz konsequente Haltung, daß jetzt wieder im eigenen Bett geschlafen wird. Wenn nun das Kind nach diesem Abendabschluß wieder auf das Sofa möchte, so tragen Sie es das erste Mal ruhig wieder ins Bett zurück und sagen: »Jetzt bleibst du wieder in deinem Bett, hier ist jetzt alles so schön geworden und wir haben eben schon das Abendlied gesungen.«

Es kann sein, daß dies noch nicht die nötige Wirkung hat und das Kind wieder hervorkommt. Dann machen Sie dasselbe noch einmal und sagen dabei: »Wenn du noch nicht in deinem Bett bleiben kannst, dann muß ich die Türe zumachen. Ich weiß aber, daß du jetzt schön in deinem Bett bleiben kannst.«

Wenn es dann doch wieder herauskommt und auf sein geliebtes Sofa will, bringen Sie es zum dritten Mal zurück und machen entschlossen die Türe zu und sagen: »In zehn Minuten komme ich und schaue, ob du schon eingeschlafen bist, und dann mache ich die Tür wieder auf.«

Gibt es dann ein Geschrei, so muß dies über einige Minuten ertragen werden. Nur so kann das Kind erleben, daß diese Handlung, die die Mutter nun schon zum dritten Mal ausgeführt hat, einer Tatsache entspricht und Gültigkeit hat. Nach einigen Minuten gehen Sie hinein und fragen: »Ist es nun gut? Kann ich jetzt die Tür wieder aufmachen?« Wenn das Kind weiter schreit, so müssen Sie die Türe noch einmal zumachen. Entscheidend ist die liebevolle und konsequente Haltung. Wenn Sie sich Ihrer Sache ganz sicher sind, dann verschwindet die Angewohnheit erstaunlich schnell.

Frage: Mit meinem Kind hatte ich bisher nie Schwierigkeiten. Jetzt jedoch, mit 6½ Jahren, fängt es auf einmal an, alles zu verlernen, was es bisher gelernt hat. Ich muß vielleicht dazu sagen, daß meine Tochter ein Einzelkind ist und die Veränderung in ihrem Verhalten erst jetzt kürzlich aufgetreten ist, nachdem sie eingeschult wurde.

Antwort: Es könnte sehr wohl sein, daß sich Ihre Tochter früher sehr gut dem Familienleben angepaßt hat und noch nicht im eigentlichen Sinne eine Trotzphase durchlebte. Diese scheint sie jetzt nachzuholen. Das verspätete Erleben der Trotzphase kommt bei Einzelkindern häufiger vor, und Sie sollten sich eigentlich darüber freuen. Wenn Sie Verständnis für die Situation Ihres Kindes haben, werden Sie nur an den Stellen ermahnen und das Kind an frühere Tugenden erinnern, wo es wirklich unbedingt nötig ist. Alles andere würde ich zwar bemerken, aber nicht korrigieren. Da wo es für Sie darauf ankommt, zeigen Sie die klare Haltung, und da, wo es nicht so darauf ankommt, entwickeln Sie Humor. Diese Mischung ist in einer derartigen Situation sicher am angemessensten. Auf keinen Fall dürfen Sie sich provozieren lassen. Wenn das Kind merkt, wie Sie sich über etwas Unterlassenes aufregen, kommt der entsprechende Wiederholungsdrang ganz instinktiv hinzu, weil das Kind diese Szenen letztlich eben doch genießt. Da gilt dann das bezüglich der Provokation Gesagte.

Frage: Mein Kind (4 Jahre alt) ist anderen Kindern gegenüber häufig aggressiv, wenn man mit mehreren Menschen zusammensteht und sich unterhält. Erst versucht es, die Aufmerksamkeit der Erwachsenen auf sich zu ziehen, und dann, wenn die nicht reagieren, kriegt ein zufällig vorbeikommendes anderes Kind etwas ab. Wie kann man sich dann noch nonverbal verhalten, wenn es zum Beispiel schon dabei ist, auf das andere Kind loszugehen?

Antwort: Da haben Sie wieder ein schönes Beispiel dafür, wie die Kinder *uns* nonverbal erziehen. Sie handeln einfach und fordern uns zu Reaktionen heraus! Ihr Kind fühlt sich ins Abseits gestellt und möchte gerne von Ihnen beachtet werden. Ein gutes Vorbeugungsmittel für solche Attacken ist, daß Sie Ihrem Kind immer wieder ein Signal geben durch ein Lächeln oder kurzes Anfassen oder kurze Hinwendung, um ihm zu zeigen, daß Sie es, obwohl Sie mit den Erwachsenen im Gespräch sind, noch ganz im Bewußtsein haben. Wenn das nicht genügt, können Sie ihm auch einmal etwas ins Ohr flüstern: Wir sind gleich soweit, hab' noch ein bißchen Geduld. Wenn Sie auf Ihr Kind eingehen und sein Bedürfnis nach Aufmerksamkeit ernst nehmen und als berechtigt ansehen, fühlt es sich verstanden. Auch im Kindesalter ist das Gefühl des Verstandenseins das beste Mittel, um Aggressionen abzubauen.

Frage: Meine Tochter (2 Jahre) hat früher normal gegessen. Jetzt versucht sie, nicht mehr bei den Mahlzeiten, sondern zwischendurch zu essen. Die Großeltern unterstützen das, die Mutter nicht.

Antwort: Wenn eine unklare Situation besteht, muß man eindeutige Verhältnisse schaffen. Dabei steht die Einigkeit unter den Erwachsenen oben an. Nachdem die Großeltern eingesehen haben, daß es nicht gut ist, das Kind immer zwischendurch zu füttern, sondern daß sie ihm die Süßigkeiten erst nach dem Essen geben dürfen, beginnt das pädagogische Problem. Am einfachsten ist es, wenn das Kind zwischen den Mahlzeiten nichts mehr bekommt. Wenn es dann während der Mahlzeit auch das Essen verweigert, sollte man es ruhig riskieren, daß es eben einmal einige Stunden nichts ißt. Das macht in diesem Alter gar nichts aus. Wichtig ist auch, darauf zu achten, dem Kind nicht zu viel Milch zu geben. Oft verlieren die Kinder durch das viele Milchtrinken ihren Appetit. Man kann auch die Milch einmal einige Tage weglassen. Das weckt auch wieder das Hungergefühl.

Frage: Unser Kind ist sechs Monate alt. Wenn psychisch Kranke in der Familie sind und durch entsprechende Gesten und Gespräche eine eben doch krankhafte Atmosphäre entsteht, so befürchte ich nun negative Einflüsse auf das Kind. Wirkt das nicht auch nonverbal?

Antwort: Selbstverständlich. Alles, was im Umkreis eines Kindes geschieht, wirkt auf das Kind. Die Art und Weise, wie das Kind darauf körperlich und seelisch reagiert, unterstützt oder stört seine gesunde Entwicklung. Dabei wirken nicht nur die äußeren Faktoren, sondern ganz besonders auch die innere Einstellung, die die Erwachsenen diesem oder jenem gegenüber haben.

Was nun den von Ihnen geschilderten Fall anbetrifft, so müssen wir zwei Dinge bedenken. Einmal bringt es das Leben mit sich, daß wir immer von Gesundheit und Krankheit umgeben sind. Auch, daß es Dinge gibt, die wir ändern können, und solche, an denen wir äußerlich nichts ändern können. Gerade im letzteren Fall ist es deswegen entscheidend, daß wir innerlich eine Einstellung finden, die dem gegebenenfalls negativen Einfluß entgegenwirken, ja ihm das Gleichgewicht halten kann. Gehört ein aggressiver oder ein depressiver Mensch zur Familie, so ist der Umgang mit ihm ein Teil des Schicksals der Familie und selbstverständlich auch der Kinder. Da kommt es nun sehr darauf an, wie die Gesunden sich dem Kranken gegenüber verhalten, und ob sie die Integration dieses Kranken in die Familie wirklich wollen. Dadurch entsteht eine Atmosphäre der Nächstenliebe und Hilfeleistung, die sich außerordentlich günstig auf die Entwicklung des Kindes auswirkt. Gelingt es Ihnen dann noch, die Angst abzubauen, daß Ihr Kind durch diesen Einfluß Schaden leiden könnte, so haben Sie getan, was in Ihrer Situation zu tun möglich ist. Ihr Kind orientiert sich in erster Linie an Ihnen, weil Sie die Hauptbezugsperson sind. Deswegen hängt sehr viel davon ab, wie Sie zu dieser Umgebung stehen. Kommen problematische Einflüsse seitens der Spielkameraden, so geschieht ähnliches: Negative Einflüsse können wohl imitiert werden (beispielsweise Schimpfworte, aggressive Handlungen), es kommt aber dann alles darauf an, welche Haltung Sie als Erwachsener dem gegenüber einnehmen und ob Sie sich provozieren und davon beeindrucken lassen oder nicht. Es kann auch sein, daß die negativen Einflüsse nicht imitiert werden und die Kinder sich empören darüber, weil sie bereits anderes gewöhnt sind. Dann hilft dies den anderen Kindern, etwas an ihrem Verhalten zu ändern, wenn sie an einem weiteren Zusammenspielen interessiert sind.

Frage: Wann kann man eigentlich aufhören, immer die gleichen Sätze wieder zu sagen und die gleichen Anweisungen zu geben? Meine Kinder sind acht, sechs und zwei Jahre alt. Wenn ich sage, wascht euch die Hände, so geschieht es. Sage ich es nicht, so unterbleibt es.

Antwort: Das ist in verschiedener Hinsicht eine Frage. Zum einen wird daran deutlich, daß Kinder in der Vorschulzeit die Wiederholung lieben. Insbesondere dann, wenn die Mutter das mit froher Stimme sagt: So jetzt gibt es Essen, wascht euch schnell die Hände. Den Kindern würde etwas fehlen, wenn diese Ansprache unterbliebe. Wenn Sie jedoch möchten, daß die Kinder das nun allmählich von allein machen, so würde ich dem Achtjährigen sagen, daß er nun diese Aufgabe von der Mutter übernehmen dürfe und die beiden kleineren Geschwister vor dem Essen zum Händewaschen mit ins Bad nehmen solle. Dann kann man allen Altersstufen gerecht werden. Der Achtjährige ist stolz darauf, daß er in dieser Angelegenheit nun schon die Mutter vertreten kann, die Kleinen bekommen ihre geliebte Wiederholung, an die sie sich schon so gewöhnt haben und die für dieses Alter wichtig ist.

Frage: Wie kann man einem anderthalbjährigen Kind abgewöhnen, immer alles hinunterzuziehen, dessen es habhaft werden kann?

Antwort: Da gibt es nur eines: Die Wohnung muß so eingerichtet sein, daß das Kind eben nicht alles hinunterziehen kann. Wenn dies nicht gegeben ist, so müssen Sie ihm eine Ecke einrichten, zum Beispiel auch mit Hilfe eines Laufstalls, in dem sich das Kind dann frei bewegen kann. Es ist für dieses Alter geradezu typisch, alles zu untersuchen und an hängenden Dingen zu ziehen. Unterbricht man das Bewegungs- und Handlungsbedürfnis der Kinder mit ständigen Ermahnungen, ist das immer wieder ein störender Eingriff in die Bewegungsfreiheit und das damit verbundene seelische Erleben des Kindes. Kein Erwachsener läßt sich von einem anderen ständig in das, was er selber tun möchte, hineinreden. Genauso wenig ist es für ein Kind und seinen Tatendrang angebracht, diesen immer wieder zu unterbrechen. Wer als Kind seinem Bewegungsdrang ungehindert folgen durfte, der besitzt das mit der freien Bewegung und der freien Aktivität verbundene schöne Gefühl der Freiheit und des Spielraums. Wer hingegen viel Zwang und Unterbrechung der freien Aktivität erlebt hat, bei dem ist dieses elementare Freiheitserlebnis nicht tief im Unterbewußtsein veranlagt. Das macht sich dann später als eine gewisse seelische Gehemmtheit und als ein Gefühl der Unfreiheit bemerkbar.

Frage: Was kann ich tun, damit meine Kinder (4½ und 3 Jahre) nicht immer vom Tisch aufstehen? Ich selber sitze in der Regel ruhig da, wenn das Essen auf dem Tisch steht und stehe nicht immer wieder auf und hole etwas.

Antwort: Wenn sich das bereits eingespielt hat, ist es natürlich schwierig, es plötzlich anders zu machen. Am besten ist es, wenn während des Essens interessante Gespräche geführt werden, an denen die Kinder gerne teilnehmen. Auch wenn hin und wieder ein Gast da ist, der sich für die Kinder interessiert.

Eine andere Möglichkeit ist, das Essen eben in dem Augenblick zu beenden, sobald ein Kind aufsteht. Diese Regel jedoch von einem Tag auf den anderen einzuführen, wird für die Kinder zunächst unverständlich sein. Am besten ist es, wenn Sie einfach eines Tages sagen: »Es bleiben jetzt alle sitzen, bis der letzte fertig ist.« Wenn Sie das dann auch wirklich mit aller Konsequenz wollen, und die Kinder spüren, daß es Ihnen damit ernst ist, werden Sie mit dieser Entscheidung durchkommen. Allerdings müssen Sie dann auch immer wieder eingreifen, wenn ein Kind doch aufstehen möchte, obwohl es noch nicht fertig ist. Wenn die Kinder älter sind, kann man die, die aufstehen wollen, schon zum Abwaschen in die Küche schicken. Das hat dann meistens die Wirkung, daß alle gerne sitzen bleiben, bis das Essen fertig ist!

Viele Probleme beim Essen hängen damit zusammen, daß die Erwachsenen sich nicht genügend Zeit zum Essen nehmen, und daß während des Essens keine interessanten Gespräche geführt werden. Da haben es größere Familien mit mehreren Kindern leichter. Da ist oft außer der Mutter oder dem Vater auch noch ein anderer Erwachsener zugegen, und es entwickeln sich meist lustige oder interessante Gespräche. Wenn dann ein Kind mit seinem Stuhl kippelt und auf die Ermahnung: »Bei Tisch kippelt man nicht!« nicht reagiert, und sich dann nach wenigen Sekunden draußen in der Küche wiederfindet, ist ein solcher Ausschluß unangenehm, weil es in der munteren Runde bei Tisch doch viel schöner ist. Also wird das Kippeln in Zukunft unterlassen. Ähnlich ist es mit der Mäkelei beim Essen und anderen Problemen. Wenn alle Mäkelfritzen, Kippelfritzen und sonstige Essens-Störenfriede zum Essen in die Küche müssen, es aber im Eßzimmer angenehmer ist als in der Küche, so ist man dieses Problem bald los. Allerdings klappt das nur, wenn wirklich seitens der Erwachsenen konsequent gehandelt wird.

Frage: Wir haben unser Kind schon einmal während der Mahlzeit hinausgeschickt, als es uns störte. Dann wollte es aber gar nicht wiederkommen! Es spielte ganz vergnüglich mit seinem Hund und auf die Frage: »Willst du nicht wiederkommen?« sagte der Junge schlicht: »Nein.«

Antwort: In diesem Fall ist sicher das Kind Herr der Szene gewesen. Sie haben, während er allein in der Küche war, ganz bestimmt nicht mit Appetit weitergegessen, sondern sich überlegt, ob er wohl leidet oder wie er das Ganze empfindet. Auch ist es nicht sinnvoll, zu fragen, ob das Kind wiederkommen will. In einem solchen Fall würde ich höchstens sagen: »So, jetzt gehen wir wieder ins Wohnzimmer und essen zu Ende«, wenn man sieht, daß der Junge bei guter Stimmung in der Küche ist. Ist er jedoch traurig, so kann eine liebevolle Frage: »Wollen wir jetzt wieder alle zusammen weiteressen?« schon eher angebracht sein. Das Hinausschicken beim Essen hat selbstverständlich nur dann einen Sinn, wenn es im Eßzimmer tatsächlich interessanter ist als in der Küche, und wenn in der Küche nicht solche Attraktionen sind wie Hunde als Spielgefährten.

Frage: Wie kann ich meine Kinder abends ins Haus locken? Auf Rufe reagieren sie nicht (6 und 8 Jahre alt).

Antwort: Kinder dieses Alters haben bereits ein recht gutes Gedächtnis. Wenn sie wissen, daß sie abends zu einer bestimmten Zeit zu Hause sein müssen und außerdem noch gerufen werden, so ist es schlichtweg ungezogen, wenn sie dann nicht kommen. Im Vorschulalter jedoch sind Kinder überfordert, wenn sie von selber nach Hause kommen sollen, und bedürfen des Erwachsenen, der sie auf der Straße abholt, oder eines gut eingespielten Holverfahrens.

Natürlich ist es für alle Kinder schwierig, ihr schönes Spiel zu unterbrechen und zum Essen und Ins-Bett-Gehen nach Hause zu kommen. Da müssen auch wir uns in ihre Lage hineinversetzen.

In der etwas verfahrenen Situation in Ihrem Fall würde ich damit beginnen, noch einmal bei der Gewohnheit des Vorschulalters anzusetzen und selber auf die Straße zu gehen, um zu sehen, was und wie die Kinder spielen und sie dann mit nach Hause zu nehmen. Darauf treffen Sie eine neue Verabredung, nachdem Sie sich vergewissert haben, daß die Kinder tatsächlich in Hörweite sind. Kommen sie dann nicht, müssen wirksame Konsequenzen eintreten, wenn Ihr Wort noch Gültigkeit behalten soll. Zum Beispiel wäre dann der übliche Ablauf: Abendessen, Ins-Bett-Gehen, gemütliche Geschichte, den Tag Bedenken, Beten und Gute-Nacht-Sagen – entsprechend zu verkürzen. Die Kinder erleben so, daß ihr Nichtbeachten des Rufes der Mutter ganz natürliche Konsequenzen hat, die mit dem Zuspätkommen einhergehen.

Wenn die Kinder das Rufen tatsächlich nicht gehört haben und nun verspätet kommen, so erfolgt nichts anderes als die Bemerkung: »Dann müßt ihr eben morgen näher beim Haus spielen, damit ihr mich wirklich hören könnt.« Dann wird wieder nur einmal gerufen. Wenn auch das nicht klappt, ist das Beste die Konsequenz: Wenn gerufen wird, gibt es Essen, weil dann Essenszeit ist. Wenn man später kommt, ist eben die Essenszeit vorbei, und dann bekommt man nur noch ein Stück trockenes Brot und geht ins Bett. Erleben die Kinder diese Art der Konsequenz, so empfinden sie, daß Worte Gültigkeit haben. Und letztlich lieben sie das: die Sicherheit und Verläßlichkeit, die damit verbunden ist.

Frage: Woher nimmt man sich denn die Kraft und Energie für diesen täglichen nonverbalen Aktionismus?

Antwort: Aus der Freude an den Kindern. Eine einfache Quelle der Freude, die jederzeit verfügbar ist, ist die Wahrnehmung selbst. Das mag merkwürdig klingen. Aber wenn Sie beispielsweise Ihr Kind morgens zum x-ten Male dazu bewegen wollen, daß es sich schneller anzieht, oder Sie sich eine andere Situation vorstellen, in der Ermahnungen fällig sind, dann halten Sie einen Moment inne, bevor Sie etwas sagen, und sehen einfach, rein optisch, was Ihr Kind gerade macht und wie es aussieht: Wie es da so sitzt und spielt und vielleicht nicht aufhören will, oder mit seinen Strümpfchen herumtrödelt, oder wie es nicht aus dem Bett will... Fragen Sie sich nun: Was geht wohl jetzt gerade in ihm vor? Machen Sie sich mal das Liebenswerte dieser Situation bewußt. Wenn Sie das, was in dieser Wahrnehmung selber liegt, auf sich wirken lassen, sich davon berühren lassen, dann kommt eben doch ein Lächeln in Ihr Gesicht, und Sie freuen sich über diesen originellen Kerl, der da zu Ihnen gekommen ist. Dann fällt es wieder leichter zu sagen: »So mein Lieber, jetzt hole ich dich aber mit einem Riesensatz aus dem Bett! – Jetzt ist Schluß. Jetzt wollen wir uns fix auf die Füße stellen und uns anziehen«, worauf die Tat unmittelbar folgt. Wie anders klingt das als ein ermahnendes: »Jetzt steh doch endlich auf, trödel doch nicht so!« oder ähnliches. Die Gefahr ist natürlich, daß es zu einer lieben Gewohnheit wird, wenn Sie ihn so schwungvoll aus dem Bett holen, und er von nun an jeden Morgen mit einem Riesenschwung aus dem Bett geholt werden will. Aber was spricht denn dagegen? Das Leben ist eben schöner so, als wenn man mühsam hinausklettern muß! Wie dankbar sind Kinder für derartige Einfälle, für Freude und Spontaneität seitens der Erwachsenen! Ist nicht das Trödeln auch nur eine Provokation, die Eltern zu ermahnen, doch etwas lockerer und fröhlicher zu sein?

Frage: Unser Sohn hat schon mit drei Jahren gesagt: »Es ist aber noch nicht dunkel. Was soll ich denn im Bett?«

Antwort: Das hat er natürlich von Ihnen gelernt, weil Sie ihm schon früh erklärt haben, daß man ins Bett muß, wenn es dunkel wird. Nun ist es eben Sommer, und es ist noch nicht dunkel. Da gibt es nur eine Möglichkeit: Sie machen es eben ganz dunkel im Zimmer! Diese Frage gehört mit in den Fragenkomplex hinein: Wie lernt man, konsequent zu sein? Denn wenn man eingesehen hat, daß die Erziehung durch Handlungen geschehen sollte und nicht durch Worte in der Vorschulzeit, lautet natürlich die nächste Frage:

Wie lernt man, situationsgerecht zu handeln? Dazu gehört natürlich Phantasie. Und Phantasie kommt selten, wenn man ärgerlich oder gespannt ist. Sie bedarf einer gewissen Lockerheit und Freudigkeit. Dann kann man sich in der Regel auf gute Einfälle verlassen.

Frage: Bei meinem 5½jährigen Kind ist es nicht so, daß es sich nicht selber anzieht, sondern daß ich größte Mühe habe, es aus dem Bett zu holen. Da ich berufstätig bin, muß dies aber sein.

Antwort: Es ist entscheidend, daß Sie selber etwas früher aufstehen als gewohnt und sich Zeit nehmen, Ihr Kind liebevoll zu wecken und ihm den Aufwachprozeß dadurch zu erleichtern. So ein etwas ruhigerer gemeinsamer Morgenanfang ist gerade für Kinder berufstätiger Mütter besonders wichtig. Das kann den ganzen Tag überstrahlen. Am Abend kann man sich dann auch daran erinnern und sich gegenseitig erzählen, was in der Zwischenzeit während des Tages geschehen ist.

Frage: Wie kann man die nonverbale Erziehung lernen?

Antwort: Am besten dadurch, daß man sich klarmacht, daß wir eben heutzutage gewöhnt sind, viel mehr im Wort als in der Handlung zu leben. Dann wird jedes Mittel recht, um wieder zu lernen, Worte und Inhalte durch Gesten, Mimik, Handlungen auszudrükken. Am geeignetsten wären wie gesagt Kurse in Pantomime oder Theaterspiel. Es könnten sich förmlich Selbsthilfegruppen bilden von Müttern und Vätern, die auf diesem Wege das nonverbale Erziehen lernen wollen. Ich sagte schon: In solchen Selbsthilfegruppen könnte man pantomimisch oder in Form von Sketches Szenen aus dem Alltag zur Darstellung bringen – in der Art, wie jetzt hier durch die Fragen Szene um Szene des Alltagslebens uns vor Augen getreten ist. Dabei könnte auch die ganze Komik des Alltagslebens neu erlebt werden, was erheblich zur Stimmungsverbesserung beitragen würde. Hat man einmal die Regel erkannt: erst tun, dann reden, und wenn schon reden, dann nur, indem das Reden *ein konkretes Tun begleitet* – dann sollte es eigentlich klappen.

Altersentsprechendes Lernen

Entwicklung zwischen Gelingen und Versagen, Versäumen und Erreichen

> *Alles prüfe der Mensch, sagen die Himmlischen,*
> *daß er, kräftig genährt, danken für alles lern',*
> *und verstehe die Freiheit,*
> *aufzubrechen, wohin er will.*
>
> FRIEDRICH HÖLDERLIN

Die Frage nach dem altersentsprechenden Lernen ist sehr aktuell; denn lernfähig zu sein ist eine bedeutende Lebensqualität. Um so mehr ist es ein Problem, daß gegenwärtig so viele Menschen ganz altersunabhängig ein gestörtes Verhältnis zum Lernen haben. Womit hängt das zusammen? Es hängt dies mit den Kulturwerten zusammen, die sich in der Gegenwart einer zunehmenden Beliebtheit erfreuen: dem Wert der Perfektion und demjenigen der Bequemlichkeit. Hinzu tritt noch das Ideal der Sicherheit: Alles soll so sicher, bequem und optimal wie nur möglich sein. Angesichts dieser Wertvorstellungen ist das Lernen etwas, das unsympathisch ist. Denn wer noch etwas lernen muß, ist auf keinen Fall perfekt. Er beherrscht seine Sache noch nicht sicher, und das Risiko ist stets darin enthalten, daß auch etwas schiefgehen kann. Hinzu kommt, daß es unbequem ist, sich Lernvorgängen zu unterziehen. Es ist anstrengend, mühsam, ärgerlich und zeitaufwendig. Manch einer lernt schon in der Schule das Lernen als etwas zu erleben, das man eben tun muß, um ein bestimmtes Ziel zu erreichen.

Lernen und Selbstbewußtsein

Selbstbewußtsein taucht als eine bewußte Qualität in der Entwicklung etwa zwischen dem dritten und vierten Lebensjahr auf. Alles, was vor diesem Zeitpunkt liegt, wird nicht erinnert, weil es noch in der vor-selbstbewußten Phase geschehen ist. Alles, was nach diesem Zeitpunkt liegt, ist Bestandteil bewußter Erinnerung und damit auch mit dem Selbsterlebnis untrennbar verknüpft. Mit dem ersten »Ich-Sagen« schließt die vor-selbstbewußte Phase ab, und die Zeit bewußter Selbstwahrnehmung beginnt. Was das Kind bis zu diesem Augenblick errungen hat, sind die drei Grundfähigkeiten menschlichen Verhaltens: das Gehenlernen, der Spracherwerb und das Erleben des eigenen Denkens. Wenn sich diese drei Fähigkeiten bis zu einem gewissen Grade entwickelt haben, tritt der Moment des ersten Ich-Sagens auf. Das Kind faßt damit gleichsam diese drei Tätigkeits- und Erfahrungsfelder mit dem Wort »das bin ich« zusammen. Es benennt mit »ich«, was es bis zu diesem Zeitpunkt entwickelt hat und als zu sich gehörig erlebt. Und tatsächlich ist das Kind bis zu diesem Zeitpunkt schon weitgehend Mensch geworden: es geht aufrecht, kann sich verständigen und beginnt ein eigenes gedankliches Innenleben zu haben.

Im Lauf der folgenden Jahre macht das Ich-Erlebnis dann verschiedene Wandlungsstufen durch. In der Pubertät treten in der Regel erste schwere Selbstzweifel auf und die Frage, wer das eigentlich ist, der da zu sich »ich« sagt. Dieses setzt sich dann möglicherweise im Laufe des Lebens fort und kann zu Selbstbewußtseins- und Selbstverwirklichungskrisen führen. Therapeutisch steht in solchen Krisensituationen die Frage nach dem notwendigen Lernprozeß im Mittelpunkt, der allein aus dieser Situation herausführen kann. Entweder muß sich etwas an den Umgebungsverhältnissen ändern, oder aber im eigenen Verhältnis zur Umwelt. Weder das eine noch das andere ist möglich ohne damit verbundene Lernprozesse. Und so wie Lernvorgänge aus jeder Sackgasse herausführen können, so verhindert eine kontinuierlich gepflegte Lernbereitschaft, daß man überhaupt in Sackgassen gerät. Denn in jedem Lernvorgang steckt immer ein wenig von einer Krise und deren Überwindung. Lernen macht Mühe, Lernen bedarf der Überwindung einer gewissen Trägheit und Bequemlichkeit, Lernen muß mit Mißerfolgserlebnissen kämpfen – das Lernziel, die neue Fähigkeit, ist erst errungen, wenn der Weg kontinuierlich beschritten wurde.

Wem es gelingt, in jeder Lebenslage die für ihn sinnvollen Lernschritte zu tun, der wird immer in Entwicklung bleiben und verhütet damit das Auftreten möglicher Sackgassen oder schwerer Entwicklungskrisen. Wo die Freude am Lernen verlorengeht, ist das Versinken in einen depressiven Zustand nicht mehr weit. Wo man sich auf dem Gelernten und Erreichten ausruhen möchte, ist die Sackgasse einer gewissen Selbstüberschätzung und Überheblichkeit nahe. Wer lernen kann, befindet sich immer im Werden. »Wer fertig ist, dem ist nichts recht zu machen. Ein Werdender wird immer dankbar sein« (Goethe). Und eine dankbare Lebensgrundstimmung hilft, das Selbstbewußtsein gesund zu erhalten. Daher ist die Frage nach dem altersentsprechenden Lernen zugleich die Frage nach einer Entwicklung zu seelischer Stabilität und Gesundheit.

Für jeden Lernvorgang ist dreierlei nötig: die Motivation, beziehungsweise das Lernziel, die Begeisterungsfähigkeit, die uns durchhalten läßt, und die Willensbereitschaft, den dafür notwendigen Übungsweg auch zu gehen. Nun kann aber das Lernen in diesen drei Bereichen gestört sein. Es gibt willensstarke Menschen, die jedoch nicht motiviert sind, etwas zu tun. Andere sind motiviert, aber ihnen fehlt die Kraft der Identifikation und der Begeisterung, so daß sie das Begonnene rasch wieder fallenlassen. Und wieder andere gibt es, die zwar motiviert und auch begeistert sind von einer Sache, denen jedoch der Wille fehlt, es auch gegen alle Widerstände durchzusetzen. Jeder Lernvorgang ist eben komplex. Denken (Motivation), Fühlen (Identifikation) und Wollen (Umsetzungsvermögen) müssen harmonisch zusammenwirken, damit der Erfolg auch eintreten kann. Daher ist die Frage berechtigt: Wie wird während der Entwicklungsjahre die Fähigkeit zum lebenslangen Lernen veranlangt? Wie kann man dahin kommen, in jedem Lebensalter die altersspezifischen Lerndispositionen aufgreifen zu können?

Die Lebensalter und ihre spezifischen Lerndispositionen

Die Vorschulzeit:

Hier erfolgt das Lernen noch am Vorbild. Die Kinder sehen und hören etwas und sind spontan bereit, das Gesehene und Gehörte auch selbständig zu üben. Je freudiger die Menschen im Umkreis dieses Üben begleiten und die Erfolge bestätigen, um so leichter fällt dem Kind das Lernen. Veranlagt wird in diesem Lebensalter durch das unablässige Üben das willentliche Durchhaltevermögen und die Willensbereitschaft, die dann für das spätere Leben bleiben. Wird pädagogisch die Nachahmungsfähigkeit unterstützt und ist die freudige Reaktion im Umkreis da, durch die das Kind in seinem Übungswillen gestärkt wird, so ist das für dieses Lebensalter Notwendige zur Erreichung einer gesunden Lernbereitschaft getan.

Vom Beginn des Zahnwechsels bis zur Pubertät:

In diesem Alter erreicht man den Willen zum Üben nicht mehr ausschließlich durch das Vorbild, sondern zunehmend über die Weckung von Sympathie oder Begeisterung. Wird das Gefühlsleben des Kindes nicht angesprochen, kann das Kind keine Sympathie empfinden für das, was es tun soll, und sich damit identifizieren (zum Beispiel dadurch, daß es sich sagen kann: das tue ich der Mutter zuliebe oder dem Lehrer zuliebe, auch wenn ich es selber gar nicht mag), so unterbleiben viele Handlungen. Was in diesem Alter aus Liebe zu einem Erwachsenen geschieht, kann später aus Liebe zur Sache geschehen. Das Kind hat jedenfalls gelernt, sich mit einem Lerngegenstand intensiv zu verbinden, und hat erlebt, daß

Dinge, die man gerne tut, einem auch leichter von der Hand gehen als erzwungene Handlungen, mit denen man keine Sympathie verbindet.

Das Jugendalter:

Hier entwickelt sich die bewußte Motivation. Jetzt wird nur noch gelernt, wenn man den Sinn der Prozedur auch einsieht und in der Lage ist, sich selbst gedanklich dazu zu motivieren. Ist die Einsicht in den Sinn der Sache da, so ist auch die Motivation gegeben, und der Jugendliche identifiziert sich mit dem Lernvorgang und setzt ihn in die Praxis um. Allerdings gelingt dies leichter oder weniger leicht, je nachdem, wie die beiden ersten Entwicklungsetappen verlaufen sind. Wer keine gute Willensschulung in der Vorschulzeit genossen hat, wird unter Umständen Mühe haben, den Lernprozeß zu vollziehen, für den man eigentlich motiviert ist. Und wer nicht gelernt hat, mit Sympathie oder Liebe etwas zu tun, dem wird es auch jetzt schwerfallen, die für das Durchhalten nötige Liebe zur Sache zu entwickeln.

Die Zeit zwischen zwanzig und dreißig:

Hier begegnet man einer neuen altersentsprechenden Begabung: der Fähigkeit, ganz persönlich mitzuerleben und mitzuempfinden, was in der näheren oder weiteren Umgebung geschieht. Der junge Erwachsene dieses Lebensalters interessiert sich für die Zustände ferner Länder, reist gerne – selbst mit wenig Geld und unter ärmlichen Bedingungen – und identifiziert sich mit dem notleidenden Teil der Menschheit. Hier fallen Lernprozesse um so leichter, je mehr diese Mitleidsfähigkeit und Identifikationsbereitschaft eingebracht werden kann.

Die Zeit zwischen dreißig und vierzig:

In diesem Lebensalter tritt eine mehr verstandesmäßige Begabung in den Vordergrund. Man lernt, sich nur noch da zu engagieren, wo es auch wirklich lohnt. Es fällt relativ leicht, soziale Verhältnisse zu überschauen, Strukturfragen zu stellen und zu beantworten und sich mit der rationalen Durchdringung der Lebensverhältnisse zu befassen.

Die Zeit zwischen vierzig und fünfzig:

Die altersentsprechende Lerndisposition dieser Zeit tritt als ein neuer Lebensrealismus zutage. Eine Begabung tritt auf, das Sowohl-als-auch in allen Lebenslagen anzuerkennen und handhaben zu lernen. Man erwartet keine prinzipiellen Lösungen der Probleme mehr wie noch in dem vorangegangenen Lebensabschnitt. Vielmehr lernt man jetzt, aus allen Situationen das jeweils Beste zu machen, sich über Fortschritte in einem Bereich zu freuen und negative Aspekte der Sache zu akzeptieren und zu kompensieren.

Die Zeit nach dem fünfzigsten Lebensjahr:

Wer sich bis zu diesem Lebensalter weiterentwickelt hat, dem fällt es nun in den kommenden Jahren immer leichter, sich situationsgemäß in die Lebenszusammenhänge hineinzustellen. Er entwickelt die Fähigkeit zu selbstlosen Handlungen und damit verbundenen inneren Lernschritten. Das Selbstbewußtsein ist gefestigt und durch äußere Widerstände oder Attacken nicht mehr in Frage zu stellen. Konflikte können nach innen genommen werden und sind der Verarbeitung zugänglich.

Vom Umgang mit Versagenszuständen und Mißerfolgen

Jeder Lernvorgang birgt in sich die Möglichkeit des Mißerfolges. Je früher man erfahren und gelernt hat, sich durch Mißerfolge nicht entmutigen zu lassen, desto besser kommt man mit ihnen zurecht. Die Bereitschaft, sich durch Mißerfolge nicht beirren zu lassen, kann man am vollkommensten im ersten Lebensjahr der Kinder beobachten: wie oft fallen sie hin oder tapsen ungeschickt daneben auf dem Weg zum Laufenlernen. Unermüdlich stehen sie jedoch wieder auf und üben weiter, bis es gelungen ist. Dies kann eine Art Urbild sein für das Durchhaltevermögen beim Lernen im späteren Leben. Mögen noch so viele Mißerfolge kommen: wenn man von einer Sache überzeugt ist, so wird eben weitergeübt und durchgehalten, bis es geschafft ist. Auch kann daran deutlich werden, daß eine Entwicklung ohne die Möglichkeit des Mißerfolges gar nicht denkbar ist. Gewinnen und Mißlingen, Erreichen und Verlieren gehören so zusammen wie Freude und Schmerz. Es gibt keinen Lernvorgang ohne den leisen Schmerz der Selbstüberwindung. Es gibt aber auch keinen Lernvorgang ohne die Freude über jeden kleinen Fortschritt. Wer die Freude am kleinen Fortschritt empfinden kann, der hat dann auch die Kraft, den Schmerz über den Mißerfolg oder die Selbstüberwindung auszuhalten. Daher ist es so wichtig, daß Kinder dies bereits früh erfahren. Das beginnt schon mit dem, was man tut, wenn kleinere Kinder auf der Straße hinstürzen und sich die Knie blutig schlagen. Wenn man dann nicht vor Mitleid zerfließt, sondern den kleinen Menschen wieder auf die Beine stellt und sagt: »Komm, jetzt gehen wir schnell nach Hause und machen das alles schön sauber und verbinden das«, so wird durch eine solche Reaktion bereits erfahren, daß derlei Unglücke einfach zum Leben gehören und tätig überwunden werden können. Schmerz weckt auf, durch Schmerzen bleiben Erfahrungen tiefer eingeprägt in der Erinnerung.

Das Überwinden von Mißerfolgen führt zu einer größeren Selbständigkeit im Umgang mit der errungenen Fähigkeit. Denn da, wo ein Mißerfolg erlebt und überwunden wurde, kann später besser überschaut werden, was alles zu dem erstrebten Lernerfolg führt und welche Faktoren zu berücksichtigen sind. Dies ist besonders für Pädagogen wichtig, denn es zeigt sich, daß diejenigen die besten Lehrer sind, denen das Lernen selber Mühe gemacht hat und die die Mißerfolge und Sackgassen kennen. Auch sind es oft die in der Jugend Hochbegabten, die in der zweiten Lebenshälfte in schwere Lebenskrisen geraten, weil sie gewöhnt sind, ohne viel Anstrengung zu den für das Lebensalter notwendigen Fähigkeiten zu kommen. Sie haben das Lernen nicht gelernt und stehen dann oft hilflos da, wenn sich die Primärbegabungen ausgelebt haben und nun etwas Neues in Angriff genommen werden muß. Hinzu kommt, daß ein wirkliches Freiheitserlebnis nur da errungen wird, wo man tatsächlich etwas von der Pike auf gelernt hat und nun weiß: dies ist wirklich mein eigen, das habe ich durch meine persönliche Anstrengung zuwege gebracht, das bin ich.

Lernen zwischen Überforderung und Unterforderung

Jeder Lehrer kennt das Problem, wie in dem Augenblick Disziplinschwierigkeiten im Unterricht überhandnehmen, wo die Schüler entweder überfordert oder unterfordert sind. Wenn diese Grenze bei der Inanspruchnahme der Schüler geachtet wird, können die Lernprozesse relativ ungestört verlaufen. Dies spielt auch für die Selbsterziehung eine wichtige Rolle. Treten zu viele Mißerfolge auf, so fühlt man sich leicht überfordert und ist in Gefahr, das Ganze abzubrechen. Wird es einem zu leicht gemacht, so unterbleibt die Intensität, sich mit dem Gegenstand des Lernens wirklich zu verbinden. Und da sind wir wieder bei der Frage nach dem gesunden Selbstbewußtsein angekommen. Hat man zu perfekte Selbstwertvorstellungen, so ist man immer in der Situation, sich eher zu überfordern, unter Druck zu setzen und damit in chronische Unzufriedenheitszustände hineinzukommen. Wird man zu bequem, verlangt man zuwenig von sich, so läßt die Qualität der Leistung nach, und man sinkt unter das Niveau, das man vormals schon erworben hatte.

Hindernisse des Lernens

Zum Problem von Kritik und Verwöhnung:

Ein Kind, das etwas falsch gemacht hat und dabei ausgelacht oder kritisiert worden ist, wird das nächstemal vielleicht blockieren und nicht mehr bereit sein, sich auf diese Sache noch einmal einzulassen. Es hängt viel davon ab, wie der Erwachsene oder die Mitschüler sich angesichts von Mißerfolgen verhalten. Je intelligenter ein Kind ist, desto leichter ist es zu blockieren und zu verletzen, wenn ein entsprechendes Mißgeschick in unguter Weise belächelt oder angeprangert worden ist. Viele Lernvorgänge unterbleiben einfach dadurch, daß ältere Schüler oder Erwachsene der Handlungsbereitschaft eines Kindes ironisch oder spöttisch begegnen und dem Kind dadurch die Lust nehmen, das Begonnene fortzusetzen. Daher ist es wichtig, den Kindern gegenüber, aber auch sich selbst gegenüber Sorge zu tragen, daß die Art, wie Lernvorgänge beurteilt werden, die Lernbereitschaft nicht untergraben, sondern fördern. Konstruktive, positive Kritik, das heißt, das Loben des guten Anfangs und das Deutlichmachen der Probleme wären zu lernen.

Eine zweite Lernbehinderung entsteht durch das Verwöhnungsverhalten der Eltern. Sie wollen ihren Kindern jeden Schmerz und jede Frustration ersparen, und es fällt ihnen schwer, zu irgend etwas, wonach das Kind verlangt, ein klares Nein zu sagen. Wenn alles immer nur schön und bequem sein soll, so lernt das Kind nicht zu verzichten. Es hat es schwer, Versagenszustände zu akzeptieren, und bringt eine entsprechende Willensschwäche und Lustlosigkeit der Anstrengung gegenüber mit ins Leben. So wie ungute Kritik auf der einen Seite die Freude am Lernen zerstören kann, so untergräbt eine zu starke Verwöhnungshaltung und Bequemlichkeit diese von der anderen Seite.

Zum Umgang mit Lebenskrisen

Auf der einen Seite werden Krisen als Sackgassen erlebt. Man weiß nicht ein und aus und dreht sich im Kreis. Andererseits erlebt man die Krisenzeiten auch als Zeiten besonderer Empfänglichkeit für Neues, als Zeiten der Bereitschaft, andere Wege zu beschreiten. Als hilfreiche Strategie in Krisenzeiten erweist sich die Frage: Was lehrt mich diese Situation? Was erfahre ich durch sie über mich selbst und über andere Menschen? Welches Verhältnis habe ich zu meinem eigenen Schicksal? Bin ich bereit, diese Krise als zu mir gehörig zu akzeptieren und zu lernen, was ich nur durch diese schwierige Situation lernen kann? Der Wille zum Lernen und zur Weiterentwicklung kann auch aus der schwersten Lebenskrise erlösen und die nächsten Schritte aufzeigen. Und es zeigt sich, daß das Annehmen der eigenen Schicksalsbedingungen als der *individuellen Lernkonstellation der jeweiligen Lebenssituation* die beste Voraussetzung ist für altersentsprechendes Lernen. Gelingt dies, so tritt dem eigenen Leben gegenüber die Dankbarkeit als neue Grundstimmung auf. So wie in der ersten Lebenshälfte meist eine erwartungsvolle Stimmung und eine gewisse Hoffnung tragend sind, so ist die Dankbarkeit das stärkende Grundgefühl für die zweite Lebenshälfte.

Fragen zum Thema

Frage: Können Sie Übungen für die Selbsterziehung nennen, die bei der Ausbildung des Willens-, Gefühls- und Gedankenlebens hilfreich sind?

    Antwort: Da gibt es in der Tat sehr bewährte Übungen. Es sind dies die sogenannten Neben- oder Grundübungen, die Rudolf Steiner in Zusammenhang mit dem Erkenntnispfad in seinem Buch »Die Geheimwissenschaft im Umriß« beschreibt (vgl. auch S. 432).

Weitere wichtige Anregungen für die Selbsterziehung bietet der Vortrag von Rudolf Steiner »Nervosität und Ichheit«, der auch als Einzeldruck erhältlich ist.* Hilfreich ist jedoch die regelmäßige künstlerische Tätigkeit. Wille und Gefühl werden dabei durch die Wiederholung und die Pflege des Ästhetischen geschult.

Frage: Wie kann man einem Kind helfen, wenn ihm das Lernen schwerfällt?

Antwort: Beim Säugling fällt die Hilfe leicht: Wenn er sich schwer tut, den Kopf zu heben oder das Greifen zu lernen, so wird man vom Arzt und der Krankengymnastin angeleitet, die Bereitschaft des Säuglings hierzu mit geeigneten Mitteln zu unterstützen. Der komplexe Vorgang wird in einzelne Übschritte gegliedert, die der Erwachsene dann im Umgang mit dem Kind handhaben lernt. Ein gesundes Kind hat von sich aus genügend altersentsprechenden Lernantrieb und bedarf dementsprechend nur der altersgemäßen Anregungen von außen, um sich auf den Weg zu begeben. Tritt hingegen Lernunlust oder gar Lernblockade auf, so ist immer zu fragen: Wo habe ich das Kind überfordert? Waren die Lernschritte klein genug? Wie kann ich sie jetzt so überschaubar gestalten, daß das Kind nach jedem Versuch das Gefühl bekommt: ich kann es ja doch, jetzt bin ich schon wieder ein Stück vorwärts gekommen?

Frage: Warum soll eigentlich gelernt werden? Wohin führt das? Gibt es ein Ziel, welches durch alle Lernvorgänge hindurch angestrebt werden soll?

Antwort: Da würde ich Sie gerne zurückfragen, was denn das Schönste im Leben ist. Und ob es sich lohnt, für dieses Schönste ein Leben lang zu lernen? Das Schönste, was es im Menschenleben gibt, ist das Schenken und Empfangen von Liebe. Jeder Lernvorgang führt dazu, etwas in der Welt besser zu verstehen, das heißt dadurch auch lieben zu lernen. Denn ohne Verständnis kann sich Liebe eigentlich nicht entwickeln. Erst wer sich ganz verstanden

---

* München 1912, 5. Aufl. 1979.

fühlt, weiß sich wirklich geliebt. So führt jeder Lernvorgang zu einer Vergrößerung der Liebefähigkeit, wenn er mit innerer Beteiligung und Begeisterung vorgenommen wird.

Frage: Ist Kindererziehung Selbst- oder Weltverwirklichung?

Antwort: Sicher immer beides. Es gibt Eltern, die wollen ihr Kind in erster Linie für sich haben und betrachten die Erziehung als ihren Lebensinhalt. Eines Tages jedoch müssen sie entdecken, daß ihr Kind nicht ihnen, sondern sich selbst, beziehungsweise der Welt angehört. Und dann beginnt der schmerzhafte Prozeß des Loslassens und Freigebens.

Frage: Ich habe ein fünfjähriges und ein neunjähriges Kind. Immer wenn ich das jüngere Kind für seine Leistungen lobe, werden diese Leistungen von dem älteren verächtlich als Kinderkram abgetan und miesgemacht. Wie kann ich mich verhalten, um beiden Kindern gerecht zu werden?

Antwort: Das Miesmachen ist ein Problem, bei dem man sich immer fragen muß, woher es kommt. Wahrscheinlich liegt es in Ihrem Fall daran, daß das ältere Kind neidisch ist auf das jüngere. Daher ist es für Sie wichtig, sich zu fragen, warum der Große neidisch ist. Liegt es daran, daß sie seine Vorzüge noch zu wenig kennen und durch Lob befestigen und bestärken? Hat der Große genügend besondere Aufgaben, die ihn altersentsprechend beschäftigen, wodurch er sich dem Kleinen gegenüber in seinem fortgeschrittenen Alter bestätigt fühlt?

Eine Hilfe ist auch, wenn Sie sich in Neidäußerungen, Rivalitäten und entsprechende Streitigkeiten zwischen den beiden nicht einmischen. Meistens neigt der Erwachsene dazu, das Kleine zu beschützen und dadurch den Neid des Großen noch zu verstärken. Gewöhnen sich die Kinder jedoch daran, daß durch Streit- und Neidäußerungen dieser Art der Erwachsene sich nicht zur Parteinahme aufgerufen fühlt, und diese Provokation nicht dazu führt, den Erwachsenen herzuzitieren, zum Eingreifen zu bewegen und damit in gewisser Weise zu beherrschen – so läßt auch diese Lust am Ärgern und Miesmachen bald nach. Da wo die Bestätigung und das Engagement der Erwachsenen fehlen, wird solchen Handlungen doch mehr oder weniger bald der Wind aus den Segeln genommen.

Frage: Meine Tochter ist elf Jahre alt und hat das starke Bedürfnis, von der Klasse ›nett‹ gefunden zu werden. Was kann ich tun, damit sie mehr Selbstbewußtsein entwickelt?

Antwort: Man ist so lange auf äußeres Lob angewiesen, solange man noch nicht gelernt hat, das positive Ergebnis einer Anstrengung als Lob zu empfinden. Allerdings ist es mit elf Jahren altersentsprechend, daß die Schüler in der Klasse etwas gelten wollen, anerkannt sein wollen und das Lob von außen noch stark brauchen. Es ist dies allein kein Zeichen für ein schwaches Selbstbewußtsein.

Frage: Werden die Kinder nicht fremdbestimmt durch das ständige Vorgeben von Lerninhalten in der Schule?

Antwort: Von Fremdbestimmung kann eigentlich erst dann gesprochen werden, wenn ein Mensch aus Zwang und gegen seinen eigenen Willen etwas lernt. Solange das Kind seinem altersentsprechenden Lernantrieb folgt, kann von einer Fremdbestimmung nicht die Rede sein. Denn jeder Lernvorgang führt ja zu *eigenen* Fähigkeiten, das heißt, fördert damit Selbständigkeit und Handlungsfähigkeit.

Frage: Mein Zehnjähriger langweilt sich öfters. Wie kann ich ihm Begeisterungsfähigkeit beibringen? Er hat drei jüngere Geschwister.

Antwort: Sicher spielt hier die Geschwisterkonstellation des Zehnjährigen eine Rolle. Da die Mehrzahl der Geschwister jünger ist, lassen sich die Tätigkeiten in der Familie nicht adäquat für den Zehnjährigen gestalten. Da hängt nun viel davon ab, ob es Ihnen gelingt, ihn bei seinen altersentsprechenden Interessen zu packen. Beispielsweise lieben Kinder dieses Alters Rätsel. Rätsel zu lösen ist den Kleineren noch nicht so gut möglich – für einen Zehnjährigen ist dies jedoch ein begeisterndes Unternehmen. Wichtig ist auch, daß es dem Vater gelingt, sich hin und wieder für seinen Ältesten Zeit zu nehmen und ihm das Bewußtsein zu geben, daß er sich gerade besonders für den Großen interessiert und gerne etwas mit ihm zusammen unternimmt. In diesem Alter sind Wanderungen, Radtouren, Spiele im Freien und zu Hause, gemeinsame Unternehmungen mit Freunden besonders wichtig. Auch wäre zu fragen, ob er ein Musikinstrument spielt. Gibt es einen Hobbyraum zum Basteln in der Nähe? Oder ist das Langeweile-Äußern nur eine Provokation, weil sich das Familienleben mehr um die drei Kleinen dreht? Wo sind Eltern in ähnlicher Lage, mit denen man reihum die Kinder wöchentlich einmal mitschicken kann zu einer Unternehmung?

Was ist Waldorfpädagogik?

Das Leben wird uns förmlich verschlossen,
wenn die Schule uns nicht die Kraft gibt,
uns zu erschließen.

RUDOLF STEINER

Im Folgenden seien die Grundzüge der Waldorfpädagogik anhand typischer Alltagssituationen aus dem Leben der Kinder dargestellt.*

Die Kinderzeit bis zum Schuleintritt

In einem großen Sandkasten haben sich Kinder verschiedenen Alters zu schaffen gemacht: Jetzt sind sie gerade dabei, in einen eben gegrabenen »Brunnen« Wasser zu gießen. Während die Fünf- bis Sechsjährigen fachmännisch das Ganze leiten und kleine Undichtigkeiten zu beseitigen suchen, schauen die Kleinen interessiert zu. Einige kommen schon mit Sandformen an und wollen zum Kuchenbacken Wasser schöpfen. In einem unbeobachteten Moment krabbelt sogar ein eben erst Einjähriges herbei und beginnt zu planschen, bis die unwilligen Großen es von dem beschädigten Kunstwerk wegtragen.

Die Erwachsenen auf den Bänken haben das Eigentümliche der kindlichen Entwicklung dieses Alters vor Augen:

Die Kleinsten sind ständig in Aktion: sie setzen sich mit Mund, Händen, Füßen und allen Sinnen mit ihrer Umgebung auseinander. Sie sind vollständig den Eindrücken hingegeben. Ihr ganzes Tun ist Suchen, Tasten, Mitgehen mit den Großen.

Die Drei- bis Vierjährigen backen schon Kuchen, »decken den

* Dieser Beitrag wurde als Beratungsblatt für Eltern schon 1981 bearbeitet und ist im Einzeldruck erhältlich über die Kinderambulanz des Gemeinschaftskrankenhauses, Beckweg 4, 5804 Herdecke.

Tisch«, »Essen« und gestalten ihr Spiel nach dem, was sie zu Hause erlebt haben.

Die Fünf- bis Sechsjährigen dagegen wollen etwas Richtiges arbeiten, »so wie in Wirklichkeit«. Ihr Spiel ist Zielgerichtetheit und hat Ausdauer.

Immer ist es die Umgebung selber, die das Kind zu der ihm angemessenen Tätigkeit aufruft. Dabei erfaßt es jedoch auch das »seelische Klima«, dem es ausgesetzt ist: die frohe oder traurige Seelenart, Entscheidungsfreudigkeit oder Unentschlossenheit der Eltern und Bekannten.

Erlebnisse dieser Art gehen tief: Ein Fünfjähriger hatte vor einigen Wochen eine Hochzeit miterlebt und möchte dieses nun zu Hause spielen. Da Geschwister – das hat er bereits erfahren – aus Gründen des Verwandtschaftsgrades für eine Trauung nicht in Frage kommen, wird die junge Haushilfe hinzugebeten, um den Bräutigam darzustellen. Die dafür nötigen Utensilien sind bereits organisiert: zwei Ringe, ein Umhang für den Pfarrer, ein kleiner Tisch, zwei Stühle, etwas Publikum in Sonntagsstimmung. Der Text ist einfach: »Willst Du die Bärbel heiraten?« Pause. (»Du mußt jetzt ja sagen.«) »Ja.« Die Ringe werden gewechselt, noch einmal der Pfarrer: »Und daß Du auch ja niemand anderen zur Frau nimmst...«

Wer Zeuge eines solchen Spieles wird, erlebt, wie die Kinder gerade das Stimmungsmäßige erfaßt haben. Die Art, wie die Erwachsenen über die Ereignisse gesprochen haben, der Ernst, mit dem der Pfarrer die Trauung gestaltet hatte, wirken unbewußt prägend für die eigenen späteren Ansichten und Empfindungen.

Oder: Eltern tragen ein brüllendes Kind in das Arztzimmer herein. Das Kind ist schon seit Tagen auf den bevorstehenden Arztbesuch »vorbereitet« worden, wobei ihm immer wieder versichert wurde, »daß es überhaupt keine Angst haben müsse«. Und nun wundern sich die Eltern, daß es bereits schreit, bevor überhaupt ein Arzt in Sicht ist.

Die Sorge der Eltern, das Kind könne »Angst vor dem weißen

Kittel« haben, wird tief aufgenommen und wirkt beunruhigend. Die vielen »beruhigenden Worte« werden nicht erfaßt, da die nicht ausgesprochene sorgenvolle Stimmung der Eltern stärker wirkt.

Oder: Eine Mutter wundert sich darüber, daß ihr Kind so oft schlaff, lustlos und übellaunig ist in letzter Zeit und allen so wohl ausgedachten Vorschlägen widerspricht und zuwiderhandelt.

Ein solches Verhalten finden wir immer wieder bei Kindern, deren Eltern sich zu früh bemüht haben, ihr Kind selbst entscheiden zu lassen. Denn wer Kinder dieses Alters stets fragt » willst Du dies oder das, möchtest Du lieber hinausgehen oder drinnenbleiben«, d. h. sie ständig vor Entscheidungen stellt – der kann nicht zu gleicher Zeit Entscheidungsfreude und Entschlußfähigkeit vorleben. Für das Kind erzeugt sich dadurch das unangenehme Gefühl: Der Erwachsene weiß nicht recht, was er will, und fragt mich. Manches Kind paßt sich der Unentschlossenheit an und hat es unter Umständen zeitlebens schwer, seinen Willen entscheidungsfroh einzusetzen.

Andere Kinder jedoch fangen an, durch Ungezogenheiten solange zu provozieren, bis der Erwachsene sich zu einer eindeutigen Haltung bewegen läßt. Diese sollte z. B. im Wegtragen des Kindes oder in ruhigem Sicherstellen eines bedrohten Gegenstandes bestehen – Klapse, Schläge oder Wutausbrüche sind problematische Notlösungen.

Oder: Der vierjährige Klaus wächst bei Eltern auf, die mit vielen Erklärungen und Begründungen Gebote und Verbote um ihn aufbauen. Unbewußt muß in ihm der Drang entstehen, die Gültigkeit dieses Weltbildes zu überprüfen: »Was passiert, wenn ich nun doch das Tischtuch zerschneide?« Sein Nachahmungswille drängt nach Eigentätigkeit und Welterfahrung und überschreitet daher mit Notwendigkeit zu eng gezogene Grenzen, die ihm die Erfahrung des Schneidendürfens bisher verwehrten.

Die angeführten Beispiele zeigen: Nicht durch *Erklärungen* nimmt das Kind den moralischen Gehalt einer Handlung oder andere Tatsachen wahr, sondern durch das eigene Erleben am Vorbild.

Daher heißt das Entwicklungsgesetz dieses Alters: *Durch Nachahmung lernen.*

Alles, was das Kind erlebt, prägt sich durch die Nachahmungsfähigkeit tief in sein Leib-Seele-Gefüge ein und bildet in seiner Gesamtheit den Erfahrungshintergrund der Seele. Dieser ist – weitgehend unbewußt bleibend – für die seelische Gestimmtheit im späteren Leben entscheidend. Er erhält seine Prägung durch die Art und Weise, wie die Erwachsenen sich in der Umgebung des Kindes verhalten haben. Wiederholte Eindrücke von Nervosität, emotionalem Streß, von Ärger, Angst, Rechthaberei und ähnlichem können daher zu Ursachen späterer Verhaltens- und Beziehungsstörungen werden.

In diesem Zusammenhang seien auch einige Gesichtspunkte zum Thema *Strafe* erwähnt (vgl. S. 311). Wer Kinder in diesem Lebensalter handgreiflich straft, muß damit rechnen, daß dieses Verhalten nachgeahmt wird. Die Puppen oder kleineren Geschwister bekommen es zu spüren – zuweilen auch die eigenen Kinder im späteren Leben.

Ungezügeltes Schlagen oder lautes Schimpfen läßt das Kind ungeschützt die Emotion des Erwachsenen erleben – und erlernen. Es gibt ihm jedoch keine Orientierung darüber, wie es seinen Fehler wieder gut machen kann.

Gelingt es dem Erwachsenen, einen entstandenen Schaden mit dem Kind gemeinsam tätig anzugehen und zu beheben oder aber durch rechtzeitige Ablenkung das Problem zu verhindern, so können Ungezogenheiten zu sinnvollen Begebenheiten umgewertet werden. Man kann auch lernen, einen solchen Vorfall in eine kleine Geschichte zu kleiden, in der das Kind nicht nur das eigene Verhalten, sondern auch die eigene Tat und ihre Wiedergutmachung im Bilde wiederfindet. Darf das Kind einen so besonnen handelnden Erwachsenen erleben und nachahmen, so wird für das spätere Leben die Möglichkeit veranlagt, in schwierigen sozialen Situationen Toleranz und Verständnis zu entwickeln.

Aufgrund dieses Entwicklungsgesetzes arbeitet man im Waldorf-kindergarten so, daß mannigfaltige *Tätigkeiten* wahrgenommen und ausgeführt werden können. Dabei ist der Tageslauf um so »gelungener«, je mehr er dem Alltag einer kinderreichen Familie gleicht, wo das *Leben selber* mannigfaltigste Anregungen bietet: Waschen, Kochen, Backen, Putzen, Tischdecken, Essen, Abräumen. Dabei wird besonderer Wert auf *regelmäßige* Wiederholung gelegt, weil dies den Bedürfnissen des Vorschulkindes entspricht: Wie oft sagt das Kind »nochmal«, wenn ihm ein Spiel gefallen hat. Das *vertraute* Spielzeug, die *bekannten* Geschichten sind die schönsten – nicht ständiger Wechsel.

Im Freien wird balanciert, auf Stelzen gegangen, gewippt, und Seilspringen, Sing- und Reigenspiele werden gemacht – drinnen auch Handwerklich-Künstlerisches wie Malen, Fingerweben und Basteln. Weiter wird während vieler Wochen ein und dasselbe Märchen erzählt und eines Tages auch szenisch dargestellt. Ein gemeinsamer Spruch am Anfang und Ende läßt die Kinder an dem Ernst teilnehmen, mit dem die Erwachsenen ihr Tun vor dem Schöpfer dieser vom Kind so rückhaltlos bejahten und nachgeahmten Welt verantworten wollen. Es ist beeindruckend zu erleben, wie sehr die Kinder gerade solche Sprüche oder auch Gebete lieben: Ihr noch angeborenes, hingebungsvolles Verhalten der Umwelt gegenüber fühlt sich der religiösen Hingebung des Erwachsenen am meisten verwandt. Dabei kommt es nicht auf den Wortinhalt der Gebete an. Oft sind es ja Texte, die die Kinder noch gar nicht »verstehen« können. Es ist vielmehr die andächtige Stimmung und die vertrauensvolle Seelenhaltung, die das Kind genießt. Dadurch kann sich tief im Unterbewußtsein das *Vertrauen in die eigene Existenz* bilden und befestigen. Im späteren Leben erweist sich dieses als Quelle *innerer Sicherheit* und als *seelischer Halt*. Es gehört mit zur Problematik unserer Zeit, daß unsere materialistische Lebenseinstellung Qualitäten wie Verehrung, Andacht, stille Freude, Dankbarkeit und Hingabe zum Verdorren bringt.

So gesehen stellen sich folgende Errungenschaften unserer Zeit als kinderfeindlich heraus:

Das Fernsehen: Verurteilt die Kinder zur Passivität. Reglos und fasziniert sitzen sie vor dem Bildschirm. Ohne persönliche Anstrengung kommen sie in den Genuß einer Fülle von Erlebnissen. Wir bedenken zu wenig, daß gerade dadurch das *Suchtprinzip* veranlagt wird – nämlich Genuß ohne Mühe und Arbeit zu erlangen.

Comics: Hier wird das kindliche Bewußtsein mit vorgefertigten Karikaturen besetzt und zugleich deformiert. Beim Vorlesen eines Märchens jedoch wird es freilassend angeregt, sich seine »Bilder« innerlich selbst zu schaffen.

Kassetten und Märchenplatten: Es fehlt der mitfühlende reale Erwachsene, zu dem ein seelischer Kontakt hergestellt werden kann. Technisch perfekte Geräusche und »Worthülsen« werden aufgenommen.

Der bis ins letzte *technisierte Haushalt:* Das Kind findet anstelle eines sinnvoll tätigen Erwachsenen faszinierende maschinelle Abläufe vor. Diese geben für seine Seele jedoch keine nachahmenswerten Vorbilder ab. Eine Verarmung ihrer schöpferischen Möglichkeiten ist die Folge.

Wie im einzelnen der Kompromiß zwischen den modernen Kulturgewohnheiten und einer kinderfreundlichen Erziehung aussehen kann, muß in jeder Entwicklungsphase des Kindes neu entschieden werden. Nur schrittweise kann das Kind in unsere technisch nuancierte Welt hereinwachsen. Wenn es nicht seelisch und geistig Schaden nehmen soll, müssen wir zu manchem Verzicht im Laufe seiner Entwicklung bereit sein. Es wird jedoch so dem Kinde zugleich ein verantwortungsbewußter Umgang mit der Technik vorgelebt.

Zusammenfassung:

In der durch Nachahmung geprägten Lebensphase steht die leibliche Entwicklung des Kindes im Vordergrund. Durch sinnvolles Tätigsein werden alle körperlichen Funktionen in gesunder Weise angeregt und ausgebildet. Je regelmäßiger der Tagesablauf sich gestaltet, je mehr bestimmte Essens- und Schlafenszeiten usw. eingehalten werden, um so harmonischer und belastungsfähiger wird der

Körper im späteren Leben sein. Denn so wie ein Muskel nur durch regelmäßiges Üben kräftig wird, so auch Geschicklichkeit, Leistungsbereitschaft und der damit verbundene Wille des Kindes. Das Nichtbeachten dieses Zusammenhanges kann zu einer Fülle von Störungen führen: Lustlosigkeit, Willens- und Leistungsschwäche, Nervosität, motorische Unruhe u. a. Wird jedoch auf diesen Zusammenhang Rücksicht genommen, kann ein gesunder Körperbau mit entsprechendem Willensvermögen veranlagt werden. Und hierin liegen die Voraussetzungen für die spätere Entfaltung gesunder seelischer und geistiger Möglichkeiten.

Die Schulzeit bis zur Pubertät

Voller Spannung kommt der Erstkläßler nach Hause und kann es nicht erwarten, seinen Vater auf die Probe zu stellen: »Papa, was ist die größte Zahl?« »Tausend!« »Nein!« »Unendlich?« »Nein – soll ich es Dir sagen?« »Na?«, »Die Eins!!! Da ist alles drin!« An diesem Tag haben einige Eltern etwas dazugelernt. Sie erleben, daß ihr Kind die Wahrheit dieser Aussage aus Liebe zu seinem Lehrer unmittelbar erfaßt und viel leichter verstanden hat als sie selber. Voller Vertrauen erwartet es von ihm, daß er die Wahrheiten der Welt ins Klassenzimmer bringt und nimmt sie ohne Vorbehalte auf.

Mit wenigen Worten kann jedoch ein solch freudiges Erlebnis zerstört werden: »Wieso denn, die Zwei ist doch doppelt so groß« oder »das gilt nur unter bestimmten Voraussetzungen.« Das Kind weiß nur, daß der Lehrer es so gesagt hat und hat die Richtigkeit der Aussage empfunden. Die Spannung zwischen den beiden sich widersprechenden Meinungen legt sich belastend auf sein Gemüt.

Im Unterricht der Handarbeitslehrerin betritt der Klassenlehrer den Raum, um kurz etwas anzusagen. Da halten ihm die Kinder ihre gerade entstehenden Kreuzstichstickereien entgegen. »Ist es schön geworden?« So fragen viele Augenpaare. Aus seinem eigenen

Unterricht mit ihnen kennt er das Problem bereits: er hat oft kaum Zeit und Ruhe, alle 30–40 Hefte, Bilder und Zeichnungen gleichermaßen zu würdigen. Er sieht, wie sehr die Kinder ihn hier brauchen. Immer wollen sie wissen, wie er »es findet«, was sie gemacht haben.

In solchen Erlebnissen läßt sich spüren: Jetzt haben wir es nicht mehr mit der Nachahmung zu tun, sondern mit dem Bedürfnis des Kindes, einen urteilssicheren Erwachsenen zu erleben. Das sich in diesem Lebensabschnitt entwickelnde Gefühlsleben sucht nach einem Maßstab für die ästhetische Entscheidung »schön« oder »häßlich«, »gut« oder »böse«, »wahr« oder »falsch«. Auf der Suche nach diesem Maßstab wird der Erwachsene gleichsam zur *urteilssicheren Autorität* erhoben, indem er gefragt wird. Natürlich ist hiermit nicht gesagt, daß der Erwachsene in seinen Entscheidungen immer recht hat und eine Autorität rundum ist. Vielmehr will das Kind für das Lernen der eigenen Seelensicherheit am Erwachsenen erleben, wie er nach bestem Wissen und Gewissen Klarheit in der Beurteilung einer Sache findet.

An die Stelle der Nachahmung ist jetzt dieser *ästhetisch-künstlerische Sinn* getreten, der es dem Kinde ermöglicht, sich gefühlsmäßig in der Welt zu orientieren.

Aus diesem Grunde unterrichtet an der Waldorfschule ein Lehrer als sogenannter Klassenlehrer die ersten acht Schuljahre hindurch alle Kernfächer. Das ermöglicht dem Schüler, über Jahre hin eine wirkliche Beziehung aufzubauen und in einer Atmosphäre des Vertrauens zu arbeiten und zu lernen. Dem Lehrer gibt es die Chance, die Kinder wirklich individuell zu erfassen und fördern zu lernen. Nicht zuletzt haben auch Eltern und Lehrer die Möglichkeit, sich gut kennenzulernen und sich über ihre gemeinsame Erziehungsaufgabe zu verständigen.

Hauptanliegen des Klassenlehrers ist es nun, diesen künstlerischen Sinn der Kinder zu wecken und zu pflegen, damit sie die Welt innerlich reich erfahren lernen. Außerdem werden Tätigkeiten wie Zeichnen, Malen, vielseitige Handarbeiten (auch Jungen lernen

Stricken und Nähen u. ä.), Musizieren, Singen, Theaterspiel und Eurythmie geübt. Dabei wird in allen Unterrichtsfächern zu vermeiden gesucht, starre Definitionen zu verwenden, wie sie nur das reife Abstraktionsvermögen eines Erwachsenen erfassen kann. Die Darstellungen werden vielmehr individuell und lebendig gestaltet, und statt einer definierenden die beschreibende Methode gewählt. Aus diesem Grunde kann der Klassenlehrer auch keine Schulbücher verwenden. Er läßt die Schüler selbst in ihr Heft schreiben, was dann als Wesentliches nachzulesen ist.

Unter diesem künstlerischen Aspekt ist auch die »Eins« zu verstehen, die das Kind in sein Heft gemalt hat. Sie ist tatsächlich so groß wie die ganze Schöpfung. Aus ihr können die Zwei als Tag und Nacht, die Drei als Mutter, Vater und Kind, die Vier als die Elemente Erde, Wasser, Luft und Feuer entwickelt werden. Gefühl und Phantasie können so auch in der Zahlenlehre beansprucht und gefördert werden. Wie arm bleibt die »Eins«, wenn sie uns nur als Definition entgegentritt, z. B. einer Menge mit dem Element Eins!

Von den Neunjährigen:

Die Mutter beobachtet seit einiger Zeit, daß ihre knapp Zehnjährige nicht mehr so offen fröhlich ist wie sonst, als sei ein Schatten auf ihr helles Kindergesicht gefallen. Das eine Mal sucht sie ihre Nähe und möchte gar nicht allein sein – dann wieder zieht sie sich völlig unerwartet zurück und spielt so vor sich hin. Am Mittagstisch erschreckt sie dann eines Tages die Eltern und Geschwister mit der Frage: »Sagt mal, bin ich wirklich Euer Kind?« Die Mutter: »Ja, selbstverständlich, Karin, ich habe dir doch erzählt, wie ich dich in der Klinik bekommen habe.« Karin: »Aber dort sind doch noch andere Babys gewesen – vielleicht hast du das falsche mit nach Hause gebracht?!...«

In solchen Begebenheiten spricht sich eine Erfahrung aus, die jedes Kind in diesem Alter macht. Die selbstverständliche Hingabe an die Umgebung weicht einer zunehmenden Distanzierung, und plötzlich faßt sich dieses zusammen in der schmerzlichen Empfin-

dung: ich bin ja gar nicht so sicher eingebettet in meine Umgebung –
ich bin ja einzeln, allein auf der Welt.

In der Schule wird in dieser Zeit Bruchrechnen eingeführt. Die
Kinder erleben, wie die »heilige Eins« zerbricht. Der Lehrer hat das
sehr eindrucksvoll gezeigt, indem er einen Stab mitgebracht und
laut krachend entzweigebrochen hat. Karin fühlt sich unbewußt
zutiefst verstanden. Sie hat den Bruch der vorher empfundenen
Einheit in die Zweiheit von Ich und Welt erlebt. Solch unbewußte
Zwiegespräche zwischen den Kindern und ihren Lehrern tragen
dazu bei, daß die zunächst selbstverständlich aufgebrachte Liebe
zur Autorität eine neue Dimension erreicht: der Lehrer kennt nicht
nur die Welt, die er mir schildert – er kennt auch mich –, und er
versteht mich, er sieht mich wirklich – sein Urteil kann für mich
Maßstab sein. Dieses tiefgründige Sichverstandenfühlen ist die notwendige Voraussetzung dafür, daß sich das Kind mit starker seelischer Beteiligung auf die Welt einlassen kann.

Von den Zwölfjährigen:

Der plötzliche Tod der Großmutter hat die Familie rasch zusammengeführt. Ernst berichtet der Vater von den letzten Ereignissen
im Krankenhaus. Alle hören gespannt zu. Die unterschiedliche
Teilnahme der Kinder läßt deutlich erkennen, welchen Reifegrad
das seelische Leben schon erreicht hat. Während der Vierjährige
bald darauf wieder im Sandkasten sitzt und selbstvergessen spielt,
hat die Neunjährige wach alles beobachtet und deutlich gemerkt,
daß sie nicht in derselben Weise traurig sein kann wie die Großen.
Sie versteht zwar tief im Innern, daß die Großmutter nun nicht
mehr wiederkommt und gestorben ist, kann aber diesem Erleben
noch wenig seelischen Ausdruck verleihen. Ganz anders die Zwölfjährige! Sie erinnert sich im Zuge der Erzählungen auch an ihre
letzte Begegnung, die sie mit der Großmutter hatte. Es war während einer Krankheit gewesen, als diese ihr den Rücken mit Köl-
nisch Wasser eingerieben hatte. Nun, wo sie daran denkt, kommen
ihr die Tränen in die Augen. Die Großmutter würde nie wiederkommen, um ihr bei einer Krankheit Gesellschaft zu leisten. Wohin

war die Großmutter gegangen? Wie ist das überhaupt mit dem Sterben? Das Unerbittliche und doch auch Erhabene des Todes wird zum tagelang noch nachklingenden seelischen Erlebnis. Sie empfindet dieser übermächtigen Realität gegenüber Bangigkeit und Zuversicht zugleich.

In der Schule wird versucht, dieser Vertiefung des Gefühlslebens in der Unterrichtsgestaltung Rechnung zu tragen. Im 6. und 7. Schuljahr bemüht sich der Lehrer, in den verschiedenen Fächern gerade die Fragen nach dem Woher, Wohin und Warum aufzugreifen. Hierzu eignen sich besonders die naturkundlichen Fächer. Zum Beispiel kann er bei der Behandlung der Schmetterlingsentwicklung das Problem des Todes und die Frage nach dem Fortbestand der Seele und des Geistes des Menschen vor Augen haben. Indem er den Kindern die Einzelheiten des Raupenlebens schildert, das Sicheinspinnen in die Puppe und die allmähliche Verwandlung zum Schmetterling, der die tote Puppenhülle verläßt, um ein neues Dasein unter anderen Bedingungen zu beginnen – haben die Kinder im Naturbild eine Antwort auf die Frage nach den Verwandlungsmöglichkeiten menschlicher Existenz erlebt. Da das bildhafte und das sich eben erst entwickelnde kausale Denken noch miteinander verwoben sind, kann solch eine Entsprechung tief aufgenommen werden.

Im 7. und 8. Schuljahr empfindet der Heranwachsende zunehmend, wie er denkerisch fähig wird, selber seinen Fragen nach der Welt und der eigenen Existenz nachzugehen. Je stärker diese Empfindung erwacht, um so mehr sucht er nun das Gespräch mit dem Erwachsenen. Anstelle der Liebe zur Autorität tritt die Sehnsucht nach einem *Gesprächspartner,* der einem hilft, die eigenen Gedanken und das eigene Weltverständnis zu finden.

Pubertätskonflikte treten kraß hervor, wenn Eltern und Erzieher das Eigenständig-Werden-Wollen (und noch nicht können!) in diesem Alter nicht ernst nehmen. Das notwendige Sichabsetzen vom Gewohnten wird von der Mutter oft mißdeutet und als »Undankbarkeit« oder »Unfreundlichkeit« gewertet, wogegen der Vater in der Regel mehr das »Nichtfolgen« und die »Respektlosigkeit« persönlich übelnimmt. Wer jedoch ein wenig über den eigenen Schatten springen kann und sich für die Probleme der Jugendlichen interessiert, wird mit dem Vertreten seines eigenen Standpunktes zurückhaltend sein. Er wird sich dem Jugendlichen gegenüber gesprächsbereit, ermunternd und vor allem fragend verhalten. Um den Kontakt in diesem Alter zu halten, ist es ein gutes Mittel, mit der Frage zu leben, wer diese heranwachsende Persönlichkeit eigentlich ist. Wenn es uns gelingt, nicht dem folgsamen Kind »nachzutrauern«, sondern uns darauf zu freuen, daß jetzt die Zeit der Persönlichkeitsempfindung und Selbständigkeit anbricht, dann werden wir gute Erzieher für dieses Lebensalter. Ist der Kontakt zu den Jugendlichen aus irgendeinem Grunde bereits abgebrochen und ein gespanntes Verhältnis entstanden, so kann sich die Situation durch die eben genannte Einstellung wieder positiv verändern.

Hierzu ein Beispiel:

Eltern berichten, daß ihr Fünfzehnjähriger sich überhaupt nichts mehr sagen lasse, daß er sich im Keller ein Zimmer eingerichtet habe und in letzter Zeit auch angefangen habe, seine Mahlzeiten dort einzunehmen, um nur noch möglichst wenig mit der Familie zu tun zu haben. Er habe dort sein eigenes Fernsehgerät und eine Stereoanlage und sei seine gesamte Freizeit damit beschäftigt. Auf die Frage, ob sich der Vater denn nicht einmal eine Sendung im Fernsehen mit seinem Jungen gemeinsam ansehen könne, antwortet der Vater nur ganz entrüstet: »Was der sieht, das kann ich mir nicht angucken – das ist doch alles Blödsinn.« Auf die Frage, ob er denn wisse, warum sich sein Junge für solche Sendungen interessiere, wußte der Vater nichts zu sagen.

Kann im Laufe einer solchen Beratung die Einsicht reifen, daß die Brücke zu dem Kind nur durch wirkliches Interesse für dessen Neigungen und Fähigkeiten wiedergefunden werden kann, so ist damit bereits außerordentlich viel erreicht.

Zusammenfassung:

So wie sich der Wille nur im unmittelbaren Tun entfalten kann – so das Gefühlsleben nur durch ein starkes Anteilnehmen an der Mitwelt. Kann sich das Spiel der Sympathien und Antipathien an dem Verhalten einer geliebten Autorität orientieren, so kommt es zu einer gesunden Ausreifung des Gefühlslebens.

Unkünstlerischer Unterricht, verfrühte Förderung von Abstraktionsfähigkeit und Intellekt haben dagegen die Verkümmerung des Gefühlslebens zur Folge.

Die Pubertäts- und Jugendzeit

Vorbemerkung:

Jeder, der Umgang mit Kindern im Alter von 12 bis 16 Jahren hat, erlebt, in welch hohem Maße jetzt ein allgemeines Weltinteresse erwacht. Hobbys nehmen vielfach einen technisch-wissenschaftlichen Charakter an. Das Interesse wendet sich den Gegewartsfragen, den Problemen ferner Länder, der Politik, dem Umweltschutz und anderem zu. Die Eltern werden zum Teil auf Herz und Nieren geprüft in der Art, daß die Kinder zum Beispiel wissen wollen, ob sie Nazis waren oder nicht, was sie vom Kommunismus halten und ähnliches. Gefürchtete Vereinseitigungen des Interesses in Richtung »Nur noch Musik hören«, Dauerparty, Drogenmißbrauch, Sexualisierung der Liebefähigkeit können nur dann Platz greifen, wenn das allgemeine Interesse für die Welterscheinungen nicht geweckt werden konnte.

Im Folgenden seien einige charakteristische Bilder aus den Epochen der Jugendzeit dargestellt, wobei zu berücksichtigen ist, daß das Individuelle nun stärker in den Vordergrund tritt. Das hängt damit zusammen, daß sich an die Zeit der Willens- und Gefühlsentwicklung jetzt die Entwicklung des Denkens anschließt. Dadurch erwacht der junge Mensch zum vollen Bewußtsein seiner Persönlichkeit und erlebt das damit verbundene Freiheitsgefühl.

Verschiedenstes passiert: Das Zimmer des fünfzehnjährigen Klaus hat sich in eine Radioreparaturwerkstatt verwandelt. An Aufräumen ist nicht mehr zu denken. An der Türe hängt ein Schild: Zutritt verboten.

Renate hat zu ihrem 14. Geburtstag ein Tagebuch zum Abschließen geschenkt bekommen. Nun sitzt sie tatsächlich oft abends allein in ihrem Zimmer und bringt ihre Geheimnisse zu Papier.

Der sechzehnjährige Peter hat sich eben zum Ausgehen fertiggemacht. Er ist zu einer Party eingeladen. Beim Weggehen ruft ihm die Mutter nach: »Hast Du auch Dein Taschentuch dabei?« Wütend knallt Peter die Türe hinter sich zu und ist abends nicht zu der verabredeten Zeit zu Hause.

Die siebzehnjährige Olga sitzt nahe am Ufer eines Flusses, der an dieser Stelle recht tief ist. Sie sitzt schon seit einer Stunde hier und überdenkt ihre Lebenslage. Wiederholt hat sie bereits die Frage geprüft, warum sie eigentlich hier sitzt und nicht mit einem mutigen Sprung ins Wasser ihrem Leben ein Ende bereitet. Ihr Selbstgefühl ist einfach nicht stark genug, um alles, was sie an Zeitproblemen aufgenommen hat, zu verarbeiten. Die Zukunft erscheint ihr in düsterem Licht, geprägt von Umweltschmutz, Hunger, Krieg und durchbrennenden Kernreaktoren. Auch empfindet sie zu keinem Menschen eine wirklich befriedigende persönliche Beziehung. Die Gespräche der Gleichaltrigen gelten ihr als belanglos, die Vergnügungen oberflächlich. Auf der Suche nach sich selbst ersehnt sie die Begegnung mit dem ganz gleichgesinnten anderen: Sie empfindet den Zusammenhang der beiden Bestrebungen, ohne diese Rätsel jedoch lösen zu können.

Die 17 und 19 Jahre alten Brüder haben den ganzen Nachmittag in der Stadt Plakate aufgehängt, um für eine Demonstration der Friedensbewegung zu werben. Sie verstehen einfach nicht, warum sich fast alle Staaten dem Frieden zuliebe am Wettrüsten beteiligen.

Die Schule ist aus, und an der Bushaltestelle stehen sie nun dicht beisammen in uniformen Jeans, lässig offenen Jacken, teils rauchend. Einer dreht sich gerade um, macht eine Bewegung – dröhnendes Lachen bei den anderen. Grobes oder etwas schluriges Gebaren einerseits, Koketterie und Dreistigkeit andererseits sind äußere Aspekte der wartenden Jungen und Mädchen. Dahinter verbirgt sich ein noch leicht verletzbares Persönlichkeitsbewußtsein. Es ist der Auseinandersetzung mit der Umwelt noch nicht voll gewachsen und verbirgt sich daher hinter einer oft recht abstoßenden Fassade.

Wenn wir uns als Erwachsene an diese Lebenszeit zurückerinnern, können wir noch nachempfinden, daß wir wohl nie mehr später eine größere Verschiedenheit erlebt haben zwischen der Art, wie auch wir äußerlich in Erscheinung getreten sind, und wie wir uns innerlich fühlten. Auch wir wollten uns seinerzeit selbst abgrenzen, erst wirklich finden. Je besser es uns gelingt, unser eigenes Werden in jenen Jahren in der Erinnerung wachzurufen, um so verständnisvoller können wir die jungen Leute begleiten, auch wenn uns einmal die Türe vor der Nase zugeknallt wird ...

Der Unterricht an der Waldorfschule nimmt jetzt einen wissenschaftsorientierten Charakter an, das heißt, was vorher mehr im Zusammenhang gemüthaft aufgenommen wurde, wird jetzt im Detail erforscht. Ein Kollegium von Fachlehrern ist an die Stelle des Klassenlehrers getreten. Gehört wird nun, wer auf seinem Gebiet etwas weiß und die Jugendlichen dafür begeistern kann. Die Zeit, in der auf Autorität hin etwas angenommen wurde, ist vorbei.

Ein neues Entwicklungsprinzip ist vorherrschend geworden: das Denken entfaltet sich an der eigenständigen Sinn- und Wahrheitssuche. Der Jugendliche erlebt es als Befreiung, daß es nicht nur eine, sondern viele Weltanschauungsmöglichkeiten gibt, daß es sich widersprechende philosophische Systeme, ganz verschiedene Religionsbekenntnisse, vollkommen andere Sitten und Gebräuche bei anderen Völkern gibt, als es die vertrauten des eigenen Umkreises sind. Es befriedigt ihn, daß sich nicht nur im Laufe der Geschichte der Menschheit eine Entwicklung abzeichnet, in der jedes Jahrhundert seine eigenen positiven und negativen Seiten zeigt – sondern daß auch im gesamten Naturzusammenhang dieses geheimnisvolle Gesetz des Werdens und Vergehens waltet. Ein tiefgründiges Vertrauen kann sich regen, daß man in diesem Entwicklungszusammenhang auch seine Aufgaben und seinen Platz finden wird.

Einzeln oder in Gruppen werden verschiedenste Initiativen sichtbar: Begabungen treten auf, spezielle Neigungen, etwas zu tun. Daher werden auch Schulpraktika durchgeführt, die Einblicke in verschiedene Industriezweige, in Land- und Forstwirtschaft, in Sozialarbeit in heilpädagogischen Heimen und anderes geben. Das Wecken von Interessen und der Ansporn, initiativ tätig zu werden, stehen ganz im Vordergrund.

Zusammenfassung:

Aus dem Dargestellten geht hervor, daß jetzt alles das fördernd wirkt, was den Jugendlichen in seiner *geistigen* Entwicklung anregt: Reisen, unterschiedliche Arbeits- und Wissensgebiete, das Studium großer Kunstwerke und Möglichkeiten für persönliches Engagement. Lähmend wirkt sich aus, wenn in diesem Alter Autoritätsansprüche, Verbote und andere Hinderungen geltend gemacht werden. Jetzt darf und muß der Jugendliche lernen, seine eigenen Erfahrungen zu machen und seinen eigenen Standort zu finden.

Auch ist entscheidend, daß seine *zukunftsorientierte, idealistische Seelenstimmung* nicht durch den Umgang mit resignierten oder zynischen Erwachsenen beeinträchtigt oder untergraben wird.

Sind Willens- Gefühls- und Denkvermögen gesund entwickelt, so können gefürchtete Zustände wie Lustlosigkeit, »Gammeln«, Deprimiertheit, Kritiksucht oder revolutionäre Zerstörungstendenzen nicht anhaltend Platz greifen; sie treten als vorübergehende Stimmungen, jedoch nicht als Elemente der Lebensgestaltung auf.

Erziehung und Selbsterziehung

Rudolf Steiner führt hierzu folgendes aus: »Jede Erziehung ist im Grunde genommen Selbsterziehung des Menschen. Es gibt... auf keiner Stufe eine andere Erziehung als Selbsterziehung... Jede Erziehung ist Selbsterziehung, und wir sind eigentlich als Lehrer und Erzieher nur die Umgebung des sich selbst erziehenden Kindes. Wir müssen die günstigste Umgebung abgeben, damit an uns das Kind sich so erzieht, wie es sich durch sein inneres Schicksal erziehen muß. Diese richtige Stellung des Erziehenden und Lehrenden zum Kinde kann man durch nichts anderes sich erringen, als immer mehr und mehr durch die Ausbildung dieses Bewußtseins, daß es eben so ist.«*

Die angeführten Bilder aus den Epochen der Kindheits- und Jugendentwicklung machen deutlich, wie sich das Kind durch die entwicklungsbedingten Fähigkeiten der Nachahmung, des künstlerischen Empfindens und der Sehnsucht nach Wahrheit tatsächlich selbst erzieht. Der Erwachsene wird vom Kind zunächst als uneingeschränktes Vorbild akzeptiert, dann zur Autorität erhoben und schließlich existentiell geprüft mit der unausgesprochenen oder ausgesprochenen Frage: »Wo siehst du denn den Sinn des Lebens, wie kannst du dich in deiner Existenz rechtfertigen? Wie setzt du dich mit den Problemen deiner Zeit auseinander?« Dies bedingt, daß sich der Erwachsene jeweils neu in seiner Rolle als Erzieher bewähren muß. Die hierzu notwendige innere Beweglichkeit und Verwandlungsfreude wird er nur durch seine eigene Selbsterziehung erlangen können.

Was die Kindererziehung zur besonders verantwortungsvollen Tätigkeit macht, ist, daß jeder Lernvorgang zugleich auch die Art

---

* (Vortrag vom 20. April 1923 in dem Vortagszyklus: Die Pädagogische Praxis vom Gesichtspunkt geisteswissenschaftlicher Menschenerkenntnis. Troxler Verlag, Bern 1956, zur Zeit vergriffen)

und Weise beeinflußt, wie sich der Leibaufbau vollzieht. Medizin und Pädagogik sind in den Entwicklungsjahren nicht voneinander zu trennen. Und auch im späteren Leben merkt der sich selbst erziehende Erwachsene, wie sich eine fortdauernde Lernbereitschaft und innere Weiterentwicklung wohltätig auf seine körperliche Verfassung auswirken.

Ergänzendes zur Waldorfschule

Die meisten der seit dem Kriege eröffneten Waldorfschulen haben sich aufgrund von Elterninitiativen entwickelt. Dies ist deshalb so positiv zu werten, weil ja aus der vorangehenden Schilderung deutlich werden konnte, wie wichtig es ist, daß sich die Eltern für die erzieherische Tätigkeit auch in der Schule unmittelbar interessieren. Es bedarf jedoch nicht nur der ideellen Unterstützung seitens der Eltern, sondern auch der materiellen. Die Waldorfschulen sind »Elternschulen«, die, auch wenn der Staat dankenswerterweise den größten Teil der Kosten übernimmt, von den Eltern durch Beiträge getragen werden. Diese werden in ihrer Höhe von den Eltern selbst festgesetzt und richten sich nach den jeweiligen Einkommensverhältnissen und dem wirtschaftlichen Bedarf der Schule.

Fragen zum Thema:

Frage: Warum kann man in der Waldorfschule nicht sitzenbleiben?

Antwort: Die hier eingangs geschilderten kleinen Szenen machen deutlich, daß es bei der Erziehung stets darauf ankommt, das Lebensalter der Kinder zu berücksichtigen. So braucht ein Kind von zwölf Jahren andere Unterrichtsinhalte als ein vierzehn- oder zehnjähriges. Nur wenn man den Intelligenzquotienten als alleinigen Maßstab für die Schulförderung ansieht, können einem solche Altersunterschiede gleichgültig sein. Wer die Gesamtreifung der menschlichen Persönlichkeit im Auge hat, wird hier stets auf das Zusammenspiel von Denken, Fühlen und Wollen schauen und nicht *einer* menschlichen Qualität den Vorzug geben. Deshalb leben die Kinder in der Schule in einem gleichaltrigen Klassenverband. Es fördert nicht zuletzt die Entwicklung guter sozialer Fähigkeiten, wenn Schüler unterschiedlicher Begabungen zusammenbleiben und sich gegenseitig helfen lernen. In den Jahreszeugnissen bemüht sich der Lehrer, in einer zusammenfassenden Beurteilung den individuellen Fähigkeiten und Fortschritten des Kindes gerecht zu werden. Aus diesem Grunde gibt es auch kein allgemeines Zensurensystem.

Selbstverständlich können *Abschlußprüfungen* wie Mittlere Reife, Fachhochschulreife oder Abitur nach einem hierzu vorbereitendem Jahr (12. bzw. 13. Schuljahr) abgelegt werden.

Frage: Wird man in der Waldorfschule nicht weltfremd erzogen?

Antwort: Häufig begegnet man dem Vorwurf: »Ihr mit Eurer heilen Welt! Ihr macht den Kindern etwas vor, was es gar nicht gibt.« Wer aufmerksam den Gang durch die drei großen Entwicklungsepochen verfolgt hat, wird bemerken, daß sich der Erwachsene in den verschiedenen Entwicklungsphasen bemüht, sich den altersentsprechenden Bedürfnissen des Kindes gemäß zu verhalten. Daß dies nicht ohne Selbsterziehung möglich ist, wurde deutlich. Es zeigte sich auch, was alles getan werden muß, um zu einer Vermenschlichung der Lebensverhältnisse beizutragen. Ohne das Kind durch stete Hinweise darauf, wo unsere Welt überall unvollkommen und »unheil« ist, unsicher zu machen, läßt man es spüren, welche Mühe und Arbeit mit einer positiven Veränderung der Verhältnisse verbunden sind. Und dieses ist spezifisch menschlich. Gibt es doch keine menschliche Qualität, die nicht durch Mühe oder Anstrengung erworben worden ist. Selbst Gehen, Sprechen und Denken müssen aktiv erlernt werden und sind nicht »von der Natur geschenkt«.

Frage: Ist die Waldorfschule eine christliche Schule?

Antwort: In der Waldorfschule wird der Religionsunterricht je nach der Konfession der Schüler durch die Vertreter der Kirchen erteilt. Für die konfessionslosen Kinder gibt es einen freien christlichen Religionsunterricht. Für dessen Lehrplan hat Rudolf Steiner Hinweise gegeben und die Möglichkeit eingerichtet, an einer sonntäglichen Feier, der sogenannten Sonntagshandlung, teilzunehmen. Wer die Anthroposophie ein wenig kennt, wird wissen, daß sie ein großes Ziel verfolgt: die Bedeutung des Christentums und das Wesen des Christus immer besser zu verstehen und dadurch beizutragen, unser Kulturleben christlich zu durchdringen. Trotzdem darf sie nicht mit einer Religion verwechselt werden, da sie als Geisteswissenschaft dazu dient, Entscheidendes zum Verständnis der Welterscheinungen überhaupt beizutragen.

Frage: Wird man in der Waldorfschule zum Anthroposophen erzogen?

Antwort: Die von Rudolf Steiner begründete Anthroposophie ist als Wissenschaft von der menschlichen Natur, das heißt Leib, Seele und Geist Grundlage des hier dargestellten Erziehungsweges. Sie tritt jedoch an keiner Stelle des Unterrichtsgeschehens selber als Inhalt auf. Sie lebt daher in der Waldorfschule allein im »Wie«, das heißt in der menschengemäßen Methodik und Didaktik des Unterrichts. Anthroposophie heißt ja dem Wortsinn nach Menschenerkenntnis und dient so der Pädagogik als wissenschaftliche Grundlage. Im übrigen liegt der deutlichste Hinweis dafür, daß die Waldorfschule nicht zum Anthroposophen erzieht, darin, daß nur wenige der abgehenden Schüler innerhalb dieser Geistesrichtung tätig werden. Ein großer Teil ehemaliger Waldorfschüler allerdings ist im späteren Leben bestrebt, seine eigenen Kinder ebenfalls auf eine Waldorfschule zu schicken oder sich an einer Schulgründung zu beteiligen. Blickt er doch oft mit Dankbarkeit auf die anregungsreiche Schulzeit zurück.

Frage: Ist die Waldorfschule für lernschwache oder schwierige Kinder da?

Antwort: Die Waldorfschule ist eine einheitliche Volks- und Höhere Schule und vertritt das Recht auf Bildung bis zum 18. Lebensjahr eines jeden Kindes, unabhängig vom gewählten Schulabschluß. Dabei werden auch Kinder aufgenommen, die an einer anderen öffentlichen Schule bald sitzenbleiben würden. Allerdings kann man davon nicht den Anspruch ableiten, jedes Kind, das auf einer anderen Schule sitzengeblieben ist, müsse nun auf einer Waldorfschule Aufnahme finden. Vielmehr bleibt es jeweils dem Lehrer überlassen, wieviel solcher Schüler er in seiner Klasse aufnehmen kann. Es ist durchaus erwünscht, daß die verschiedensten Fähigkeiten und Schwierigkeiten in einer Klasse vertreten sind und in der gemeinsamen Arbeit wahrgenommen werden können. Nur so kann sich ein wirkliches soziales Verständnis entwickeln für die Eigenheiten, für Sorgen und Nöte eines jeden Menschen. Die Grenzen, die solchen Bemühungen innerhalb einer normalen Schulklasse gesetzt sind, haben dazu geführt, daß eine Vielzahl von Einrichtungen für Kinder mit besonderen Schwierigkeiten geschaffen wurden, die ebenfalls auf der Grundlage der Waldorfpädagogik arbeiten. Es sind dieses die heilpädagogischen Heime sowie die anthroposophisch orientierten Sonderschulen und Internate.

Frage: Warum werden die Kernfächer in Epochen unterrichtet?

Antwort: Im sogenannten Epochenunterricht befassen sich die Schüler jeden Morgen in der »Hauptunterrichtszeit« von 8.00 bis 10.00 Uhr in aller Ruhe während 3–4 Wochen mit einem Fachgebiet. Dadurch ist ihnen die Möglichkeit gegeben, sich wirklich mit dem Gegenstand der Betrachtung zu verbinden. Wenn eine Epoche zum Abschluß gekommen ist, freuen sie sich darauf, daß jetzt »ganz etwas Neues« kommt. Durch diesen Unterrichtsstil arbeitet man zugleich an einer bewußten Pflege des Erinnerns und Vergessen-Könnens. Wenn zwischen zwei Geschichtsepochen zum Beispiel ein dreiviertel Jahr gelegen hat, haben die Schüler nur scheinbar alles vergessen. Es ist dann ganz erstaunlich zu bemerken, wie auf gezielte Fragen des Lehrers hin die Klasse sich mehr und mehr auf das bereits Behandelte besinnt, und welche Freude es macht, die Erinnerungen aufzufrischen, bevor man den Ausgangspunkt für die Fragestellung der neuen Epoche gewinnt – ganz abgesehen davon, daß die wichtigsten Dinge natürlich in dem »Epochenheft« festgehalten sind, das für den Schüler zu Hause jederzeit greifbar ist.

Frage: Wie steht es mit den Hausaufgaben?

Antwort: In den ersten drei Schuljahren haben die Hausaufgaben lediglich den Charakter, daß die Kinder zu Hause etwas wiederholen oder fertig machen dürfen, was in der Schule angelegt bzw. behandelt wurde. Wenn dann ab dem 4. Schuljahr regelmäßig Arbeiten für zu Hause aufgegeben werden, bemüht sich der Lehrer, den Schülern dabei das Bewußtsein zu vermitteln, daß sie zu Hause etwas ihm zuliebe bzw. der Sache zuliebe ausarbeiten. Auf diesem Wege kann der Heranwachsende eine positive Einstellung der Arbeit gegenüber entwickeln. Diese ist nicht nur dazu da, um etwas zu werden oder später Geld zu verdienen, sondern um ihrer selbst willen.

Frage: Kann man ohne Leistungsdruck lernen?

Antwort: Es gibt drei Triebfedern für das Lernen: Ehrgeiz, Angst bzw. Leistungsdruck und Liebe zur Sache. In der Waldorfschule versucht man das letztere! Allerdings würde man den vorangehenden Punkt falsch verstanden haben, wenn man den Eindruck gewonnen hätte, als würde an den Waldorfschulen nur »spielendfreudig« gelernt. »Dem Lehrer zuliebe lernen« heißt nicht, ohne Mühe und Anstrengung lernen. Und was in den ersten Schuljahren dem Lehrer zuliebe an Mühe aufgewendet wurde, kann später der Sache zuliebe getan werden. Eine solche Lernmotivation hat andere soziale Konsequenzen als das Bedürfnis, »der Beste zu sein«, »belohnt zu werden« oder spätere bessere Chancen zu haben. Ziel der Waldorfpädagogik ist es, die Einsicht vorzubereiten, daß nur ein lebenslanges Lernen-Können zu einem sinnerfüllten Menschsein führt.

Frage: Wie fördert die Waldorfschule die Erziehung zur Verantwortlichkeit?

Antwort: Der Lehrplan der Waldorfschule ist so aufgebaut, daß der Heranwachsende alle Lerninhalte und Wissensgebiete in Beziehung zum Menschen kennenlernt. Dadurch wird ihm die Möglichkeit gegeben, zu allen Erscheinungen um ihn herum in ein persönliches Verhältnis zu treten. Auf diesem Wege kann sich dann auch das Gefühl einer zunehmenden Verantwortlichkeit herausbilden. Kann man doch nur für dasjenige Verantwortung empfinden, zu dem man eine persönliche Beziehung hat. Vieles von der heute so oft beklagten Verantwortungslosigkeit und Beziehungslosigkeit ist auf Erziehungsstile zurückzuführen, die in erster Linie die intellektuelle Entwicklung des Kindes im Auge haben und die einzelnen Wissensgebiete »an sich«, das heißt losgelöst vom Menschen betrachten.

Frage: Wie und wann erfolgt der Aufklärungsunterricht?

Antwort: In den Klassen 3 und 4 wird im Zusammenhang mit den mythologischen Schöpfungsgeschichten aus dem hebräischen und germanischen Volkstum über die *geistige* Herkunft des Menschen gesprochen. Im 5.–7. Schuljahr steht in verschiedenen Epochen die Charakteristik des *seelischen* Wesens des Menschen im Vordergrund.

Im Biologieunterricht des 8.–11. Schuljahres kommen schrittweise alle Einzelheiten seiner *leiblichen* Abstammung zur Sprache. Ein isolierter »Aufklärungsunterricht« wird überflüssig, aktuelle Einzelfragen sollten zum individuell richtigen Zeitpunkt zu Hause besprochen werden. Elternabende können dies vorbereiten, wo die Eltern Fragen nach der »Pille«, dem § 218 und ähnliches mit einem Lehrer oder dem Schularzt besprechen können.

Richtig verstanden will aller Unterricht zu der Aufklärung beitragen, welch verantwortliche Stellung der Mensch innerhalb der Natur und für die Entwicklung der Menschheit hat. Die Zukunft der Erde und das soziale Leben werden durch ihn bestimmt. Dabei ist es jeweils ganz *individuell* zu lösen, wie er seine leibgebundene Triebnatur in den Dienst seiner sich vom Leib emanzipierten schöpferisch-geistigen Möglichkeiten stellt. Rudolf Steiner führt hierzu im 9. Kapitel seiner »Philosophie der Freiheit« aus: »Die Natur macht aus dem Menschen bloß ein Naturwesen; die Gesellschaft ein gesetzmäßig handelndes, ein *freies* Wesen kann er nur selbst aus sich machen.«

Frage: Was ist Eurythmie?

Antwort: Die von Rudolf Steiner begründete neue Bewegungskunst Eurythmie ist sichtbarer Ausdruck von Sprache und Musik, d. h. es gibt eine sogenannte Laut- und eine Toneurythmie. Diese werden auf drei verschiedenen Gebieten unterschiedlich gehandhabt:

In der *Kunsteurythmie* werden Gedichte, Erzählungen und dramatische Werke dargestellt, sowie ein- oder mehrstimmige Musikstücke bis hin zu ganzen Orchesterwerken aufgeführt.

In der *pädagogischen* Eurythmie lernt der Schüler, sich zunächst geschickt im Raum zu orientieren und zu bewegen. Im Einüben künstlerischer Werke lernt er, seine Bewegungen so zu gestalten, daß der Körper immer mehr zum Ausdruck dessen wird, was die Seele will und ist.

In der *Heileurythmie* werden die verschiedenen Laut- und Tonbewegungen gezielt im Sinne einer Bewegungstherapie eingesetzt. Dabei erfolgt ihr Einsatz nur auf Anordnung des Arztes. Dieser muß nach sorgfältigen Studium beurteilen, welche Bewegungsform bestimmten Krankheiten und Gesundheitstendenzen des Menschlichen Organismus entspricht und therapeutisch angewendet werden soll.

Frage: Kann man die Waldorfpädagogik auch außerhalb der Waldorfschulen praktizieren?

Antwort: Selbstverständlich kann jeder, der sein Kind nicht auf einer Waldorfschule hat oder dieses auch nicht wünscht, sich doch wesentliche Anregungen für die Erziehung und Selbsterziehung aus den Prinzipien der Waldorfpädagogik holen. Wenn diese Ausführungen dazu beitragen können, das deutlich zu machen, ist ihr Sinn erfüllt.

Im übrigen ist die Mehrzahl der Waldorfschulen zur Zeit in der Bundesrepublik in allen Klassen voll bzw. überfüllt. Diese Ausführungen können daher auch als eine Ermunterung zur Selbsthilfe für Eltern aufgefaßt werden, deren Kinder nicht mehr aufgenommen werden konnten.

Welche Zusammenhänge bestehen zwischen der menschlichen Denktätigkeit und der Regenerations- und Wachstumstätigkeit des Organismus?

Es ist von der allergrößten Bedeutung, zu wissen,
daß die gewöhnlichen Denkkräfte des Menschen die verfeinerten
Gestaltungs- und Regenerationskräfte sind.

RUDOLF STEINER

Auf den ersten Blick scheint die menschliche Denktätigkeit wenig mit der Wachstumstätigkeit des Organismus zu tun zu haben: Schaut man jedoch näher hin, so werden erstaunliche Zusammenhänge sichtbar.

Zunächst sei das Gedankenleben betrachtet: Es gibt kein Naturereignis, weder in der unbelebten noch in der belebten Natur, das nicht durch mathematische oder andere Gesetzmäßigkeiten und Formeln beschreibbar wäre, das heißt, durch Gedanken. Es gibt auch keinen Stoff, kein Element in der Natur, dessen Art und Weise, sich mit anderen zu verbinden, nicht strengen Gesetzen unterworfen wäre, die formulierbar, lernbar und anwendbar sind. So selbstverständlich uns diese Tatsache auch scheinen mag, so weitreichend ist ihre Konsequenz. Denn Gesetze sind nur *gedanklich* erfahrbar, faßbar und beschreibbar – das heißt, sie sind unsichtbar. Und dem Zusammenhang all dieser unsichtbaren Gesetze gehorcht die sichtbare Natur bis in alle Einzelheiten. Insofern sich also Körper bewegen, Vögel fliegen, Wassertropfen fallen, können wir überall die Wirkungen erleben von Gesetzen, die in den Vorgängen der Welt sichtbar werden.

Auch unser bewußtes Seelenleben können wir so differenzieren. Einmal als den Bereich der Sinneseindrücke und des sinnlich Wahrnehmbaren und zum anderen als den Bereich des Unsichtbaren, nur Denkbaren. Ob wir dabei Worte wie nichtsinnlich, außersinnlich, untersinnlich oder übersinnlich verwenden, spielt für diese Erfahrung keine Rolle – Tatsache ist, daß sich unser bewußtes Leben in nicht sinnliche, das heißt nur denkbare Erfahrungen, und in die Fülle der sinnlichen Erfahrungen gliedert.

An beide Erfahrungsbereiche schließen sich dann wiederum unsichtbare, das heißt rein seelisch erlebte Gefühlserfahrungen an (vgl. S. 271). Denn auch unsere Empfindungen können wir nicht sehen, sondern nur erleben, und wir erleben sie um so bewußter, je genauer wir durch unser Denken wissen, was wir empfinden und fühlen. Unklare Gefühle haben etwas Bedrängendes, das sich erst löst, wenn wir uns über sie gedankliche Klarheit verschafft haben.

Großartig ist, daß es nichts in der sinnlichen Welt gibt, was nicht mit Hilfe der unsichtbaren Gedanken verstanden und durchschaut werden könnte; und daß es keine Gedanken gibt, die man nicht auf irgendeine Art und Weise in sinnliche Wirklichkeit umsetzen und damit sinnlich erfahrbar machen könnte. Dies gelingt sogar für die Welt religiöser Tatsachen, indem durch die Kunst, in Form von Malerei, Plastik und Musik, etwas von dem Heiligen, Übersinnlichen den Sinnen offenbart wird. Es gibt eben keinen Vorgang in der Welt, in dem nicht irgend etwas Gesetzeshaftes, Übersinnliches darinnen steckt. Auch beim Auto ist dies der Fall, welches ohne die Gedanken der Menschen und ohne den Willen, diese Gedanken in Wirklichkeit umzusetzen, niemals fahren würde. In diesem Gedanklichen, das der Mensch zur Verfügung hat, liegt demnach die geistige Potenz: nicht nur alle Naturgesetzlichkeiten zu erforschen und zu verstehen, sondern auch, insofern wir Neues denken, Neues zu schaffen. Wir bezeichnen deswegen ja auch den Menschengeist beziehungsweise das menschliche Denken als das schlechthin Schöpferische im Menschen, weil durch ihn tatsächlich täglich Neues geschehen kann.

Bevor wir nun auf nähere Zusammenhänge zwischen der Lebens- und Denktätigkeit im menschlichen Organismus zu sprechen kommen, soll das Denken noch genauer betrachtet werden.

Welche Arten von Gedanken gibt es? Da ist zunächst die Möglichkeit des *Nachdenkens*. Man denkt mit oder nach, was ein anderer gedacht hat. Dieses gilt auch für das gesamte Naturwissen. Denn die Natur ist bereits da, wir finden sie vor und benützen unser Denken dazu, zu verstehen, nach-zu-denken, wie sie geworden ist, wie sie wirkt und wie sie sich aufgrund der vorhandenen Gesetzmäßigkeiten weiterentwickeln läßt. Doch bei der Frage der Weiterentwicklung sind wir schon an der Grenze zum Vorausdenken. Dieses *Vorausdenken* hat jedoch nicht nur die Fähigkeit, in der Fortsetzung des Nachdenkens Vorstellungen im Sinne einer Konsequenz für die Zukunft zu entwickeln. Vielmehr kann es auch ein ganz neuschöpferisches Vorausdenken sein. Zum Beispiel kann man morgens bei der Hausarbeit plötzlich den Einfall haben, wo es im Sommer in den Ferien hingehen soll. Man erkundigt sich über die Möglichkeiten, und es gelingt einem, im Februar die Voraussetzungen für einen Sommerurlaub zu schaffen, der sich dann erst im August verwirklicht und sich nur durch dieses Vorausdenken so gestaltet. Normalerweise ist es so, daß ältere Menschen mehr im Nachdenken leben, wogegen Jugendliche mit ihrem Bewußtsein stark von Wünschen getragen in der Zukunft zu Hause sind. Das menschliche Denken umfaßt also nicht nur das geistig Wirksame beziehungsweise Gesetzeshafte in der unbelebten, belebten und beseelten Natur, sondern es erweist sich auch als *Gestalter* und Meister *der Zeit*. Nachdenken über das, was in fernster Vergangenheit einmal angefangen hat – Vorausdenken, was in späterer Zukunft vielleicht einmal kommen kann – beides liegt im Denken. Dadurch zeigt es sich nicht nur in seiner zeitlichen, sondern auch in seiner *überzeitlichen* Dimension, indem es umspannende und gewaltige Zeiträume in die Gegenwart hereinholen kann.

Diese über Raum und Zeit hinausragende Eigenschaft des Denkens weist noch auf eine weitere Qualität hin: die besondere Natur der menschlichen *Ideale*, so wie sie mit den moralischen Qualitäten des menschlichen Seelen- und Geisteslebens verbunden sind. Man kann über die Ideale spotten, sie lächerlich machen, sie fehlinterpre-

tieren oder über Bord werfen wollen – wer sich jedoch mit ihnen
verbindet, erlebt, daß diesen Idealen nicht nur das Gedankenhaft-
Ideelle innewohnt, was zum Beispiel mit dem Wort Treue, Andacht, Wahrheit, Freiheit oder Brüderlichkeit gemeint ist, sondern
daß sie die größten Kraftquellen sind, die man als seelisch-geistiges
Wesen haben kann. Wer ein wirkliches Lebensideal gefunden hat,
der wird in allen Lebenslagen sich zurechtfinden und eine gewisse
Unangreifbarkeit bekommen. Es mag geschehen, was will, er wird
es immer sinnvoll zu nehmen wissen, wird immer etwas Fruchtbares daraus machen können. Woher kommt das? Von der Möglichkeit, sich mit einem Ideal ganz und gar zu identifizieren. Diese
Identifikationsmöglichkeit wirft aber nicht nur Licht auf das Wesen
der Ideale, sondern auch auf das Wesen des menschlichen »Ich«.
Dies sei an einem Beispiel aus dem Johannes-Evangelium verdeutlicht:

Denken Sie an das Wort »Ich bin das Licht der Welt.« Da kann
man zunächst sagen, dies sei ein schlichter Vergleich: Christus vergleicht sein eigenes Wesen, sein Ich, mit dem Licht der Welt. Was ist
nun aber das Licht? Das Licht macht alles sichtbar, obwohl es selbst
nicht sichtbar ist. Es zeigt Einzelheiten, läßt Zusammenhänge und
Bezüge erkennen, es erfüllt den Raum, lebt in der Zeit, es erscheint,
verschwindet, dämmert und gibt uns die Möglichkeit, überhaupt
sinnvoll-wirklich mit unseren Augen die Welt wahrzunehmen. Hat
die Wesenheit des Ich dieselbe Qualität? Wer sich auf die Substanz
und Eigenart seines Ichs besinnt, macht in diesem Zusammenhang
die überraschende Entdeckung, daß dies tatsächlich so ist. Mit diesem Wörtchen ist etwas bezeichnet, das zwar alles *ist*, ohne aber
selbst als solches in Erscheinung zu treten. Sagen wir nicht zu *allem*
»ich«? (*ich* gehe, *ich* mache, *ich* habe vor, *ich* sehe das und das ...
und was *sind* wir wirklich?

Wir sagen tatsächlich zu allem insofern »ich«, als alle Stoffe der
Welt, alle Kräfte und Gesetze der Welt, die wir kennen, irgendwo
am Aufbau und in der Entwicklung des menschlichen Leibes beteiligt sind, mit dem wir uns identifizieren. Im alten Testament wird

das so ausgedrückt, daß vom Menschen gesagt wird, er sei die Krone der Schöpfung. Dies ist sehr exakt beschrieben, weil tatsächlich das gesamte Naturdasein mit seinen Gesetzen in ihm wirksam ist. Aus dem Zusammenwirken der stofflichen Vielfalt mit all ihren Kräften und Gesetzen blickt am Ende eine menschliche Persönlichkeit in die Welt, die zu sich »ich« sagt. Andererseits sagen wir auch wiederum zu gar nichts »ich«. Wenn wir einander fragten: Wer bist du denn wirklich?, so würde manch einer antworten: Das weiß ich nicht – ich frage mich manchmal, zu wem ich da eigentlich »ich« sage? Selbst Goethe hatte Mühe, das Wesen des Ich zu beschreiben. Er bemerkt, daß wenn man einen Menschen in seinem Charakter erfassen will, man auf alles das sehen muß, was er getan hat, und welche Wirkungen davon ausgegangen sind. Denn das geistige Wesen des Menschen ist zwar wirksam – aber man kann es nicht mit Augen sehen. So erleben wir auch das Licht: Selbst unsichtbar, wirkt es überall sichtbar machend, Zusammenhänge schaffend und verdeutlichend. Licht- und Ich-Natur lassen sich demnach nicht nur vergleichen. Sie sind miteinander in gewisser Weise identisch.

So liegt auch in dem Ausspruch des Christus »Ich bin das Licht der Welt« nicht nur der Vergleich, sondern auch das Element der Identifikation. Und dieses Element der *Identifikation* lebt in der Art und Weise, wie ein Mensch zu seinen Idealen steht. Wenn wir zum Beispiel dem Ideal der Treue folgen, so wollen wir gern treu *sein,* das heißt, uns mit diesem Ideal identifizieren. Und so kann auch ein Menschen-Ich dem Christus nachstreben und sagen, ich möchte so werden, wie das weisheitsvoll die Welt erhellende reine Licht. Das Interessante tritt ein, daß, wenn jemand ein Ideal hat, er in allem, was er tut, dieses Ideal verwirklichen möchte. Folgt er da nicht sich selbst? Oder ist das Ideal zum innersten Wesen dieses Selbst, des Ich, geworden? Wenn ein Mensch zu einem anderen sagt: »Du bist aber lieb«, oder »Du bist ein Engel«, oder »Sei doch nicht so garstig«, so lebt auch hier die Identifikation mit einer moralischen Eigenschaft, das heißt mit einem Ideal. Es liegt im Wesen des Ich, daß es selbst nicht in Erscheinung tritt, es sei denn, es wäre mit etwas verbunden. Ich bin so gut und so schlecht, wie meine Ideen über mich und die Welt sind, denn nach denen handle ich, die bringe ich durch mein ganzes Leben und Tun zum Ausdruck. Also bin ich nicht »ich«, sondern das, wofür ich mich entscheide und womit ich mich verbinde?

Jeder Mensch, der an diese Grenze seiner Selbstbeobachtung stößt, erlebt sich wie an einem Abgrund zwischen zwei Welten, von der die eine sinnlich gegeben und die andere ideell-gedanklich zugänglich ist. Er erlebt sich durch seinen Leib in die sinnliche Welt gestellt und mit ihr identisch. Durch seine Gedanken jedoch ragt er hinein in eine rein geistige Welt von moralischen Idealen und Intentionen. Diese können zu *Kräften* werden, die den Menschen befeuern, der sich mit ihnen verbindet. Woher kommen diese Kräfte? Sie kommen von den *Wesen*, die durch das entsprechende Ideal wirksam sind, so wie der Christus wesenhaft in uns ist, wenn wir den Idealen folgen, mit denen er sich identifiziert hat, das heißt, mit denen er wesensgleich geworden ist. Und so, wie es gute und böse Gedanken, Aufbauendes und Zerstörendes in der Welt gibt, so gibt es auch gute und böse Wesen, deren Intentionen in uns wirksam werden können, je nach dem, welchen Ideen und Idealen wir folgen. Das Denken eines Ideals ist gleichsam eine zarte Berührung mit einem geistigen Wesen, die in dem Augenblick zu einer verbindlichen Wesensbeziehung wird, in dem sich der Mensch innerlich zu ihm entschließt. Würden sich die geistigen Wesen dem Menschen aufdrängen und ihn mit ihrer Gewalt beherrschen, so wäre die Idee der Freiheit eine Illusion. Daher muß dem Menschen selbst überlassen bleiben, welchen Idealen und Intentionen er folgen möchte.

Wir haben im ersten Teil unserer Darstellung davon gesprochen, daß das Geistige, das heißt die Gesetzlichkeit in allen Dingen, das eigentlich Wirksame ist. So können wir auch von der Wirksamkeit geistiger Wesen sprechen, die nicht im Naturzusammenhang verkörpert sind und dennoch wirksam in das menschliche Leben hereinragen. Wer durch die Ideale von Freiheit und Liebe mit Christus verbunden ist, kann sich auch schwärzeste Schicksalssituationen dadurch beleuchten, daß er sich fragt: »Was kann ich hierdurch über mich und die Welt auf dem Entwicklungsweg zur Freiheit lernen? Wie kann ich aus dieser Situation etwas gewinnen, das meine Mitleids- und Liebefähigkeit fördert?« Wer so vorgeht, hat durch seine Ideale etwas, womit er sich auch schwerstes Leid, Zusammenhänge schaffend, zugänglich machen kann und dadurch neue Kraft zum Weiterleben findet. Das Ich und dasjenige, womit es verbunden ist, das Ideal, beleuchtet tatsächlich die seelische Innenwelt so, wie das äußere Licht die sinnliche Welt überschaubar und zugänglich macht.

Wachstums- und Lebenstätigkeit des menschlichen Organismus

Was haben nun Überlegungen dieser Art mit dem Leben des Organismus zu tun? Um dies zu verstehen, müssen wir noch einen anderen Tatsachenzusammenhang einbeziehen: Idealistische, beziehungsweise engagiert-religiös gestimmte Menschen haben ein besseres Immunsystem, eine bessere körpereigene Abwehr als verunsicherte, innerlich haltlose Menschen. Es ist dies zwar schon von jeher bekannt (auch in den Zeiten der großen Seuchen waren die Ängstlichen diejenigen, die leichter von der Krankheit dahingerafft wurden als die Mutigen). Inzwischen ist es jedoch auch in der psychosomatischen Medizin wissenschaftlich erforscht. Die Frage ist nur, wie es konkret zu verstehen ist, daß idealistisches Denken und körpereigene Abwehr miteinander direkt zusammenhängen. Jeder Mensch erlebt, daß er, wenn er sich begeistert, eher rote Backen und warme Füße hat, da das Blut besser zirkuliert. Er kann auch erleben, daß eine Mutter ihre grippekranke Familie pflegt, ohne sich selbst anzustecken. Wie ist das jedoch zu verstehen? Warum kann eine idealistische Lebenseinstellung sich so positiv auf die körpereigene Abwehr, das heißt auf einen biologischen Vorgang, auswirken? Und umgekehrt, woher kommt es, daß Menschen in einer Trauer- oder Streß-Situation oder im Zustand der Unzufriedenheit dem Leben eher kritisch und skeptisch gegenüberstehend, eine Herabminderung der körpereigenen Abwehr erfahren? Diese Fragen finden eine weitgehende Antwort durch das Forschungsergebnis Rudolf Steiners, welches er folgendermaßen formuliert: »Es ist von der allergrößten Bedeutung zu wissen, daß die gewöhnlichen Denkkräfte des Menschen die verfeinerten Gestaltungs- und Wachstumskräfte sind.«* Es wird also gesagt, daß die gewöhnlichen Denkkräfte des Menschen genau dieselben sind, mit denen der Organismus seine Lebens-, Wachstums- und Regenerationstätigkeit besorgt. Daß Gedanken in allen Erscheinungen wirksam sind und das Geistig-Wesenhafte im Menschen offenbaren können, haben wir angedeutet. Daß in Wachstum und Regeneration alle Weltgesetze zusammenspielen, die wir kennen, haben wir versucht zu schildern. Daher ist es einleuchtend, was Rudolf Steiner hier vorbringt. Denn der Mensch ist tatsächlich so organisiert, daß dasjenige, was naturgesetzlich und überhaupt gesetzlich in ihm wirkt, nicht nur in seinem körperlichen Funktionieren aufgeht, sondern daß er einen Überschuß dieser Gedanken-Gesetzes-Kräfte zur Verfügung hat, durch die er sich ein Leben lang lernfähig erhalten kann.

Bei den Tieren ist das anders, weil hier die Wachstumskraft nahezu ganz in der körperlichen Verwirklichung aufgeht, nachdem sie geschlechtsreif geworden sind. Deshalb besitzen sie später nur noch wenig oder gar keine Lernfähigkeit mehr. Dafür haben sie aber die Weisheitsfülle in ihrem Körper und im seelischen Verhalten in so vollkommener Weise, daß wir als Menschen nur bewundernd auf ihre immer vollendete Daseinsverwirklichung hinblicken können. Dies zeigt sich bis hin zu der letzten Schwanzfeder eines arktischen Vogels, der bei einer Temperatur von −40° Celsius noch eine Kör-

---

* R. Steiner, Ita Wegmann: »Grundlegendes für eine Erweiterung der Heilkunst nach geisteswissenschaftlichen Erkenntnissen«, GA 27.

pertemperatur von +40° aufrechterhalten kann und sein Leben sinnvoll eingebettet in den Naturzusammenhang verbringt. Er braucht nicht über seine Zukunftsentwicklung nachzudenken oder an seiner gegenwärtigen zu zweifeln. Bei den Tieren ist die Weisheit instinkt- und organgebunden und äußert sich in entsprechenden arteigenen Verhaltensweisen.

Der Mensch hingegen ist gebaut mit Händen, denen man nicht ansehen kann, ob sie im nächsten Augenblick einen Dolch erheben oder aber den Nebenmenschen liebevoll streicheln wollen. Er hat einen weitgehend ungeprägten, unspezialisierten Organismus. Nicht einmal im Erhalten seines körperlichen Gleichgewichtszustandes ist er stabil. Auch diesen muß er sich ständig durch eigene Aktivität erwerben und aufrechterhalten. Wenn die Konzentration nachläßt und wir müde sind, stolpern wir leichter und haben mehr Mühe, im Gleichgewicht zu bleiben.

Für diesen Mangel an leibgebundener Weisheit steht uns jedoch ein Überschuß an Seelen- und Geistesleben in Form handhabbarer Gefühle und Gedanken zur Verfügung – ein freies Spiel der Möglichkeiten. Der Mensch besitzt gleichsam zur Hälfte eine in seiner Natur gebundene Weisheit, weswegen wir zum Glück die Arbeit unseres Magens und unseres Darms nicht bewußt beaufsichtigen müssen. Auf der anderen Seite hat er jedoch etwa ebensoviel zur freien Verfügung als gedankliche Betätigungsmöglichkeit und bezahlt dies mit einem Körper, der weniger instinktsicher und aufgrund eingeborener Verhaltensmuster weisheitsvoll tätig ist. Deswegen kann der Mensch aber auch seine Bewußtseinsentwicklung fortsetzen, nachdem die körperliche Entwicklung abgeschlossen ist. Er kann Idealen nachstreben, sich verwandeln, die Kultur verändern. Er kann aber auch krank werden, wenn er lange genug Dinge gedacht hat, die nicht mit der Harmonie seines im Körper verankerten Gesetzesgefüges übereinstimmen, das heißt, die nicht menschengemäß sind. Jede Lüge, jede Unwahrhaftigkeit widerspricht der weisheitsvollen Ordnung seines Organismus. Ein unklares Gedankenleben muß sich demnach auf die Dauer kränkend auf diesen auswirken. Ebenso kann man sich durch ständigen Ärger ein Magengeschwür zuziehen. Zehrende Sorgen können »an die Nieren« gehen, andere Probleme laden sich auf Leber und Galle ab. Immer wieder steht man erstaunt vor dem Phänomen, wie groß der Einfluß des Gedanken- und Gefühlslebens auf die Regenerationskraft des Organismus ist (vgl. auch S. 418).

Zur Identität von Wachstums-, Regenerations- und Gedankenkraft

Wer damit beginnt, den inneren Zusammenhang der Wachstums- und Regenerationskräfte des Organismus mit den entsprechenden Vorgängen in seinem Gedankenleben zu studieren, wird dieser Entsprechung auf Schritt und Tritt begegnen. Beispielsweise kann gefragt werden, was entspricht im menschlichen Gedankenleben den Aggregatzuständen, die den menschlichen Organismus in feste, flüssige und gasförmige Qualitäten differenzieren? Eben diese Differenzierung findet sich auch im Denken: in den festen Vorstellungen, in den verbindenden begrifflichen Bezügen, in den aufblitzenden oder wie ein Windhauch ankommenden und auch rasch wieder verschwinden könnenden Ideen. Und die Wärme findet sich in den Idealen, die das ganze Seelen- und Geistesleben erwärmen und anregen. Man kann auch fragen: Was entspricht dem Verdauungsprozeß im Denken? Auf der Seite der Verdauung haben wir die Fähigkeit, die Nahrungsmittel zu zerstören und z. B. das Eiweiß bis zu den einzelnen Aminosäuren hin zu hydrolisieren beziehungsweise aufzulösen. Dieses Gemisch aus Aminosäuren geht dann ins Blut und wird im gesamten Organismus für den Aufbau des körpereigenen Eiweiß verwendet. Auf der anderen Seite haben wir im Bereich unserer Denktätigkeit die bis ins einzelne gehende analytisch-zergliedernde Aktivität. Und entsprechend der Aufbautätigkeit im

Organismus die Fähigkeit, Dinge zusammenschauen zu können und synthetisch zu denken. Ein anderes Beispiel ist die körpereigene Abwehr: Alles Fremde wird abgewiesen, hin und wieder sind auch allergische Reaktionen zu beobachten. Dasselbe ergibt sich für unser Gedankenleben. Viele Gedanken weisen wir von vornherein ab und sagen, das interessiert mich nicht, damit setze ich mich überhaupt nicht auseinander. Auf andere Gedanken oder Äußerungen von Menschen reagieren wir allergisch mit bestimmten Gegengedanken und Gegenargumenten – ist das nicht ein »gedankliches Immunsystem«, das hier wirksam ist?

Wieder ein anderes Beispiel ist das dogmatische Denken. Wir empfinden eine Lebensansicht als dogmatisch, die zwar als ein Wert empfunden, jedoch von dem betreffenden Menschen selbst nicht ganz verstanden werden kann. Jeder Gedanke, der sich nicht selbstverständlich mit allem übrigen Denken in Beziehung bringen läßt, sondern ein für sich abgeschlossenes Eigenleben führt, entspricht dem, was auf der körperlichen Seite Ablagerungen und Steinbildungen sind. Das heißt, es handelt sich um Strukturen, die nicht mehr im Leben des gesamten Organismus aufgenommen sind. Jeder kennt auch das im wahrsten Sinne des Wortes Erlösende, wenn man plötzlich von einem Menschen verstanden wird, der einen bisher nicht verstehen konnte. Es entspricht einem Heilprozeß auf körperlicher Ebene, wenn es gelingt, einen isolierten Prozeß wieder in den Funktionszusammenhang des Organismus einzugliedern.

So betrachtet erweisen sich das körperliche Leben und das Gedankenleben als zwei Erfahrungsfelder, die es in ihren Entsprechungen zu erforschen gilt. Im Leib wirken die Naturgesetze und gedanklichen Möglichkeiten im Substanzgeschehen gleichsam im »Bruttozustand«. Losgelöst von der Arbeit in der Substanz, rein geistig erfahrbar, wirken dieselben Gesetze im menschlichen Denken, sozusagen im »Nettozustand«. Wer beginnt, den Zusammenhang zwischen dem Gedankenleben und dem Körperleben zu durchschauen, wächst in eine neue Verantwortung herein: Wie ist der Prozeß der Entwicklung zu lenken, daß die Wachstumskräfte, die der Körper für seine Entwicklung braucht, nicht zu früh zu intellektueller, das heißt zu gedanklicher Tätigkeit herangezogen und damit dem Körper für sein Gedeihen entzogen werden? Die Lernfähigkeit des Kindes macht es möglich, die Wachstumskräfte zu mißbrauchen und in einseitiger Weise verfrüht zu trainieren und damit die körperliche Entwicklung zu schädigen.

Rudolf Steiner ist der erste, der in seinen pädagogischen und medizinischen Vorträgen auf diese Gefahr hingewiesen hat. Daher ist es eines der Hauptanliegen der Waldorfpädagogik, (s. S. 211 ff.) auf diesen Entwicklungszusammenhang Rücksicht zu nehmen und den Lehrplan nicht nach abstrakten Leistungsanforderungen, sondern nach gesundheitlichen Gesichtspunkten einzurichten.

Ebenso basiert die anthroposophische Kinderheilkunde ganz auf der Berücksichtigung dieses Zusammenhangs. Es kann nicht das Ziel sein, eine Krankheit so schnell wie möglich »wegzuzaubern« oder den Krankheitsprozeß zu unterdrücken. Vielmehr wird in der Bereitschaft des Körpers, krank zu werden, etwas gesehen, was er für seine Entwicklung braucht. Daher sollte die notwendige Zeit für Bettruhe, häusliche Rekonvaleszenz und Pflege aufgebracht werden und das Kind vor seelischen und geistigen Überanstrengungen während dieser Zeit geschützt sein. Sind doch die Kräfte, die der Körper für seine Heilung benötigt, dieselben, die auch im Wachstum und in der Regeneration, aber auch im menschlichen Denken betätigt werden. Auf dem Hintergrund dieser Tatsache eröffnen sich neue Perspektiven für eine Krankheitsprophylaxe. Man wird alles tun, um zu verhindern, daß dem heranreifenden Organismus zu früh seine Wachstumskräfte entzogen werden und damit die gedankliche Entwicklung einseitig verläuft. Man wird aber auch zu verhindern suchen, daß die geistigen Kräfte brachliegen und nicht zu altersentsprechenden Lernvorgängen herangezogen werden. Denn nur die gesunde Inanspruchnahme des Denkens führt zugleich zu einer Stärkung der vitalen Prozesse des Organismus. Dies soll durch den folgenden Abschnitt noch verdeutlicht werden.

Entwicklung der Organsysteme im Zusammenhang mit der Reifung des denkenden Bewußtseins

Es ist interessant, unter diesem Gesichtspunkt auf die kindliche Entwicklung hinzublicken, und zu sehen, wie in den Jahren zwischen Geburt und Mündigkeit ein Organsystem nach dem anderen seine Entwicklung durchmacht. Dabei herrscht ein wundervoller Einklang zwischen diesen heranreifenden Organen und dem sich entsprechend entwickelnden denkenden Bewußtsein.

Das erste Organsystem, das nahezu seine Erwachsenenfunktion erreicht, ist das Nervensystem mit den Sinnesorganen. Es erfährt seine Grundausreifung in den ersten neun Lebensjahren, wobei die Sinnesorgane am frühesten ihre volle Funktiontüchtigkeit erreichen. Die das Nervensystem und die Sinnesorgane aufbauenden Kräfte werden daher am ehesten frei für die denkende Tätigkeit. Daher hat das kindliche Denken einen stark durch die Sinne betonten, bildlichen Charakter. Alles, was die Sinne erleben, wird lebhaft vorgestellt und phantasiereich ausgestaltet. Man erlebt in diesem beginnenden kindlichen Denken noch förmlich die Wachstumstendenzen, die dem ganzen Organismus innewohnen, in dem phantasievollen Übersprudeln. Diese Periode endet etwa mit dem 9., 10. Lebensjahr. Dann haben die Kinder ihr bildhaftes, an den Sinneserfahrungen orientiertes Denken zur vollen Reife gebracht und verfügen zumeist über eine ausgezeichnete Merkfähigkeit. Es entspricht der ausdifferenzierten Organstruktur der Sinnes- und Nervenorgane, in denen weiterhin keinerlei Wachstum mehr möglich ist, sondern nur noch Regenerationstätigkeit. Keine weiteren Zellteilungen können stattfinden, jegliche Wachstumstätigkeit hat aufgehört. Das regenerierende Bewahren der Form steht ganz im Vordergrund. Das gibt auch dem kindlichen Denken dieses Alters den Charakter. Was Mutter oder Vater, beziehungsweise der Lehrer, gesagt haben, hat Gültigkeit und wird vom Kind zunächst so festgehalten und bewahrt.

Zwischen dem 12. und 16. Lebensjahr steht das Heranreifen anderer Organsysteme im Vordergrund: Herz-Kreislaufsystem und Atmung erlangen ihre Funktionsreife und damit auch die für das Erwachsenenleben typische Frequenz ihrer Rhythmen: etwa 20 Atemzüge und 80 Pulsschläge pro Minute in Ruhelage. Diese Organe brauchen länger, um annähernd ihre Erwachsenenfunktion zu erreichen. Daher ist es ja sportmedizinisch nicht zu vertreten, Jugendliche vor dem 16. Lebensjahr hart für den Leistungssport trainieren zu lassen. Man weiß, daß Schäden am Herzen und am Bewegungsapparat zu befürchten sind, die das ganze folgende Leben belasten können. Denn diese Organsysteme sind noch nicht genügend herangereift und stabilisiert.

Entsprechend der Entwicklung dieser rhythmisch tätigen Organe zeigt sich im Laufe dieser Jahre auch eine neue Qualität im Denken des Heranwachsenden: eine zunehmende Fähigkeit zur selbständigen Urteilsbildung. Nicht neue Gedanken sind hier das Entscheidende – der Bildgehalt des Denkens ist ja bereits entwickelt und kann zwar noch bereichert werden, würde aber keine neue Qualität im Denken bewirken. Diese hängt vielmehr mit einer anderen Art des Umgangs mit den vorhandenen Gedanken zusammen, so wie dies bei der urteilenden Tätigkeit der Fall ist. Die Urteilsfähigkeit gibt die neue Möglichkeit, Gedanken zu bewegen und gegeneinander abzuwägen. Diese Tätigkeit entspricht dem Ein- und Ausatmen, dem rhythmischen Aufnehmen und Abgeben, indem man zunächst den einen Gedanken aufnimmt und prüft und ihn dann wieder vor sich hinstellt und dann dasselbe mit einem anderen tut. So wird im Abwägen der beiden das Urteil gebildet. Wer Kinder dieses Alters beobachtet, wird auch bemerken, daß es sich bei dieser erwachenden Urteilsfähigkeit nicht um ein abstraktes Urteilsvermögen handelt, sondern in erster Linie um ästhetische Urteile: ob etwas schön oder häßlich, gut oder böse, gemein oder nicht gemein ist, ob Kinder in der Schule »doof« oder »nett« sind, ob die Lehrer etwas taugen oder nicht – das ist das Feld, auf dem intensiv geurteilt wird. Das Mitabwägen von Gefühlen beim Bilden ästheti-

scher Urteile ist engstens verbunden mit dem Atmungs- und Kreis-
laufleben. Wir kennen es auch im Erwachsenenalter, daß jede Ge-
fühlsregung sich unmittelbar auswirkt auf Atemtiefe und -frequenz
oder auch auf die Blutzirkulation, indem wir erröten und erblassen
(vgl. S. 272).

Nach der Pubertät reifen dann folgende Organe zur Erwachsenenfunktion heran: Das sind die Gliedmaßen, die ihre Endgröße
zwischen dem 18. und 22. Jahr erlangen, und mit ihnen auch der
gesamte innere Stoffwechsel. Die hormonelle Regulationsfähigkeit
und volle Funktionstüchtigkeit der Reproduktionsorgane wird erworben. Blickt man auf das sich während dieser Zeit weiterentwik-
kelnde Denkvermögen des Jugendlichen, so fallen einem sofort
zwei ganz neue Qualitäten ins Auge: auf der einen Seite der starke
Wille, im Denken zu einer eigenen Meinung zu kommen. Diese
selbst erarbeitete Meinung oder Lebensansicht wird dann von dem
Jugendlichen wie ein Stück neugewonnene innere Stabilität oder
aber wie ein Stück des eigenen seelisch-geistigen Rückgrats empfunden. Die Fähigkeit zur eigenen Wahrheitssuche und die Festig-
keit und Sicherheit, die durch selbsterarbeitete Wahrheiten entsteht, gibt gleichsam dem Gedankenleben eine Art inneres Skelett.

Auf der anderen Seite erleben wir beim Jugendlichen den erwachenden Idealismus, die Fähigkeit, sich für dieses oder jenes im
wahrsten Sinne des Wortes zu erwärmen und zu begeistern. Es wird
erlebbar, wie die Kräfte, die die Stoffwechselorgane gebildet haben,
nun für das Denken mehr und mehr zur Verfügung stehen und hier
nun ebenfalls die Brennwärme liefern. Damit verbunden tritt etwas
in das menschliche Denken ein, was man das Element individueller
Verantwortung und Entschlußfähigkeit nennen kann. Daher ist es
einzig richtig, den Jugendlichen erst dann für mündig zu erklären,
wenn er ausgewachsen ist, was im Durchschnitt mit dem 21. Lebensjahr der Fall ist. Ein Mensch kann erst dann zur vollen Verantwortung für sein Handeln herangezogen werden, wenn in seinem
Denken die volle Kraft der Persönlichkeit anwesend ist. Und das ist
eben erst mit dem Ausgewachsensein des ganzen Organismus der

Fall, und nicht schon mit der Reifung des Nervensystems und der Sinnesorgane.

An dieser Stelle sei gesagt, daß es eine irrige Vorstellung ist, zu meinen, das Gehirn produziere Gedanken. Der ganze Organismus kann, wenn er seine Wachstumskräfte entläßt, gleichsam Gedanken »produzieren« und weisheitsvolle Strukturen zur Verfügung stellen. Das Gehirn ist jedoch dasjenige Organ, an dem diese freiwerdenden Wachstumskräfte reflektiert und damit zum Bewußtsein gebracht werden können. Das Nervensystem dient also nur dem Bewußtwerden der Gedanken, nicht aber ihrer Produktion. Es wäre reizvoll zu zeigen, wie viele Erfahrungen aus dem Bereich der Neurologie diese Ansicht unterstützen und sicherstellen würden, wenn man sie nur in Erwägung zöge. Auch die große Plastizität und Übernahmefähigkeit der Großhirnrindenbezirke für neue Funktionen gehören in diesen Bereich und können dadurch verstanden werden.

Konsequenzen für Pädagogik und Medizin

Orientiert sich die Pädagogik an diesen altersentsprechenden Entwicklungsschritten und stimmt die Lerninhalte darauf ab, so wird man in der Kindergartenzeit das Denken nicht mit Urteilen und Argumenten belasten, sondern vielmehr die Kinder nachahmend mitleben lassen und in den verschiedensten körperlichen Geschicklichkeiten und Sinnesfunktionen ausbilden. In der Grundschulzeit hingegen wird man alles daran setzen, das ästhetische Urteilsvermögen, insbesondere durch künstlerisch gestalteten Unterricht, zu pflegen und erst nach der Pubertät im Oberstufenunterricht das eigenständige kritische Denken fördern. Wenn eine Entwicklung so geschehen kann, daß ein gesundes Miteinander stattfindet zwischen der körperlichen und der gedanklichen Entwicklung, dann ist die wichtigste Grundlage gelegt für die Gesundheit der zweiten Lebenshälfte. Wenn dies jedoch nicht möglich war, so können Krankheitsdispositionen für die zweite Lebenshälfte veranlagt werden. Die Veranlagung zu Stoffwechselstörungen und rheumatischen Krankheiten, zu Erkrankungen der Atemwege und des Herz-Kreislaufsystems sowie zum Altersschwachsinn wird gefördert oder gemildert, je nachdem, wie der Wachstumsprozeß begleitet wurde.

Wer über längere Zeit mit dem Gedanken der Identität von Wachstums- und Gedankenkräften arbeitet, für den werden eine Fülle von Tatsachen verständlich, die für das menschliche Leben Bedeutung haben. Es wird verständlich, warum beispielsweise in der Pubertät, wo noch einmal ein deutlicher Wachstumsschub erfolgt, regelmäßig damit ein sogenannter »Leistungsknick« verbunden ist. Wenn der Körper überwiegend mit Wachstum beschäftigt ist, kann das geistige Leben zur selben Zeit nicht ebenfalls Hochleistungen vollbringen. Ebenso ist es während einer Krankheit, insbesondere, wenn sie mit Fieber verbunden ist. Hier sollte alles getan werden, um den Wachstums- und Regenerationskräften die volle Ruhe für ihre Arbeit am Leib des Kindes zu geben. Es wird auch verständlich, warum in der zweiten Lebenshälfte, wenn ein Mensch gesund alt wird, das geistige Wachstum weitergehen kann, obgleich der Körper in seine natürliche Involutionsphase, das heißt in den Altersabbau aller Organe eintritt. Die nachlassende Regenerationskraft des Körpers führt zu einer Stärkung der Gedankenkraft, vorausgesetzt, daß der Mensch gelernt hat, diese aus dem Leib freiwerdenden Gedankenkräfte schöpferisch zu verwenden. Dieses ist eine Frage der Erziehung. Wer von Jugend auf gewöhnt ist, in altersgerechter Beanspruchung seiner geistigen Möglichkeiten tätig zu sein, für den wird sich die geistige Entwicklung wie selbstverständlich fortsetzen durch das ganze Leben hindurch. Bleiben jedoch diese Wachstumskräfte im halbbewußten Bereich zwischen Leib und bewußtem Gedankenleben gleichsam stecken, weil sie nicht in das bewußte Gedankenleben integriert werden, so können auch sie eines Tages zu Krankheitstendenzen, insbesondere zu krankhaften Wachstumswucherungen führen.

In diesem Zusammenhang tritt auch die Bedeutung der Ernährung für das Gedankenleben hervor: Gesund gewachsene Pflanzen, die selber starke Wachstums- und Bildekräfte enthalten, bedürfen einer stärkeren Anstrengung der Verdauungsarbeit als überzüchtete, mit Pflanzenschutzmitteln behandelte, weniger robuste Individuen. Gesunde, vielseitige Ernährung bewirkt so eine differenzierte Anregung aller Verdauungsvorgänge. Dies hat jedoch nicht nur leibliche Gesundheit zur Folge, sondern wirkt sich auch aus auf die Aktivität und Disposition zum schöpferischen Denken.

Rudolf Steiner wurde einmal gefragt von Ehrenfried Pfeiffer, warum es so schwer sei, die materialistischen Denkgewohnheiten in unserer Zeit zu überwinden. Seine Antwort war: »Das ist ein Ernährungsproblem.« Leicht verdauliche, einseitige Kost führt nicht nur zu einer gewissen Trägheit der Verdauungsorgane, sondern veranlagt auch zur Trägheit des Gedankenlebens. Wer nur denken kann, was sich durch die Sinneswahrnehmungen gleichsam wie von selber aufdrängt und den Verstand ausschließlich zum Kombinieren von Sinneseindrücken verwendet, kommt an die schöpferischen Möglichkeiten seines Denkens nicht heran. Für ein aktives Denken, das sich von der Sinneserfahrung lösen kann, ist eine größere innere Anstrengung erforderlich, die durch aktivierte Verdauungs- und Wachstumsprozesse gefördert werden kann. Und so kann deutlich werden, in wie hohem Maße während der Wachstums- und Entwicklungszeit die Pflege des Körpers durch Ernährung, guten Schlaf-Wach-Rhythmus und angemessene hygienische Bedingungen die spätere seelisch-geistige Entwicklung unterstützen kann.

Andererseits wird in der zweiten Lebenshälfte ein aktives Geistesleben und eine gleichsam »geistige Ernährung« die notwendige Anregung geben, um die nachlassenden Regenerationsprozesse im Körper zu unterstützen. Schon in der Lebensmitte ist die Art und Weise, wie wir denken und wie wir uns selbst erziehen, entscheidend dafür, wie stabil unser Gesundheitszustand ist. Die leibliche Versorgung und das Essen sind dafür nicht allein ausschlaggebend. Ja, man kann sogar die Ernährung vorübergehend vernachlässigen oder infolge starker Beanspruchung durch die tägliche Arbeit über längere Zeiten überhaupt auf regelmäßige Mahlzeiten verzichten, wenn genügend Begeisterung und innere Motivation für die Arbeit da ist. Wenn das letzte Lebensdrittel beginnt, ist allerdings hier ein neues Gleichgewicht zwischen körperlicher und seelischer Anstrengung zu finden, damit nicht das eine auf Kosten des anderen zu sehr in den Vordergrund tritt und eines der beiden beeinträchtigt wird. Je älter man jedoch wird, um so mehr spielt die »geistige Ernährung« die entscheidende Rolle für die Gesundheit.

Je mehr die Gedanken über sich selbst und die Welt den Gesetzen der inneren und äußeren Entwicklung des Menschen entsprechen, um so gesünder wird er sein. Je unmenschlicher und lebensfremder jedoch die Gedanken sind, um so stärker kränken sie den natürlichen Lebenszusammenhang, in dem sowohl das Körperleben, als auch das Gedankenleben darinnenstehen. Beide sind letztlich eben doch ganz auf das Menschliche hin orientiert. So gesehen hat jede Krankheit einen doppelten Aspekt. Einerseits kann gefragt werden: »Wie konnte der Leib diese spezifische Kränkung erfahren, warum reichten die Regenerationskräfte nicht aus?« und andererseits: »Welche Gedanken, welche bewußten Tätigkeiten sind jetzt nötig, um den Heilungsverlauf entsprechend zu unterstützen?« Eine solche Auffassung bringt in das Gespräch zwischen Arzt und Patient eine völlig neue Dimension und neue Möglichkeiten des Lernens und Helfens.

Meditatives Denken als Weg zur Geisterfahrung

In diesem Zusammenhang sei noch einmal an den Ausgangspunkt unserer Betrachtung erinnert, wo wir den Ausspruch aus dem Evangelium in den Mittelpunkt gestellt haben: »Ich bin das Licht der Welt.« Wer versucht, einen solchen Gedanken meditativ aufzuschließen, wird entdecken, daß das Denken selbst Lichtnatur hat:

Tatsächlich kann das Gedankenlicht in die Dunkelheit eines jeden Mißverständnisses und Unverständnisses klärend hereinleuchten. Eine solche Betrachtung bringt nicht nur neue schöpferische Gedanken hervor, sondern wirkt auch belebend und anregend auf das Leibesleben zurück. Hierdurch wird die Realität der »geistigen Ernährung« erfahrbar: Wir verbinden uns durch das Denken mit geistigen Kräften und treten durch ein solches meditatives Bemühen in unmittelbare Wechselwirkung mit den in den Gedanken sich offenbarenden und wirkenden geistigen Wesen. Das bedeutet Hilfe und Stärkung.

Betrachtungen dieser Art weisen auf die geistige Dimension der menschlichen Freiheit hin: daß Gott und mit ihm die Wesen der geistigen Welt des Menschen Freiheit nicht nur respektieren, sondern auch wollen, indem sie sich dem Menschen, nachdem er geschaffen ist und sich entwickelt hat, nur noch durch das Denken nähern. Nun hängt es vom Menschen selber ab, mit welchem Gedanken und dem damit verbundenen geistigen Wesen er sich befassen will oder nicht. Wer sich dessen bewußt wird, erlebt die unmittelbare Nähe und die Hilfen der geistigen Welt. Zugleich erfährt er aber auch die Ferne, wenn kein Wille da ist, die geistig wirksamen Kräfte in den Gedanken zu entdecken und für das Leben fruchtbar zu machen.

Auch für das soziale Leben haben Betrachtungen dieser Art eine Bedeutung. Denn Gedanken, die von Menschen ausgehen, haben ebenfalls eine wesenhafte Wirkung, indem sie andere Menschen stärken oder schwächen können. Wer fühlt nicht die bösen Gedanken oder die neidischen, haßerfüllten Überlegungen eines anderen Menschen, die sich verletzend in sein Wesen hereinbohren? Wer fühlt umgekehrt nicht das Stärkende und Beglückende, wenn einen liebevolle Gedanken begleiten? Gedanken sind eben konkrete Kräfte, die in Lebenszusammenhänge eingreifen können, je nachdem, welche Natur beziehungsweise welche Wesenheit in ihnen wirkt oder mit ihnen verbunden ist. Dies zu verstehen und aus der so gewonnenen Einsicht zu handeln, wird zu einer neuen sozialen

Hygiene führen und zu einer neuen Behutsamkeit, mit den Realitäten und der Kraftnatur des eigenen Denkens umzugehen. Die soziale Tragweite des eigenen Denkens wird immer mehr bewußt.

In Zukunft brauchen wir die Einsicht in diese Zusammenhänge auch aus dem Grunde, weil wir anders nicht mehr mit den Schäden unserer Zivilisation fertigwerden. Wir werden zunehmend gezwungen sein, uns über diejenigen Kräfte Gedanken zu machen, die letztlich Wachstum, Gesundheit, Regeneration besorgen, und werden mit ihnen dann auch immer heilsamer und aufbauender umgehen lernen. Auf der anderen Seite werden destruktive und kritische Gedanken zunehmend ihre schädigende Wirkung zeigen. Es ist geradezu fällig in der Gegenwart, daß der Mensch sich über die Natur seines Denkens aufklärt und lernt, daß es weder für ihn noch für die Welt gleichgültig ist, was er vom Morgen bis zum Abend in seinen Gedanken bewegt. Denn alles, was wir denken, bringt uns in Beziehung zu der Wirklichkeit, über die wir denken. Diese Beziehung beeinflußt uns und wird gleichsam Teil unseres Wesens. Es ist entscheidend, mit *welchen* Gedanken wir zu *welchen* natürlichen oder geistigen Weltvorgängen und Wesen in Beziehung stehen. Unter diesem Aspekt ist unser Thema nicht nur aus kinderärztlicher oder pädagogischer Sicht, sondern ganz besonders auch hinsichtlich der zeitgeschichtlichen Situation wichtig. Wir brauchen gute Ideen und aufbauende Gedanken, um den Zerstörungsprozessen, Natur und Mensch betreffend, entgegenwirken zu können.

Zu Beginn der Betrachtung wurde versucht darzustellen, wie alle Stoffe, Vorgänge und in der Natur letztlich im Menschen gipfeln, so daß er sie zusammenfassen kann in dem Ausspruch »Ich bin Ich«. Durch den mit diesem Ausspruch verbundenen Gedanken ist der Mensch eingegliedert in die Gedanken und Gesetze der gesamten Welt. Hierdurch steht er in Beziehung zu jedem Wesen, zu jedem Vorgang, so weit sich dieser gedanklich äußern oder fassen läßt. Die ewige und wahre Heimat des menschlichen Ich ist diese geistige Welt der Gedanken, dieses geistige Leben der Gedanken, in das es einverwoben ist. Der Körper gibt dagegen die Möglichkeit, das Ich als ein in sich selbst bewußtes, von der übrigen Welt abgegrenztes, zur Einsamkeit befähigtes Wesen zu denken. Nur wenn wir uns auf unser leibgebundenes Selbstbewußtsein besinnen, können wir wirklich allein sein. In dem Augenblick jedoch, wo wir uns als geistige Wesen erfahren, erleben wir uns unmittelbar in Beziehung miteinander und einverwoben in die geistigen Realitäten des Daseins. Wir verdanken der körperlichen Entwicklung die Möglichkeit, zu der uns innewohnenden geistigen Kraft »ich« zu sagen und damit abgegrenztes Persönlichkeitsbewußtsein als eine starke Qualität in unser geistiges Leben aufzunehmen. In dem Maße aber, wie die geistigen Kräfte dann freiwerden für die gedankliche Arbeit, können wir von diesem individuellen Ausgangspunkt aus den Zusammenschluß mit der Welt wieder suchen und realisieren.

Fragen zum Thema

Frage: Wie kommt es, daß man gerade heute so viele müde und verhärmte alte Menschen trifft, wo es doch eigentlich mit der geistigen Kraft aufwärts gehen sollte?

Antwort: Ich möchte diese Frage am Beispiel einer Patientin erläutern, an der ich besonders wahrgenommen habe, wie schwer ihr das Altwerden geworden ist in den letzten Jahren ihres Lebens, nachdem sie das 75. Lebensjahr überschritten hatte. Sie war ein geistig sehr aktiver Mensch und kam dennoch in den letzten Lebensjahren zunehmend in eine gewisse geistige Starre, die es ihr erschwerte, mit anderen Menschen Kontakte zu pflegen. Sie wurde ängstlich und argwöhnisch, und man sah, wie die Verhärtungs- und Sklerotisierungsprozesse des Alters so überhand nahmen, daß sie ihr bewußtes Gedankenleben stark beeinflußten. Sie hatte als junges Mädchen die Anthroposophie kennengelernt und seither unablässig an ihrer inneren Entwicklung gearbeitet und führte äußerlich ein erfolgreiches und tüchtiges Berufsleben. Ihr Mann war früh verstorben, sie war ganz auf sich angewiesen. In

ihrer frühen Kindheit jedoch hatte sie sehr unter einem extrem
strengen Vater zu leiden und war in der Situation, als ältestes von
jüngeren Geschwistern viel zu Hause helfen und bis in die Nacht
hinein arbeiten zu müssen. Sie ist für mich ein typisches Beispiel
dafür, wie gerade in der frühen Kindheit, in der das Nervensystem
sich aufbaut, Schäden veranlagt werden können, die sich dann in
stärkeren Abbauerscheinungen im späteren Alter widerspiegeln.
Aufgrund ihrer erschwerten Kindheits- und Jugendentwicklung
wären Erkrankungen im Alter schon früher zu erwarten gewesen.
Durch ihr sehr aktives Innenleben jedoch war sie weitgehend in der
Lage, diesen schwächenden Einflüssen entgegenzuwirken. Hier
liegt für mein Empfinden eine der wichtigsten Aufgaben einer zu-
kunftsorientierten Erziehung, die nicht nur den Augenblickserfolg,
sondern die ganze Biographie im Auge hat: durch eine Pflege der
Wachstumskräfte in der Kindheit solchen Alterungsvorgängen vorzubeugen. Der Grund, warum es so viele Menschen gibt, die im
Alter in bedauerliche Lebensumstände hereinkommen, liegt zum
einen in den unzureichenden Entwicklungs- und Erziehungsbedingungen unserer Zeit und zum anderen in der mangelhaften Aktivie-
rung der seelischen und geistigen schöpferischen Kräfte, die in einer
durch den Materialismus geprägten Kultur zu wenig Pflege erfahren.

Frage: Woher kommen die Wachstumskräfte des Kindes?

Antwort: Fragen wir zunächst nach den verschiedenen Erlebnissen der Mütter in der Schwangerschaft. Die einen erleben den Zu-
wachs an Lebenskraft, wenn sie schwanger sind. Sie spüren, daß
mehr in und um sie ist als sonst. Manche Frauen werden geradezu
schöpferisch während dieser Zeit, haben Ideen und Einfälle, die sie
sonst nicht haben, beginnen zu dichten oder ein Musikinstrument
zu spielen. Andere hingegen haben eher das Bedürfnis nach einer
praktischen Tätigkeit, gehen gern spazieren und haben keinerlei
Verlangen nach einer besonderen geistigen Betätigung. Oft ist es
auch so, daß schwangere Frauen sehr viel mehr Schlaf brauchen als
sonst. Entscheidend ist bei aller Verschiedenheit das Erleben, daß

dieses andere Wesen, welches mit seinen eigenen Wachstumskräften die der Mutter durchdringt, bedeutende Änderungen für die Mutter hervorruft, und daß sie das Wesen des Kindes als autonomes bereits erleben kann.

Woher letztlich das Kind sich seine Wachstumskräfte mitbringt, ist eine Frage geistiger Forschung und wurde von Rudolf Steiner beschrieben. Jeder Mensch nimmt nach dem Tode sein Geistig-Seelisches mit in die nachtodliche Welt und erarbeitet dort unter göttlicher Führung in Verbindung mit den hierarchischen geistigen Wesen seine geistige Konzeption, zu der auch die Wachstumskräfte gehören. Diese geistige Konzeption des nächsten Körpers, den man sich auf der Erde aufbauen will, kann beschrieben werden als weisheitsvoller Kosmos von Gesetzmäßigkeiten, die dann bei der Befruchtung in Berührung kommen mit der Substantialität der Erde und dadurch die leibliche Konzeption bewirken. Die Mutter gibt die Substanz zu Wachstum und Differenzierung, sie dient gleichsam als großzügiger Stofflieferant, der alles herbeischafft, was das Kind für seine Entwicklung braucht. So ist es verständlich, daß das Erleben der Mutter bisweilen so ist, daß sie sich durch diesen Zustand geschwächt fühlt und ein andermal so, daß sie sich in ihren Kräften wie überhöht fühlt. Die Mutter/Kind-Beziehung ist eine sehr intime, in der eine besondere Form des Gebens und Nehmens herrscht. Gedanken und Wachstumskräfte sind hier in einem besonderen individuellen Austausch, in gegenseitiger Wechselwirkung.

Frage: Wenn in der Kindheit durch zu frühe intellektuelle Trainierung die Wachstumskräfte in Denkkräfte umgewandelt worden sind, welche Möglichkeiten gibt es im späteren Leben, den damit verbundenen Schäden noch vorzubeugen?

Antwort: Korrekturmöglichkeiten liegen immer in demjenigen, was für ein bestimmtes Lebensalter an der Reihe ist. Wird beispielsweise bei einem 8jährigen Kind ein schwerer Fernsehschaden entdeckt (es hat den größten Teil seiner Kindheit vor dem Fernsehapparat verbracht, ist motorisch ungeschickt, neigt zu Stereotypie im

Bewegen und im Wiederholen von bestimmten Formulierungen, ist unfähig zu konzentrierter Gedankentätigkeit), so hat es keinen Sinn, mit einem solchen Kind die versäumte Kinderentwicklung nur nachholen zu wollen. Man muß sich vielmehr fragen: Was braucht ein gesunder Achtjähriger? Spaziergänge in der Natur, Bewegungsspiele im Freien, einfache Rätsel, Lernen von Gedichten, die immer wieder neu sprachlich geübt und erarbeitet werden, Zeichnen von einfachen Formen mit der Hand, mit dem Fuß, mit immer wieder neuen Farben, das Malen von Bildern zu gehörten Geschichten – einfache musikalische Übungen am Instrument und in Form von Singen – all dies fordert das Kind in seiner altersentsprechenden Lerndisposition und schafft eine Beziehung zwischen Lehrer und Kind, die es dann auch erlaubt, in veränderter Form manches aus der Kleinkindentwicklung auf einer anderen Ebene nachzuholen. In einem solchen Fall sollte man sich mit einem erfahrenen Pädagogen unterhalten oder aber einen Kinderpsychiater aufsuchen.

Im Erwachsenenalter kann man natürlich auch noch an sich arbeiten. Jedes Alter hat seine altersspezifische Lerndisposition, die es möglich macht, bis zu einem gewissen Grad Versäumtes nachzuholen und damit vom Seelisch-Geistigen aus heilsam auf den Leib zurückzuwirken im Sinne einer »geistigen Ernährung«. Hat man beispielsweise eine Erziehung genossen, die ganz im Zeichen der Frühintellektualisierung stand, so ist es eine große Hilfe, im späteren Leben regelmäßig an eurythmischen Laienkursen teilzunehmen. Keine Kunst appelliert so zentral an die Aufbaukräfte des Organismus und führt zu einer Stärkung der gesamten Vitalität wie die Eurythmie. Die eurythmischen Bewegungen sind die Entwicklungsbewegungen des menschlichen Körpers selber, die schon vom Embryo als Wachstumsbewegungen durchgeführt werden. Wir wissen dies heute genau aus Ultraschall-Filmaufnahmen, die während der Schwangerschaft gemacht worden sind. Die Embryonen und Feten bewegen sich genau in den Grundbewegungen, die wir aus den eurythmischen Gesten der Sprach- und Toneurythmie kennen. Daneben hilft natürlich jede künstlerische Tätigkeit, die schöpferischen Kräfte speziell des Gefühlslebens und des Willensbereiches zu aktivieren, da Kunstwerke nicht durch Verstandeskombinationen zustande kommen, sondern durch regelmäßiges Üben und Wiederholen (Willensanstrengungen) und durch aktives ästhetisches Beurteilen, was schon gelungen ist oder nicht, welches wiederum das Gefühlsleben anregt. Auch ist es eine gute Übung für einen frühintellektualisierten Menschen, sich in bezug auf seine Kritikbereitschaft zu kontrollieren. Meist neigen diese Menschen dazu, wo sie gehen und stehen die Situationen, Menschen und Vorgänge um sich herum zu beurteilen. Wer dies bei sich entdeckt und beginnt, darauf zu verzichten, bemerkt, daß seine Vitalität zunimmt und damit die Aufbaukräfte des Organismus unterstützt werden. Denn in jedem kritischen Urteil liegt eine destruktive Tendenz verborgen, und auch bejahende, das heißt positive Beurteilungen enthalten zunächst nur die Qualität des »Feststellens«, die zum unproduktiven Gedankenleben gehört. Gemeint sind hier natürlich nicht diejenigen Urteile, die durch sorgfältiges Abwägen zu Entscheidungen und damit auch zu Willenshandlungen führen. Es sind nur diejenigen Urteile gemeint, die um ihrer selbst willen gefällt werden und keinerlei Konsequenzen nach sich ziehen (»Wie konnte der nur, er müßte doch eigentlich wissen...«, oder »Das finde ich ausgezeichnet, das hätte ich auch so gemacht, wenn ich in seiner Situation gewesen wäre – allerdings hätte er...« usw.). In dieser Art gibt es in der Selbsterziehung eine Fülle von Möglichkeiten, in der Kindheit veranlagte Erziehungsschäden im späteren Leben auszugleichen und damit zu einer größeren Harmonie der körperlichen und geistigen Kräfte zu kommen.

Frage: Können ältere Geschwister oder andere Kinder die Wachstumskräfte der jüngeren beeinflussen?

Antwort: Im Zusammenleben mit anderen Menschen stärken und schwächen wir uns ständig gegenseitig, ob wir dies merken oder nicht. Das ist bei Geschwistern nicht anders als bei Erwachsenen. Man muß nur darauf sehen, wo bestimmte Grenzen liegen.

Kleine Kinder haben einen erstaunlichen Schutz und hören beispielsweise bestimmte Dinge gar nicht, die sie nicht verstehen. Anders ist es, wenn man Kinder an technische Apparaturen heranläßt, die sie faszinieren, aber schlicht überfordern, wie zum Beispiel das Fernsehen. Davor können sich Kinder nicht schützen. Interessant ist zu beobachten, daß das, was ältere Geschwister oder andere Menschen zu den kleineren Kindern sagen, längst nicht so tief geht und so wirksam ist, wie das, was die Eltern sagen. Daher brauchen wir auch keine so große Angst zu haben, daß sie von schlechten Einflüssen anderer Kinder besonders tiefgehend geschädigt würden. Denn dasjenige, was zu Hause gilt, entscheidet letztlich darüber, woran sich das Kind orientiert. Die anderen Einflüsse bleiben dem gegenüber mehr an der Oberfläche.

Kinder geben sich denjenigen Menschen nachahmend am meisten hin, die sie am meisten lieben, und das sind eben in der Regel die Eltern und nach ihnen auch die Geschwister. Es ist dies gleichsam eine Art körperlicher Idealismus – das heißt Hingabe an das Vorbild, dem man nachstreben möchte. Wenn hingegen ein anderer Mensch von den Kindern etwas fordert, so kann man manchmal von ihnen hören »du bist hier gar nicht der Bestimmer«, oder »du bist nicht meine Mutter, du hast mir nichts zu sagen«. Kinder haben eben ein gutes Unterscheidungsvermögen, von wem sie etwas annehmen wollen und von wem nicht. Das setzt sich weitgehend durch, und darauf sollte man vertrauen und nicht künstlich versuchen, seine Kinder vor allen möglichen Einflüssen seitens anderer Kinder und Erwachsener in übertriebener Weise zu schützen.

Allerdings sollte streng darauf gesehen werden, daß alles, womit die Kinder zu Hause umgehen, ihrer altersentsprechenden Entwicklung Rechnung trägt. Das gilt insbesondere für die Spielsachen. Und hier gilt auch für die älteren Geschwister, daß sie beispielsweise mit technischen Spielsachen, die sich für die jungen Geschwister nicht eignen, nur spielen sollten, wenn die Kleinen nicht zugegen sind. Eventuell ist es dann auch sinnvoll, solche Spiele bei Klassenkameraden zu machen und nicht zu Hause. Diese Dinge lassen sich in entsprechenden Einzelsituationen auf die verschiedenste Weise doch befriedigend einrichten.

Frage: Kann so, wie eine intellektuelle Überforderung in der Kindheit eintreten kann, auch eine entsprechende Unterforderung geschehen?

Antwort: Es gibt natürlich auch das Problem der Unterforderung. Denn wenn Wachstumskräfte brachliegen und nicht altersentsprechend angespannt und genützt werden, so können auch hier Schädigungen für das spätere Leben veranlagt werden. Wachstumskräfte, die vom Organismus nicht mehr gebraucht werden und nicht rechtzeitig in Gedankenprozesse übergeführt werden, verbleiben tendentiell bei dem Organismus und können hier zu Krankheitsdispositionen führen, wie es Rudolf Steiner verschiedentlich beschrieben hat. Sie können sich durch den Krankheitsprozeß sozusagen wiederum organisch betätigen, anstatt in Gedankenkräfte umgewandelt zu werden. Es entsteht anstelle geistiger, schöpferischer Neubildungen zum Beispiel eine Geschwulst. Auch hier hilft die künstlerische Tätigkeit im späteren Leben, solche Schäden auszugleichen. Denn im künstlerischen Schaffen werden die schöpferischen Kräfte ergriffen, und die Metamorphose der Wachstumskräfte in Gedankenkräfte wird stimuliert.

An den öffentlichen Schulen kommt es auch häufig zu Unterforderungssituationen, jedoch in anderer Art. Intellektuell liegen zwar eher Überforderungen vor, im künstlerischen Bereich sind jedoch fast alle Kinder unterfordert. Dies verhindert ebenfalls, daß sich alle Wachstumskräfte in Gedankenkräfte umwandeln können. Denn in der einseitigen intellektuellen Inanspruchnahme werden nur bestimmte Wachstumskräfte in Gedankenkräfte verwandelt, beziehungsweise durch das Denken angespannt. Diejenigen Gedankenbildungen aber, die mit dem Phantasieleben und den schöpferischen Gestaltungsmöglichkeiten zusammenhängen, werden brach liegengelassen.

Würde man anfangen, auf diesem großen Felde einmal gründliche Untersuchungen anzustellen und eine intensive Volkshygiene zu betreiben, so müßte das Erziehungssystem geändert werden.

Andere Möglichkeiten des schöpferischen Altwerdens und der Gesundheit in der zweiten Lebenshälfte wären so zu erringen. Hierzu möchte die Waldorfpädagogik einen Beitrag leisten.

Wie sind Leib, Seele und Geist
in Gesundheit und Krankheit verbunden?

Zum Verständnis körperlicher und geistiger Behinderungen

*Ich gebe den Schmerz nicht her, weil ich sonst
auch das Göttliche hergeben müßte.*

ADALBERT STIFTER

Schicksalsfragen wie die nach dem Zusammenhang von Leib, Seele und Geist in Gesundheit und Krankheit oder nach dem Wesen körperlicher und geistiger Behinderungen können uns erlebbar machen, daß wir Menschen eine Art Doppelleben führen. Wir haben eine leibliche Existenz und stehen in einem sozialen Umkreis, während wir auf der anderen Seite ein bewußtes Innenleben führen, das sich vom sozialen Umfeld und bis zu einem gewissen Grade auch von der körperlichen Befindlichkeit abgrenzen kann. Daß dies wirklich ein Doppelleben ist, kommt uns meist erst durch Krankheit zum Bewußtsein. Da können wir beides erleben: Einmal findet man seelisch-geistig außerordentlich aktive und schöpferische Menschen, die in einem siechen, kranken Leib ständiger Pflege bedürfen, vielleicht sogar bettlägerig sind; umgekehrt die Situation, daß jemand körperlich eigentlich recht gut beeinander ist, aber seelisch und geistig so schwer gestört, daß nicht mehr viel mit ihm anzufangen ist. Es sind dies Rätsel unseres Daseins. Eine Betrachtung darüber, wie Seele und Geist mit dem Leib in Gesundheit und Krankheit verbunden sind, kann gerade heute hilfreich sein, da die Tendenz zunimmt, Leid und Schmerz abzulehnen und als unmenschlich zu empfinden. In dem Maße, in dem wir kranke und leidende Menschen aus dem unmittelbaren sozialen Umfeld lösen und in Krankenhäusern und Altersheimen isolieren und außerdem durch vorgeburtliche Diagnostik und Abbruch

der Schwangerschaft im Krankheitsfall versuchen, das Auftreten
schwerer körperlicher oder geistiger Behinderungen von vornherein auszuschließen, in dem Maße ist es auch nötig, sich grundsätzlich zu fragen, welchen Sinn derartige Leiden für das Menschenleben haben und wie man das Zustandekommen solcher Zustände
besser verstehen kann.

Vom Sinn der Krankheit

Ein Vergleich zwischen Mensch und Tier in bezug auf Erkran-
kungsmöglichkeiten weist unmittelbar auf die Tatsache hin, daß
Krankheit und Leiden ganz spezifisch menschliche Eigenschaften
sind. Wenn Tiere in der Wildnis erkranken, so kommen sie entweder sehr rasch zu Tode, oder die Erkrankung ist so leicht, daß sie
ohne weiteres damit weiterleben können. Welchen Sinn sollte auch
eine Krankheit im Leben eines Tieres haben? Die Lebensweise eines
Hundes, eines Vogels, einer Biene oder einer Maus ist in ihrer Art
vollkommen. Das Erleben von Schmerz und Leid würde keinen
Wandel, keine neue Entwicklungsmöglichkeit hervorrufen. Eine
Biene kann nicht noch »bieniger«, eine Kuh nicht noch »kuhiger«
werden als sie es schon sind. Nur der Mensch kann täglich menschlicher werden. Ihm ist es gegeben, durch Leid und Schmerz Erfahrungen zu sammeln, die ihn in seiner Entwicklung weiterbringen.
Sicherheit und Gesundheit als alleinige Lebensideale sind mit der
menschlichen Existenz auf Dauer nicht zu vereinbaren, denn jede
Entwicklung bedarf der Krisensituationen, um fortschreiten zu
können. Die Entwicklung zur Freiheit ohne die Möglichkeit, zu
irren und zu entgleiten, ist gar nicht denkbar. Der Eindruck der
Sinnlosigkeit eines Leidens entsteht nur dann, wenn der Zusammenhang nicht mehr sichtbar ist, in dem dieses Leiden steht. Daher
ist es notwendig, die Entwicklung als Ganzes mit all ihren Möglichkeiten ins Auge zu fassen und den Gedanken an wiederholte Erden-

leben miteinzubeziehen (vgl. S. 120). Damit ist ein Boden gewonnen, auf dem die Frage nach dem Zustandekommen und dem Sinn geistiger und körperlicher Behinderungen wesentlicher und fruchtbarer bearbeitet werden kann.

Entwicklungsgesetze von Leib, Seele und Geist

Um dem Verständnis dieser Gesetze näherzukommen, sei an dieser Stelle eine kurze Darstellung der körperlichen und seelischen Entwicklung gegeben:

In der frühen Kindheit bis hin zum Beginn des Zahnwechsels steht die Willensentwicklung des Kindes ganz im Vordergrund. Man spricht seit Piaget – bezogen auf diese Zeit – auch gerne von der Entwicklung der motorischen Intelligenz, da die Kinder hier am liebsten ständig in Bewegung sind, sie ahmen die Aktivitäten in ihrer Umgebung nach und finden sich in intelligenter und geschickter Weise in die verschiedenen Bewegungsformen herein, indem sie diese übernehmen und sich zu eigen machen. Der Wille des Kindes orientiert sich dabei ganz an den Sinneseindrücken. Was gesehen und gehört wurde, wird sogleich aufgegriffen und in eigene Tätigkeit übergeführt. Dies läßt nach, wenn der Zahnwechsel eintritt, und verschwindet in der Regel so um das 8., 9., 10. Lebensjahr herum. Jetzt läßt sich der Wille bzw. die Handlungsbereitschaft des Kindes nicht mehr in erster Linie durch das den Sinnen gegebene Vorbild motivieren, denn inzwischen ist die Ausbildung des Gefühlslebens in den Vordergrund getreten. Jetzt hängt es von den Gefühlen ab, ob ein Kind Lust zu einer Handlung hat oder nicht. Es muß dem Lehrer nun gelingen, in den Kindern die Sympathie zu einer Aufgabe zu wecken, auch wenn diese schwer ist und vielleicht sogar unangenehm. Nach der Pubertät wird dies wiederum anders. Allmählich löst sich die Handlungsbereitschaft aus der Verbindung mit dem Gefühlsleben und untersteht nun mehr und mehr dem heranreifenden Gedankenleben. Der Jugendliche läßt sich nur noch zu einer Handlung motivieren, wenn er den Sinn dieser Handlung einsieht. Dann kann er auch einen Einsatz leisten, zu dem er persönlich keine Sympathie hat. Der ausgewachsene mündige Mensch ist in der Lage, sich selber klare Ziele für sein Denken und Handeln zu geben. Er lernt mit Hilfe seines Denkens seine Gefühle und Handlungen zu kontrollieren bzw. zu bestimmen. Würde die Entwicklung für jeden Menschen in dieser Weise vollkommen ablaufen, daß zunächst der Wille, dann das Gefühlsleben und zuletzt das alle Bereiche beherrschende Denken entwickelt würden, so wären die wichtigsten Voraussetzungen für lebenslange leibliche und seelische Gesundheit geschaffen. Dies ist jedoch leider nicht der Fall. Wo leben Kinder, die sich wirklich bis zum Zahnwechsel vorzugsweise ganz der sich entwickelnden Willenstätigkeit und Handlungsbereitschaft hingeben können? Wo ragen nicht kritisches Denken und aus Umgebungsverhältnissen entfachte Unlustgefühle herein? Besonders das Denken, das später die führende Rolle im Seelenleben übernimmt, erweist sich in der Kindheit als störend, wenn es zu früh in der Seele aktiviert wird. Man braucht sich nur einmal vorzustellen, das Denken wäre bis zur Pubertät hin nicht wesentlich entwickelt: es stünden weder Kritikfähigkeit noch Zweifel oder Nörgelei zur Verfügung. Die Kinder wären willens- und gefühlsmäßig ganz offen für die Umwelt und für alles das, was die Erwachsenen sagen. Wenn für einen Erwachsenen eine tiefe Sympathie bestünde, würden sich die Kinder ganz auf sein Wort verlassen und sich durch ihn leiten lassen. Man würde lieben, was der geliebte Erwachsene liebt, und man würde Antipathien entwickeln gegenüber dem, was der Erwachsene als böse oder schlecht bezeichnen würde. Man überließe sich seiner Führung ohne den Anspruch auf eigene Meinung.

In Wirklichkeit treten jedoch innere und äußere Störfaktoren auf. Ein wichtiger innerer Störfaktor ist die Tatsache, daß die Denkfähigkeit und damit das bewußte Innenleben zu einem Zeitpunkt erwachen, in dem sich der Mensch noch im Zustand der Unmündigkeit befindet. In einem noch nicht beherrschten und noch nicht zur Reife gekommenen Willens- und Gefühlsleben erwacht das Ich-Bewußtsein und mit ihm das bewußte Gedankenleben bereits im Alter von 3 Jahren. In der dadurch eingeleiteten Trotzphase, in der sich die Kinder bereits durch ein lautstarkes »Nein« von der Umgebung absetzen können, kommt verfrüht die Distanzierungsmöglichkeit zur Umgebung auf. Wird diese Situation seitens der Umgebung dahingehend verstärkt, daß man die Kinder mit Argumenten ausstattet und ihre Diskutierfähigkeit fördert, ja sie zu kleinen Kritikern macht, so kann die Nachahmungsfähigkeit dadurch empfindlich gestört werden. Die Kinder beginnen ihre Umgebung mehr zu betrachten, als sie nachzuahmen, ihre Spontaneität nimmt ab.

Eine weitere Störmöglichkeit liegt darin, daß auf die Sympathien und Antipathien der Kinder zuviel Rücksicht genommen und versäumt wird, dem noch unreifen Gefühlsleben die notwendige Orientierung zu geben. Viele Erwachsene richten sich bei Entscheidungen nach den Sympathien und Antipathien ihrer Kinder, anstatt dem Kind zu helfen, beispielsweise die Lust auf das dritte oder vierte Eis, das es auch noch essen will, zu überwinden und sich dem sinnvollen Nein des Erwachsenen anzuschließen. In jede Willens- und Gefühlsentwicklung gehört der sinnvolle Verzicht mit herein. Wird dieser nicht gelernt, so können Lebenserfahrungen nicht voll verarbeitet werden, und eine solche Seele wird ständig von einer leisen Unzufriedenheit mit sich und der Welt durchzogen sein.

Für die Entwicklung einer stabilen seelischen Gesundheit wäre es tatsächlich vorteilhafter, wenn das Selbstbewußtsein erst dann erwachen würde, wenn die körperliche und seelische Entwicklung schon eine gewisse Reife hätten. Das heißt, wenn das Ich-Bewußtsein erst dann erwachte, wenn der Mensch schon zu einer Persönlichkeit geworden ist. Da das jedoch nicht der Fall ist und wir vielmehr zu einem Zeitpunkt zu uns »Ich« sagen, zu dem wir noch unreif und unvollkommen sind, bedürfen wir einer sorgfältigen Erziehung, um ein weitgehend ungestörtes Reifen der körperlichen und seelischen Fähigkeiten zu erleben. Wo dies nicht geschieht, ist ein gesundes Ineinandergreifen gefährdet. Es führt dies dann zu dem Zustand, den heute viele Jugendliche erleiden müssen, daß sie bereits in jungen Jahren in der Gefahr sind, die Lust am Leben zu verlieren. Der Wille fühlt sich den Aufgaben des Lebens gegenüber nicht gewachsen und unfähig, die Welt nach eigenen Zielsetzungen zu verändern. Das Gefühlsleben bleibt oft zu sehr auf die eigenen Sympathien konzentriert und wird zu wenig interessevoll auf die Belange der Umwelt gerichtet. Dadurch entsteht ein verarmtes selbstbezogenes Seelenleben, welches dem Gedankenleben zu wenige Beziehungen zur Welt vermittelt. Dem entsprechend dient das Denken dann in erster Linie dazu, die mannigfaltigen Zustände der Unzufriedenheit zu beschreiben und Ansprüche an die Umgebung zu stellen. Damit ist aber zugleich auch eine wichtige Voraussetzung dafür geschaffen, daß der Mensch körperlich und seelisch erkranken kann. Während sich der Leib Jahr für Jahr in schöner Regelmäßigkeit entwickelt, kann die Bewußtseinsentwicklung durch unangebrachte Erziehungseinflüsse stagnieren oder unharmonisch ablaufen. Dies hat dann nicht nur Folgen für das seelische, sondern auch für das körperliche Leben.

Wie hängt das seelisch-geistige Leben mit dem Leib zusammen? Grundfragen der Selbsterziehung

Im Laufe unserer Elternabende ist wiederholt auf den Zusammenhang der Wachstums- und Regenerationskräfte mit den Gedankenkräften hingewiesen worden (vgl. S. 235 ff.). Es sei dies an dieser Stelle noch ein wenig ergänzt und um Gesichtspunkte für das Gefühls- und Willensleben erweitert. Denn so, wie man das Erwachen des Denkens beschreiben kann als einen langsamen Emanzipationsprozeß der aus dem heranwachsenden Organismus freiwerdenden Wachstumskräfte, so kann man auch das Erwachen des Gefühls-

und Willenslebens als eine Metamorphose von vormals leibgebunden arbeitenden Kräften beschreiben. Erst so wird der Zusammenhang des Seelen- und Körperlebens in Gesundheit und Krankheit verständlich.

Blicken wir zunächst auf das Gefühlsleben. Welch andere Welt ist dies im Gegensatz zu unserem Gedankenleben! Im Gegensatz zu der reichen Vielfalt differenzierter gedanklicher Äußerungsmöglichkeiten haben wir hier eine Welt wogender Spannungs- und Entspannungszustände, die sich am ehesten mit der Musik vergleichen lassen. Im Gefühlsleben kann die Seele in höchsten Jubel geraten und in Stimmungen leben, die man nur mit Worten wie Harmonie, Licht, Wärme bezeichnen kann. Auf der anderen Seite kann sie aber auch in Finsternis stürzen, sich unter Druck gesetzt fühlen und in düsteren Stimmungen erstarren. Kälte und Wärme, Licht und Finsternis, Harmonie und Disharmonie, Spannung und Lösung – das ist die Dynamik der Gefühle. Sympathie- und Antipathiekräfte sind es, die diesen Bereich des Seelenlebens charakterisieren.

Ein weiteres Merkmal ist die Qualität der Grenzerfahrung. Immer vermitteln Gefühle das Erlebnis einer Beziehung: die Beziehung zur Natur, zu anderen Menschen, zu traurigen und erfreulichen Lebenstatsachen, ja auch zum eigenen Leib und zu den eigenen Erinnerungen. Die Seele erwacht gleichsam durch die Möglichkeit des Fühlens an diesen vielfältigen Grenzerfahrungen. Sie reagiert auf jeden Eindruck mit Empfindungen, die wiederum starke Gefühle wecken können. Beim Gang durch eine Wiese am Waldrand kann der Blick flüchtig dahinschweifen – da kommt es nur zu oberflächlichen Sinnesempfindungen und flüchtigen Stimmungen. Bleibt man jedoch stehen und konzentriert sich auf das Blau-Violett einer Veilchenblüte, kann der Eindruck dieser Farbe das ganze Empfindungsleben der Seele ergreifen und eine tiefe Ruhe und Weite die Seele erfüllen. Gefühle können also geweckt werden durch ein Sich-Vertiefen in die Sinnesempfindungen. Eine so geweckte und gestimmte Seele hat es dann leichter, Gedanken der Beruhigung und der Zuversicht zu fassen. Wer anfängt, die Besonderheiten des Gefühlslebens zu beobachten, wird gewahr, wie hier an der Grenze zwischen Unbewußtem und Bewußtem, zwischen Selbst und Welt, Stimmungen und Spannungen erregt werden, über die sich das Denken dann Rechenschaft ablegen muß. Dabei wird deutlich, daß ein nicht gesundes Gefühlsleben, das sich beispielsweise in einer lächerlichen oder spöttischen oder aber in einer stets etwas bitteren und deprimierten Grundstimmung befindet, die denkende Tätigkeit der Seele fortlaufend entsprechend beeinflussen kann. Ein ausgewogenes Urteil und sachbezogene Gedankenbildungen werden hierdurch erschwert. Hingegen stellt ein Gefühlsleben mit einer harmonischen und vertrauensvollen Lebensgrundstimmung die beste Voraussetzung dar für ein aktives Interesse an der Welt und ein sachliches, gedanklich klares Verarbeiten der Erlebnisse.

Welche Kräfte sind es nun, die in der Gefühlswelt zur Auswirkung gelangen? Es sind die Kräfte und Gesetzmäßigkeiten der Musik, die in Klangfarben, Rhythmen, Spannungen und Lösungen, Höhen und Tiefen sich darleben. Alles Musikalische vermag die Welt der Gefühle unmittelbar zu beruhigen oder anzuregen, weswegen die musikalische Betätigung ja auch einen wichtigen Platz innerhalb der Psychotherapie einnimmt. Die Skala der Töne und Klangfarben gibt die Spannungsverhältnisse des Gefühlslebens am genauesten wieder.

Blicken wir nun auf den Leib-Seele-Zusammenhang, so finden wir im Organismus zwei Organsysteme, die ein getreues Abbild dieser musikalisch-rhythmischen Verhältnisse des Gefühlslebens sind: Atmung und Kreislauf. Herz und Lungen sind in einem nicht erlahmenden rhythmischen Tätigsein von der Geburt bis zum Tod. Spannung und Entspannung, Tätigsein und Ruhe und ein unausgesetztes Vermitteln zwischen Welt und Selbst (Atmung) und zwischen Körperzentrum und Körperperipherie (Herz) sind ihr Wesen. Daher erstaunt es auch nicht, daß jede Sinnesempfindung und jedes Gefühl auf Atmung und Herzschlag einen unmittelbaren Einfluß haben. Eine erregende Nachricht versetzt das Herz in schnelleren Schlag und läßt uns erst einmal tief Luft holen. In der Anspannung wird die Atmung beklommen, und es wechseln flache und schnelle, tiefe Atemzüge unharmonisch miteinander. In der Aufregung kann das Herz bis zum Halse klopfen und im Schreck stolpern, ja fast »stehenbleiben«. Umgekehrt kann eine ruhig geführte Atmung (z. B. beim Zahnarzt) die Angst nehmen und die Schmerzen erträglicher machen. So wie das Gedankenleben mit den Wachstums- und Regenerationskräften zusammenhängt und das Nervensystem braucht, um bewußt gemacht werden zu können, so ist das Gefühlsleben mit den das Wachstum differenzierenden Kräften verbunden. Jede Differenzierung von Geweben und Organen während der Embryonalentwicklung beruht auf bestimmten Proportionen und Zahlenverhältnissen, die ihrerseits wieder musikalisch darstellbar sind.* Im Zusammenhang von Herz- und Atemrhythmus findet diese musikalische Gesetzmäßigkeit des menschlichen Organismus sein Zentrum. An diese Organe ist das Erwachen und Erleben der Gefühle genauso gebunden wie das Bewußtwerden von Gedanken an das Nervensystem. Rudolf Steiner hat diese Tatsache nach 30jähriger Forschung erstmals 1917 in seinem Buch »Von Seelenrätseln« beschrieben. Will man also einem Menschen eine gute Lebensgrundgestimmtheit mit auf den Weg geben, so muß während der Entwicklungszeit das heranreifende rhythmische Funktionsleben von Atmung und Kreislauf in gesunder Weise angeregt und unterstützt werden. Gelingt es den Erwachsenen im Umkreis eines Kindes, ein harmonisches Familienklima herzustellen, so ist hierfür die wichtigste Voraussetzung geschaffen. Hat dann auch noch der Tageslauf einen guten Rhythmus, in dem Arbeit und Ruhe in sinnvoller Abfolge wechseln, so wird beim Kind das Gefühl der Geborgenheit und Sicherheit gefördert. Es erlebt sich sinnvoll eingebettet in wiederkehrende Ereignisse, auf die es sich verlassen, auf die es sich freuen kann, und mit denen es rechnet. Auf diese Weise entsteht eine stabile Grundlage, um späteren Streß-Situationen gewach-

---

* Vgl. Armin Huseman, »Der musikalische Bau des Menschen«, Stuttgart 1989.

sen zu sein. Denn auf der Basis einer harmonischen Grundge-
stimmtheit lassen sich extreme Situationen leichter aushalten und
ausbalancieren als auf einer disharmonischen. Gelingt es dann noch
in der Schule, die Kinder gefühlsmäßig zu engagieren und in jeder
Unterrichtsstunde Spannungen und Lösungen, Freudiges und Ern-
stes zum Erlebnis zu bringen, so wird von seiten der Erziehung das
Notwendige getan, um regulierend und stimulierend auf die Entwicklung von Atmung und Kreislauf zu wirken. Wo dies in der
Kindheit nicht möglich war, stellen sich dem Erwachsenen unter
Umständen schwere Aufgaben für die Selbsterziehung. Wie viele
Menschen bringen heutzutage die Voraussetzungen für einen aus-
geglichenen Gemütszustand mit? Da, wo diese nicht gegeben sind,
muß und kann lebenslang daran gearbeitet werden. Hierbei kann
die künstlerische Therapie eine große Hilfe sein. Denn in der Kunst
haben wir es mit denselben Gesetzmäßigkeiten zu tun, nach denen
der Leib gebildet ist. Die Gesetze des lebendigen Wachstums, Ge-
staltens und Bildens finden wir wieder in Plastik und Architektur,
die Gesetze des Gefühlslebens in Malerei und Musik und zuletzt die
Gesetze des Willenslebens in der Sprache und der Eurythmie, worüber jetzt anschließend gesprochen werden soll.

Welche spezifische Dynamik liegt dem menschlichen Willensleben zugrunde? Kraftentfaltung, reine Intensität und Begierde sind
kennzeichnend. Hier haben wir es mit der Kraft der menschlichen
Wesenheit zu tun, in der sowohl Zerstörungstendenzen als auch
die Grundlage jeglicher Schaffenskraft und Verwandlungsfähigkeit
liegen. Gegenüber der Vielfalt der Gedanken und dem Reichtum
der Gefühlsstimmungen haben wir es hier mit einer konzentrier-
ten Einfachheit zu tun: der Kraftentfaltung und Tatbereitschaft
schlechthin. Fragen wir nach den Organen, die das Willensleben
und seine Gesetze unterhalten, so sind es in erster Linie die Verdauungsorgane. Hier wird verbrannt und gearbeitet und der gesamte
Körper mit neuer Kraft durchzogen, die den Nahrungsstoffen und
ihren Substanzen innewohnen. Durch das Willensleben sind wir
der Erde mit ihrer Schwerkraft innig verwandt. Wir überwinden

letztere durch den Erwerb des aufrechten Ganges. Es ist nicht von ungefähr, daß die Organe des Bauchraumes sowie die Beine dem Schwerefeld der Erde unterworfen sind. Die Nieren können abwärts wandern, der Uterus kann sich senken, auch der Magen kann mehr oder weniger stark nach unten hängen. Das Herz jedoch ist eingebettet zwischen den rechten und linken Lungenlappen im Brustraum und wird durch die Atemtätigkeit rhythmisch immer wieder der Schwere enthoben. Außerdem herrscht im Brustraum der sogenannte Dondersche Unterdruck. Das Gehirn hingegen schwimmt im Gehirnwasser und ist dadurch noch weiter dem Einfluß der Schwere entzogen. Daher auch das besondere Empfinden der Leichtigkeit im Zusammenhang mit dem Gedankenleben. Eurythmie und Sprache, sowie die Tanz- und Schauspielkunst geben dem Menschen die Möglichkeit, seinen Willen zu gestalten. An der Sprachbildung orientierte Bewegungen wie die Eurythmie sind reine Offenbarungen des Menschlichen selbst. Sie entsprechen dem vollen Umfang menschlicher Bewegungsfähigkeit. Wird an ihnen bewußt gearbeitet, so erfährt der Wille eine Bestimmung zur menschlichen Wesensäußerung.

Auch Menschen, die sich willensschwach fühlen und nicht in der Lage sind, etwas auszuführen, was sie sich vorgenommen haben, können durch systematisches Üben von Eurythmie und Sprache ihr Willensvermögen neu in die Hand bekommen. Dies hat sich in der Psychotherapie bei Antriebs- und Willensstörungen schon vielfach bewährt. Allerdings werden dabei hohe Anforderungen an den Therapeuten gestellt, da bei Fällen von Willensschwäche und Antriebsarmut starke Widerstände zu überwinden sind.

Wenn Goethe sagt: »Die Kunst ist eine Offenbarerin geheimer Naturgesetze«, so weist er damit auf die Zusammenhänge des menschlichen Leibes mit den künstlerischen Tätigkeiten hin und auf deren Beziehungen zum Seelenleben. Trügen wir nicht diese schöpferischen Möglichkeiten in unserer Seele, nachdem sie zuvor den Leib gestaltet haben, so wären wir als Menschen zu künstlerischer Tätigkeit und Empfänglichkeit nicht in der Lage. Es sind die

Gesetze unserer eigenen Menschlichkeit, deren wir uns beim künstlerischen Schaffen bedienen. Dies hat auch Leonardo da Vinci gewußt. Er spricht davon, daß die künstlerisch nicht geschulte
menschliche Seele beim Malen sich selber abbildet. Dieses unbewußte Sich-selbst-Darstellen nennt er einen »verräterischen Fehler«, den ein ausgebildeter Künstler nicht begehen darf. Er fährt
fort: »Ich glaube, es kommt daher, daß die Seele die Bildnerin ihres
Körpers ist. Sie hat ihn nach ihrem Ebenbilde geschaffen. Wenn sie
nun gezwungen wird, mit Hilfe von Farben und Pinsel einen neuen
Körper zu schaffen, so reproduziert sie am liebsten das Bild, in das
sie sich eingelebt hat« (zit. nach Hauschka, s. Literatur).

Der wirkliche Künstler löst sich im Schaffensprozeß von der
Selbstdarstellung los und bildet die Vorgänge der Welt ab. Was Leo-
nardo da Vinci hier die Seele nennt als Bildnerin des Leibes, wird von
Rudolf Steiner präzisiert in seiner Darstellung von den menschlichen
Wesensgliedern in ihrem Zusammenhang mit den künstlerischen
Bildeprozessen. Die Gesetze der Architektur sind dem physischen
Leib eigen; die Gesetze der Plastik dem ätherischen Leib; diejenigen
der Malerei und Musik dem Astralleib und diejenigen der Sprache
dem Ich-Leib. Aus den Gesetzen und Kräften dieser Wesensglieder
ist der menschliche Körper aufgebaut. Sie bilden aber auch die
Grundlage des individuellen Seelenlebens sowie den Quellort künstlerischen Schaffens. Wie lernen wir nun, diese Kräfte so zu pflegen,
daß die leibliche und seelische Gesundheit gefördert wird?

Wir erleben unser Gedankenleben – als Teil der ätherischen
Kräfte – als unser geistiges Innenleben, da es uns die Weltgesetze
zum Bewußtsein bringt und einen objektiven Charakter hat. Die
Gesetze der Welt hängen nicht von unseren Sympathien und Antipathien ab. Nachts im Schlaf verbindet sich dieses bewußte Gedankenleben dann wieder mit dem unbewußten vitalen Leben des Leibes. Dadurch wird die Regenerationstätigkeit des Organismus unterstützt. Bei Tage dagegen bewegen sich die Gedanken leibfrei,
und in Zeiten besonderer gedanklicher Beanspruchung entziehen
wir dem Körper zusätzlich Vitalität, die wir in Gedankentätigkeit

umwandeln, weswegen wir anschließend auch körperlich besonders erschöpft sind. Auch wenn wir z. B. im Streß den Appetit verlieren, werden Wachstumskräfte verstärkt umgewandelt in Bewußtseinskräfte. Ist die Hochleistung vorüber, so dauert es eine Zeit, bis der Appetit wiederkehrt, und wenn wir dann eine reiche Mahlzeit zu uns genommen haben, so schwindet die Lust zum Denken und aktiven bewußten Leben. Aus der Einsicht in diesen Zusammenhang folgt, daß es für die nächtliche Regenerationstätigkeit des Organismus nicht gleichgültig ist, was wir bei Tage denken. Denn ein Denken, das sich beispielsweise nur mit festen Vorstellungen, nur mit Inhalten, die den materiellen Lebenszwecken dienen, befaßt, nimmt mehr und mehr die Form an, die den Gegenständen der Betrachtung entspricht. Ein solches Denken muß sich nachts störend auf die Regeneration des Organismus auswirken, da es unlebendig geworden ist. In ihm wirken keine schöpferischen, den künstlerischen Bildegesetzen des Leibes verwandte Bewegungen mehr nach. Rudolf Steiner war der erste, der in unserem Jahrhundert darauf hingewiesen hat, daß, wenn das materialistische Denken weiterhin die Schulen und das ganze Erziehungswesen beherrscht, die Menschen nach einigen Generationen mit neuen Krankheiten werden rechnen müssen, da die Regenerationsmöglichkeiten des Körpers nachlassen und damit auch eine zunehmende Degeneration des Erbgutes auftreten wird. Wir sind in diesem Prozeß bereits mitten darinnen. Nicht nur den zunehmenden Umweltschädigungen ist es zuzuschreiben, sondern auch der nachlassenden Regenerationsfähigkeit, daß Allergien, Stoffwechselstörungen, aber auch Zustände von Depression und Schlaflosigkeit epidemisch zugenommen haben und weiterhin zunehmen. Wird hier nicht in breitem Umfang volkshygienisch aufklärend gewirkt und der einzelne Mensch angeregt, durch künstlerische und geistige Betätigung sein Denken und seine Weltanschauung zu ändern, so wird dieser Zustand andauern müssen. Dabei ist eine solche Umwendung im Denken wirklich jedem Menschen möglich.

Schwerer ist eine solche bewußt herbeigeführte Pflege für den

Bereich des Gefühlslebens. Denn das Gefühlsleben ist nicht in derselben Weise »netto«, das heißt leibfrei vorhanden im Wachzustand wie das Gedankenleben, das wir objektivieren und ganz von uns loslösen können. Was die Gefühle anbetrifft, so bleiben sie stärker mit den körperlichen Funktionen verbunden. Die Eigendynamik des Gefühlslebens beruht auf den großen Polaritäten der Sympathie und der Antipathie. Wie sie in der Lebensgrundgestimmtheit miteinander verbunden sind – ob sie sich die Waage halten, oder ob die eine oder die andere Qualität überwiegt –, macht es dem Menschen leichter oder schwerer, die Möglichkeit der Selbsterziehung im Gefühlsbereich zu ergreifen. Halten diese Kräfte sich die Waage, so ist es möglich, Seelenruhe herzustellen. Diese Ruhe entspricht der Ruhe zwischen zwei Atemphasen und zwischen zwei Herzschlägen. Die entgegengesetzte Dynamik des Ein- und Ausatmens geht immer durch diesen Nullpunkt der Ruhe, in dem für einen winzigen Augenblick nichts geschieht. In dieser Ruhe liegt die Kraft zum Ausgleich, aber auch zum neuen Tätigsein. Halten sich diese Kräfte nicht die Waage, so fällt die Selbsterziehung bedeutend schwerer, weil Sympathien oder Antipathien das Bewußtsein erfüllen, wenn man zur Ruhe kommen will. Hier kann die Besinnung auf die Gefühlsqualität hilfreich sein, die vermittelnd zwischen Sympathie und Antipathie darinnensteht, gleichsam als Ruhezentrum im Gefühlsbereich: Es ist die Kraft der Liebe. Liebe wird oft mit Sympathie verwechselt. Dies kann jeder Mensch an sich entdecken, der schon einmal erlebt hat, wie bei ihm Liebe in Haß umgeschlagen ist. Eine Liebe, die in Haß umschlagen kann, ist eben keine Liebe, sondern Sympathie gewesen. Sympathie kann in Antipathie, Antipathie kann in Sympathie umschlagen – je nach Stimmung, je nach Reaktion auf ein Ereignis. Die Liebe hingegen gibt die Möglichkeit, antipathische und sympathische Reaktionen im liebevollen Miterleben zu beruhigen. Sowohl Antipathie als auch Sympathie können den Menschen außerordentlich unfrei machen, ihn seelisch und im Sozialen in starke Abhängigkeiten bringen. Hätten wir da die Liebe nicht als mittleres Gefühl, die uns hilft, unsere elementare Sympathie und Antipathie zu verarbeiten, dann wäre es um den sozialen Frieden schlecht bestellt.

Die Liebefähigkeit ist eine Art Herzstück des Gefühlslebens; sie macht deren spannungsvolle Polaritäten erträglich. Wer beginnt, an einer aktiven Harmonisierung seiner Gefühle zu arbeiten, wird bemerken, wie unharmonische Gefühlsstimmungen oder ungelöste Gemütsspannungen die Gesundheit nachhaltiger beeinträchtigen als z. B. ungelöste gedankliche Probleme, denen wir viel objektiver gegenübertreten können. Das Gefühlsleben befindet sich eben in unmittelbarer Beziehung zu den zentralen Körperfunktionen Atmung und Kreislauf, die für das Unterhalten der Vitalität verantwortlich sind. Das bewußte Gedankenleben hingegen ist dem Vitalbereich der Stoffwechseltätigkeit enthoben und bedarf der ständigen Unterstützung und Ernährung seitens dieser Organe. Dies macht sich auch bei den erwähnten Schlafstörungen bemerkbar. Es sind nicht die Gedanken, die die Menschen wachhalten, sondern vielmehr die zehrenden Gemütsstimmungen, an denen man mit Hilfe der Gedanken zu arbeiten versucht. Sie sind es, die das Rad der Gedanken kreisen lassen. Freudige und traurige Ereignisse halten wach, wogegen gedankliche Anspannung und Konzentration müde machen. Viele Menschen schlafen bei dem Versuch, am Abend eine Meditation zu machen, ein. Für die Erziehung des Gefühlslebens zur Gesundheit ist es hilfreich, die Erlebnisse des Tages daraufhin anzuschauen, was an ihnen positiv und negativ gewesen ist. Es gibt nichts, was nicht, von zwei entgegengesetzten Gesichtspunkten aus betrachtet, unterschiedlich bewertet werden könnte. Wer spontanerweise immer negativ interpretiert und reagiert, hat hier viel zu tun. Er wird jedoch bemerken, wie jeder Versuch, einem Ereignis auch die positive Seite abzugewinnen, befreiend auf die Atmung und erfrischend auf das ganze Gemütsleben wirkt. Bewährt hat sich auch das Lernen und Üben eines Musikinstrumentes und das Sich-Einleben in große musikalische Kunstwerke.

Betrachten wir nun das dritte Glied unseres Seelenlebens, den Willen. Wenn wir z. B., einen Entschluß fassen, so fühlen wir das als Kraft. Quälend hingegen erleben wir die Entschlußlosigkeit. Der Wille ist wie gelähmt, er ist hin- und hergerissen zwischen verschiedenen Möglichkeiten. So wie das Denken nur dann gesund ist, wenn es in der Vielfalt der Möglichkeiten frei spielen und arbeiten kann, das Fühlen nur dann, wenn es in der Liebefähigkeit sein Ausgleichszentrum findet, so das Wollen, wenn es in sich zentriert ist und sich einer Sache zuwenden kann in ungeteilter Aufmerksamkeit. Menschen, die bei sich eine Willensschwäche bemerken oder zu Entschlußlosigkeit neigen, können hier durch regelmäßiges Üben viel erreichen. Allerdings gehört bereits eine gewisse Willensanstrengung dazu, sich tatsächlich zu solchen Übungen zu entschließen. Wer kleine, selbstgewählte Aufgaben (z. B. das Öffnen und Schließen einer Tür, das Begießen einer bestimmten Blume jeden Tag zur selben Zeit, das Aufstehen zu einem vorgesetzten Zeitpunkt u. ä.) treu jeden Tag als Willensübung tut, wird merken, wie die Fähigkeit wächst, vom eigenen Willen Gebrauch zu machen. Eine ausgezeichnete Unterstützung solcher Willensübungen ist die Eurythmie. Wer Gelegenheit hat, einmal wöchentlich an einem Laienkurs teilzunehmen, sollte dies nicht versäumen. Sehr bewährt hat sich auch das Durchführen täglicher Übungen, die ein erfahrener Eurythmist oder auch ein Heileurythmist zeigen kann.

Der Wille kann nur durch Tätigkeit erzogen werden, das Gefühlsleben in erster Linie durch Pflege der Sinnesempfindungen und durch Arbeit an der Interesse- und Liebefähigkeit. Das Denken hingegen bedarf der Weite des Gesichtskreises und der Arbeit an der Vielfalt der Erscheinungen. Es kann am besten gepflegt werden durch Fragen, die wir an uns und die Welt richten und an deren Lösung wir allein oder zusammen mit anderen arbeiten.

Seelische und körperliche Erkrankungen

Es macht den Reichtum des menschlichen Seelenlebens aus, daß Gedanken, Gefühle und Willensimpulse ständig zusammenwirken.

Das Selbstbewußtsein, das in der Kindheit erwacht ist, hat die Aufgabe, im Laufe des Lebens dieses Ineinanderwirken lenken und beherrschen zu lernen. Gelingt dies mehr und mehr, wird das Seelenleben ein Abbild der in sich geordneten und aufeinander bezogenen körperlichen Funktionen und wirkt wohltätig und gesundend auf diese zurück. Um nun das Auftreten geistiger Behinderungen oder auch seelischer Erkrankungen zu verstehen, ist es nötig, noch auf einen anderen Sachverhalt des Seelenlebens das Augenmerk zu lenken: den Zusammenhang zwischen dem unbewußten und bewußten Seelenleben.

Wie bereits ausgeführt, werden im Laufe der Entwicklung Kräfte für das Seelenleben frei, die vorher am Aufbau des Leibes mitgewirkt haben. Die im Leibesleben engagierten Seelenkräfte sind unbewußt, die vom Leib befreiten, der Seele zugewandten, werden ins Bewußtsein aufgenommen. Gelangen nun durch das leibfrei werden im Laufe der Entwicklung Wachstumskräfte in den Bewußtseinsbereich, die von der integrierenden Kraft der Seele, dem »Ich« als dem menschlichen Wesenskern selbst, nicht beherrscht werden können, so fangen sie an, Eigentendenzen im Seelenleben geltend zu machen. Hier liegt der Ursprung für die sogenannten Seelen- und Geisteskrankheiten. Gedanken können auftauchen und den Menschen bedrängen mit einer Lebhaftigkeit und Intensität, wie sie dem sonst so schattenhaften Denken nicht eigen sind. Sie können dem Menschen wie von ihm nicht beherrschte Bildgestaltungen gegenübertreten und sein Gefühls- und Willensleben in Anspruch nehmen. Besonders deutlich tritt dies bei den verschiedenen Formen der Schizophrenie zutage.* Zwangsgedanken, Entfremdungserlebnisse im Gefühlsbereich, Willenslähmungen und Tobsuchtsneigungen zeigen, daß diese Bereiche des Seelenlebens der Ich-Kontrolle entglitten sind. Das Selbstbewußtsein fühlt sich nicht mehr Herr seiner Gedanken, sondern unter Umständen von einem oder mehreren Gedanken beherrscht, und der Mensch folgt ihnen

---

* Vgl. Rudolf Treichler »Der schizophrene Prozeß«

mit seinem Gefühls- und Willensleben zwanghaft. Solche Menschen sprechen dann von Ahnungen und Eingebungen oder in fortgeschrittenen Stadien auch von Stimmen, die sie hören, oder von Personen, die ihnen erschienen sind, die sie zu diesem und jenem veranlaßt haben. Die Inhalte des Gedanken-, Gefühls- und Willenslebens werden nicht mehr ich-durchdrungen, zum Selbst gehörig erlebt, sondern als fremd. Die Seele wird überwältigt von der Wesensnähe der schöpferischen Geistigkeit, die den Leib gebildet hat. Ein anthroposophisch orientierter Psychiater wird daher seine Therapie einerseits auf die Behandlung der Organsysteme und -funktion richten, der die pathologischen Seeleninhalte als metamorphosierte Wachstumskräfte entstammen. Auf der anderen Seite wird er mit Hilfe der künstlerischen Therapie und des Gespräches versuchen, das Ich des Kranken so weit zu stärken, daß dieser die Kontrolle über sein Seelenleben wieder erlangen kann. Er wird auch versuchen, mit Pädagogen und Eltern ins Gespräch zu kommen, damit Frühsymptome rechtzeitig erkannt und dem Ausbrechen einer solchen schweren Seelenkrankheit wirksam vorgebeugt werden kann. Liegt es doch ganz entscheidend auch an der Art und Weise, wie der Lehrer mit den freiwerdenden Bildekräften umgeht und bei Tage das Seelenleben des Kindes beansprucht, wie dann durch die Nacht die Aufbau- und Regenerationsvorgänge im Wachstumsalter ablaufen können.

Wie ist es nun bei körperlichen Erkrankungen? So wie sich jede seelische Erkrankung beschreiben läßt als Ausdruck von Gedanken, Gefühlen und Handlungsimpulsen, die nicht mehr im Herrschaftsbereich der menschlichen Persönlichkeit liegen und der Ich-Kontrolle unterworfen sind, so läßt sich auch jede körperliche Erkrankung beschreiben als ein Emanzipationsvorgang bestimmter Funktionen und biologischer Gesetzmäßigkeiten, die sich nicht mehr den kontrollierenden Instanzen des Organismus unterwerfen. Sie kommen zustande, wenn sich die seelischen Kräfte zu stark im Leib betätigen oder aber zu sehr aus ihrer notwendigen Verbindung mit dem Leib lösen. Fügt man eine solche Betrachtungsart der herkömmlichen Diagnostik hinzu, so wird nicht nur das Wesen der Krankheit besser verständlich, sondern es erschließen sich auch neue Möglichkeiten für die Therapie: es wird deutlich, durch welche seelische und geistige Aktivität die Gesundung mitbeeinflußt werden kann, weil man beginnt, in den Prozessen zu denken, denen der Leib-Seele-Zusammenhang gehorcht.

Rudolf Steiner hat großen Wert darauf gelegt, daß die anthroposophischen Möglichkeiten für Diagnostik und Therapie als Ergänzung zur gegenwärtigen Schulmedizin und nicht als eine Alternative aufgefaßt werden. Die geisteswissenschaftliche Forschung Rudolf Steiners erschließt die seelischen und geistigen Hintergründe für die Naturtatsachen. Daher kann sie diese Naturtatsachen in ein neues Licht rücken. Sie will jedoch nicht deren Erforschung auf naturwissenschaftlichem Wege ersetzen. Vielmehr will sie die notwendige Ergänzung zu dieser Forschung sein.

Angeborene Behinderungen

Was bedeutet es, wenn ein Mensch schon von Geburt an nicht Herr seines bewußten Seelenlebens ist? Er macht natürlich ganz andere Erfahrungen in seinem Leben als ein Mensch mit einer physischen Behinderung, dem beispielsweise ein Arm oder ein Bein fehlt. Einem hochgradig geistig Behinderten ist es für viele Jahre oder vielleicht sogar für sein ganzes Leben nicht möglich, Führer und Herrscher seines eigenen bewußten Seelenlebens zu sein. Er lebt sozusagen ein Erdenleben ganz im Zeichen der sozialen Integration ohne persönliche Intentionen. Zunächst wächst er in seiner Familie heran, dann kommt er vielleicht in eine Schul- und später in eine entsprechende Lebensgemeinschaft, eine beschützenden Werkstatt oder eine sozialtherapeutische Einrichtung. Es ist ein Leben in Hingabe an die Umgebung, ein Leben in Selbstlosigkeit. Die Möglichkeit, ein Doppelleben zu führen im bewußten Seelenleben auf der

einen Seite, das es zu beherrschen gilt, und im unbewußten Leibesleben auf der anderen Seite, ist nicht gegeben. Das ist es, was zunächst auffällt, wenn man sich die Tatsache einer schweren geistigen
Behinderung vor Augen führt. Es besteht keine Möglichkeit, sich
seelisch-geistig durch Irrtum zur Wahrheit hin zu entwickeln. Dieser ganze Prozeß, der mit dem Sündenfall zusammenhängt (vgl.
S. 297), ist dem Betroffenen für dieses Erdenleben dem Bewußtsein
entzogen. Betrachtet man ein Behindertenschicksal einmal von diesem Gesichtspunkt aus, so rückt es in ein neues Licht.

In Verbindung mit dem Wiederverkörperungsgedanken erscheint ein solches Schicksal als Ausschnitt einer Gesamtentwick-
lung. Auf der einen Seite läßt sich denken, daß ein Leben in Selbstlosigkeit eine große Kraftquelle für ein künftiges, vielleicht mehr im
Zeichen starker persönlicher Impulse stehendes ist, bei dem sich
eine bestimmte Genialität entwickelt und auslebt. Auf der anderen
Seite läßt es sich aber auch denken als Folge eines verzweifelten
früheren Lebens, bei dem man wissend oder unbewußt große
Schuld auf sich geladen hat und vor einem neuen Erdenleben gleichsam zurückschreckt, die Ohmacht spürend, die Folgen der eigenen
Taten tragen zu können. Ist dann durch ein Behindertenschicksal
die Möglichkeit gegeben, während eines ganzen Erdenlebens die
Liebe und Förderung anderer Menschen zu erfahren, so kann dieses
für ein weiteres Erdenleben die notwendige Vertrauensgrundlage
schaffen, daß in der eigenen Existenz doch auch ein Wert gesehen
wird, und daß man die Kraft finden wird, frühere Schuld verwandeln und ausgleichen zu können.

Alle Ereignisse vergangener Erdenleben, alle furchtbaren Tragödien, die sich beispielsweise im Rahmen totalitärer Regimes abge-
spielt haben, sind ja nicht mit dem Tode dieser Menschen ausge-
löscht. Sie bestehen vielmehr weiter und drängen zu gegebener Zeit
wieder ins bewußte Leben zurück. Man stelle sich nur einmal vor,
seinem Peiniger aus einem früheren Erdenleben Aug in Auge gegenüber zu treten. Auch durch derart furchtbare Geschehnisse entstehen ja menschliche Beziehungen, die es fortzusetzen gilt. Wie ist so

etwas dann auszuhalten? Viele abgrundtiefe Antipathien und Haß-
ausbrüche unter Menschen werden so verständlich, die aus einer
Beurteilung der Tagesverhältnisse und Lebensumstände völlig un-
erklärlich bleiben müßten. Infolge von Irrtums- und Verirrungs-
möglichkeiten können so furchtbare und grausame Taten unter
Menschen geschehen, daß man den Eindruck gewinnt, daß eine dadurch in die Sackgasse geratene Entwicklung zunächst gar nicht
fortzusetzen ist. Der Maßstab des Menschlichen ist verlorengegangen. In solcher Lage ist eine Inkarnation, die ganz der Beruhigung
und dem Schaffen neuer Lebensvoraussetzungen gewidmet ist, eine
weisheitsvolle Fügung des Schicksals. Die Motivation zur Menschwerdung kann neu geweckt werden.

Dies gilt auch für Selbstmörder, die am Sinn der menschlichen
Existenz verzweifelt sind. Wie sollen sie wieder neuen Lebensmut
finden? Nach dem Tode erleben sie das Sinnlose ihres Tuns und das
Furchtbare, daß sie sich durch den eigenwilligen Tod der Entwicklungsmöglichkeiten im vergangenen Erdenleben beraubt haben.
Unter der Führung göttlicher Wesen bereiten sie sich nun ein bestimmtes Krankheitsschicksal vor, in dem sie die Bedingung finden,
neu dem Sinn des menschlichen Werdens und der menschlichen
Existenz zu begegnen.

Wer Gedanken dieser Art zu bewegen beginnt, wird sicher auch
die Gefahr bemerken, die damit verbunden ist, wenn eine derartige
Betrachtung nicht das Ziel hat, Hilfen zu geben für die Bewältigung
tragischer Schicksalskonflikte, sondern anregt zu sensationellen
Spekulationen bezüglich früherer Erdenleben und ihrer Folgen.
Leider gibt es weder Gedanken noch Tatsachen in der Welt, die
nicht auch mißbraucht werden könnten. Die Möglichkeit des Miß-
brauches sollte jedoch nicht verhindern, daß hilfreiche Gesichtspunkte dieser Art mehr und mehr in das Bewußtsein aufgenommen
werden.

Als Rudolf Steiner nach dem Sinn schwerer Behinderungen gefragt wurde, bemerkte er unter anderem, daß es keinen wirklich
großen genialen Menschen gäbe, keinen der ganz großen Wohltäter

der Menschheit, der nicht wenigstens einmal ein solches Schicksal durchgemacht habe. Mir ist diese Aussage erstmals verständlich geworden, als ich in einer Bauernfamilie auf dem Dorf erlebte, wie ein dort lebender geistig Behinderter zu Besuch war. Es war ein gutmütiger Mensch, der überall gern gesehen und sozial integriert war. Er war in jene Familie zum Holzhacken gekommen und saß anschließend mit beim Abendbrot. Von morgens bis abends war er in verschiedenen Familien des Dorfes tätig und überall willkommen. Welche Eigenschaften werden während eines solchen Erdenlebens geschult? In erster Linie ganz sicherlich der Wille, denn dieser erzieht sich nur an der Tätigkeit. Ein regelmäßig und freudig tätiger Mensch, dem jedes Nörgeln und Miesmachen fremd ist, veranlagt in sich eine Willensstärke, die einem sogenannten Gesunden in einem Erdenleben zu erlangen gar nicht möglich ist. Viel zu viel Unzufriedenheit und lähmende Gefühle und Gedanken behindern die Willensentfaltung. Allen voran das Gefühl, zu Besserem berufen zu sein als zu eben dem, was das tägliche Leben von einem fordert.

Was einen von einem bestimmten Gesichtspunkt aus als schwerste Lebenstragödie berühren kann, erscheint von einem anderen Gesichtspunkt aus als sinnvolle Schicksalsfügung.

Fragen zum Thema:

Frage: Wie stehen Schicksale der Eltern, Geschwister und Erzieher in Beziehung zum Behinderten?

Antwort: So wie der gesunde Leib Ebenbild Gottes ist (vgl. S. 292), ist der kranke Leib oder die Art, wie das Seelenleben sich äußert, Ausdruck einer ganz bestimmten Entwicklungssituation, einer bestimmten Lerndisposition. Man sieht einer Krankheit an, wofür sie gut ist, weil in ihr etwas ganz Bestimmtes im Bild, in der Physiognomie dieser Krankheit, in der Art, wie sie erscheint, ablesbar ist. So wie sich am gesunden Organismus die Gottesebenbildlichkeit ablesen läßt, so läßt sich an der Krankheit eine bestimmte Aufgabe ablesen, die Gottebenbildlichkeit wiederherzustellen.

Nehmen Sie beispielsweise ein Kind mit Morbus Down, auch Mongolismus genannt. Die ganze Lebensweise dieser Kinder offenbart eine Art Unschuldszustand, leiblich wie seelisch. Seelisch ist das Verhalten geprägt von einer strahlenden Offenheit und Vertrauensseligkeit der Umwelt gegenüber, leiblich von einer besonderen Weichheit, aber auch von der Unfähigkeit, sich fortpflanzen zu können. Sehen Sie jetzt einmal davon ab, daß bei dieser Behinderung bevorzugt auch Herzfehler vorkommen, daß die Gelenke überstreckbar sind und die Muskulatur schwächer, infolgedessen die Bewegungsentwicklung langsamer erfolgt und zusätzlicher Unterstützung bedarf – sondern blicken Sie auf jenes Helle, menschlich Reine, Unschuldige, das diese Kinder mitbringen. Menschen dieser Art leben, wenn sie liebevoll erzogen und gepflegt werden, einen lebenslangen Kindheits- bzw. Unschuldszustand dar. Sie können begabt sein und sogar lesen und schreiben lernen und sich bei praktischen Tätigkeiten geschickt anstellen.

Tagaus-tagein einen so gutmütigen Lebenseinsatz zu erleben, hat natürlich auch für die Familie und für die Erzieher eine nachhaltige Wirkung. Sie werden berührt von einer Menschlichkeit, die ihnen als den sogenannten Gesunden vielfach abgeht, und können diese Qualität ganz neu wieder in ihr Bewußtsein aufnehmen und auch in ihrem Leben zu verwirklichen trachten. Das behinderte Kind seinerseits erfährt von der Umgebung, daß es willkommen ist, daß es geliebt wird, und es strahlt diese Liebe wieder zurück. Damit ist die Voraussetzung geschaffen, in einem späteren Erdenleben harmonisch miteinander leben und arbeiten zu können. Auch kann man sich vorstellen, daß ein solches Schicksal die Möglichkeit gibt, einen Menschen liebzugewinnen, mit dem man es vielleicht in einem früheren Leben schwer hatte.

Nehmen wir noch ein anderes Beispiel: ein Lehrer hat mit einer bestimmten Klasse große Schwierigkeiten während er in anderen Klassen hervorragend zurechtkommt. Hier läßt sich denken (Rudolf Steiner hat Fragen in dieser Richtung dementsprechend beantwortet), daß aus früheren Leben etwas hereinragt, was den Lehrer gerade mit dieser schwierigen Klasse in besonderer Weise schicksalsmäßig verbunden hat. Man stelle sich beispielsweise folgendes Schicksal vor: In einem vergangenen Leben haben eine Reihe von Sklaven eine Galeere gerudert und damit dem Führer der Galeere einen unfreiwilligen Dienst getan. Wird der Führer der Galeere dann im nächsten Leben zum Lehrer und die Sklaven zu den Schülern, so hat der Lehrer nun die Möglichkeit, diese Menschen von damals, die er kaum kannte, die ihm aber ganz ausgeliefert waren, nun auch persönlich kennenzulernen und seine ganzen Kräfte anzuspannen, ihnen bei ihrer Entwicklung zu helfen. Jeder Lehrer weiß, wie ein schwieriger Schüler in dem Augenblick zugänglich wird, in dem man eine persönliche Beziehung zu ihm bekommt. Das wirkt immer wie ein Zaubermittel, ganz unabhängig von den Gedanken, die man sich über die schicksalsmäßigen Hintergründe macht. Es lassen sich Schwierigkeiten besser ertragen, wenn man weiß, daß sie nicht »moralisch« zu werten sind, sondern vielmehr menschlich. Und am wichtigsten: daß nicht die unerzogenen Kinder die Schuldigen sind für ein Problem, sondern daß der Lehrer hier die Aufgabe hat, das Kind lieben zu lernen.

Auch noch ein tragisches Beispiel möchte ich nennen: Zu Beginn meiner ärztlichen Tätigkeit wurde mir ein Kind vorgestellt, das man erst im Alter von 8 Jahren in einem Zimmer entdeckt hatte. Es war ein mongoloides Kind, bettlägerig, unfähig zu gehen und zu sprechen, und – für mich damals besonders erstaunlich und erschreckend – es hatte keinen Zahnwechsel durchgemacht. Die Milchzähne waren stehengeblieben und davor und dahinter waren die bleibenden Zähne durchgebrochen. Es hatte also eine doppelte Gebißreihe und konnte nur flüssige Nahrung zu sich nehmen. Es war auch nie von der Flasche entwöhnt worden. Die Eltern, einfache Bauersleute, hatten sich geschämt, dieses Kind der Umwelt zu zeigen, und niemand wußte, daß es in dieser Familie lebte und in einem kleinen Zimmer im Bett dahinvegetierte. Dieses Beispiel möge für die vielen stehen, in denen Eltern oder Erzieher ihren behinderten Schützlingen mit Unverständnis begegnen oder sogar mit Haß. Gerade diese Beispiele machen deutlich, wie notwendig eine Änderung der Einstellung gegenüber Krankheit und Behinderung ist und gegenüber dem Wert eines Behindertenlebens.

Dabei ist jedoch viel Erziehungs- und Selbsterziehungsarbeit zu leisten, um noch andere Voraussetzungen für die Beurteilung von Lebensschwierigkeiten zu schaffen.

Was gewinnen Medizin und Pädagogik durch Einbeziehung der Tatsache der Wiederverkörperung?

Wer wirklich helfen will, wird nicht schon in einem Erdenleben müde.

MICHAEL BAUER

Zum Verständnis der Idee der Wiederverkörperung

Die Idee der Wiederverkörperung ist uns nicht nur aus der orientalischen Philosophie und Religion bekannt. Vielmehr ist sie auch im Laufe der deutschen Geistesgeschichte immer wieder aufgetaucht. Besonders in der Zeit des deutschen Idealismus finden sich zahlreiche Zeugnisse, zum Beispiel bei Goethe, Schiller und Lessing –, aber auch bei Menschen wie Friedrich dem Großen, Voltaire und Jean Paul.*

Wir wollen jedoch jetzt hier nicht von geistesgeschichtlichen Zeugnissen, sondern von unseren eigenen Erfahrungen im täglichen Erleben ausgehen. Wann und wo stoßen wir da auf diese Idee? Zunächst da, wo wir im Zusammenhang mit Geburt und Tod nach dem Woher und Wohin des Menschen fragen. Sie taucht auch auf angesichts der Frage nach der *Verantwortung* des Menschen und nach seiner *Entwicklungsfähigkeit.*

Kann noch von persönlicher Verantwortung gesprochen werden, wenn Entscheidungen gefällt werden, die den Rahmen eines Erdenlebens sprengen und ihre Auswirkungen erst nach ein- bis zweitausend Jahren in vollem Maße zeigen werden? Das sprechendste Beispiel für derartige, die persönliche Verantwortung in Frage stellende Entschlüsse ist die Freisetzung künstlicher Radioaktivität, die

---

* Vergleiche Emil Bock »Wiederholte Erdenleben. Der Wiederverkörperungsgedanke in der deutschen Geistesgeschichte«, Stuttgart, 1975.

wir seit einigen Jahrzehnten in immer größerem Umfang erleben. Wer kann hier zur Verantwortung gezogen werden? Ist Verantwortung nur in engen Grenzen überschaubarer Verhältnisse zu verwirklichen, oder ist der Mensch in der Lage, seine Verantwortung durch die Dimensionen von Raum und Zeit hindurch in einen Bereich zu verlagern, der das Überräumliche, Überzeitliche, das heißt das Ewige mit umfaßt? Wie können wir für das verantwortlich sein und bleiben, was wir auf Erden tun?

Wer den Gedanken der Wiederverkörperung in sein Bewußtsein aufnimmt, für den gewinnt Verantwortlichkeit eine neue Dimension. Er wird sich klarmachen, daß er für alles, was er tut – sei es unbewußt oder bewußt – eines Tages zur Verantwortung gerufen wird und Antwort geben kann im Sinne einer echten Ver-*Antwort*-ung. Er kann sich deutlich machen, daß er – vielleicht nach tausend Jahren – in einem nächsten Erdenleben Bedingungen vorfinden wird, die ihm die Folgen seines Tuns an der Erde und an Menschen vor Augen führen und ihn zu einer tätigen Antwort, d. h. Mitarbeit, Hilfe und Verbindlichkeit aufrufen. Er wird sehen, was in Raum und Zeit aus dem geworden ist, was er und andere Menschen in einem vergangenen Leben erstrebt und getan haben. Er wird den Folgen seiner Taten begegnen und die Möglichkeit haben, tätig darauf zu antworten. Dieser Gedanke kann auch dazu beitragen, das Verantwortungsgefühl gegenüber den nachfolgenden Generationen zu stärken.

Ähnlich ist es mit der Frage nach der Entwicklungsfähigkeit des Menschen: Im Alten Testament heißt es: »Gott schuf den Menschen nach seinem Bild«, und in die Zukunft weisend sagt Luzifer den Menschen: »Ihr werdet sein wie Gott.« Im Neuen Testament wird dieses beides verbunden in den Worten des Christus (Joh. 8, Vers 32): »Ihr werdet die Wahrheit erkennen, und die Wahrheit wird euch frei machen.« Damit ist dem Menschen das Ziel für seine Entwicklung gewiesen in Verbindung mit dem Wesen des Christus selbst. Hat er sein eigenes Wesen doch identifiziert mit der Wahrheit (Joh. 14, Vers 6).

Die Realität dieser Aussagen kann von jedem Menschen täglich erlebt werden. Einerseits empfinden wir uns als geschaffene Menschen, und andererseits erleben wir täglich, wie schwer es ist, menschlich zu sein, beziehungsweise immer menschlicher zu werden. Wo *sind* wir »Bild Gottes« und wo *werden* wir sein wie Gott, welches ist unser *Weg*? In diesen Fragen liegt die ganze Spannung, die wir Entwicklung nennen. Es ist tatsächlich so, daß der gesunde Menschenleib Bild unserer Vollkommenheit als Mensch ist: Aufrecht, mit offenem Blick und freier Hand, die Schritte lenkend, wohin er will, mit der Möglichkeit begabt, die Wahrheit zu sagen, so steht er vor uns. Dieses Bild wird jedoch erst volle Wirklichkeit sein, wenn jeder Mensch aus eigener Anstrengung aus sich selber das gemacht haben wird, wovon der menschliche Leib mit seinen Funktionen heute schon Bild ist.

Soll nun die Entwicklung zu Wahrhaftigkeit und Freiheit, d. h. zu voller Menschlichkeit, für jeden Menschen gültig sein, dann ist dies ohne Einbeziehung der Tatsache der Wiederverkörperung nicht zu denken. Denn ohne diese wären die Schicksale von Millionen geknechteter, früh verstorbener, behinderter oder kranker Menschen nicht zu verstehen. Auf dem Hintergrund wiederholter Erdenleben schließen sich jedoch die biographischen Erfahrungen als Ausschnitte und Facetten aus sinnvollen Lernschritten auf einem schweren, langen Entwicklungsweg zusammen. Es wird oft gefragt: Welchen Sinn hat das Leben eines kranken, leidenden, behinderten Menschen? Ist das mit der menschlichen Würde zu vereinbaren? Sollte man nicht ein solches Leben verhindern oder beenden? Diese Fragen rühren zentral an das Wesen der menschlichen Existenz. Ein Blick auf das Leben und Verhalten der Tiere zeigt, daß hier das Durchmachen von Leid und Schmerz für deren Entwicklung nicht notwendig ist und daher von Natur aus auch nicht vorkommt. Denn in der Natur wird ein erkranktes Tier rasch zu Tode kommen, oder aber seine Krankheit ist so gering, daß es damit gut leben kann. Pflege, Siechtum und langes Ertragen von Leid und Schmerz sind Ereignisse, die dem menschlichen Leben vorbehalten sind (vgl. S. 266). Nicht dem Tier, nur dem Menschen ist es gegeben, durch Schmerz und Leid zu neuen Dimensionen des Daseins und der Wahrheit aufzuwachen und sich weiter zu entwickeln. Der Gedanke der Wiederverkörperung läßt das große Entwicklungsziel, durch Erkenntnis der Wahrheit zur Freiheit zu gelangen, für jeden Menschen offenbar werden. Er kann jeder Lebenserfahrung einen tiefen Sinn verleihen. Christus ist nicht nur für eine kleine Gruppe hervorragender Menschen gestorben, denen es möglich ist, in einem Erdenleben eine gewisse Vollkommenheit zu erlangen – sondern er ist für jeden einzelnen Menschen da, so wie es ja auch von zahllosen Menschen täglich erlebt wird. So gesehen hat jeder seine Zeit, seinen Entwicklungsrhythmus, in dem sich nach und nach alles zusammenfinden kann, was im Laufe der verschiedenen Erdenleben erlitten, erlernt und errungen wurde.

Erlebnisfelder des menschlichen Schicksals

Um das bisher Dargestellte noch besser zu verstehen, wenden wir uns nun einigen Tatsachen zu, die in das pädagogische und in das medizinische Gebiet hineinragen und die zum menschlichen Schicksal dazugehören: »Erbsünde« und Gnade, Schuld und Sühne, Liebe, Krankheit und Tod.

Kennen wir aus unserem alltäglichen Erleben dasjenige, was in der Bibel mit der Erbsünde gemeint ist? Dasjenige, was der Apostel Paulus als »Pfahl in seinem Fleisch« bezeichnet? Dies kann jeder Mensch erleben, der sich darauf besinnt, was ihn immer wieder daran hindert, so zu sein, wie er es eigentlich gerne möchte. Dieses elementare Gefühl oder auch die Frage, woher es kommt, daß es so schwer ist, einfach das zu tun, was man sich vornimmt, was man eigentlich möchte – das Erleben der inneren Widerstände und Hinderungen, es zeigt uns die Realität dessen, was in der Bibel bildhaft als Erbsünde bezeichnet wird und wesentlicher Grund dafür ist, daß wir noch nicht Menschen sind, sondern erst »werden« müssen.

Wir erleben die Gespaltenheit in unserer Natur, daß der Leib nicht unmittelbar dem folgt, was Seele und Geist wollen, und umgekehrt, daß Seele und Geist manchmal fast gebrochen scheinen, und man sich wundert, daß der Leib noch so gesund ist. So kann der Leib auf der einen Seite als Hemmnis empfunden werden und auf der anderen Seite auch wie eine Stütze und ein Schutz, wenn sich die Seele als unsicher und schwankend erlebt.

Wo und wie erleben wir die Gnade? Am stärksten wohl da, wo uns ein Mensch verzeiht, oder wenn wir in Harmonie mit einem oder mehreren Menschen zusammenarbeiten dürfen. Oder wenn wir erfahren, daß etwas sich zum Guten wendet, das bisher ohne jede Aussicht auf einen glücklichen Ausgang erschien. Eine Gnade ist es auch, wenn in der Familie oder am Arbeitsplatz eine Atmosphäre herrscht, wo jeder sich Mühe gibt im Verstehen des anderen und im Ergreifen der Aufgaben, die nötig sind. Wo zwischen den Menschen dieses heitere, freudige Geben und Nehmen sich vollzieht, das man eben wie eine Gnade empfindet.

Schuld und Sühne liegen in einem anderen Bereich des Erlebens als Erbsünde und Gnade. Bei Erbsünde und Gnade kann man deutlich erleben, daß sie stark von unserer körperlichen Konstitution und von den sozialen Konstellationen abhängig sind. Schuld und Sühne erleben wir mehr im ganz persönlichen Bereich. Wir werden anderen Menschen gegenüber schuldig und verspüren die Sehnsucht, das wieder gutzumachen. Bei der Erbsünde fühlen wir uns dagegen nicht persönlich schuldig. Wir erleben sie als über uns verhängt und ohne unser bewußtes Zutun uns als Entwicklungsproblem und Möglichkeit eingeboren. Dafür fühlen wir uns bei der Schuldfrage wesentlich freier. Bei jeder Handlung kann uns das Gefühl bewegen: das hättest du vielleicht vermeiden oder dieses hättest du besser machen können. Wir wollen unser Versagen und auch unser Gelingen persönlich verantworten und mit den Folgen und Konsequenzen leben.

Liebe wird als die schönste und beglückendste Schicksalstatsache erfahren – als Geschenk und Aufgabe zugleich.

Anders ist es wieder bei dem Erleben von Krankheit und Tod. Sie begegnen uns zunächst als Verhängnis, das ohne unser Zutun über uns kommt. Die Besinnung auf den Entwicklungsgedanken kann jedoch helfen, die Krankheit als eine Lernsituation zu begreifen, die die Möglichkeit gibt, das menschliche Leben neu zu verstehen oder eine Fähigkeit zu erlangen, die man sich auf anderen Wegen nicht hätte erwerben können.

Wie sehen nun die genannten Erlebnisfelder aus, wenn sie auf dem Hintergrund des Wiederverkörperungsgedankens betrachtet werden? Sie werden zu Erlebnisbereichen, die die Entwicklung nicht nur fördern, sondern ermöglichen: Erbsünde und Gnade, Schuld und Sühne werden als Bedingungen dafür erkannt, daß eine Entwicklung zur Freiheit überhaupt stattfinden kann. Kehren wir zum besseren Verständnis dieser Einsicht noch einmal zurück zur Erfahrung der Erbsünde. Im Alten Testament heißt es, daß Gott sah, daß die Schöpfung »gut« war. Zu diesem Gutsein gehörte aber auch die Schlange, denn sie war im Paradies. Unter Gottes Augen also verführt die Schlange Luzifer den Menschen zu einer Tat, die Gott zwar verboten hat, bei der er jedoch gestattet, daß sie geschieht. Ist es nicht auch erstaunlich, daß Gott Adam und Eva nach dem Sündenfall fragt: »Warum habt ihr das getan?« Man kann doch eigentlich sicher sein, daß er es weiß. Warum fragt er dennoch? Dies kann eigentlich nur verstanden werden, wenn hinzugenommen wird, was als Bewußtseinsinhalte durch das Christentum klar zutage tritt: Die gottgewollte Entwicklung des Menschen zur Freiheit. Diese Anerkennung der menschlichen Freiheit kündigt sich schon im Alten Testament durch diese Frage Gottes an. Er respektiert den Menschen und läßt ihm die Möglichkeit, sich frei zu seiner Tat zu bekennen und gibt ihm dadurch zu verstehen, daß er nicht nur zu einem Ebenbilde Gottes geschaffen ist, sondern auch selbst die Gesetze kennenlernen darf, nach denen er geschaffen wurde und durch die er selbst dieses Schöpfungswerk vollenden kann. Damit aber ist die Möglichkeit des Bösen und des Irrtums verbunden. Auch zu ihnen bekennt sich Gott im Alten Testament: »Ich will dir viel Schmerzen schaffen«; damit kündigt er die Möglichkeit zur Krankheit und zum Irrtum an. Auch sagt er: »Es soll Feindschaft sein zwischen euch.« Damit bekennt er sich zur Möglichkeit des Bösen unter den Menschen, der Mißverständnisse und der Irrtümer. Dieses doppelt Gottgegebene, das einerseits »gut« ist und es andererseits ermöglicht, eine eigenständige Bewußtseinsentwicklung durchzumachen mit dem Risiko, zu irren, ist eben nicht nur eine scheinbar ferne »alttestamentliche« Schilderung, sondern konkrete Lebenswirklichkeit des Alltags.

Jedes gesunde Kind kann uns dieses Geschehen vor Augen führen. In den ersten drei Lebensjahren lebt es wie im Paradies. Es bekommt Nahrung, Kleidung, Zuwendung und Pflege. Es lernt, sich auf seine eigenen Füßen zu stellen. Es beginnt die Wahrheit zu sagen – bis es eines Tages zum Selbstbewußtsein erwacht und zu sich »ich« sagt. Und in diesem Augenblick ist der Sündenfall geschehen. Das Bewußtsein der Kinder ist verwandelt, von jetzt an beziehen sie alles auf sich, und das persönliche Lernen, Leiden und Gelingen beginnt. Die Zeit der Offenheit und selbstverständlichen Hingabe an alles, was in der Umgebung geschieht, ist vorbei. In dem Augenblick, wo das Selbstbewußtsein im Denken auftaucht, eröffnet sich die Möglichkeit, sich zu verstecken, ein geheimes eigenes Innenleben zu führen und auch die Möglichkeit zur Lüge. So wie man das kleine Kind in seiner Offenheit und Wahrhaftigkeit noch als Ebenbild Gottes erleben kann, so sieht man, wie für das ältere Kind schon gilt »Ihr werdet sein wie Gott«, und wie die Suche nach dem eigenen Selbst begonnen hat. Das Wörtchen »ich«, welches das kleine Kind noch so strahlend und selbstbewußt ausgesprochen hat, wird zur Frage. Zu wem sagen wir eigentlich »ich«? Fassen wir damit alle Erfahrungen, die wir bisher in diesem Leben gemacht haben, zusammen? Benennen wir damit dasjenige, was sich erst noch entwickeln soll, oder beinhaltet das »Ich« Erfahrungen, Erlebnisse und Aufgaben aus vielen vergangenen Verkörperungen, die wir nur »vergessen« haben, zu denen aber unser Unbewußtes Erleben Zugang hat? Im Laufe der Entwicklung vollziehen sich ganz charakteristische Schritte mit Bezug auf das Selbstverständnis. Der Tod wird zur notwendigen Voraussetzung für eine Wiedergeburt, die Krankheit Ausgangspunkt einer Verwandlung. Der Weg jedoch wird durch alle Verkörperungen hindurch vom Segen der Liebefähigkeit begleitet. Auf jeder Stufe des Weges kann uns die Liebe wie ein Bote der zukünftigen Vollkommenheit und Menschlichkeit erscheinen und etwas von dem Frieden der Ewigkeit in das alltägliche Leben hereinbringen.

Krankheitsverständnis durch Selbsterkenntnis

Medizin und Pädagogik haben als gemeinsames Arbeitsfeld und Anliegen die gesunde Entwicklung des Menschen. Jeder Arzt hat das Bestreben, die aus dem Gleichgewicht geratenen leiblichen oder seelischen Vorgänge der Herrschaft der menschlichen Persönlichkeit wieder einzugliedern zu helfen und damit zur Gesundung beizutragen. Ebenso ist das Ziel jedes Pädagogen, die Entwicklung so zu begleiten und zu fördern, daß ein sich seiner Verantwortung und Freiheit bewußter gesunder Mensch die Schule verläßt. Wird der Gedanke der Wiederverkörperung in den therapeutischen oder pädagogischen Prozeß miteinbezogen, so eröffnen sich neue Möglichkeiten für die Hilfeleistung. Die Fragen, die den Kranken bewegen: warum gerade ich? Was hat diese Krankheit mit mir zu tun? Wo liegt die Gerechtigkeit, daß ich so leiden muß, während so mancher verbrecherische Mensch sich einer guten Gesundheit erfreut? – sie bewegen sowohl die Menschen im Umkreis eines Kranken als auch den Kranken selbst. Auf dem Hintergrund des Wiederverkörperungsgedankens erfahren diese Fragen eine heilsame Antwort: Alles, was mir geschieht, gibt mir die Möglichkeit, etwas über mich selbst und über andere Menschen zu lernen, was mir ohne diese Krankheit, dieses Leid, dieses Problem nicht möglich gewesen wäre. Man erlebt auf der einen Seite die Tragik, wenn das »Ebenbild

Gottes«, welches der gesunde Mensch darstellt, Schaden leidet, und auf der anderen Seite erlebt man sich mit aufgerufen, an der Wiederherstellung der Gottebenbildlichkeit bewußt zu arbeiten. Was zuerst als Gesundheit geschenkt war, muß jetzt aus eigener Kraft neu errungen werden. Nur dadurch ist Freiheit möglich, daß alles dasjenige von uns selber in eigener Arbeit erkannt und erfaßt wird, was uns vorher ohne unser Zutun gebildet und geschaffen hat. Jede Krankheit gibt Gelegenheit, die Kräfte der Zerstörung und des Wiederaufbaus von einer neuen Seite kennenzulernen und sich mit diesen Prozessen am eigenen Leibe und in der eigenen Seele auseinanderzusetzen. Auf diesem Wege ist Christus, so wie er uns im Neuen Testament geschildert wird, vorangegangen. Während seines Lebens durchschaute er alle Krankheiten, lehrte die Menschen die Heilkraft erkennen, die in dem Willen zum Guten und zur Wahrheit liegt, und nahm es am Ende seines Lebens dennoch auf sich, ganz bewußt den Weg des Leidens und der Schmerzen bis zum Sterben durchzumachen. Hier schweigt zunächst die Frage nach der Gerechtigkeit oder dem Sinn dieses Vorgehens. Wir erfahren, daß es so geschehen ist. Liegt der Sinn dieses Vorbildes in dem bewußten Wollen, menschliches Leid verstehend zu durchleben? Liegt die Gerechtigkeit darin, daß dieses vollkommen freiwillig geschieht? Er läßt Judas, den Verräter, in seine unmittelbare Nähe kommen, indem er sich von ihm umarmen und küssen läßt. In diesem Bild wird deutlich, daß Christus, der seine Unabhängigkeit vom Bösen offenbart hat (vgl. S. 75), sich dennoch ganz dem Schicksal der leidenden Menschheit verbindet und das Böse annimmt, es gleichsam »umarmt« und sich durch die Passion zum Tode führen läßt. Dieses Anerkennen und Aufsichnehmen des Bösen durch Christus macht ebenfalls deutlich, daß der göttliche Vater die Erbsünde zugelassen hat, damit wir ein bestimmtes Entwicklungsziel erreichen. Durch das Annehmen und Überwinden des Bösen vollendet der Sohn das Werk seines Vaters. Durch den Wiederverkörperungsgedanken kann der Mensch diese Christus-Vorbildlichkeit und -Nähe in allem Schicksalserleben deutlicher empfinden lernen. Angesichts einer schweren Krankheit wird es ihm leichter zu fragen: Was will sie mich lehren auf dem Entwicklungsweg? Wie finde ich die Kraft, diese Situation als zu mir gehörig anzunehmen?

Ähnlich ergeht es dem Lehrer. Er wird jede Schwierigkeit im Umgang mit einem Kind unter diesem Gesichtspunkt als Fortsetzung eines gemeinsamen Entwicklungsweges ansehen und sich in allem fragen, wie er dem Kind in seiner ganz individuellen Situation bei dem nächsten Schritt in seiner Entwicklung helfend zur Seite stehen kann. Er wird sich nicht über die Frechheiten, das Faulsein und die mangelhafte Erziehungspraxis zu Hause entrüsten und sich distanzieren. Vielmehr wird er sich fragen: Was erwartet das Kind von mir? Warum bin gerade ich hier als Lehrer gefordert? Er wird auf jeden Fall alles dransetzen, dem Kind zu einem gesunden Selbstbewußtsein zu verhelfen. Denn ein gesunder erwachsener Mensch ist wieder so umweltoffen wie das kleine Kind, er interessiert sich für alles, was an ihn herankommt, und ist bestrebt, fördernd in seinen Lebensverhältnissen darinnen zu stehen. Zwischen dem uneingeschränkt – aber noch wenig selbstbewußten – offenen Wesen des Kindes und dem harmonischen Selbsterleben und Umwelterleben des gesunden Erwachsenen liegt die Zeit der Erziehung und beginnenden Selbsterziehung: eine abwechslungsreiche, manchmal sehr krisenhafte Zeit, in der wir oft jahrelang in Irrtümern befangen sind. Der eine denkt nur an sich selbst und seine Probleme – der andere neigt dazu, sich aufzuopfern und selbst zu verleugnen, um sich dann um so schmerzlicher wieder auf sich selbst zurückgeworfen zu sehen. Die Seele erlebt sich freigelassen, offen, verwundbar und immer wieder auf sich selbst zurückgewiesen.

Durch diese möglichen Abirrungen im Seelischen, durch dieses Streben nach Gleichgewicht und dieses immer wieder Aus-der-Bahn-geworfen-Werden, wird es möglich, Krankheitstendenzen zu veranlagen. Denn der Leib mit seinen körperlichen Funktionen ist ein künstlerisch aufeinander abgestimmtes System von Prozessen und Vorgängen. Der Leib birgt alle Naturgesetze harmonisch in sich. Die ganze Natur, die wir kennen, ist an irgendeiner Stelle am Aufbau und Tätigsein dieses Leibes und seiner Organe beteiligt. Kein Naturgesetz isoliert sich hier – alle stimmen zusammen, damit der Mensch werden kann. Das entsprechende harmonische Zusammenstimmen im Seelischen würde bedeuten, daß der Mensch seine Gedanken, Gefühle und Entschlüsse in klarer Übereinstimmung mit sich selbst und der Welt beherrschen kann. Dieses ist jedoch zumeist nicht der Fall – vielmehr erleben wir hier in unseren Irrtümern, Unzufriedenheiten und Handlungsunfähigkeiten, daß die harmonische Ordnung, die in der Körperlichkeit bereits verwirklicht ist, auf einem langen Entwicklungsweg im Seelischen erst herzustellen ist. Auf diesem Entwicklungsweg können viele kränkende Einflüsse aus dem unvollkommenen Seelenleben auf den Leib wirken. Dieser kann solche Einflüsse, je nachdem wie stabil er veranlagt ist, unter Umständen jahrelang ausgleichen. Eines Tages kommt aber dann doch der Moment, wo eine psychosomatische Krankheit oder eine schwere Organkrankheit zum Ausbruch kommt. Die Krankheit wird dann der Anlaß, grundsätzlich das Leben neu anzuschauen und auch seelisch und geistig eine neue Orientierung zu suchen.

Der Leib ist eigentlich von Haus aus »gut« geschaffen. Allerdings lebt in ihm ein Bewußtsein, das ab dem dritten Lebensjahr eben nicht nur »gut« ist, sondern dessen höchste Aufgabe in der Suche nach dem Guten liegt. Und in dieser Suche nach der Wahrheit und dem Guten liegt das Risiko zu irren eingeschlossen.

Auf diesem Hintergrund erhebt sich die Frage, ob nicht gerade die Möglichkeit, krankzuwerden, nur die leibliche Projektion dieser seelischen Irrtumsmöglichkeit darstellt. Man stelle sich einmal vor, der Mensch könnte nicht erkranken und wäre in der Lage, jede Torheit mit voller Kraft auszuleben und zum Beispiel ein so überzogenes Selbstbewußtsein wie ein Kind in der Trotzphase durch ein ganzes Leben hindurch zu behalten, weil keine Korrektur erfolgte. Ist es nicht ein Segen, daß Gott zugleich mit dem Weg zur Wahrheit auch die Möglichkeit gegeben hat, daß das gute leibliche Gottes-

ebenbild nicht unbegrenzt den Irrtum aushält, sondern eines Tages
daran erkrankt? Die Krankheit wird so zum Ausgleich zwischen
unserer gesund veranlagten Körperlichkeit und unserem, dem Irrtum ausgesetzten Seelenleben und Selbstbewußtsein. Durch eine
Krankheit kann ein völlig neuer Aufbau des Verhältnisses zu uns
selbst und der Welt beginnen. Damit ist auch die Möglichkeit zu
einer Korrektur, einer wirklichen Veränderung und Wandlung gegeben. Auf dem Hintergrund des Wiederverkörperungsgedankens
verliert eine derartige moralische Wertung des Krankseins ihren unangenehmen Beigeschmack. Sie kann zum Ansporn werden, die
Botschaft dieser Krankheit zu verstehen und dieses Schicksal anzunehmen.

Auch der Tod verliert seinen Schrecken und seine Ausschließlichkeit. Vielmehr wird er zu einem Durchgangstor für ein neues Kräftesammeln, Aufarbeiten der Erfahrungen und ein Fortsetzen des
Lernprozesses unter neuen Bedingungen. Er gibt die Möglichkeit,
sich in der nachtodlichen geistigen Daseinsweise wiederum dem reinen göttlichen Menschenurbild hinzugeben und daran zu erleben,
welche Schritte der Entwicklung auf dieses Verwirklichungsziel hin
als nächstes zu ergreifen sind. In der katholischen Kirche spricht
man vom Fegefeuer, das nach dem Tode durchlitten werden muß.
Im Neuen Testament wird auch vom »Heulen und Zähneklappern«
gesprochen. Gemeint ist der Vorgang der Korrektur und des Offen-
barwerdens der Irrtümer, in denen man während des Erdenlebens
befangen war. Dieses hat für die Seele etwas Erschütterndes. Wenn
sie jedoch diese Erschütterung wahrgenommen hat, schreitet sie
weiter und darf nach diesem Erschreckenden der Wahrheit dann
auch das Beglückende der Wahrheit schauen, zu der sie sich hinent-
wickeln darf. Man kann in dem Wort »vom jüngsten Gericht« auch
dieses sehen, daß man sich wieder verjüngen und seine eigene Richtung für die Menschwerdung vor sich sehen darf. Nach einer Zeit
des Irrens und Strebens auf der Erde, in der man sich als selbständig
Denkender und Handelnder erlebte, darf man sich nun im Nachtodlichen wieder ganz öffnen für die Orientierungen, durch die

man sich, hingegeben an die göttliche Weisheit, wieder neu finden kann und nach denen man »gerichtet« wird, bzw. sich richten will. Gedanken dieser Art helfen, im täglichen Umgang mit den anderen Menschen eine ganz neue Mitleidsfähigkeit und Toleranz zu entwickeln. Man erlebt den anderen ähnlich auf dem Wege durch Irrtum zur Wahrheit wie sich selbst und lernt, sich besser gegenseitig zu ertragen und zu unterstützen. Aneinander schuldig werden und sich wieder vergeben sind im menschlichen Bereich sozusagen im kleinen, was Erbsünde und Gnade im großen Menschheitszusammenhang sind. Schuld und Vergebung sind im zwischenmenschlichen Bereich genauso die Voraussetzung für unsere eigene Entwicklung im täglichen Umgang mit anderen Menschen, wie der Sündenfall und seine Überwindung die Menschheitsentwicklung im Großen in der Form möglich macht, wie wir sie gegenwärtig erleben. So kann das Spannungsfeld des Alltags auf dem Hintergrund des Wiederverkörperungsgedankens eine tief versöhnliche Atmosphäre bekommen, indem angesichts unlösbarer Probleme gesagt werden kann: Es mag aus einem früheren Daseinszusammenhang etwas hereinragen, was gegenwärtig nicht aufgelöst und bewältigt werden kann. Wenn es jedoch im Vertrauen auf die Zukunft ertragen wird, werden die Kräfte reifen, es in einem anderen Lebenszusammenhang zu bewältigen. Oder aber man setzt immer wieder alles daran, die Probleme zu durchschauen und zu bewältigen und dadurch einen Freiraum für die Zukunft zu erkämpfen und künftigem Leiden vorzubeugen. Ruhe und Sicherheit für die alltägliche Lebensbewältigung gehen aus solchen Gedanken hervor. Das Erleben des Schuldigwerdens an anderen und das von ihnen Verletztwerden kann durch die Hoffnung auf spätere Verwandlung ganz anders verarbeitet und ausgehalten werden. Seelische Sicherheit, eine vertrauensvolle Lebenseinstellung und damit eine neue seelische Gesundheit und Stabilität sind die Folge. Damit wird auch deutlich, wie nahe Medizin und Pädagogik zusammengehören.

Erziehen zu einer guten Lernbereitschaft und Lernfreudigkeit ist eigentlich das Wichtigste und Gesündeste, das man einem Menschen mit auf den Weg geben kann. Wer bereit ist, seine Irrtümer zu erkennen und aus ihnen zu lernen, schließt eine bedeutende Krankheitsquelle aus. Erziehung wird so zur Krankheitsprophylaxe. Kranksein wird zum Ausgangspunkt von neuen Lernprozessen.

Fragen zum Thema:

Frage: Sie schildern die Krankheit als eine Möglichkeit, Unvollkommenheit zu erkennen und ausgleichen zu lernen. Was ist nun aber mit den vielen Menschen, die das nicht so sehen? Haben Sie dann keinen Segen von ihrer Krankheit?

Antwort: Da die Krankheiten uns etwas abverlangen, was zu lernen wir uns nicht freiwillig vorgenommen hätten, geht es selbstverständlich den meisten Menschen so, daß sie zunächst ihre Krankheit nur ablehnen und sie eigentlich nicht als zu sich gehörig akzeptieren können. Trotzdem muß sich der Organismus aktiv mit der Krankheit auseinandersetzen und an der Gesundung arbeiten. Dieser Lernprozeß bleibt während des Lebens dem Bewußtsein entzogen, wird aber nach dem Tode bewußt, wenn das Bewußtsein des Menschen eine andere Gestalt annimmt und das unbewußt Erlebte offenbar wird. Wer jedoch schon im Leben und während der Krankheit diese annehmen kann, wird aus der Krankheitssituation etwas Fruchtbares machen können, wird seine Heilchancen durch diese positive Identifikation verbessern und damit den Gewinn der Krankheit erhöhen.

Frage: Wie ist die zeitliche Dimension der Entwicklung? Sie kann doch nicht ewig so weitergehen?

Antwort: Entwicklung vollzieht sich in der Zeit, insofern muß eine Endlichkeit vorliegen. Im Alten Testament erfahren wir, daß die zeitliche Entwicklung damit beginnt, daß der Mensch aus dem Paradies ausgestoßen wird, indem das Böse Zugang zu seinem Bewußtsein bekommen hat. Das Ende dieser Entwicklung wäre dann gekommen, wenn der Irrtum durchschaut worden ist und zur Wahrheit geführt hat, wenn Krankheiten nicht mehr nötig und der

Tod als Abschluß eines Erdenlebens und Ausgangspunkt für ein neues Kräftesammeln in der geistigen Welt seinen Sinn verloren hat.

Frage: Wie ist es mit dem geistigen Wesen des Menschen? Ist der Geist schon ewig, oder wird er ewig sein? Hat er auch einen Anfang und ein Ende?

Antwort: In der Kürze der Zeit möchte ich nur soviel sagen: Wenn so ein Bild aus dem Alten Testament real ist, daß Gott dem Menschen seinen eigenen, lebendigen Odem eingehaucht hat, dann ist der Menschengeist aus dem Lebens- und Schaffensprozeß Gottes selbst hervorgegangen und hat in ihm seinen Ursprung. Im physischen Leib, der von Leben zu Leben andere Entwicklungsmöglichkeiten bietet, wird sich dieses Göttergeschenk seiner selbst bewußt und verwandelt sich durch die Arbeit am Menschenleib, an der Erde und im Zusammenhang mit anderen Menschen. Dadurch individualisiert sich dieses Göttlich-Geistige und wird Person, die seinem Schöpfer gegenübertreten kann. Das Geistige ist mit den Kategorien Zeit und Raum nicht zu fassen, weil es seinem Wesen nach gerade überzeitlich und überräumlich, d.h. wesenhaft-ewig ist. Man kann natürlich fragen, warum Gott Interesse daran haben kann, etwas aus seinem göttlichen Wesen zu verselbständigen und sich zum Gegenüber zu machen. Die Bedeutung dieses Vorgangs ahnen wir, wenn wir uns vor Augen führen, wie unser eigenes Wesen dadurch gewinnt, daß wir anderen Menschen und Wesen begegnen können und mit ihnen verbunden sind. Am stärksten da, wo wir einem anderen Menschen liebend gegenüberstehen und uns in unserem Dasein durch ihn bereichert und gestärkt fühlen. Diesen Vorgang kann man sich nun ins Höchste gesteigert denken, wenn der Menschengeist am Ende seiner Entwicklung seinem göttlichen Ursprung wieder nahe ist und seinem Schöpfer bewußt gegenübertreten kann.

Frage: Sie haben die Wiedergeburt noch nicht genau definiert. Was wird denn eigentlich wiedergeboren?

Antwort: Der Menschengeist wird wiedergeboren, nicht der menschliche Leib. Alles also, was während eines Lebens Bewußtseinsinhalt geworden ist. Den Lebensumkreis jedoch und den Leib, durch den wir diesen Bewußtseinsinhalt gewonnen haben, lassen wir auf der Erde zurück. Sie können sich dies anhand einer Erfahrung bewußt machen, die Sie vielleicht schon einmal gemacht haben: Wenn Sie einen Menschen gut gekannt haben und Sie hören eines Tages von seinem Tode, so ändert sich zunächst in Ihrem Verhältnis zu ihm nichts. Sie erinnern sich seiner und können, je nach dem wie nahe Sie ihm standen, auch jetzt noch ein Gefühl seiner Anwesenheit in sich empfinden. Wenn man das Glück hat, beim Sterben eines nahestehenden Menschen anwesend zu sein, erlebt man sogar, wie das Empfinden seiner Anwesenheit durch seinen Tod und nach seinem Tod stärker ist als vorher. Gedanken und Empfindungen unterliegen anderen Gesetzen, als es die Naturgesetze sind. Die Kraft des Denkens und Fühlens ist unabhängig vom Leib, wird sich aber am Leib ihrer selbst bewußt. Auf der Erde verdanken wir dem Leibe das selbstbezogene zentrierte Selbstbewußtsein. In der geistigen Welt haben wir ohne den Leib ein mehr soziales, hingebungsvolles Umweltbewußtsein. Daher kann die Persönlichkeitsentwicklung nur auf der Erde stattfinden, während die Zeit in der geistigen Welt mehr einer Aufarbeitung und Ausgestaltung dessen gleichkommt, was wir auf der Erde getan haben.

Frage: Gibt es denn schon Menschen, die dieses Entwicklungsziel erreicht haben?

Antwort: Das ist schwer zu sagen. Auf jeden Fall gibt es besonders herausragende Menschen, wie z.B. Buddha, von denen historisch überliefert wird, daß sie nicht mehr wiedergeboren werden brauchen, weil sie das Menschheitsziel erreicht haben. Damit ist jedoch nicht gesagt, daß diese Menschen sich nicht weiter um das Schicksal anderer Menschen und der Erde kümmern. Rudolf Steiner schildert den geistigen Entwicklungsweg des Menschen in seinem Buch »Wie erlangt man Erkenntnisse der höheren Welten« so, daß sich für jeden Eingeweihten, dem das Entwicklungsziel naht, die Frage stellt, ob er sein Wesen und Schicksal weiterhin mit der Menschheit und der Erde verbunden halten will, oder ob er vorzeitig und losgelöst von der Menschheit in den geistigen Daseinsbereich übertreten und dort verbleiben will. Er beschreibt diese Entscheidungssituation als die Begegnung mit dem Wesen des Christus. Er selbst begegnet an diesem Zielpunkt der Entwicklung dem betreffenden Menschen und stellt ihn vor die Entscheidung, indem er ihn darauf hinweist, daß er seinen Vollkommenheitsgrad der Begegnung mit den anderen Menschen und der Erde verdankt, die ihn haben lernen und werden lassen. Nun kann er das, was er geworden ist, entweder in den Dienst der Menschheit stellen und sozusagen freiwillig weitere segensreiche Verkörperungen eingehen, in denen er nichts mehr für seine eigene Entwicklung sucht, sondern nur noch für die der anderen. Andererseits kann er sich aber auch von der Menschheit und damit auch von Christus trennen. Es ist dies eine schwere Frage, und ich möchte es bei dieser Andeutung belassen.

Frage: Wie ist es mit dem Gewissen und der Moral in bezug auf wiederholte Erdenleben?

Antwort: Gewissen bildet sich durch Erfahrung. Erst wenn wir etwas innerlich erlebt und mitvollzogen haben, können wir dessen eingedenk sein. Erst dann sind wir in der Lage, die Folgen einer Tat abzuschätzen und ein diesbezügliches Gewissen zu entwickeln. Menschen, die wenig Gewissensnöte habe, zeigen durch diese Tatsache, daß sie im Laufe ihrer Erdenleben noch nicht ausreichende Erfahrungen gesammelt haben. Die Silbe »Ge« bedeutet immer etwas Zusammenfassendes, weist immer auf einen Zusammenhang hin. Wenn Sie alles zusammennehmen, was Sie wissen, dann haben Sie Ihr Gewissen. Ähnlich ist es mit der Moralität. Moral ist auch nie theoretisch erlebbar, sondern deutet immer auf eine konkrete Beziehung zwischen Menschen oder zwischen Dingen und Wesen hin. Am treffendsten finde ich die Charakterisierung Rudolf Steiners, der sie mit Verständnis und Interesse für Menschen und Dinge gleichsetzt. Wer sich ernstgenommen und verstanden fühlt, empfindet sich moralisch begegnet. So wie man das Böse mit Irrtum, Mißverständnis, das heißt Unmoral gleichsetzen kann, so kann man das Gute mit Wahrheit, Verstehen und Mitempfinden, das heißt mit

Moral, gleichsetzen. Moral kann also nur im Laufe der Entwicklung konkret entstehen durch die Pflege menschlicher Beziehungen.

Frage: Es leuchtet mir doch noch nicht ein, daß das Böse für die menschliche Entwicklung eine Notwendigkeit darstellt.

Antwort: Prüfen Sie doch selber einmal, wieviel Kraft es Sie kostet, sich im Zustand voller Behaglichkeit einen Widerstand zu schaffen oder sich zu motivieren, mit aller Kraft und Zähigkeit zu arbeiten und sich genauso intensiv für das Gute einzusetzen, wie wenn dieses in Gefahr wäre. Sie werden merken, wie schwer es ist, im Zustand des Glücks nicht bequem und selbstbezogen zu werden und nicht die Not der Welt zu vergessen. So, wie man in der eigenen Biographie akzeptieren lernen muß, daß man selber auch immer wieder das Erlebnis des Erwachens an einem Widerstand braucht, so ist eben auch im Großen immer wieder eine Katastrophe nötig, um die träge dahinlebende Menschheit aufzurütteln. Erst wenn es gelingt, durch einen bewußten inneren Schulungsweg sich täglich selber die nötigen Widerstände zu schaffen und Ziele zu setzen, hat das Böse für diesen Menschen seinen Sinn verloren. Ein solcher Mensch kann dann mehr Kraft für andere einsetzen und ihnen bei der Bewältigung ihrer Probleme helfen. Er kann dann aber auch das objektiv in der Welt vorhandene Böse verwandeln und erlösen helfen.

Frage: Können Sie den Sinn einer Krankheit näher beschreiben?

Antwort: Diese Frage ist schwer allgemein zu beantworten, weil die Sinnfindung immer eine individuelle ist. Erlebt doch kein Mensch dieselbe Krankheit genauso wie ein anderer. Es lassen sich jedoch verschiedene Arten der Sinngebung im Zusammenhang mit verschiedenen Arten des Krankseins charakterisieren. Es gibt Menschen, die sich völlig selbstverständlich in ihre Krankheit hereinschicken. Man erlebt dies oft auch bei Kindern, die ihre Eltern sogar noch zu trösten versuchen. Einmal sagte ein todkrankes Mädchen sogar: »Mutter, sei doch nicht traurig, ich komme doch wieder«, obwohl sie bisher nie etwas von der Wiederverkörperung gehört hatte. Bei solchen Menschen hat man den Eindruck, daß es sich um reife, fortgeschrittene Persönlichkeiten handelt, die mehr oder weniger bewußt mit ihrer Krankheit umgehen können und dadurch diese mit vorbildlicher Gelassenheit tragen. Hier ist es in erster Linie die Umgebung, die an solchen Menschen und deren Leiden zu lernen beginnt. Die Gesunden, die das Leiden mitansehen, werden zu tiefen Fragen über Leben und Schicksal angeregt und erleben mit Staunen die innere Haltung und Größe eines solchen Kranken.

Dann gibt es eine andere Art des Krankseins, bei der man den Eindruck hat, daß weder die nahe Umgebung daraus lernt, noch der Patient selber. Die Umgebung und der Kranke scheinen um den Sinn des Unglücks zu wissen und leben in Harmonie und tiefem inneren Einverständnis miteinander. Es gibt Mütter, die zum Beispiel im Umgang mit ihrem behinderten Kind völlig souverän sind und einem schon in der ersten Sprechstunde berichten, was sie ihrem Kind alles verdanken. Da möchte man sich dann selber gerne zu ihnen setzen und von ihnen lernen, und man stellt sich die Frage, welchen Sinn diese Krankheit wohl haben mag. Hier kann man vom Gesichtspunkt der Wiederverkörperung her zu einer Sinnfindung kommen, die ihre Bedeutung in der Zukunft hat. Wenn Sie sich zum Beispiel fragen, woher große Menschen ihre überwältigenden Fähigkeiten haben, dann kommt man darauf, daß sie sich diese in Lernsituationen, in Extremsituationen in einem anderen Erdenleben erworben haben müssen. Im Umgang und in der Begegnung mit geduldigen Kranken und Behinderten kann man den Eindruck gewinnen: sie bereiten ein zukünftiges Schicksal vor, zu dem sie ganz besonderer Kräfte und Fähigkeiten bedürfen.

Schließlich gibt es dann noch jene Gruppe von Kranken, wo man merkt: hier ist es der Betroffene selbst, der durch das Leid und unter Umständen auch im Hader mit seiner Krankheit seinen Weg finden muß und sich zum Sinn und zur Lehre dieser Krankheit hindurchzuringen hat. Und wie schon dargestellt, ist es in diesen Fällen oft auch erst nach dem Tode möglich, den Sinn der Erkrankung »im Gericht Gottes« zu erleben, das heißt, durch Einblick in die Gerechtigkeit, die die einzelnen Erdenleben miteinander verbindet.

Strafe – Belohnung – Gewissen

Grundfragen im Zusammenhang mit einer idealistischen Lebenseinstellung

> *Leben in der Liebe zum Handeln und leben lassen im Verständnisse des fremden Wollens ist die Grundmaxime des freien Menschen.*
>
> RUDOLF STEINER

Ein Mensch ohne Ideale ist einer Pflanze vergleichbar, die zuwenig Wasser bekommt: sie welkt und läßt die Blätter hängen. Bekommt sie jedoch ausreichend Wasser, so richtet sie sich wieder auf. Was kann nun ein Mensch tun, der seinen Idealismus verloren hat? Oder anders gefragt: Wie entwickelt sich der Idealismus? Kann die Erziehung etwas dazu beitragen? Kann eine idealistische Einstellung bereits angeboren sein?

Der Fragenkomplex, der im Zusammenhang damit besprochen werden soll, hängt mit dem Problem von Strafe und Belohnung zusammen und mit dem schlechten oder guten Gewissen, das durch Strafe und Belohnung wachgerufen wird. Denn der Grund, warum wir strafen und belohnen, liegt in den Lebenswerten, die wir dadurch fördern wollen. Und die Gewissensstimme erinnert uns dabei an unsere Lebensideale.

Was ist Idealismus?

Im Hinblick auf diese Frage ist es interessant, daß von den deutschen Idealisten und Frühromantikern die gleichen Ideale thematisiert werden, die auch die Grundideale des Christentums sind: Freiheit und Liebe. Hegel formuliert beispielsweise in bezug auf seine Geschichtsphilosophie: »Geschichte ist Fortschritt des Menschen im Bewußtsein der Freiheit.« Der Idealismus erwachte in der Menschheitsgeschichte mit der Erkenntnis, daß es eine individuelle Entwicklung gibt, und reicht so eigentlich schon in das Frühchristentum zurück. Denn dieser Gedanke ist im Johannes-Evangelium ausgesprochen, indem auf das Mensch*werden* hingewiesen wird und ebenso auf das Ziel der *Wahrheitserkenntnis* und *Freiheitsentwicklung*. Dadurch ist die Notwendigkeit aufgezeigt, einen individuellen Entwicklungsweg zu beschreiben, da die Wahrheitssuche von jedem Menschen selbst geleistet werden muß, wenn er wirklich im Erkennen zu ihr hinfinden will. Kernstück jeder idealistischen Lebenseinstellung ist jedoch die Entwicklung der Liebefähigkeit. Diese hat im Christentum ihre zentrale Stellung dadurch, daß dem Menschen als einziges Gebot das Liebenlernen auferlegt wird. Damit sind drei Entwicklungsmotive angesprochen: die Wahrheitssuche für das erkennende Denken, die Liebefähigkeit als die zentrale Kraft für das Gefühlsleben und die Freiheit als Ideal für das Handeln. Die Liebe stellt dabei das verbindende Element dar. Denn Wahrheitssuche ist ohne Liebe zum Gegenstand der Erkenntnis nicht möglich. Lieblos betrachtet fühlt sich ein Mensch auch unverstanden. Ähnlich ist es mit der Freiheit. Ohne Liebe ist Freiheit nicht möglich, denn eine lieblose Handlung läßt nicht frei. Die Liebefähigkeit ist aber auch entscheidend für die Art und Weise, wie das Gewissen sich in der menschlichen Seele meldet.

Zum Verständnis des Gewissens

Zunächst sei an das Gespräch erinnert, das Novalis in seinem Romanfragment »Heinrich von Ofterdingen« den weisen Arzt Sylvester mit Heinrich führen läßt:

»›Wann wird es doch‹, sagte Heinrich, gar keiner Schrecken, keiner Schmerzen, keiner Not und keines Übels mehr im Weltall bedürfen?‹

›Wenn es nur eine Kraft gibt – die Kraft des Gewissens – wenn die Natur züchtig und sittlich geworden ist. Es gibt nur eine Ursache des Übels – die allgemeine Schwäche, und diese Schwäche ist nichts, als geringe sittliche Empfänglichkeit und Mangel an Reiz der Freiheit.‹«

Novalis sieht also die Ursache der menschlichen Schwächen in einem zu geringen Willen zur Freiheitsentwicklung, das heißt in einem Mangel an Idealismus. In diesem Mangel an Idealismus sieht er die Gründe für Schmerz, Not und Elend unter den Menschen. Wie können sie aber überwunden werden? Es ist dies die klassische Grundfrage jedes Idealisten, der ja letztlich vorhat, die Welt positiv zu verändern.

Schauen wir nun auf dieser Grundlage den Fortgang des Gespräches zwischen dem Arzt Sylvester und Heinrich von Ofterdingen an. Heinrich möchte wissen, was das Gewissen ist, und bittet Sylvester:»Macht mir doch die Natur des Gewissens begreiflich!«Darauf antwortet Sylvester:»Wenn ich das könnte, so wäre ich Gott, denn indem man das Gewissen begreift, entsteht es.« Im weiteren Verlauf des Gespräches sagt Sylvester:»Jede durch Nachdenken zu einem Weltbild ausgearbeitete Neigung und Fertigkeit wird zu einer Erscheinung, zu einer Verwandlung des Gewissens...«

Für Novalis entsteht das Gewissen dadurch, daß Fähigkeiten und Erkenntnisse erworben werden. Gewissen in diesem Sinne ist also nichts anderes, als was schon das Wort»Gewissen« selber aussagt: Ge – ist die Vorsilbe, die immer etwas Zusammenfassendes bedeutet, wie in Ge-samtheit, Ge-meinschaft, und die Verbindung zwischen Ge und Wissen sagt aus, daß es sich beim Gewissen um die Summe allen Wissens handelt, das der Mensch bisher schon errungen hat. Und damit wird auch verständlich, warum ein Mangel an Gewissen verbunden ist mit einem»Mangel an Reiz der Freiheit«. Denn der Mensch ist um so freier, je mehr Fähigkeiten und Möglichkeiten er zum Handeln besitzt.

Nachdem wir uns diese Grundbegriffe einer idealistischen Lebenseinstellung angesehen haben, sei die Frage gestellt: Wie kann die Erziehung der Kinder so begleitet werden, daß eine idealistische Lebensgrundstimmung sich entwickeln kann, für die Wahrheit, Freiheit, Liebe und Gewissen zu erstrebende Qualitäten sind? Und vor allem:

Was bedeuten Strafe und Belohnung für die Erziehung, und wie kann die Entwicklung zur Freiheit gefördert werden?

Strafe und Belohnung begleiten jeden Entwicklungsweg, weil jede Entwicklung mit Irrtümern und Versagenszuständen zu kämpfen hat. Der Freude über ein Gelingen geben wir gerne durch Belohnungen Ausdruck, wogegen wir Strafen da einsetzen, wo wir einen Fehler als vermeidbar einstufen. Und damit liegen auch schon mögliche Gefahren im Umgang mit Strafe und Belohnung nahe: Aus Angst vor dem Versagen oder Irren werden Handlungen unterlassen, oder aber es werden Handlungen nicht mehr aus Liebe zur Sache ausgeführt, sondern nur noch um der Belohnung willen, das heißt, aus rein egoistischen Motiven. Um diesem problematischen Umgang mit Strafe und Belohnung aus dem Weg zu gehen, ist es sinnvoll, einmal die gesamte Erziehung im Hinblick auf die Freiheitsentwicklung anzuschauen.

Die Erziehung zur Freiheit beginnt in der frühesten Kindheit, denn die Freiheit ist ein Willensproblem, und der Wille erfährt seine Prägung in der frühen Kindheit und der Vorschulzeit im sogenannten Nachahmungsalter. Hier ist die Handlungsbereitschaft des Kindes und damit der Wille äußerst lernbereit und intelligent. Da sprechen wir die Intelligenz des Kindes ja auch lernphysiologisch als »motorische Intelligenz« an, das heißt, als Handlungs- bzw. Willensintelligenz. In dieser Zeit kann man die Entwicklung zur Freiheit und Handlungsbereitschaft stören, wenn man dem Kind keinen Lebensraum schafft, in dem es sich ungehindert betätigen und seinem Nachahmungswillen freien Lauf lassen kann. Wenn das Kind krabbeln lernt oder sich robbend durch die Wohnung bewegt und bereit ist, sich an etwas Senkrechtstehendem hochzuziehen und gerne ab- und ausräumt, wo es etwas zu räumen gibt – dann sollte die Umgebung so eingerichtet sein, daß das Kind ungehindert seiner Entdeckerfreude nachgehen kann. Wird es jedoch immer wieder weggezogen von Dingen, die es nicht anfassen soll, oder da weggeholt, wo es nicht hingehen soll, so sind das unausgesetzt Eingriffe in seine Freiheit. Ein Erwachsener würde sich das nie gefallenlassen, wenn er ständig von irgendwelchen Tätigkeiten durch mahnende Zurufe abgehalten würde. Kinder sind im ersten und zweiten Lebensjahr noch nicht fähig, ihr Mißfallen gegenüber solchen Handlungsweisen Erwachsener zu äußern. Sie erleben nur, wie ihre Handlungen unterbrochen, ihr Freiheitsdrang gelähmt wird. Eine frische Kraft, die sich gerade zielgerichtet entfalten wollte, wird gebremst oder blockiert. Damit kann das, was Novalis den »Reiz der Freiheit« nennt, in seiner Entwicklung behindert werden.

Schiller hat das Wort geprägt: »Der Mensch ist nur da ganz Mensch – und wirklich frei – wo er spielt.« Wer schon einmal längere Zeit einem Kind beim Sandkasten-Spielen zugeschaut hat, kennt die Wahrheit dieses Ausspruches. Man ist nie so frei wie in dem Augenblick, in dem man mit dem Material, das man um sich herum hat, schrankenlos schalten und walten kann und einem nichts eine Grenze setzt außer das Material selbst. Alles ist erlaubt, die Handlungen werden nur durch die Wirklichkeit, das heißt durch die Beschaffenheit des Sandes korrigiert.

Ein Mensch, der sich in Freiheit entwickeln durfte, hat gelernt, sich durch die Erfahrungen an der Umwelt korrigieren zu lassen und wird dadurch immer selbstbewußter und selbständiger im Umgang mit seiner Umgebung. Wer, anstatt eigene Erfahrungen machen zu dürfen, Belehrungen und Erfahrungen anderer aufnehmen muß, dessen Selbstbewußtsein bleibt ungestärkt. Denn nur die eigene Erfahrung führt zu der inneren Sicherheit und eigenständigen

Erkenntnis, auf die ein gesundes Selbstbewußtstein aufgebaut werden kann. Wer das kindliche Spiel unter diesem Aspekt betrachtet, wird alles tun, um die hingebungsvolle Eigentätigkeit des Kindes mit den verschiedenartigsten Gegenständen seiner Umgebung zu unterstützen. Natürlich soll damit nicht der antiautoritäre Erziehungsstil empfohlen und gesagt werden: Also sollen Kinder einfach alles machen, was sie wollen. Vielmehr sei angeregt, dem Kind einen Lebensraum zu schaffen, in dem es sich innerhalb der vom Erwachsenen gesetzten Grenzen frei bewegen kann. Ein gutes Beispiel ist hier der Laufstall.

Hier können auch kleine Kinder in der dort abgegrenzten kleinen Welt frei schalten und walten, statt in der Wohnung immer wieder unterbrochen und gestört zu werden, weil da natürlich Dinge sind, die nicht in Kinderhände gehören. Untersuchen dürfen, wie die Dinge schmecken, arbeiten, bis etwas fertig gebaut ist – dieses bis ans Ende kommen mit dem Verwirklichen führt zum Erlebnis der Willensfreiheit im Gestalten. Wird in der Vorschulzeit Souveränität im Umgang mit der Umwelt gelernt, so bleibt einem dies als Prägung des Willens für das ganze spätere Leben.

Anders wird es dann in der Schulzeit. Der Lehrer muß die Schüler gefühlsmäßig motivieren – dann arbeiten sie gerne mit. Wenn es dem Lehrer gelingt, daß ihn seine Schüler gerne mögen, so ist die beste Voraussetzung für seine Erziehertätigkeit gegeben. Denn so eng wie der Freiheitsimpuls mit der Willenstätigkeit, so eng hängt der Liebeimpuls mit dem Gefühlsleben zusammen. Das Gefühl der Liebe kann jedoch nur geweckt werden, wenn es dem Erwachsenen gelingt, die Kinder beziehungsweise die Schüler ebenfalls lieben zu lernen. Denn Liebe muß geweckt werden. Sie entwickelt sich nicht von selbst. Daher ist es wichtig, Verhaltensweisen zu durchschauen, die das Erwachen der liebevollen Gefühle verhindern können. Allen voran ist dies das nicht konstruktive Kritisieren. Intelligenz, die kritisch auftritt, ohne einen konstruktiven Beitrag zur Verbesserung der Zustände zu leisten, lähmt den Willen und bewirkt Antipathie und Lustlosigkeit für das Gefühlsleben. Gerade heute werden viele Kinder und Jugendliche lustlos durch zu frühes Kritisieren. Man kennt dieses Problem auch in den Schulklassen, wo durch Miesmacherei eine Gruppe von tonangebenden Kindern anderen die Möglichkeit nimmt, etwas zu tun, worauf die Begeisterung erstirbt.

Ein zweites Problem ist die Tatsache, daß jeder Lernvorgang notwendigerweise vom Gefühl des Nicht-Könnens oder Noch-nicht-Könnens begleitet wird. Wer alles kann, braucht nicht mehr zu lernen. Ein Lernender hat immer Versagenserlebnisse zu verarbeiten. Dies ist auch bei den Kindern so, und weil Gefühle des Nicht-Könnens Unbehagen bereiten, schwächen sie auch das Selbstbewußtsein und die Lebensfreude der Kinder. Natürlich gibt es Unterschiede, wie rasch ein Kind sich entmutigen läßt. Jedes Kind kann jedoch in seiner Handlungsbereitschaft gestärkt werden, wenn es dem Erwachsenen gelingt, die kleinen Erfolge und Fortschritte genügend ins Bewußtsein zu heben. Entscheidend ist, daß das Kind lernt, dieses Unbehagen am »Noch-nicht-Können« zu überwinden und die Freude an kleinen Erfolgen und Fortschritten zu erleben. Bei jedem gesunden Lernvorgang halten sich der Schmerz über das Noch-nicht-Können und die Freude am allmählichen Gelingen die Waage, und das Lernen kann stetig weitergehen. Und damit sind wir schon an das Problem von Strafe und Belohnung herangekommen. Denn das Auf-Fehler-Hingewiesen-Werden wird vom Kind als Strafe erlebt, das Unterstreichen des Erfolges hingegen als Belohnung. Es erfährt, daß Schmerzen aufwecken für das, was man noch nicht kann und lernen muß, und daß Freuden wohltuen und Kraft geben. Auch hier wird die Mittelstellung des Gefühlslebens zwischen der denkenden Betätigung und der Willensbetätigung deutlich. Der Schmerzen verlangt nach gedanklicher Verarbeitung. Die Freude ist der schönste Ansporn für neues Tun. Sie beflügelt den Willen. Das Gefühlsleben steht zwischen Erkennen und Handeln immer vermittelnd, ausgleichend, beflügelnd oder weckend darinnen. Eine sinnvolle Strafe wird daher immer nur den Zweck haben, dem Kind eine Erkenntnis zu vermitteln, für die es noch aufwachen muß. Eine sinnvolle Belohnung, die ihren Ausdruck beispielsweise in einem Lob findet, wird den Willen befeuern. Die Summe der schmerzlichen und freudigen Erfahrungen führt dann zur Gewissensbildung, das heißt zu einem wirklichen Wissen vom Leben. Wird in der Erziehung viel verboten und gestraft, so entsteht eine Wachheit und Überempfindlichkeit des Gewissens, die nicht selten zur Ausbildung eines sogenannten »schlechten« Gewissens führen. Ein schlechtes Gewissen ist immer das Ergebnis von einem Wissen, das sich nicht auf eigene Einsicht und Erfahrung gründet und deswegen den Menschen unfrei macht. Umgekehrt führt eine Erziehung, in der alles als mehr oder wenig relativ und unverbindlich angesehen wird, zu einem Mangel an Gewissensbildung und Taktgefühl, weil das Kind seine Grenzen nicht kennenlernen kann und damit unerfahrener bleibt.

Ein Beispiel zur Ausbildung des Gewissens

Aus dem Vorangehenden ist deutlich geworden, daß sich das Gewissen eigentlich nur dann gesund entwickeln kann, wenn der Erziehungsprozeß liebevoll begleitet wird und Strafe und Belohnung, Schmerz und Freude nicht um ihrer selbst willen, sondern im Zusammenhang mit dem Lernprozeß selber eingesetzt und erlebt werden. Das mag ein wenig abstrakt klingen. Deshalb sei es an einem Beispiel verdeutlicht:

Stellen Sie sich vor, es ist Winter. Die Kinder spielen draußen auf dem Schulhof. Einige von ihnen verlassen heimlich das Schulgelände und werfen Schneebälle durch das offene Fenster in eine Wohnung. Ein Lehrer sieht das im Vorbeikommen und schimpft mit den Fünftkläßlern (das heißt mit den 11- bis 12jährigen Kindern) und redet ihnen ins Gewissen: »Was fällt euch denn ein, das Schulgelände zu verlassen? Das wird Folgen haben! Das ist unerhört! Das werde ich eurem Klassenlehrer sagen.« Er treibt die Kinder zurück auf den Schulhof und schüttelt einen Jungen, der die meisten Schneebälle geworfen hat, derb an den Schultern. Dieser ist ohnehin ein schwieriges Kind, und der Lehrer fragt ihn noch erbost: »Hast du denn überhaupt kein schlechtes Gewissen? Was hast du dir nur dabei gedacht?«

Der Klassenlehrer, der von dem ganzen Vorfall Kenntnis bekommt und sich nun mit diesem Problem weiter befassen soll, beschreitet einen anderen Weg: Er geht zu dem hauptschuldigen Jungen hin, der die ganze Sache begonnen und die meisten Schneebälle geworfen hat, und sagt zu ihm: »Weißt du eigentlich, wer in der Wohnung wohnt, in die du die Schneebälle hineingeworfen hast?« Der Junge verneint. »Dann laß uns doch da mal hingehen und sehen, wer das ist.« Sie gehen zusammen hin. Es wird aufgemacht, und sie betreten die Wohnung einer alten Frau, die krank und bettlägerig ist. Die Nachbarin hatte die Fenster zum Lüften geöffnet und war wieder hinausgegangen. Als sie zurückkam, hatte sie mit Entsetzen gesehen, daß ein Teil der Schneebälle das Bett der Frau durchnäßt hatten. Andere schmolzen schmutzig auf dem Boden. Lehrer und Schüler sehen die Bescherung. Der Lehrer begrüßt die Frau und stellt den Schüler vor und sagt, daß er für diese Bescherung verantwortlich sei. Sie wollten nun zusammen sehen, wie sie das wieder in Ordnung bringen könnten. Es folgt eine kleine Unterhaltung, und dann packen Lehrer und Schüler zu und beginnen zu putzen. Beim Verabschieden sagt der Lehrer zu der Frau: »Es kann sein, daß der Junge noch einmal bei Ihnen vorbeikommt.« Zu Hause berichtet der Junge seiner Mutter den ganzen Vorfall, und beide überlegen nun, wie man der alten Frau eine Freude machen könnte. Die Mutter denkt an einen Blumenstrauß, der Junge an eine Flasche Saft, weil er sich noch an seine letzte Krankheit erinnert, bei der ihm dieser Saft so gut geschmeckt hat.

Ich denke, es ist deutlich geworden, daß der Klassenlehrer mehr für die Gewissensbildung des Schülers getan hat als der erstgenannte Lehrer. Denn durch das zweite Erlebnis konnte das Kind die Folgen seiner Tat selbst erleben und damit eine eigene Erfahrung machen, durch die das Bewußtsein von den Konsequenzen geweckt wurde. Durch das Donnerwetter und vielleicht drei Stunden Nachsitzen zur Strafe oder das Niederschreiben des Satzes: »Ich darf keine Schneebälle in offene Fenster werfen«, wird hingegen keine wesentliche Erfahrung gemacht. Vielmehr entwickelt der Schüler dadurch eher Haßgefühle gegen seinen Lehrer, der, wie er meint, keinen Spaß versteht. Wer einem anderen ins Gewissen redet, setzt voraus, daß sich dieses Gewissen schon gebildet hat. Wer jedoch eine Fehlhandlung als Ausdruck dafür nimmt, daß die Erfahrung und damit das Gewissen in diesem Zusammenhang noch fehlen, wird zu anderen Formen des Strafens übergehen. Strafe wird dann zur Möglichkeit, die Erfahrung nachzuholen, die zur Gewissensbildung führt. Viele scheinbare Delikte, Unverschämtheiten oder Gewissenlosigkeiten unserer Kinder sind ein Mangel an persönlicher Lebenserfahrung, ein Mangel an Umweltinteresse. Als Erzieher haben wir die Aufgabe, dieses Interesse zu wecken und den Kindern zu eigenen Erfahrungen zu verhelfen. Jeder Mensch ist zum Guten hin veranlagt. Erziehung hat die Aufgabe, diese Anlagen zu wecken und zu entwickeln.

Zum »schlechten« Gewissen

Aus dem Vorangegangenen geht hervor, daß ein schlechtes Gewissen dadurch erzeugt werden kann, daß man Kindern Belehrungen zumutet ohne die dazugehörigen Erfahrungen. Viele Moralpredigten haben diesen Charakter. Man weiß nun, was man nicht tun soll, auch wenn man noch keine Erfahrung bezüglich dieser Tat besitzt. Wirkliche Moralität wird hingegen nicht durch Worte, sondern durch Erfahrungen geweckt. Wenn ich jemanden kenne und liebhabe, bin ich nett zu ihm. Da muß ich nicht über Moral und über die Notwendigkeit des Nettseins reden. Wenn anstelle irgendwelcher Verbote die Möglichkeit gegeben wird, Erfahrungen zu machen, so kann der Bildung des schlechten Gewissens am wirksamsten vorgebeugt werden. Viele Menschen sind angefüllt mit Verboten und guten Ratschlägen und leiden darunter, daß alles, was sie tun, von der Erinnerung daran begleitet wird, so daß sie sich dadurch unfrei fühlen.

Vom Umgang mit Strafe und Belohnung

Ein Kind kommt nicht zur verabredeten Zeit zum Essen nach Hause. Was wäre hier eine sinnvolle Strafe? Zum Beispiel, daß es die Konsequenzen seines Tuns erlebt und nur noch das zu essen bekommt, was jetzt gerade da ist. Hungern oder eine Tracht Prügel haben mit der konkreten Situation, in die das Kind hereinkommt, nichts zu tun. Ebensowenig die Tatsache, daß die Mutter aufspringt, das Essen noch einmal aufwärmt und einen neuen Nachtisch zusammenstellt. Entscheidend ist, daß das Kind nicht primär einer Vorwurfshaltung begegnet, sondern der interessierten Frage des Erwachsenen nach dem, was die Verspätung verursacht hat.

Der Umgang mit der Belohnung ist keinesfalls leichter als derjenige mit der Strafe. Es gibt sicher ebenso viel ungerechte und sinnlose Belohnungen, wie es ungerechte und sinnlose Strafen gibt. Eine sinnlose Belohnung wäre zum Beispiel ein ungerechtfertigtes Lob. Wenn *alles* schön gefunden wird, was die Kinder machen, verlieren sie eines Tages die Lust, einem noch etwas zu zeigen. Sie wissen inzwischen selber besser, was schön und was nicht gelungen ist. Hingegen wird die Freude an der eigenen Arbeit dadurch gestärkt, daß sie am Erwachsenen erleben, wie er in der Lage ist, zu erkennen, was an dieser Sache tatsächlich gelungen ist und wo noch verbessert werden kann. Durch das berechtigte Lob wird die Kraft zum Weitermachen angefacht, und durch die offene Frage bezüglich des noch Unvollkommenen wird der Impuls geweckt, hier noch etwas zu lernen und zu ergänzen.

Allerdings gibt es in der Gegenwart auch viele Eltern, denen das Loben überhaupt schwerfällt. Sie finden an ihrem Kind neunundneunzig Eigenschaften schlecht und nur eine gut – das heißt, sie kritisieren ständig an ihm herum. Gelingt es diesen Eltern oder auch den Lehrern, in der Schule die wenigen positiven Eigenschaften, die man an dem Kind entdeckt, wirklich zu bemerken und zu pflegen, so wird es nach und nach auch gelingen, mit den unangenehmen Verhaltensweisen fertigzuwerden.

Strafe und Belohnung stehen in inniger Beziehung zum Gefühlsleben, weil sie mit Antipathie und Sympathie verbunden sind. Nur wenn sich Bejahung und Verneinung, Sympathie und Antipathie die Waage halten, ist die Voraussetzung zur Entwicklung eines gesunden Gefühlslebens gegeben. Das heißt, wenn ich wirklich an einem Kind nur eine Stärke beobachten kann, daß ich dann auch nur eine einzige Schwäche kritisieren darf. Über alle anderen negativen Eigenschaften muß ich solange hinwegsehen, bis ich neue lobenswerte Eigenschaften an dem Kind entdeckt habe. Viele Kinder leiden darunter, daß den ganzen Tag, in der Schule und auch zu Hause, an ihnen herumgenörgelt wird und sie nur wenig positiven aufmunternden Worten begegnen. Bisweilen spüren die Eltern diesen Mangel instinktiv und überhäufen dann das Kind zum Geburtstag oder an Weihnachten mit materiellen Geschenken.

Auch das Geschenkproblem und das Geldproblem erfahren durch die bisherigen Betrachtungen eine entsprechende Beleuchtung. Ist Bezahlung für eine Arbeit eine angemessene Belohnung? Für Kinder vor der Pubertät sicher nicht. Denn sie gewöhnen sich daran, daß man für jede Leistung eine Gegenleistung bekommt. Es wird ihnen dadurch schwergemacht, aus Liebe zur Sache oder zu einem Menschen tätig zu werden und in der Freude an dem gelungenen Werk oder in der Freude des Erwachsenen die Belohnung für die aufgewandte Mühe zu sehen. Haben sie jedoch eine gesunde Grundeinstellung dahingehend entwickelt, daß sie nicht aus egoistischen Gründen oder der Belohnung wegen arbeiten, sondern um anderen eine Freude zu machen, so können die älteren Kinder und

Jugendlichen selbstverständlich dann auch für die Arbeit, die sie tun, bezahlt werden. Wer seinen Willen und seine Arbeitskraft abhängig von materieller Belohnung gemacht hat und immer fragt: »Was bekomme ich dafür?«, für den verliert die Arbeit die Qualität, zu seiner inneren Entwicklung beizutragen. Wohingegen derjenige, der aus Liebe arbeitet, ohne primär nach der Belohnung zu fragen, diese fördert.

Strafe und Belohnung sind gleichsam Stellvertreter für das Gewissen, das sich nach der Pubertät erst richtig entwickelt und auch angesprochen werden kann. Sobald die eigene Gewissensstimme erwacht ist, kann das Gewissen die strafende und belohnende Instanz werden und der Erwachsene tritt in dieser Funktion zurück. Strafe und Belohnung sind gleichsam Vorläufer und Wegbereiter für die Gewissensbildung. So kommt dem strafenden und belohnenden Erwachsenen hier eine sehr verantwortliche Aufgabe zu: gleichsam die Gewissensstimme für das Kind zu repräsentieren, die im eigenen Inneren noch nicht selbständig sprechen kann.

Wenn sich zwischen der Pubertät und der Mündigkeit das eigene Gewissen herausgebildet hat, so führt das Vermögen, der eigenen Gewissensstimme zu folgen, zum Freiheitserlebnis. Nur wer aus seinem eigenen Gewissen heraus handelt, fühlt sich frei. Deswegen ist Erziehung zur Freiheit nicht zu trennen von der Erziehung zur Gewissenhaftigkeit. Es ist nicht sinnvoll, den Kindern vor der Pubertät »ins Gewissen zu reden«, weil sie ein selbständiges Gewissen noch nicht haben. Vielmehr muß man ihnen je nach Lebensalter die Möglichkeit geben, die positiven oder negativen Folgen ihrer Taten zu erleben. Nach der Pubertät jedoch ist es sinnvoll, den Jugendlichen zu fragen: »Hör mal, was hast du dir eigentlich dabei gedacht?« Meist wird ein 15jähriger dann, wenn er ehrlich ist, sagen: »Nichts.« Ein unerfahrener Lehrer wird auf eine solche Antwort hin sagen: »Was sagst du da? So eine Frechheit!« und wird diese Antwort als Provokation empfinden. Dieses »Nichts« ist jedoch in aller Regel die Wahrheit. Denn das Gewissen entwickelt sich durch Einsicht, die jedoch erst durch die begangene Tat entsteht und nicht von vornherein schon da sein kann. Es ist also sinnvoll, dieses »Nichts« zu akzeptieren und darauf zu erwidern: »Ja, wenn du dir nichts dabei gedacht hast, dann wollen wir das jetzt zusammen tun. Du hast nämlich das und das getan…« Oft sind die Kinder erschüttert, daß sie das tatsächlich getan haben. Dieser Eindruck wirkt auf das Gewissen und hilft ihnen, sich Gedanken über die begangene Tat zu machen. Wichtig ist jedoch, daß man die Jugendlichen anregt, sich selber zu überlegen, was sie nun zum Ausgleich des Unrechts tun können. Bisweilen ist es auch sinnvoll zu sagen: »Wir werden uns nächste Woche noch einmal darüber unterhalten. Bis dahin hast du Zeit, es dir gut zu überlegen.«

Die Jugendlichen brauchen oft Zeit und eine solche Hilfe, um selbst die Einsicht zu bekommen, die durch die Erfahrung gefunden werden kann. Sie haben etwas getan, ohne zu überlegen. Haben sie jedoch etwas Schlimmes mit Überlegung getan und wagen es, einem das zu sagen, dann ist es wichtig, sich zu fragen, warum beispielsweise hinter der Tat das Motiv des Imponierens, des Geldgewinns oder etwas anderes Konkretes gestanden hat. Dann gilt für den Erwachsenen, daß er hier etwas über den Jugendlichen und sein Verhältnis zu ihm lernen muß. Er muß sich z.B. fragen: »Warum brauchte der Junge Geld, warum konnte er nicht darum bitten? Was habe ich in meiner Beziehung zu ihm versäumt?« Im Deliktfall, wenn Jugendliche sagen können, warum sie es getan haben, muß sich der Erwachsene die Frage stellen: Warum habe ich hier nicht die Voraussetzungen schaffen können, damit das Wissen, das mein Kind hat, gut verwendet werden konnte? Warum fehlt hier das Vertrauen? Jugendliche Straftäter sind Menschen, an denen die Gesellschaft schuldig geworden ist durch mangelhafte Zuwendung, Pflege und Erziehung. Sie müssen unser Gewissen wachrütteln und uns auffordern, alles zu unternehmen, was möglich ist, um den Heranwachsenden gute Entwicklungsbedingungen zu schaffen.

Fragen zum Thema:

Frage: Wie weit braucht ein Erwachsener, der noch keine Lebensideale gefunden hat, Hilfe von anderen Erwachsenen?
Antwort: Zunächst ist zu überlegen: Woher weiß ich, daß er
noch kein Lebensideal hat? Vielleicht gefällt mir nur das seine
nicht? Kinder brauchen Erziehung – Erwachsene Selbsterziehung.
Weil diese jedoch nicht genügend gegeben ist, brauchen wir in unserer Gesellschaft eine Vielzahl von Gesetzen. Jeder Erwachsene
ist eingespannt in ein Geflecht von Dürfen und Nichtdürfen.
Überall muß man sich an bestimmte Regeln halten. Man könnte
den Eindruck haben, daß unser Erwachsenenalltagsleben für Kinder gemacht ist, die noch kein Gewissen haben und noch nicht
mündig sind. Jeder mündige Erwachsene spürt eigentlich ein Unbehagen wegen dieses Zustands. Wir fühlen uns wie spätpubertäre
Leute, die endlich freiwerden wollen. Eine weitere Einengung entsteht dadurch, daß wir nicht nur von Geboten und Verboten umgeben sind, sondern selber noch zusätzlich Machtstrukturen im
persönlichen Bereich erleben. Viele Menschen verfügen über reiche Lebenserfahrungen und verhindern damit, daß andere auch
lebenserfahren werden, weil sie alles selber machen wollen. Was
tut z. B. die erfahrene Schwiegermutter, die drei Kinder großge-
zogen hat und jetzt ihre Schwiegertochter, die vielleicht aus einer
Einzelkindfamilie stammt, mit dem ersten Kind erlebt? Die
Schwiegertochter weiß vielleicht noch nicht einmal, wie man ein
Baby wickelt. Wenn diese Schwiegermutter nun ihr Wissen aufdrängt und nicht gelernt hat, es nur da einzusetzen, wo es gefragt
ist, ist der Konflikt vorprogrammiert. Kommt die Schwiegertochter und sagt: »Du, wie macht man denn das?«, dann kann sie es
sagen. Wenn sie aber nicht gefragt wird, ist es besser zu schweigen.
Die Regel ist einfach. Man kann unter Erwachsenen einander helfen, noch erwachsener zu werden, wenn man sich angewöhnt, nur
da zu raten, wo man gefragt wird. Gewiß ist das auch mit Schmerzen verbunden. Aber der Erfolg ist, daß die Menschen im eigenen

Umkreis selbständig werden, weil sie mehr eigene Erfahrungen machen.

Frage: Kann man aus den Biographien der deutschen Idealisten ablesen, daß sie in ihrer Jugend eine ideale Entwicklung durchgemacht haben?

Antwort: Die Jugendzeit der deutschen Idealisten ist sehr verschieden verlaufen, wie zum Beispiel bei Goethe und Schiller. Reichtum, Sicherheit und alle Bildungsmöglichkeiten auf der einen Seite – Armut, Bildungshunger und Mühsal auf der anderen. Beide erlebten jedoch Menschen, von denen sie über alles geliebt wurden. Schiller wurde der Philosoph der Liebe. Goethes Idealismus findet sich in folgenden Zeilen:

> Wenn einen Menschen die Natur erhoben,
> ist es kein Wunder, daß ihm viel gelingt.
> Man mag in ihm die Macht des Schöpfers loben,
> der schwachen Ton zu solcher Ehre bringt.
> Doch wenn ein Mensch von allen Lebensproben,
> die sauerste besteht, sich selbst bezwingt,
> dann kann man ihn mit Freuden andern zeigen
> und sagen: ›Das ist er, das ist sein Eigen.‹

Er wurde zum Meister der Selbsterziehung. Er konnte zeigen, daß nur das Ergreifen des eigenen Willens uns wirklich selbständig und ›eigen‹ macht, jedoch nicht die Begabung.

Novalis war ein Frühvollendeter, der bereits im Alter von 28 Jahren gestorben ist. Sein Zuhause war außerordentlich liebevoll, aber er war schwächlich von Natur und erkrankte im Alter von neun Jahren so schwer an der Ruhr, daß er fast gestorben wäre. Wochenlang hat er komatös im Fieberwahn gelegen. Dann ist er gesundet. Er wurde kräftig und belastbar, zeichnete sich durch eine ungeheure Intelligenz aus und entwickelte sich zu einem ganz genialen Menschen.

Eine weitere Besonderheit in diesem Leben ist die Beziehung des jungen Novalis zu der zwölfjährigen Sophie, an der er sein Ideal von

Liebe, Freiheit und Gewissen entwickelte. Diese Beziehung ist im Grunde von vornherein als eine übersinnliche zu bezeichnen. Sie hat in Novalis etwas geweckt, das wie eine Erinnerung an das Leben im Vorgeburtlichen war. Dieses Erleben brachte in ihm moralische Qualitäten hervor, die ihm erst voll zum Bewußtsein kamen, als Sophie schon gestorben war. Als er in seinem Schmerz versuchte, ihr über die Todesschwelle zu folgen, »zerriß das Band der Geburt«, und er konnte ihr geistig-real begegnen. Die Liebe zu ihr führte ihn dann letztendlich auch zum Erleben des Christus. So konnte die verstorbene Sophie zur Inspiratorin seiner Werke werden. Aus diesem Grunde findet man bei ihm gleichsam die höchste Vollendung des christlichen Idealismus, denn dieser bewährt sich hier auch durch den Tod hindurch. In den ›Hymnen an die Nacht‹ beschreibt er, wie plötzlich der irdische Schleier sich weg hebt. Der Grabhügel, an dem er eben noch geweint hat, wird zur Staubwolke, und er erlebt sich, als ob er Jahrhunderte durchwandert: und plötzlich sieht er sie und erlebt die Realität der geistigen Welt.

Der Idealismus ist die Philosophie, die die Existenz der geistigen Welt rechtfertigen kann. Daher konnte auch Rudolf Steiner mit seiner Erkenntnistheorie hier anknüpfen und zeigen, wie man durch das Denken den Weg zur Geisterkenntnis findet.

Frage: Kann Idealismus nicht auch zum Fanatismus führen?

Antwort: Wenn sich zwischen den Menschen Liebe, Freiheit und Gewissen verwirklichen, erlebt man die Qualität, die im Christentum beschrieben wird: »Wenn zwei in meinem Namen zusammen sind, dann bin ich mitten unter ihnen.«

Die christlichen Ideale geben den Menschen Kraft über ihr persönliches Vermögen hinaus. Diese Kraft kommt von IHM.

Wir können also gedanklich durch den Idealismus in die geistige Welt eindringen, ja sogar reale Erlebnisse darinnen haben. Man kann sich aber auch abschnüren von dieser Welt, indem man Gedanken denkt, die den geistigen Wesen nicht entsprechen. Das ist beispielsweise der Fall, wenn wir uns nur mit materiellen, irdischen Dingen befassen, oder wenn wir uns so verhalten, daß wir Ideale mißbrauchen. Wir können ganz verführerisch vom Ideal der Freiheit reden, aber uns selber so verhalten, daß wir andere Menschen unfrei machen. Deshalb muß jeder Idealismus durch eine Prüfung gehen. Er muß zeigen, ob er wirklich Ausdruck einer wirksamen geistigen Realität ist, oder ob ein ganz anderer Geist dieses Ideal als Maske benützt. Das haben wir zum Beispiel im Dritten Reich erlebt. Da wurde der deutsche Idealismus verraten. Es wurden entmündigende Machtstrukturen hinter hohen Idealen verborgen, die dadurch zur Maske wurden. Da stand das Ideal der Freiheit nicht mehr mit Christus in Verbindung. Ein anderer Geist wirkte da. Es genügt nicht, Worte und Gedanken zu haben. Diese allein sind noch keine Garantie dafür, daß wir wirklich des Geistes Kind sind, von dem wir reden. Das entscheidet die Tat und der Zusammenhang, in den sie gestellt wird. Das heißt, wenn von Freiheit gesprochen wird, muß man sich frei fühlen gegenüber einem solchen Menschen, wenn von Liebe gesprochen wird, muß man diese Qualität wirklich erleben. Ist damit etwas Suggestives oder ein feines Spiel von Belohnung und Strafe verbunden, dann stimmt hier offensichtlich etwas nicht. So kann von Fanatikern oder solchen, die sektenbildend wirken und Anhänger um sich sammeln, der Idealismus mißbraucht werden zu persönlichen Zwecken.

Frage: Inwieweit schließen der Marxismus oder befreiungstheologische Ansätze das idealistische Freiheitsverständnis ein?

Antwort: Marx knüpft zwar an den deutschen Idealismus an. Aber man findet bei ihm eine tiefe Antipathie gegenüber den »bürgerlichen« Idealen. Hier gilt es genau zu prüfen, wie es bei den jeweiligen Ansätzen um die Qualitäten »Gewissen«, »Liebe«, »Freiheit« steht. Wird z. B. mit Feindbildern gearbeitet? Wird die Freiheit dem Menschen zuerkannt oder nur einer bestimmten Gruppe? Welche Wege werden zum Erreichen des Zieles eingeschlagen? Heiligt hier der Zweck die Mittel, oder sind die Mittel selber Ausdruck des Zwecks, dem sie dienen?

Fragen dieser Art helfen, im Einzelfall die entsprechende Antwort zu finden. Ein christliches Freiheitsverständnis bezieht *alle*

Menschen mit ein. Daher ist dieser Weg langwierig und mühsam und verzichtet auf Revolutionen zugunsten evolutiver Veränderungsstrategien.

Wir haben heute zahlreiche Probleme sozialer Art: Kriege, Umweltverschmutzung und Wirtschaftsegoismus. Der Idealist erkennt in seiner eigenen Schwäche die Ursache für den Mißstand im Sozialen. Er versucht, durch Erziehung und Selbsterziehung stärkend zu wirken.

Zuruf: In Lukas 1 steht:»Er stürzt die Mächtigen vom Thron« – Ist das nicht ein Aufruf zur realen, konkreten Umformung der gesellschaftlichen Situation? Das muß meiner Meinung nach nicht gleichzeitig identisch sein mit einem Feindbild, sondern es braucht nur das Bestreben nach sozialer Gerechtigkeit zu sein.

Antwort: Ein solcher Satz darf nicht aus dem Zusammenhang gerissen werden, in dem er steht. Im Lukasevangelium stehen auch ganz andere Aufforderungen:»Liebet Eure Feinde, Tut wohl denen, die euch hassen« und:»Meint ihr, ich bin gekommen, Frieden zu bringen: Nein, ich bringe die Zwietracht« (Lukas 12). Bringt Christus Zwietracht? Wie ist das zu verstehen? Der Idealismus ist immer dann in Gefahr, fanatisch oder fundamentalistisch mißbraucht zu werden, wenn *ein* Ideal vor allen anderen befolgt wird. Wenn man nur das Ideal der Freiheit hat, kann man selbstverständlich anders vorgehen, als wenn Liebe und Gewissen noch mit dabei sind. Wenn Sie aus dem Evangelium nur ein paar Zitate nehmen und alle anderen ausblenden, können Sie eine perfekte revolutionäre Ideologie daraus ableiten. Oder auch eine ganz andere, völlig bürgerliche, restriktive. Nimmt man aber alles zusammen, merkt man, daß im Grunde eine Freiheitsphilosophie, eine Liebesphilosophie und eine Gewissensphilosophie darin stecken.

Zuruf: Freiheit schließt doch auch ein befreites Leben von den Mächtigen ein. Das bedeutet, diese von ihrem »Mächtigkeitswahn« zu befreien…

Antwort: Ja, aber wenn Sie einen Mächtigen entthronen, machen Sie genau dasselbe, was Sie am Mächtigen verurteilen. Das ist die

Schizophrenie bei dieser Ideologie. Dagegen kann man oft erleben, daß andere Menschen sich verändern, wenn man selbst sich verändert. Ein Mächtiger hat nur Macht, wenn ich mich von ihm beherrschen lasse. Das muß einem klarwerden. Er ist völlig machtlos, gleichsam bereits vom Thron gestoßen, wenn ich wach und mündig werde. Das Christentum ist die Lehre für das Mündigwerden der Menschheit; es ist die Lehre vom ICH BIN. Mit dieser Selbstfindung in Freiheit sind daher auch alle jene Probleme verbunden, auf die im Evangelium hingewiesen wird.

Frage: Ist dieser Idealismus der Weg zur Verwirklichung der sozialen Dreigliederungs-Idee Rudolf Steiners?

Antwort: Idealismus ist ein Lebensinhalt, der in die Zukunft führt, weil er Zunkunftsintentionen enthält. Daraus können Sie alles Mögliche entwickeln, unter anderem auch die soziale Dreigliederung. Er ist viel größer als nur eine neue soziale Ordnung. Die ganze Menschheitszukunft ist in ihm veranlagt.

Erziehung zur Liebefähigkeit

Man lernt nur kennen,
was man liebt.

J.W.v. GOETHE

Im Laufe unserer Elternabende ist schon oft über die Bedeutung der Liebefähigkeit für den Umgang mit Kindern gesprochen worden. Daher liegt es nahe, auch einmal darüber nachzudenken, wodurch die Liebefähigkeit unterstützt und gefördert werden kann. Fragen wir zunächst:

Welche menschlichen Charaktereigenschaften stellen sich der Liebefähigkeit entgegen?

Es sind dies das Streben nach Macht und nach Bequemlichkeit. Unsere Zeit imponiert durch eine Fülle gut funktionierender Machtstrukturen und Bequemlichkeitsstrategien. Sie durchdringen alle Lebensbereiche. Untersucht man, unter welchen Bedingungen Machtentfaltung möglich wird, so zeigt sich folgendes: sie liegen da, wo die Schwächen einer Situation so durchschaut und die Stärken so eingeschätzt werden, daß durch diese Einsichten die Situation beherrscht werden kann. Aus diesem Grunde lautet ja auch der Grundsatz jeder Machtphilosophie: »Wissen ist Macht.« Wer viel weiß, hat auch die Möglichkeit, zu beherrschen und zu manipulieren. Daher wird ja auch Schülern bisweilen gesagt:»Ihr müßt etwas lernen, damit ihr später auch etwas machen könnt – wenn ihr nicht oben seid, werdet ihr von anderen beherrscht.« Dann wird auch fast verächtlich auf ein Wissen herabgesehen,»das nichts bringt«, mit dem man nicht manipulieren kann. Es wird als »Elfenbeinturm-Wissen« oder als Sonntagnachmittagserbauung angesehen. Auf jeden Fall wird mit Achtung und Respekt auf das Wissen hingeblickt, das unserer Technik und ihrer Beherrschbarkeit zugrunde liegt, und das die Herrschaft über viele komplizierte Arbeitsabläufe ermöglicht. Beispielsweise ist der gesamte heutige medizinische Betrieb an großen Krankenhäusern ohne die Computerisierung der Laboruntersuchungen und anderer diagnostischer Verfahren sowie der gesamten Verwaltung gar nicht mehr zu denken. Daher ist es auch verständlich, daß dieses Wissen in den Schulen bevorzugt gelehrt wird. Naturwissenschaft und Mathematik helfen, die Natur bis in Einzelheiten hinein beherrschen und verändern zu können. Allerdings kann dieses Wissen auch anders angewandt werden: Wenn gleichzeitig mti dem Durchschauen der Naturzusammenhänge auch die Ehrfurcht vor der unendlichen Weisheit wachgerufen wird, die in der gesamten Schöpfung verborgen liegt. Und wenn die Liebe zugleich mit dem Wissen erwacht. Und dieses ist eine Frage der Erziehung. Was muß geschehen, damit das Wissen nicht zu Manipulation und Macht führt? Oder, wie müßte ein Wissenserwerb aussehen, damit er nicht nur die Machtinstinkte beflügelt und befähigt, sondern zugleich die Liebefähigkeit unterstützt?

Ein zweiter Grundzug unserer Zeit neben dem Machtstreben ist das Bedürfnis nach Sicherheit und die Sehnsucht nach Bequemlichkeit. So wie das Denken nach beherrschbarem Wissen strebt, so das menschliche Wollen nach Bequemlichkeit und Sicherheit im Alltag. Man möchte nur am liebsten tun, was Spaß macht, oder was zur Förderung von Bequemlichkeit und Sicherheit notwendig ist. Auch dies ist bis zu einem gewissen Grade ein berechtigtes Ideal. Es ist der Menschheit in den letzten zweihundert Jahren gelungen, eine Fülle unangenehmer Arbeiten an Maschinen zu delegieren und den menschlichen Willen zu befreien für sinnvollere Tätigkeiten. Es zeigt sich aber, daß an die Stelle dieser für sinnlos gehaltenen Tätigkeiten nicht immer etwas den Menschen Förderndes tritt. Vielmehr erlahmt vielfach die Aktivi-

tät, oder man beschäftigt sich ausschließlich mit spielerischen Tätigkeiten wie Sport und Freizeitgestaltung.

Machtausübung, Sicherheit und Bequemlichkeit sind zu beherr-
schenden Idealen der Gegenwart geworden. Sie sind es aber auch,
die die Entwicklung der Liebefähigkeit unterdrücken, wenn sie
einseitig das Seelenleben beherrschen. Ein Mensch, der liebt,
nimmt Unbequemlichkeit auf sich, begibt sich um der Liebe willen
auch in größte Gefahren und opfert die Machtinstinkte. »Die
Liebe herrscht nicht, aber sie bildet, und das ist mehr.« So beschreibt Goethe in seinem »Märchen« diese zentrale Kraft der
menschlichen Seele. So wie man sagen kann, daß Angst die Liebe
untergraben kann, daß das Sicherheitsbedürfnis Liebe verdrängen
und die Bequemlichkeit die Liebe zum Erlahmen bringen kann –
genauso kann man sagen, daß ein Erstarken der Liebefähigkeit
Angst, Sicherheitsbedürfnis und Bequemlichkeit in die Schranken
verweist, in denen sie im Menschenleben eine sinnvolle Funktion
haben. Ähnlich ist es mit Neid, Eitelkeit und Ehrgeiz – sie können
Liebe zerstören, aber auch durch Liebe überwunden werden. Die
Liebefähigkeit scheint einerseits etwas sehr Zartes zu sein, sie kann
von allen Seiten gestört und in Frage gestellt werden. Geht man ihr
jedoch auf den Grund und sucht, wo sie herkommt, und wie man
ihre Entwicklung fördern kann, so entdeckt man sie als eine Wesensäußerung und Kraft, die letztlich den Menschen leiblich, seelisch und geistig zusammenhält. Man entdeckt in ihr den Wert, für
den man alles ertragen kann, der einen trägt und beschützt, der das
Zentralmenschliche selber ist.

Entwicklungsbedingungen der Liebefähigkeit

Die Liebe erwacht bereits mit dem ersten Lächeln im Säuglingsalter.
Und schon hier wird deutlich, welcher Gesetzmäßigkeit sie unterworfen ist. Die Liebe ist eigentlich immer da – sie kann jedoch nur

in Erscheinung treten und wirken, wenn sie geweckt wird. Ein Erwachsener, der sich liebevoll einem Kind zuwendet, weckt dessen Zuneigung und Liebefähigkeit auf, und diese sind fortan Eigenschaften des Kindes. Denn die Liebe tritt zunächst als Gefühl in der menschlichen Seele auf. Und da jedes Gefühl so lange schläft, bis es eines Tages aufwacht, ist auch die Liebefähigkeit diesem Gesetz unterworfen. Menschen, die denken, sie hätten bestimmte Gefühle nicht, können ganz sicher sein, daß sie sich täuschen. Sie haben nur noch nicht Gelegenheit gehabt, dieses bestimmte Gefühl in Verbindung mit einem Ereignis zu entwickeln, das heißt, geweckt zu bekommen. Gefühle sind immer Grenzphänomene. Sie wachen auf, wenn ein Empfinden des Selbst und die wahrnehmbare Welt zusammentreffen.

Betrachten wir die Liebe da, wo sie zunächst auftritt, indem sie als schlafendes Gefühl geweckt wird, so sehen wir sogleich ihre Stärke und ihre Gefahr. Die Stärke liegt darin, daß sie als etwas Tiefmenschliches in der Selbsterfahrung erscheint. Das Lächeln, das erwidert wird, läßt einen Prozeß gegenseitiger Verstärkung entstehen, und weil so einer den anderen liebt, steigert sich das im gegenseitigen Geben und Nehmen. Solange das in dieser Weise geht, ist alles gut. Beim erwachsenen Menschen wird uns das Problem, das hiermit dennoch verbunden ist, sogleich klar. Denn die Liebe ist nicht nur diese zentralmenschliche Qualität, sondern sie ist zugleich auch das Schönste, was man als Mensch erleben kann. Und alles, was wir Menschen schön finden, das möchten wir auch gerne besitzen. An dieser Stelle tritt dann die problematische Seite der gefühlsmäßigen Liebe auf. Denn in dem Augenblick, in dem das wechselseitige sich aneinander Freuen und einander Zulächeln unterbrochen wird, weil einer vielleicht Gründe hat, nicht mehr zurückzulächeln, kommt jede Liebe, die in dieser Weise naturhaft geweckt worden ist, in eine Krise und erlebt zugleich ihre Bewährungsprobe. Was geschieht, wenn das Liebenswürdige verschwunden ist, welches das schöne Gefühl des Liebens ausgelöst hat? Was machen wir dann? Ist die Liebe dann wie ein schwankendes Gefühl auch verschwunden? Oder bleibt etwas zurück, das unabhängig von dem seelischen Gewähren und Versagen in sich einen Bestand hat? Zunächst tritt ganz sicher eine Entzugsproblematik auf. Das schöne Gefühl des Geliebtwerdens ist verschwunden, und man erlebt dies als schmerzlichen Mangel. Der Schmerz kann einem jedoch die Frage zum Bewußtsein bringen, was man denn eigentlich geliebt hat: das schöne Gefühl des Liebens, das Bestandteil der eigenen Seele ist, oder den anderen Menschen selber, der jetzt vielleicht fort ist, oder der vielleicht gegenwärtig einen anderen Menschen mehr zu lieben scheint als uns? In dieser Situation kommt das, was man bisher als Liebe bezeichnet hat, in eine Bewußtseinskrise. Und da gibt es, wie in jeder Krise, verschiedene Möglichkeiten, therapeutisch vorzugehen und einen Ausweg zu suchen. Man kann einen gleichsam chirurgischen Eingriff vornehmen und sich die Liebe zu dem anderen Menschen aus dem Herzen reißen und sagen: »Das Ganze war ein Irrtum.« Aber dann ist diese Liebe auch weg, und es bleibt ein hohles Gefühl in der Seele zurück.

Man kann sich aber auch klarmachen, daß dasjenige, was durch den geliebten Menschen in einem selbst an Liebefähigkeit wach geworden ist, eine Kraft ist, die auch unabhängig von diesem Menschen in einem weiterleben kann. Dadurch wird deutlich, daß diese Art von Liebe unabhängig ist von momentaner Sympathie oder Antipathie. Die wirkliche Liebe zur Welt oder zum anderen Menschen kann man von der Eigenliebe trennen. In der Sympathie sind die beiden unklar verbunden. So wie eine Rose von vielen Menschen betrachtet werden kann und in vielen Menschen Freude an der Schönheit dieser Blume weckt, so kann auch ein anderer Mensch in den verschiedensten Menschen Liebe und Dankbarkeit wecken, die unabhängig von ihm dann in den Menschen weiterleben können. Liebe wird zu der Kraft, die, wenn sie einmal geweckt ist, geschenkt werden kann, auch wenn man nichts dafür bekommt, d.h. auch wenn die Gegenliebe aufhört. Liebe geht so mit dem Geliebten mit und wird zu etwas, das vom Menschen ausgeht und nicht mehr ein Gegenstand des Habens und Beanspruchens ist.

Zum Problem des Egoismus

Eine Art Grundbedingung für die Entwicklung der Liebefähigkeit ist die Tatsache, daß jede Liebe, die einmal erwacht ist, eines Tages geprüft wird, wieviel Eigenliebe in ihr steckt und wieviel Liebe wirklich dem anderen gegolten hat. Diese Prüfung gibt dann auch die Möglichkeit, die geistige Dimension der Liebe zu finden: Sie als die Kraft zu erleben, die das eigene Selbst mit der Welt verbindet, und die in der Lage ist, Eigenliebe und Egoismus zu überwinden. Denn in dem Maße, in dem wir unsere Eigenliebe und unseren Egoismus, das heißt, das »Haben-Wollen« auf alle Weltinhalte ausdehnen, das heißt die Belange der Welt in uns einschließen, verliert der Egoismus das Ausschließende. Mensch und Welt werden wieder eins und beide sind füreinander. Der Egoismus ist um so belastender für das menschliche Individuum, je weniger Beziehungen zur Welt bestehen. Sympathie und Antipathie bieten die Möglichkeit, sich als Persönlichkeit zu erleben und abzugrenzen. Wir brauchen alle diese Möglichkeiten, um unseren eigenen Entwicklungsraum aufrechtzuerhalten. Wenn wir zum Beispiel etwas lernen wollen, müssen wir ganz klar alle Hinderungen und Ausflüchte von uns abhalten. In einem Studentenheim kann man beispielsweise an einer der Türen lesen: »Bitte nicht stören.« Dann weiß man, da sitzt jetzt so ein armer Student und büffelt für eine Klausur oder für das Examen. Mit ihm kann man heute nicht Kaffee trinken gehen, den darf man nicht ablenken. Diese geschlossenen Türen, diese vorübergehende Antipathie gegenüber der Welt sind nötig, wenn alle Kräfte auf etwas Bestimmtes hingewendet werden sollen, unter Ausgrenzung anderer Möglichkeiten des Engagements. Konzentration heißt, von allen Möglichkeiten eine zu ergreifen und sich ihr ganz zuzuwenden.

Wir brauchen aber auch immer wieder ein gewisses Maß an Sympathie, um zu verhindern, daß uns die Antipathie eigenbrötlerisch werden läßt. Dieses Wechselspiel von Sympathie und Antipathie ist für jede Entwicklungs- und Lernsituation notwendig. Wir leben in

Abgrenzung und Zuwendung, in Selbstschutz und Hingabe. Wer unter extremen Abgrenzungsbedingungen ein schwieriges Examen gemacht hat, kann dann, wenn es gut geht, das Erreichte wieder in den Dienst des sozialen Zusammenhangs stellen. Damit wird auch deutlich, daß es gar nicht leicht ist, Phänomene der Diskriminierung und Isolierung, des Ausschlusses zu beurteilen. Wo ist die Abgrenzung berechtigt, damit sich etwas entwickeln kann, was später dann zu einem anderen Zeitpunkt gerade den Ausgeschlossenen wieder zur Verfügung gestellt werden kann? Wo ist die Abgrenzung nur Ausdruck des Egoismus, der Machtbefugnisse und der Bequemlichkeit? In unserer sozialen Lebenswirklichkeit, wo wir immer wieder konfrontiert sind mit solchen Abgrenzungsphänomenen, ist es entscheidend, zunächst unter diesem Gesichtspunkt zu verstehen, worum es sich handelt. Denn im Grunde verbirgt sich hinter jeder Antipathie eine Schwäche, eine Schutzbedürftigkeit, die zunächst erkannt werden muß. Je schwächer jemand in seiner Persönlichkeitsstruktur ist, um so mehr lebt er entweder in distanzloser Sympathie mit allen, oder in Antipathie mit den Andersdenkenden oder »Gegnern«. Und umgekehrt: je stärker ein Mensch innerlich ist, desto weniger hat er es nötig, sich durch Antipathie abzugrenzen, zu schützen und anderes auszuschließen, und um so persönlicher und bewußter wird seine sympathische Hinwendung zur Umwelt sein. Menschen, die viel Antipathie um sich verbreiten und vieles von sich abstoßen müssen, was eigentlich liebevoll auf sie zukommen möchte, brauchen diese Kraft noch, um ihr eigenes Selbstbewußtsein aufzubauen. Das ist Sinn und Segen der Antipathie. Sie hilft uns, unser Selbstbewußtsein zu finden und nicht in Sympathie mit der Umwelt konturlos zu verschwimmen.

Daher stellt sich die Frage für die Erziehung: Wie läßt sich das Selbstbewußtsein des Kindes so stärken, daß die Antipathie im Erwachsenenalter nicht mehr zur Stärkung des Selbstbewußtseins in Anspruch genommen werden muß, was dann mit Notwendigkeit zu Diskriminierung und destruktiver Kritik führen müßte. Was kann getan werden, damit die Liebefähigkeit sich zunächst in Verbindung mit der Sympathie entwickeln und dann von Jahr zu Jahr sich immer mehr davon lösen und im Erwachsenenalter zur geistigen Liebe heranreifen kann? Die Frage kann aber auch lauten: Wie kann vom ersten Lebenstag an die Beziehung des Kindes zur Welt so gefördert werden, daß Sympathie und Antipathie immer in gleicher Weise beansprucht werden? Die Antipathie im erkennenden sich Gegenüberstellen und die Sympathie in der liebevollen Hinwendung?

Schritte in der Entwicklung zur Liebefähigkeit

a. Die Sinneserfahrung

Die erste Beziehung, die ein Kind zur Welt aufbaut, wird ganz durch die Sinne und ihre Erfahrungen bestimmt. Wieviel Sinneserlebnisse hat ein Kind zwischen Aufstehen und Zubettgehen im Verlauf eines Tages! Welch spontane Bereitschaft zeigt es im Krabbelalter, alles und jedes entdecken und untersuchen zu wollen! Hier sollte die Wohnung so eingerichtet sein, daß dem Kind dabei möglichst wenig Schranken gesetzt werden müssen. Es bedeutet Erziehung zur Lieblosigkeit, es immer von allem wegzureißen und ständig zu kontrollieren, was es anfassen darf und was nicht, es gleichsam antipathisch abzugrenzen. Die sinnliche Welterfahrung im ganzen Umfang ist die Basis für jede Liebefähigkeit, denn sie stellt den Weltbezug her. Bleibt ein Erwachsener dann auch noch bewundernd neben dem Kind stehen und sagt: »Schau mal, wie *schön* das ist!«, wird ein solcher Sinneseindruck noch vertieft. Eine gemeinsam angeschaute Blüte, ein Abendrot oder ein Bild schließt das Wesen des Kindes unmittelbar an die Umwelt an und weckt Gefühle der Freude, der Verehrung, vielleicht auch der Andacht und des Schönfindens – beziehungsvolle Gefühle.

Hingegen sind Wohnungen, in denen man wenig erfahren kann hinderlich. Massenmedien, die dem Kind eine nicht erfahrbare Sinneswelt vorgaukeln: zum Beispiel produziert ein kleines Magnetband Wassergeräusche, ein Fernsehapparat Farben und Formen, die ganz anders sind in Intensität und Eigenart als im Leben. Dieses Wasser läßt sich nicht mehr anfassen, trinken, untersuchen. Die Gegenstände sind nicht zu betasten. Es sei das hier nur angedeutet, aber macht es nicht verständlich, warum so viele Kinder heute in den ersten Lebensjahren schon eine Art Erziehung zur Beziehungslosigkeit erfahren? Sie haben viel zu wenig wirkliche, täglich geübte, freudig entdeckte Umwelterfahrungen. Die Liebefähigkeit wird nicht zureichend geweckt. Durch Moralpredigten ist noch kein Mensch liebevoll geworden – nur durch persönliche Erfahrung.

Es ist so leicht zu sagen: »Seid lieb zueinander!« Wenn keine Erfahrung dahintersteckt, wird das Gewissensballast. Man weiß, daß man eigentlich immer anders sein müßte, als man ist – aber man weiß nicht, wie man es bewerkstelligen soll. Ein schlechtes Gewissen ist die Folge. Dieses ist seelenzermürbend und trägt nicht zu einem Wachstum der Liebefähigkeit bei. Kinder kann man durch eine konsequent betriebene Sinnespflege jedes Sinnes: Gleichgewichtssinn, Bewegungssinn, Formensinn, Farbensinn, Tonsinn – real an die Welt anschließen und damit ihre Liebefähigkeit und Freude an der Welt wecken.

b. Das Erleben von Freude

Ein weiterer Schritt in der Erziehung zur Liebefähigkeit kann gefunden werden, wenn wir beobachten, wie das kleine Kind die Welt erlebt. Es besitzt noch die Fähigkeit elementarer Daseinsfreude. Wie können sie sich freuen – unbändig – über irgendeine Entdeckung, über einen Gegenstand. Wenn es uns gelingt, bewußt daran zu arbeiten, auch in unserem Erwachsenendasein die freudigen Momente wieder zu entdecken, so wird die Freudigkeit, die wir ausstrahlen, wesentlich dazu beitragen, die Daseinsfreude des Kindes und damit auch seine Liebefähigkeit zu unterstützten.

Umgekehrt wirkt Freudlosigkeit und Resignation der Erwachsenen lähmend auf die Aktivität der Kinder. Wir haben bisher die Liebe als Gefühl und als mit der Erkenntnis verbundene geistige Kraft betrachtet. Blicken wir auf die Freude, so haben wir hier den Kraftaspekt der Liebe. Freudigkeit ist mit Krafterleben verbunden. Sie ist etwas, das willentlich vom Menschen ausstrahlt und andere Menschen sogar anstecken kann, so daß sie sich auch wieder kräftiger fühlen. Eine freudige Lebensgrundhaltung der Erwachsenen stärkt und nährt die Kraft der Liebe. Sie kann bei Kindern gepflegt werden, z. B. durch die gemeinsame Gestaltung der Jahresfeste. Gelingt es, die Vorfreude und die erwartungsvolle Stimmung auf diese Feste in den Kindern wachzurufen, so ist viel getan.

c. Strafe, Verzicht und Konfliktbewältigung

Ein weiterer Schritt in der Erziehung zur Liebefähigkeit ist der sachgemäße Umgang mit der Strafe und mit dem Verzicht. Wie geht der Erwachsene mit bösen Erfahrungen, mit Problemen, mit Konflikten um? Erlebt das Kind einen Erwachsenen, der schwer auf etwas verzichten kann, der Probleme verdrängt, Konflikten aus dem Weg geht, so wirkt dieses Vorbild störend auf den Entwicklungsprozeß zur Liebefähigkeit zurück. Denn die Fähigkeit, Konflikte zu verarbeiten, Problemen nicht aus dem Weg zu gehen und sinnvolle Verzichte zu leisten, wo es das Wohl des Ganzen fördert, gerade dieses bereitet die Möglichkeit vor, im späteren Leben die Fähigkeit zu entwickeln, den Anteil der Eigenliebe von der wirklichen Liebe zu sondern und die geistige Kraft der Liebe zu entdecken, die von Sympathie und Antipathie unabhängig ist. Es ist derselbe schmerzhafte Prozeß, der da sich vollzieht, der mit der Überwindung des Egoismus zusammenhängt und von dem gesagt wird:

> Sich selbst bekriegen, ist der allerschwerste Krieg,
> sich selbst besiegen, ist der allerschönste Sieg.

Erlebt ein Kind Erwachsene, die in der Lage sind, negative Erlebnisse so zu verarbeiten, daß sie daraus lernen und etwas Positives dadurch entwickeln können, so ist das eine Unterstützung der Entwicklung zur Liebefähigkeit. Denn Kinder, die nur Freude erleben, nie verzichten müssen, entwickeln wohl eine sympathische Umweltbeziehung. Es fehlt ihnen aber später die Möglichkeit, ihre sympathisch getönte Liebe zur Umwelt durch die Krise der Bewährung hindurchzuführen. Statt dessen schlägt die Sympathie in Antipathie um, wenn ihnen etwas zuwiderläuft. Negative Erlebnisse führen dann zu schweren Frustrationen, anstatt Lernprozesse anzustoßen. Man sollte gemeinsam mit den älter werdenden Kindern über Probleme und strafbare Delikte sprechen und sie erleben lassen, daß es nichts Böses in der Welt gibt, das nicht auch zu etwas Gutem führen kann, wenn man es nur richtig verarbeitet.

Natürlich ist es naheliegend, angesichts einer häßlichen Begebenheit zu sagen:»So eine Unverschämtheit, welche Ungerechtigkeit – das habe ich nicht verdient!« und sich zu distanzieren in der Antipathie. Ein solches Verhalten ist zwar verständlich, trägt aber zu einer destruktiv-antipathischen Atmosphäre bei. Hingegen hilft es, sich zu fragen: Warum ist diese Begebenheit gerade mir passiert und nicht meinem Kollegen X oder Frau Y? Hat diese Angelegenheit vielleicht doch speziell mit mir etwas zu tun? Will sie mir etwas sagen, mich etwas lehren?

Solch einen Gedanken überhaupt zu denken, erfordert freilich bereits eine gewisse Selbstlosigkeit. Denn die Eitelkeit ist durch die Antipathie und das sich nicht damit Identifizieren-Können befriedigt, »daß man so etwas nicht verdient hat«. Die Überwindung der Eigenliebe im Akzeptieren widriger Schicksalstatsachen ist kein leichter Schritt. Denn man muß sich zugestehen: Das habe ich nicht nur verdient, sondern das ist mir wirklich zugestoßen, weil dies etwas mit mir zu tun hat, weil dies zu mir gehört. Daran kann ich arbeiten, daran kann ich Dinge lernen, die ich an den Schokoladenseiten meines Lebens augenscheinlich bisher nicht lernen konnte. Diese Überwindung der Eigenliebe ist notwendig, wenn die Konfliktverarbeitung positiv erfolgen soll. Das hilft den Kindern in ihrer Entwicklung, denn es schafft eine Atmosphäre der Lernbereitschaft, der Bereitschaft, sich zu ändern und zu verwandeln. Das hilft dem Kind bei seiner Entwicklung, die ja auch durch ständige Wandlungen und Krisen hindurch muß. Manch ein Erwachsener kann das nicht, weil er es nicht gelernt hat. Es ist eben weitaus schwieriger, sich später die Fähigkeit anzueignen, das Negative nicht nur auszuhalten, sondern auch sinngebend zu verarbeiten. Das ist mühsam, und viele brauchen Hilfe dabei, weil sie es alleine gar nicht können. Daran wird deutlich, was man den Kindern mitgeben kann, wenn man sie schon im Kindergarten und im Schulalter erleben läßt, wie man bereit ist mit Schwierigkeiten positiv umzugehen. Dadurch erwerben sie sich für das spätere Leben Eigenschaften, die sie zu frohen und lebensbejahenden Menschen machen.

Blickt man auf die genannten drei Schritte zur Förderung der Erziehung zur Liebefähigkeit hin, so wird deutlich, wieviel davon heute in der Erziehungspraxis fehlt. Daher ist es auch nicht erstaunlich, daß unter den Erwachsenen soviel Lieblosigkeit im sozialen Miteinander herrscht. Es ist die nicht geweckte, nicht anerzogene, nicht kultivierte Menschlichkeit, die im Grunde jedoch in jedem Menschen verborgen liegt.

Was kann der Erwachsene für die Entwicklung seiner Liebefähigkeit tun?

Interesse und Verständnis führen zur Liebefähigkeit. Die Frage muß also lauten, wie der Erwachsene seine Interesse- und Verständnisfähigkeit verstärken kann.

Man kann vielleicht damit beginnen, daß man sich fragt: Worüber habe ich denn schon lange nicht mehr nachgedacht? Oder: Wofür habe ich mich eigentlich noch nie interessiert? Und dann beginnt man, sich damit zu beschäftigen. Man kann auch versuchen, Menschen, denen man bisher mit Antipathie begegnet ist, mit der Frage zu begegnen, warum denn dieser Mensch so geworden ist, wie er einem jetzt erscheint, und warum man ihn ablehnt. Gelingt es dann, anstatt ihn moralisch zu verurteilen, eine in diesem Sinne verständnisvolle Beziehung zu ihm aufzubauen, so kann sich bereits dadurch etwas bei ihm verwandeln. Ohne eine interessevolle Beziehung bleiben die Dinge und Menschen, wie sie sind. Durch eine Beziehung jedoch, die durch Interesse und Verständnis gebildet wird, ist immer die Möglichkeit gegeben, daß sich etwas verändert und verwandelt bei einem selbst und beim anderen.

Eine nächste Stufe könnte sein, sich darin zu üben, das, wofür man sich interessiert, auch ganz ernst zu nehmen. Eine Beziehung nicht nur anzuknüpfen, sondern auch eine echte Verbindlichkeit einzugehen. Viele Menschen um uns her fühlen sich von anderen nicht ernstgenommen. Das heißt nicht, daß man sich nicht für sie interessierte – aber es fehlt dieser zweite Schritt, sich nicht nur zu interessieren, sondern das, was da ist, in seinem Sosein wirklich zu akzeptieren als Ausgangspunkt für einen gemeinsamen Weg, der dann vielleicht früher oder später auch zu einer Veränderung führt.

Die dritte Stufe wäre dann, zu einem wirklichen Verstehen zu kommen.

Denn wenn sich jemand verstanden fühlt, ist die Liebe nicht mehr weit. Wenn ich einen Menschen verstehe und weiß, wo seine Grenzen sind und wo seine Stärken, mute ich ihm bestimmte Dinge nicht mehr zu, einfach, weil ich ihn verstehe. Dann entwickelt sich durch dieses erkennende Verstehen die wirkliche Liebe zum anderen. Dadurch ist die Möglichkeit gegeben, das Wissen über den anderen zu benützen, um ihn zu lieben, und nicht, um ihn zu beherrschen. Man nutzt die Stärken oder die Schwächen des anderen nicht mehr aus für persönliche Zwecke, sondern man handelt so, daß der andere sich von seiner besten Seite zeigen und sich mit seinen besten Möglichkeiten im Sozialen einsetzen kann. Goethe, der gar nicht lieblos denken konnte, hat diesen ganzen Zusammenhang einmal in folgende Worte gefaßt: »Man lernt nur kennen, das was man liebt.« Wirklich etwas wissen, heißt lieben. Solange man nur das weiß, was einen den anderen beherrschen läßt, oder was einen interessiert, ohne ein tiefergehendes Verstehen, weiß man wenig von ihm. Wissen, das Macht ist, ist ein einseitiges und reduziertes Wissen. Wirkliches Verstehen hingegen führt zu einem umfassenderen Wissen, welches den anderen mit seinen Intentionen respektiert. Durch einen solchen Prozeß des sich gegenseitig Verstehenlernens kommt eine neue Qualität in das soziale Leben herein, die mit der Liebe engstens verbunden ist: die Qualität der Freiheit. Wenn ich jemanden verstehe, kann ich in bestimmten Situationen auf etwas von ihm verzichten, was ich selber vielleicht gerne hätte, ich kann ihn freilassen. Ich höre dann auch auf, den anderen mit meinen Sympathien und Antipathien zu beherrschen.

Wenn die Liebe sich so mit dem Erkenntnisvermögen verbindet, ja, wenn die Liebe zur Erkenntniskraft selber wird, so führt sie zum Erlebnis der Freiheit. Wer eine Sache oder einen Menschen wirklich liebt, kann ihnen den Freiheitsraum und die Entwicklungsmöglichkeit geben, die sie für sich selber brauchen. Diese sozial-ehtische Seite des Freiheitserlebens hat Rudolf Steiner in seinem Buch »Die Philosophie der Freiheit« ausführlich dargestellt.

Eine andere Möglichkeit, sich zur Liebefähigkeit zu erziehen, ist der Weg über das Gefühlsleben. Da die Liebe als Gefühl in Form eines Harmonie- und Friede-Erlebens auftritt, kann man üben, für Harmonie und Friede Voraussetzungen zu schaffen. Die wichtigste Voraussetzung ist die Fähigkeit innerer Ruhe. Denn ohne Ruhe ist der Gleichgewichtspunkt im Gefühlsleben, um den sich widerstrebende Gefühle auspendeln und in Harmonie gebracht werden können, nicht erlebbar. Daher ist eines der wichtigsten Mittel, um das Gefühl der Liebe wieder zu wecken, das Üben innerer Ruhe. Es gibt verschiedene Möglichkeiten, das zu lernen. Rudolf Steiner hat hierzu in seinem Buch »Wie erlangt man Erkenntnisse der höheren Welten« Hinweise gegeben. Eine Möglichkeit ist, sich einen bestimmten Gedanken oder eine Begebenheit ins Bewußtsein zu rükken, und diese eine Zeitlang im Bewußtsein festzuhalten. Man bemerkt in solchen Momenten bald, wie sich das flutende Gefühls- und Gedankenleben mehr und mehr beruhigt und konzentriert. Gelingt es dann, die Qualität der Ruhe zu erleben, so ist ein wichtiger Schritt getan. Man kann auch in der Erinnerung Erlebnisse aufsuchen, in denen man eine tiefe Ruhe erlebt hat. Wichtig ist nur, sich diese Ruhe so stark es irgend geht zum Bewußtsein zu bringen und das Gefühlsleben ganz mit ihr zu durchdringen.

Auch für den Willensbereich gibt es eine Möglichkeit, die Liebefähigkeit unmittelbar in der Selbsterziehung zu stärken. Jede Willenshandlung richtet sich auf etwas, ist für etwas. Dabei wäre stets zu prüfen: Braucht der andere, für den die Handlung ist, diese denn auch wirklich? Genieße ich mich selbst in meiner Tat, oder tue ich sie wirklich für den anderen? Ich bin einmal in folgender Situation um Rat gefragt worden: Es handelte sich um einen Menschen, der sich ständig für andere Leute aufopferte, den anderen damit aber so auf die Nerven ging, daß diese das zum Schluß nicht mehr aushielten und sagten: »Ich will nicht, daß mir von dir geholfen wird! Ich will, daß bei mir ruhig etwas herumliegt oder ungetan bleibt. Denk doch bitte auch einmal an dich und deine eigenen Sachen!« Die andere Person war darob recht verzweifelt und sagte: »Ich will doch nur das Beste für dich – warum läßt du dir denn nicht helfen!«

Manch eine Ehe leidet darunter, daß man zuviel oder zuwenig füreinander tut. Hier kann diese Frage, ob man es wirklich dem anderen zuliebe tut, sehr hilfreich sein. Rudolf Steiner beschreibt in seiner »Philosophie der Freiheit« diesen Sachverhalt folgendermaßen: »Leben in der Liebe zum Handeln und Lebenlassen im Verständnisse des fremden Wollens ist die Grundmaxime des freien Menschen.« In dieser Weise freie Menschen handeln immer liebevoll. Damit wird aber auch deutlich, wie schwer das ist. Denn eine liebevolle Handlung bedarf immer des Opfers, daß man all das beiseiteläßt, was man selber an der Handlung genießt und insgeheim doch für sich selber tut. Sobald die Liebe im Willensbereich ankommt, fordert sie das Opfer der Eigenliebe. Und dieses muß systematisch geübt werden, wenn es wirklich eine Fähigkeit, Liebefähigkeit werden soll.

Natürlich können Sie jetzt fragen: »Wozu ist denn die Eigenliebe gut? Man kann sie doch nicht völlig austreiben?« Das wäre auch ein Mißverständnis. Die Eigenliebe ist natürlich genau dafür gut, wofür das Wort steht: nämlich für uns selbst. Wir brauchen ein gewisses Maß von Eigenliebe, um unser Selbstbewußtsein zu erhalten und uns der Welt erkennend gegenüberstellen zu können. Es ist sogar keineswegs so, daß Menschen, die zuwenig Eigenliebe haben, etwa viel Weltliebe hätten. Solche, die mit anderen sehr häßlich umgehen, können sich oft selbst nicht leiden. Ein gewisses Maß an Eigenliebe ist notwendig, um sich selbst zu geben, was man braucht. Dann muß man es nicht von anderen fordern oder von anderen erwarten. Um uns gesund zu erhalten und um unserem Leben und Arbeiten eine gewisse Richtung zu geben, ist diese Eigenliebe selbstverständlich notwendig. Daher gilt für sie auch dasselbe was für jede Liebe ganz allgemein gilt, die sich auf etwas in der Welt bezieht: Daß man dem Geliebten gibt, was er für seine Entwicklung braucht. Denn indem ich eine Sache liebe, eine Arbeit liebe, kranke Menschen liebe, muß ich jedem geben, was er braucht. Lieben heißt immer, an dem Wiederherstellen einer Harmonie, eines Einklangs, zu arbeiten – das heißt, einer Situation, einem Wesen zu geben, was sie zu ihrem Wohle nötig haben. Und was jeder Mensch für sich selber braucht und für sich herstellen muß, und worauf alle Eigenliebe stets in gesunder Weise abzielen kann, das ist ehrliche Selbsterkenntnis. Die Fähigkeit, sich in seinem Verhältnis zur Welt richtig einzuschätzen – das ist das einzige, worauf sich die Eigenliebe restlos richten kann, ohne irgend etwas anderes zu stören. Wenn wir alles, was auf uns zukommt, für uns selber so benützen, daß es unserer Selbsterkenntnis zugute kommt, die Erfahrungen an der Umwelt erhöht, dazu führt, daß wir uns »brauchbarer« machen für die Welt, dann ist die Eigenliebe aufgewandt, wie sie in jedem Sozialzusammenhang gesunderweise aufgewandt werden kann. Dann ist auch für die Zufriedenheit im Leben gesorgt. Und es zeigt sich die scheinbar paradoxe Tatsache, daß, wer die Eigenliebe so für die Selbsterkenntnis aufwendet, auf der anderen Seite es immer leichter lernt, Menschen und Dingen zu geben, was sie brauchen.

Fragen zum Thema:

Frage: Sie sagten, man solle das Böse dazu benutzen, um das Positive zu erkennen. Mir wurde von der Vergewaltigung eines kleinen Mädchens erzählt. Da fehlen mir die Gesichtspunkte, um dem das Gute abzugewinnen.

Antwort: Das ist auch schwer. Man sollte sich jedoch den ganzen Umkreis dieses Geschehens vergegenwärtigen. Da ist einmal das betroffene Mädchen und sein direkter Familienumkreis. Dann ist aber auch durch die Veröffentlichung dieses Falls die sehr große Umgebung derjenigen, zu denen wir jetzt auch gehören, die sich bewußtseinsmäßig mit dieser Tatsache auseinandersetzen müssen, ohne selbst davon betroffen zu sein. Auch wenn es im Augenblick nicht gelingen mag, für die direkt Betroffenen dem furchtbaren Ereignis etwas Gutes abzugewinnen, so gilt dies jedoch nicht für den weiteren Umkreis. Für uns kann es ein Anlaß sein, darüber nachzudenken, warum in unserer Gesellschaft soviel Kriminalität dieser Art möglich ist. Wie kommt ein Mensch dazu, so etwas zu tun? Was muß er in Kindheit und Jugend gelebt haben, um ein Sittentäter zu werden? Schauen Sie sich die Schicksale dieser Menschen an: es sind Opfer unserer Gesellschaft, durch die Maschen gefallene Existenzen, sie leiden an den Folgen unzureichender Entwicklungs- und Erziehungsbedingungen. Wer trägt die Schuld? Ganz sicher nicht nur der Verbrecher. Warum gelingt es nicht, aus dieser Not die Konsequenzen zu ziehen und sich energisch für eine Verbesserung der sozialen Verhältnisse einzusetzen? So gesehen verlagert sich das Schuldproblem aus dem individuellen in den sozialen Bereich, damit aber auch die Erkenntnisfragen, die durch das Böse wachgerufen werden. Je kleiner die Elemente sind, die angeschaut werden,

347

um so sinnloser erscheinen sie uns, und um so leichter ist es, einen bestimmten Schuldigen anzuprangern. Die Emotion erwacht, ihn aus der Gesellschaft auszugliedern. Indem die Sache jedoch weitergefaßt wird, ist zu bemerken, daß dieser Mensch auch nur ein Opfer einer Konstellation ist. An ihm ist zunächst viel gesündigt worden, und er wurde dadurch zum Symptomträger für eine Krankheit unserer Gesellschaft und für bestimmte Erziehungsprobleme. Meistens ist es für die direkt Betroffenen nicht möglich, angesichts des Bösen und Sinnlosen, was sie erleben, hier sinngebend tätig zu werden. Um so wichtiger ist es, daß die Umgebung und der größere soziale Umkreis derjenigen, die nicht selbst betroffen sind, hier stellvertretend einspringen. Wenn es gelänge, aus einer solchen Tragödie, die vielleicht das Schicksal dieses Mädchens lebenslang belastet, wirklich Konsequenzen zu ziehen, und die Kräfte wachzurufen, an den gesellschaftlichen Verhältnissen etwas zu ändern – dann hätte auch dieses Böse viel Gutes bewirkt. Wie weit sind wir noch davon entfernt, uns sagen zu können: Wir alle miteinander haben ein Problem, wenn unter uns ein Verbrecher lebt. Jemanden zu verurteilen, ist leicht und manchmal sogar eine angenehme Selbstbefriedigung, weil man ja selber zu so etwas nie in der Lage wäre! Haß und Unbehagen auf die sogenannten Bösen zu projizieren, ist einfach – damit ist aber nichts gewonnen. Wendet man jedoch die ganze Energie, die sich destruktiv in Haß und Wut auslebt, nach innen und fragt sich: Was kann ich denn dafür tun, daß sich die gesellschaftlichen Zustände ändern und derartige Dinge immer seltener vorkommen, dann wäre das Teil eines sinnvollen Verarbeitens der Tatsache, die zunächst nur böse und sinnwidrig aufgetreten ist. Es ist tatsächlich so, daß die Frage nach dem Bösen nur sinngebend aufgegriffen werden kann, wenn man sich das Risiko der Menschheitsentwicklung überhaupt vor Augen zu halten bereit ist. Denn das Risiko einer Entwicklung zur Liebefähigkeit muß mit dem Nicht-Liebevollen, mit der Unfreiheit, mit dem Bösen rechnen.

Frage: Ich habe noch Schwierigkeiten mit dem Begriff des Opfers im Zusammenhang mit der Liebe. Erwartet man nicht Dankbarkeit, wenn man ein Opfer bringt, und fördert dieses nicht die Eigenliebe? *Antwort:* Zur Definition des Opfers gehört gerade, daß man dafür nichts bekommt. Sonst ist es eben kein Opfer. Das Wort »Opfer« bedeutet, daß man etwas hingibt, ohne zu fragen, was man dafür bekommt. Und das kann nur die Liebe. Keine andere Kraft im Menschen kann opfern, ohne etwas dafür zu verlangen. Alle anderen menschlichen Eigenschaften wollen etwas dafür haben. Nur die Liebe verlangt nichts, weil sie selbst so reich ist, daß sie, ohne zu verlieren, schenken kann. Je mehr Liebe geschenkt wird, um so mehr hat man. Wenn man wirklich opfert in diesem Sinne, kann man nie leer werden. Damit verliert der Begriff des Opfers diesen negativen Beigeschmack.

Frage: Was kann ein Diskriminierter selber tun, um das zu bekommen, was er braucht? Zum Beispiel ein AIDS-Kranker?

Antwort: Da sind wir in einer ähnlichen Situation wie mit dem vergewaltigten Kind: die AIDS-Kranken, oftmals diskriminiert, können in der Regel wenig für sich selber tun. Vielmehr ist ihr Leben und ihr Leiden ein Appell an die Gesunden, tätig zu werden. Deswegen ist diese Krankheit wirklich ein Aufruf an unsere Gesellschaft, generell einen Akt der Selbsterkenntnis durchzuführen: Unter welchen Bedingungen tritt diese Krankheit auf? Was kann man an ihr lernen? Was ist ihr Wesen? Daran müssen die Gesunden arbeiten und lernen, wohingegen die Kranken unserer ganzen Liebe bedürfen. Denn sie können sich meist nicht helfen. Daher nützt es nichts, zu sagen: »So etwas darf es eigentlich nicht geben«, sondern vielmehr: »Warum ist das aufgetreten, und welches ist die Aufgabe, die uns dadurch zufällt?« Wer das neue Buch von Elisabeth Kübler-Ross liest über ihre Arbeit mit AIDS-Kranken und deren Angehörigen, der findet hier eine Anleitung vor, wie Menschen das Lieben lernen können. Es ist wunderbar, wie sie versucht, im Umkreis dieser Kranken gerade die Liebefähigkeit zu wecken als das wesentlichste Heilmittel, das ohne jede Nebenwirkung immer verfügbar ist.

Frage: Ich hätte gern gewußt, ob es eine Möglichkeit gibt, mit der Ehrlichkeit in der Selbsterkenntnis voranzukommen. Ich finde es schwer, festzustellen, was Eigenliebe ist und was wirkliche Liebe beinhaltet.

Antwort: Wie man zu einer wirklichen, ehrlichen Selbsterkenntnis kommt, das wäre ein abendfüllendes Thema. Es ist schwer, in wenigen Worten hierzu etwas Sinnvolles zu sagen. Ein wesentliches Hilfsmittel ist das vorhin erwähnte stufenweise Erarbeiten des Interesses am anderen Menschen. Denn Selbsterkenntnis erwacht am ehrlichsten und gesundesten an der Welterkenntnis, indem man sich am Andersartigen seiner Eigenheiten bewußt wird.

Frage: Ich habe noch ein Problem mit der Konfliktbewältigung durch Erwachsene. Beispielsweise ärgere ich mich, wenn meine Tochter über Mittag im Kindergarten ist und berichtet, daß es dort bisweilen laut und unharmonisch zugeht. Da ich jedoch berufstätig bin, muß sie im Kindergarten bleiben. Soll ich nun einschreiten und meinem Kind zeigen, wie man so ein Problem bewältigen kann?

Antwort: Das ist ein schönes Beispiel für den Umgang mit Beschwerden. Wer hat die Bedingungen hergestellt, unter denen die Beschwerden aufgetreten sind? Sie sagten selbst, daß es Ihre Berufstätigkeit ist, weswegen das Kind im Kindergarten bleiben muß. Wenn Sie den Kindergarten brauchen, um sich selbst und Ihrem Kind eine menschenwürdige Existenz zu sichern, so sollte das Kind erleben, daß Sie dafür dankbar sind, daß das Kind in den Kindergarten gehen kann. Auf diese Weise können Sie helfen, daß das Kind gerne hingeht, auch wenn es dort Schattenseiten gibt. Auf der anderen Seite haben Sie auch die Möglichkeit, mit der Kindergärtnerin zu reden und zu sehen, ob hier nicht durch eine Elterninitiative Abhilfe geschaffen werden kann. Vielleicht fehlt einfach nur jemand, der der Kindergärtnerin am Ende des Vormittages hilft, so daß die Kinder nicht zu sehr sich selbst überlassen sind.

Frage: Früher, als meine Tochter klein war, haben alle Menschen sie besonders niedlich gefunden. Seitdem sie jedoch älter geworden ist und bei anderen Leuten mitredet, sich wehrt, sich nicht mehr

alles gefallen läßt – seither ist es mit der Erziehung furchtbar anstrengend geworden. Wie geht man mit Menschen um, die sich über
das Kind beschweren?

Antwort: Hier haben Sie ein Beispiel dafür, wie die Mutterliebe
durch die Krise geht, durch die jede Liebe eines Tages hindurch
muß. Rufen Sie sich möglichst oft all die Freude ins Bewußtsein
zurück, die sie an Ihrem Kind hatten, als noch niemand sich über es
beklagte. Denn der Grund für diese Freude ist ja nicht dadurch weg,
daß das Kind gegenwärtig etwas anders erscheint. Es ist doch dasselbe Kind. Es steckt hinter dem Wunsch, daß die eigenen Kinder
von allen Menschen gern gesehen sein sollen, natürlich auch etwas
von der Eigenliebe. Wird sie entlarvt, so kann man unter Umständen auch seelenruhig zuhören, wenn ein anderer sich beklagt und
sagen, ja, mein Kind hat im Moment eine etwas kritische Phase –
aber das wird sich schon wieder geben. Die Liebe, die unabhängig
wird von Sympathie und Antipathie, gibt Ihnen hierzu die notwendige Sicherheit.

Idealismus als Frage der Selbsterziehung

Wer fertig ist, dem ist nichts recht zu machen.
Ein Werdender wird immer dankbar sein.

J. W. v. GOETHE

Ist Idealismus eine Frage der Selbsterziehung? Ist nicht Idealismus eine Weltanschauung wie andere Weltanschauungen auch, die man entweder hat oder nicht hat? Es kann auch der Gedanke auftauchen, daß Idealisten Menschen sind, die wenig Geld haben, aber dafür viele Ideen, Realisten dagegen solche, die Auto, Haus und Garten haben und wissen, wie man lebt. Oder es wird vielleicht die Frage sein: Ist es nicht eine mehr oder weniger angeborene Eigenart, so wie auch das Temperament?

Unser Ausgangspunkt für diese Themenstellung war die Tatsache, daß ein Mensch mit Lebensidealen nicht nur selbstbewußter, froher und sicherer seinen Alltag bewältigt, sondern auch bis in das gesundheitliche Leben hinein (durch Begeisterungsfähigkeit angeregte Herz- und Kreislauftätigkeit und damit bessere Durchblutung der Organe, damit verbundene größere innere Wärme, bessere körpereigene Abwehr) günstigere Lebensvoraussetzungen hat. Daran hatte sich die Frage entzündet, ob nicht eine idealistische Lebenseinstellung auf dem Wege der Selbsterziehung erlernt werden könnte. Sicher sind diese Wege für jeden einzelnen Menschen wieder unterschiedliche. Hier sollen zwei grundlegende Gesichtspunkte zu diesem Thema dargestellt werden.

Was sind Ideale?

Ideale sind besondere Gedanken. Wir haben auch andere Gedanken: Ideen, Einfälle, Begriffe und Definitionen sowie das weite Feld

353

der Vorstellungen, die wir uns von Sinneseindrücken, Erlebnissen, Erinnerungen, Begriffen, ja auch von Idealen machen können. Schauen wir auf das Besondere der Ideale, so sehen wir, daß sie sich auf Inhalte beziehen, die nicht sinnlicher Natur sind: Treue, Liebe, Wahrheit, Freiheit, Güte, Mitleid, innere Ruhe und andere. Menschen, deren Vorstellungsleben sich in erster Linie an den durch die Sinne gegebenen Realitäten orientiert, haben es schwer, Realitäten ernst zu nehmen, die sich nicht auf sinnlichem Wege kundtun, sondern nur durch gedanklich-geistige Erfahrung. Andererseits gibt es kaum einen Menschen, der nicht Qualitäten wie Selbstlosigkeit, Verschwiegenheit, Wahrheitsliebe und Vertrauen als lebenswichtig und erstrebenswert ansieht. Es sind eben menschliche Grundwerte, Tugenden, Charaktereigenschaften.

Wenn man jedoch sagt, Ideale seien Charaktereigenschaften des Menschen, so müßte ja die ihnen innewohnende Realität eine menschliche Wesenseigenschaft sein. Da wir Ideale jedoch erstreben und diese menschlich nur in den seltensten Fällen annähernd vollkommen verwirklichen können, bleibt eben doch die Frage bestehen, welcher Natur unsere Ideale sind. Es fällt auf, daß wir ein Ideal nur dann haben, wenn wir uns mit ihm identifizieren, das heißt, wenn wir uns bemühen, uns selber zum Ausdruck dieses Ideals zu machen. Wenn wir zu einem anderen Menschen sagen: »Du bist aber lieb« oder »Du bist aber treu« oder »Du bist ein Engel«, so sprechen wir im Sinne einer solchen Identifikation: Du bist so – und meinen damit eine Wesenseigenschaft. Oft protestiert dann der andere und sagt, ich bin gar nicht lieb oder so treu, wie du denkst. Man erlebt die eigene Unvollkommenheit im Gegensatz zu der Vollkommenheit des Ideals. Man erlebt sehr deutlich, daß das Ideal selbst durch einen Menschen immer nur andeutungsweise verkörpert werden kann. Denn jeder, der sich um Wahrheit bemüht, weiß, wie schwer das ist. Jeder, der treu sein will, ringt immer wieder damit, was das eigentlich heißt. Und jeder, der liebevoll ist, weiß, daß er noch viel mehr Liebe geben könnte. Ideale sind Entwicklungsmöglichkeiten des Menschen. Sie zeigen Verwandlungsmöglichkeiten

auf, sind richtunggebend für das Verwirklichen unseres Mensch-
seins. Woher haben Ideale diese Anziehungskraft, diese Macht und
Bedeutung für den Menschen? Was sind sie selbst?

Alle Gedanken sind in ihrer reinen gedanklichen Natur keine
sinnlichen Gebilde. Gedanken können eben nur gedacht und niemals mit Sinnesorganen geschaut werden. Wir sind auch froh, daß
andere Menschen unsere Gedanken nicht sehen können. Sie gehören zu unserem innersten Leben, das wir vor der Welt verbergen.
Wir selbst wollen bestimmen, was aus dieser persönlichen Sphäre
anderen Menschen gegenüber zur Darstellung kommen soll. Das
Gedankenleben ist der Bereich, den wir als den geistigen anspre-
chen und erfahren, im Gegensatz zum sinnlichen Bereich. Zwischen dem sinnlichen und dem rein geistigen Bereich finden wir
jedoch viele Abstufungen, die durch die Eigenart der Gedanken
selbst gegeben sind. Denn wir sind in der Lage, jeden Sinneseindruck gedanklich aufzufassen und vorzustellen: den Blumenstrauß,
die Straßenbahn, die Zigarettenkippe im Aschenbecher. Es ist möglich, in seinem Denken die Sinneseindrücke zu bewahren. Man
kann sie mitnehmen, ohne sie anfassen zu müssen – rein innerlich,
rein geistig. Die Gedanken reichen also durchaus in die Sinneswelt
hinein und können dort begreifen, gedanklich mitnehmen, im
wahrsten Sinne des Wortes.

Die Gedanken reichen aber auch in die begriffliche Sphäre hinein:
Zwei und zwei ist vier, ein Kreis ist der geometrische Ort aller
Punkte, die von einem Mittelpunkt gleich weit entfernt sind – mathematische Begriffe, geometrische Definitionen. Den geometri-
schen Ort aller Punkte kann man nicht allgemein zeichnen. Der
Begriff des Kreises umfaßt alle möglichen Kreise, die es gegeben hat
und die es je geben wird. Es ist ein sehr lebendiges, alle möglichen
Kreise schaffen könnendes Etwas: das Wesen des Kreises, das Wesen des vollkommenen in sich harmonisch Geschlossenseins. Es ist
dies eine reale Qualität in der Welt.

Ideen und Ideale hingegen bedürfen keiner sinnlichen Vorbilder
und auch keiner Definitionen, um in ihrem Realitätsgehalt erlebt zu

werden. Sie tauchen entweder als plötzlicher Einfall im Bewußtsein auf und werden intuitiv verstanden, oder sie leben dort als Frage, beziehungsweise als ersehnte menschliche Qualität.

Ideale leben in drei verschiedenen Formen im menschlichen Bewußtsein. Einmal nur als Gedanke im Kopf, rein ideell: die Idee der Treue oder der Freiheit.

Die zweite Form ist, wenn diese Idee sich mit dem Gefühlsleben des Menschen verbindet und man beginnt, sich für ein Ideal zu begeistern. Man liebt die Wahrheit, die Selbstlosigkeit, die Freiheit. Man erglüht förmlich für das Ideal und freut sich an ihm. Man erlebt, wie durch die Liebe zum Ideal die menschlichen Beziehungen eine stärkere Intensität bekommen als etwa durch Blutsverwandtschaft. Menschen, die durch dasselbe Ideal verbunden sind, kennen sich besser und intimer als Familienangehörige. Intensive Gefühlsbeziehungen können durch gemeinsame Ideale geschlossen werden, da man sich in seinem innersten Wesen mit dem anderen verbunden weiß.

Eine dritte Form, Ideale zu haben, ist die, wenn man versucht, sie zu verwirklichen. Jetzt gelangen sie in den Bereich des Wollens und werden Wirklichkeit, motivieren alle Handlungen, geben allen Lebensäußerungen dieses Menschen ein bestimmtes Gepräge, werden Charaktereigenschaft.

Ein Idealist ist demnach ein Mensch, bei dem Ideale nicht nur im Denken leben, sondern auch das Gefühl erwärmen und den Willen impulsieren. Er ist ein Mensch, der sich und die Umwelt nach seinem Lebensideal zu gestalten beginnt. Damit ist auch das Problem angedeutet, das mit dem Idealismus verbunden ist. Ideale, die nur als Gedanken im Kopf steckenbleiben, führen dazu, daß der betreffende Mensch gerne Moralpredigten hält, gut kritisieren kann, wo andere Menschen von seinem Ideal abweichen, bei dem man aber immer das unangenehme Empfinden hat, daß das, wovon er redet, sich nicht mit seiner eigenen Wirklichkeit deckt. Die Ideale, von denen er spricht, erscheinen irgendwie hohl und substanzlos. Derjenige, bei dem die Ideale nicht nur in Gedanken leben, sondern auch das Gefühlsleben ergriffen haben, aber nicht bis in den Willen hereinreichen, hat eine Neigung zu Schwärmerei und Phantastik.

Ergreifen sie den Willen jedoch so, daß der Mensch sich moralischen Zwängen ausgesetzt sieht, so wird dies auch zum Problem.

Warum können Ideale auch destruktiv wirken?*

Warum können Menschen, die einmal Ideale hatten, diese wieder verlieren? Warum wird es einem Menschen, der einmal Idealist war, besonders schwer, den Idealismus wieder zu erlangen? Es hängt mit den Erlebnissen zusammen, die man im Umgang mit den Idealen hat. Und diese können sehr verschieden sein.

Ein Mensch mit hohen Idealen kann durchaus sehr arrogant und stolz und überheblich erscheinen. Er weiß genau, wie alles eigentlich zu sein hätte und ist mit nichts zufrieden. Alles und jeden kann er kritisieren und immer aufzeigen, wo zwischen Ideal und Wirklichkeit noch eine Lücke klafft. Ein solcher Mensch erlebt das Berauschende eines Ideals und identifiziert sich damit, ohne zu merken, daß er selber in seinem Handeln damit gar nicht übereinstimmt. Er hat sich in illusionärer Weise mit diesem Ideal identifiziert und hält sich schon für vollkommen, indem er die Fähigkeit zu realistischer Selbsteinschätzung verloren hat. Hierbei spielen Eitelkeit und Eigenliebe eine nicht geringe Rolle.

Auf der anderen Seite gibt es Menschen, die an dem Widerspruch zwischen Ideal und Wirklichkeit erkranken und daran verzweifeln, daß sie so wenig zuwege bringen. Anstatt sich an dem Ideal und seiner Verwirklichungsmöglichkeit zu freuen und mit kleinen Schritten der Verwirklichung zufrieden zu sein, ist man

---

* Wolfgang Schmid-Bauer: »Alles oder Nichts – über die Destruktivität von Idealen«, Rororo-Sachbuch, Reinbek 87.

deprimiert, weil man das große Ziel ja doch nie erreichen wird. Man verzweifelt an sich und der Welt, man gibt auf und hat gar keine Lust mehr, anzufangen. Hier liegt eine andere Form der Eigenliebe vor. Man möchte eben schon vollkommen *sein* und sich nicht auf den mühevollen Weg des Werdens und der Entwicklung begeben. Auch spielen Ungeduld und Neid, daß es andere leichter haben und besser können, dabei eine Rolle.

In diesen beiden pathologischen Varianten des Idealismus lebt deren scheinbar destruktive Potenz, die dann auch zu Recht von Ärzten und Psychologen kritisiert wird. Therapeutisch wird in diesen Fällen versucht, die Menschen von ihrer Anspruchshaltung oder ihrem verkrampften Idealismus zu befreien. Wenn man jedoch die Ideale nicht dazu mißbraucht, eine eitle Selbstwertvorstellung von sich zu entwickeln oder sich in der Vorstellung zu verkrampfen, es müsse hier und jetzt alles gleich verwirklicht sein und im Falle des Mißlingens sei man ein hoffnungsloser Versager – so können die Ideale sich in ihrer belebenden und die Seele durchwärmenden Kraft zeigen. Sie werden zur inneren Orientierung, sie werden zur Sonne, die alle Lebensverhältnisse beleuchtet und neu verstehen läßt, sie werden zu den großen Wohltätern und Helfern im persönlichen und sozialen Leben.

Es ist deutlich, daß das Problem des Idealismus tatsächlich stark mit der Selbsterziehung zusammenhängt. Wie schafft man es, mit den Gefahren der Eitelkeit und der Verzweiflung zurechtzukommen? Wie vermeidet man Sackgassen der Entwicklung: entweder zu meinen, man wäre etwas ganz Besonderes, oder aber in die Vorstellung zu verfallen, man wäre ein hoffnungsloses Nichts?

Etwas *sein* wollen, ein bestimmtes Image pflegen und nicht davon abgehen, perfekt und vollendet vor der Welt stehen zu wollen – dieses führt aus der Entwicklung heraus, weil die Entwicklung scheinbar schon zu Ende ist.

Wer jedoch an sich selbst verzweifelt, fällt ebenfalls aus der Entwicklung heraus: »Mit mir ist es aus, da ist nichts mehr zu machen, laßt mich in Ruhe.« Diese Gefahr, im Umgang mit sich selbst in

eine Sackgasse zu geraten, gehört zu der Möglichkeit der Selbster-
ziehung dazu. Wie lernt man nun, mit Idealen richtig umzugehen? Wie lernt man, Ideale in der Selbsterziehung zu etwas zu machen, das wirklich die Entwicklung fördert, das Kraft gibt? Diese Frage entscheidet nicht nur über eine fruchtbare Selbsterziehung, sondern auch weitgehend über die seelische Gesundheit im Laufe des Lebens. Denn Entwicklungsstillstand kann früher oder später zu einer seelischen Erkrankung führen.

Was behindert die Selbsterziehung zum Idealismus?

Angesichts der genannten Gefahren im Zusammenhang mit dem Idealismus, den möglichen Sackgassen der Entwicklung, ist es sinnvoll zu fragen, womit diese zusammenhängen. Woher kommen diese Behinderungen auf dem Weg zum Idealismus, woher die Möglichkeit, Ideale zu mißbrauchen?

Da ist einmal die genannte eitle Selbstwertvorstellung. Man braucht die ständige Anerkennung der anderen, die Bewunderung der Fassade, die man ständig aufrechtzuerhalten bemüht ist.

Auf der anderen Seite haben wir das Nichts-Erlebnis, die Resi-
gnation. In ihr verbirgt sich Angst. Man traut sich nichts mehr zu, man hat Angst zu versagen, und diese Angst verhindert, sich noch einmal eine Chance zu geben.

Ein drittes Hinderungsmoment, das mit beiden zusammenhängt, ist die *Unzufriedenheit*. Ein Mensch, der sich selbst überschätzt, neigt zur Unzufriedenheit. Allerdings richtet er diese nicht in erster Linie auf sich selbst, sondern überwiegend auf seine Umgebung. Er ist kaum je zufriedenzustellen und hat an allem und jedem etwas auszusetzen und zu kritisieren.

Die Angst hingegen führt mehr zur Unzufriedenheit mit sich selbst. Natürlich ist man auch mit der Welt unzufrieden, weil ja alles so schwierig und problematisch ist, aber letztlich ist es doch die

Versagensangst, die in der eigenen Unvollkommenheit begründet ist und die einen so unzufrieden mit sich selbst sein läßt.

Für die Selbsterziehung ergibt sich daraus die Frage: Läßt sich an diesen negativen Eigenschaften arbeiten? Denn jeder hat doch schließlich mit diesen Versagensängsten und dieser Eitelkeit zu tun. Wie gelingt es, hier in eine produktive Entwicklung hereinzukommen?

Wege zum Idealismus

Wer eines Tages bemerkt, daß er seinen Lebensidealismus verloren hat, empfindet dies sicher als eine der dunkelsten Stunden seiner Existenz. An was soll er sich jetzt halten? Wo sind Motive, die das Leben noch sinnvoll erscheinen lassen? *Wofür* ist dieses Leben da? Alle bisherigen Einsichten und Vorstellungen scheinen ihre Kraft verloren zu haben und kommen als Motive nicht mehr in Frage. Neue Wertvorstellungen sind nicht da – die Welt sieht grau aus und man selbst empfindet sich wie gefangen in den eigenen Vorstellungen der Ausweglosigkeit. Es ist dies in seelischer Hinsicht die entsprechende Situation, die in der Sage von Münchhausen so anschaulich beschrieben wird. Münchhausen gerät mit seinem Pferd in ein sumpfiges Gebiet. Je weiter er reitet, um so tiefer sinkt er in den Morast ein, bis er schließlich zu versinken droht und das Pferd keinen Fuß mehr vor den anderen setzen kann. Da entschließt sich Münchhausen, sich selbst beim Schopf zu packen und sich mitsamt dem Pferd wieder aus dem Morast zu ziehen. Es ist dies ein Bild für die eben geschilderte ausweglose Situation. Es rettet einen nur die Einsicht, daß keine Macht der Welt aus dieser Situation herausführen kann als nur der eigene Entschluß. Wenn man sich hier nicht zu einem energischen »ich will aus dieser Situation herauskommen« entschließen kann, dann mündet eine derartige seelische Lebenskrise in den Zustand einer krankhaften Depression ein. Allerdings kann die Einsicht, daß man sich aus dieser Situation nur durch einen energischen Willensentschluß herausbringen kann, auch zu der Ausweglosigkeit beitragen, weil man sich zugleich immer wieder sagt, daß man das ja doch nicht kann. Wird bemerkt, wie die eigenen Zweifel und Bedenken einen hindern wollen, diesen Willensentschluß zu fassen, so ist man eigentlich an dem Punkt, wo der Ausweg nahe ist: Man steht existentiell vor dem Problem der Freiheit.

Wir haben bisher im Laufe dieser Elternabende von den verschiedensten Seiten über das Wesen der Freiheit gesprochen und Erziehung und Selbsterziehung daraufhin betrachtet. Dabei standen meist die positiven Seiten der Freiheit im Vordergrund. Die Freiheit hat aber auch eine sehr herbe Seite, die einem im Zusammenhang mit der genannten ausweglosen Situation zum Bewußtsein kommen kann. Denn hier zeigt sich erst, was sich dem Ergreifen der Freiheitsmöglichkeit alles entgegenstellen kann. Ein Mensch, der sich frei fühlt, weil alles oder vieles ihm gelingt – ist er wirklich frei? Wie vieles von dem, was er tut, macht er, um eben durchzukommen und um sich und anderen zu gefallen. Wie schwer ist es, wirklich an die Willensentschlüsse heranzukommen, die man ganz unabhängig von Motivationen von außen, nur aus dem eigenen Inneren heraus faßt. In der geschilderten Situation der Verzweiflung, in der man sich ganz allein und auf sich selbst zurückgewiesen sieht, und in der man realisiert, daß kein Mensch zu helfen in der Lage ist außer einem selbst – in dieser Situation erscheint in dem Willen zur Freiheit deren Größe und Tragik. Hölderlin hat diese Situation dichterisch so formuliert: »Wer auf sein Elend tritt, steht höher.« Er entdeckte, daß man sich von seinem Elend doch so weit distanzieren kann, daß man in der Lage ist, sich darauf, beziehungsweise darüber zu stellen und so den Ausweg zu finden. Denn hier wird die Freiheit existentiell erlebt. Obwohl alles dagegen spricht, daß man sich helfen kann, obwohl man sich jeden Einwand schon hundertmal gemacht hat und keine Lösung fand, kann man sich doch entschließen, aus dieser Situation wieder herauszutreten, einfach, *weil man es will.*

Sich selbst und unter Umständen auch der Welt zum Trotz entschließt man sich, zu dieser Situation ja zu sagen, als zu dem Ausgangspunkt einer neuen Entwicklung, über deren Verlauf man selber ganz allein entscheidet. Man lernt so, sich selbst zu wollen und so anzunehmen, wie man eben augenblicklich ist, und daran anknüpfend den ersten Schritt in die neue Richtung zu tun. Man lernt, seine eigene Entwicklung gleichsam vom Nullpunkt her noch einmal ganz neu in die Hand zu nehmen.

Dieser Augenblick in der Selbsterkenntnis ist vielfach auch als zweite Geburt bezeichnet worden. Damit ist auf die Realität hingewiesen, daß man sich tatsächlich selber ganz neu wollen muß, und sich dadurch aus eigener Kraft nochmals selbst hervorbringt als derjenige, der man nun selber werden will. Richtunggebend stellt man sich ganz aus freiem Entschluß ein Ideal vor die Seele, dem man nun folgen will, ganz unabhängig davon, was man selber darüber früher vielleicht gedacht hat, oder was die Umgebung jetzt von einem denken mag.

Diese Konfrontation mit der eigenen Freiheit, zu wählen zwischen einer selbstgewollten Entwicklung und der Selbstaufgabe, ist ausschlaggebend für die Erziehung zum Idealismus. Denn wer für sich selbst kein positives Entwicklungsziel findet, wird sich immer nur auf Zeit helfen können, aber keine dauerhafte und tragende Stütze für seine Lebensentscheidungen finden. Dieses Rätsel der Freiheit liegt auf dem Grund jeder Menschenseele und verlangt immer und immer wieder nach einer Lösung, bis diese gefunden ist und der eigene Entwicklungsweg bewußt gegangen werden kann. Macht man in solch einer dunklen Stunde, in der man an sich verzweifeln möchte und alle Ideale verloren glaubt, von seiner Freiheit Gebrauch, so kann man einen befriedigenden Lebensentwurf für eine Entwicklung zur Menschlichkeit finden. Man entschließt sich, ein Mensch zu *werden*, der sich sein Entwicklungsziel selbst setzt, trotz der Einwände, die einem der eigene Stolz und die drohende Resignation machen. Wem dies gelingt, der kann sich zum Idealismus erziehen, das heißt, er hat bereits damit begonnen.

Erste Bedingung ist also, seinen Jetzt-Zustand als fruchtbaren Ausgangspunkt einer Entwicklung anzuerkennen und zu bejahen. Eine große Hilfe hierfür ist die *Dankbarkeit*. Man sieht die eigene Situation und die eigenen Möglichkeiten in einem völlig neuen Licht, wenn man sein ganzes Leben und alle Eigenschaften, die man besitzt, daraufhin anschaut, was man welchem Einfluß und welchem Menschen zu verdanken hat. Man wird dabei entdecken, daß man auch den unangenehmen, ja sogar den schwersten und tragischsten Ereignissen des eigenen Lebens außerordentlich vieles verdankt, und daß die freudigen Ereignisse einem Kraft und Schwung gegeben haben. Man lernt, das Hadern mit dem eigenen Schicksal zu beenden und sich vielmehr bei allem zu fragen: Was konnte ich aus dieser Situation, aus diesem oder jenem Ereignis lernen? Wer so in bezug auf das eigene Leben fragen und sich selber antworten kann, ist bereits auf dem Wege zum Idealismus und wird dadurch mehr und mehr zum Idealisten. Und damit ist auch das beste Mittel gegenüber der Gefahr des Stolzes und der Eigenliebe gegeben. Wer jeden Abend eine kleine Bilanz zieht und sich fragt, was verdanke ich den Ereignissen des Tages, der wird immer weniger dazu neigen, sein Erreichtes sich selbst zuzuschreiben. Ja, er wird entdecken, daß gute Ideen und Einfälle an ganz bestimmte Bedingungen gebunden waren, unter denen einem diese Ideen kommen konnten. Und außerdem: woher *kamen* denn diese guten Einfälle? Hat man das denn in der Hand? Verdankt man nicht vielmehr der Gunst der Stunde und unbekannten, das Schicksal begleitenden Mächten, daß der rettende Einfall gerade jetzt gekommen ist?

Dankbarkeit ist eine der edelsten moralischen Eigenschaften. Sie verbindet den Menschen mit anderen Menschen, mit der Welt, mit allen Ereignissen in friedvoller Weise. Ein dankbarer Mensch wird immer harmonischer und zufriedener werden. Es ist gut, sich systematisch zu einer dankbaren Lebenseinstellung zu erziehen durch die genannte Rückschau auf das Leben beziehungsweise auf jeden einzelnen Tag. Selbst wer die zum Teil fürchterlichen Schreckensnachrichten der Zeitung oder der Fernsehsendung täglich entnimmt und gewahr wird, wie viele Gegenden der Erde von Katastrophen heimgesucht werden, der sieht auch, wie zur selben Zeit andere Bezirke völlig behütet und bewahrt sind. Man lernt die Ausgewogenheit empfinden, in der Tragik und Schönes auf der Erde immer in gleicher Weise da sind, so wie in jedem einzelnen Menschenleben auch. Und man lernt, nie nur das eine zu sehen, sondern sich immer auch für das andere zu interessieren.

So wie die Dankbarkeit hilft, mit Stolz und Eigenliebe fertigzuwerden und einem damit den Weg zum Idealismus freimacht, so hilft das *Interesse,* mit der Angst und dem Erleben der eigenen Unzulänglichkeit fertigzuwerden. Wer in sich das Interesse weckt für alles, was geschieht, der hat einen zweiten wichtigen Führer auf dem Weg zum Idealismus gefunden. Es gibt tatsächlich nichts, was Angst so rasch überwinden kann wie das Interesse für die Ursache der Angst. Wer aus seiner Angst ein Erkenntnisproblem macht und sein Interesse von sich selber ablenkt und der Umwelt zuwendet, verwandelt die Angst *vor* etwas in eine verstehende Beziehung *zu* etwas. Wer beispielsweise Angst vor dem Tode hat, muß sich fragen, was ihn denn am Tod so ängstigt und was ihn hindert, den Tod als ein sinnvolles Ereignis im Menschenleben anzusehen. Angst vor dem Tod kann eben auch schlicht als ein Interessenmangel angesehen werden. Man will von dem Leben nach dem Tode, das heißt von der geistigen Welt nichts wissen. Natürlich ist es einfacher, Angst vor dem Tod zu haben und diese immer wieder zu verdrängen, statt sich damit zu beschäftigen, was denn da eigentlich geschieht, wenn ein Mensch stirbt.

So betrachtet könnte man auch sagen, daß sich hinter jeder Angst die Scheu verbirgt, Interesse zu entwickeln und etwas Neues zu lernen. Interesse hingegen, besonders das Interesse zu erkennen, ist ein erfolgreicher Weg aus den vielen Ängsten des Lebens. Wer täglich versucht, interessevoll und dankbar zu leben, ist einerseits davor geschützt, seinen Lebensidealismus zu verlieren, da ihn nichts mehr erschüttern kann. Andererseits ist er auch geschützt vor den beiden Sackgassen der Entwicklung: der Selbstüberschätzung und der Selbstunterschätzung, verbunden mit den Erfahrungen des Stolzes und der Angst.

Am Anfang dieser Ausführungen wurden Stolz, Versagensangst und Unzufriedenheit als größte Hinderungen auf dem Wege zu einer Selbsterziehung zum Idealismus genannt. Dankbarkeit und Interesse wurden als Mittel zur Überwindung von Stolz und Angst angeführt. Wie steht es nun mit der Unzufriedenheit? Auch hier gibt es ein Gegenmittel, das einen schützt, durch dieses oder jenes in Unzufriedenheit zu geraten. Dieses Mittel ist das Üben der *Geduld*. Eine Entwicklung ohne Geduld ist schlechterdings nicht möglich. Manch einer von Ihnen hat sicher schon die Erfahrung gemacht, daß er den Kern einer Avocadofrucht in einen Blumentopf gesteckt hat und wochenlang vergeblich wartete, daß ein Avocadobaum zu sprießen beginnt. Haben Sie da nicht immer wieder einmal vorsichtig nachgesehen, ob sich denn immer noch nichts regt? Und eines Tages kommt tatsächlich die erste Blattspitze, und dann geht es plötzlich sehr schnell.

Jeder Schritt in der Entwicklung braucht Zeit. Wer sich die nicht geben kann, und wer sie auch anderen nicht zugestehen will, erzeugt eine Atmosphäre der Unzufriedenheit, die sich immer störend auf Entwicklungsvorgänge auswirkt.

Unsere heutige Zeit orientiert sich sehr stark am technischen Fortschritt mit seinen Möglichkeiten. Dies hat jedoch auch seine Rückwirkung auf den Menschen. Instinktiv fordert der Mensch von sich, daß er oder ein Sozialzusammenhang eben doch letztendlich genau so reibungslos zu funktionieren habe wie eine Maschine. Das ist jedoch ein völlig unmenschlicher Gedanke. Denn der Mensch ist nie vollendet, immer im Werden und damit ganz unähnlich einer Maschine, die stets für einen bestimmten Zusammenhang und Zweck konstruiert ist und in diesem dann auch reibungslos funktioniert. Der Mensch gestaltet seine Umgebung fortwährend neu, verändert sie und geht niemals in ihr auf und ist dadurch auch nie ganz für eine Umgebung passend. Immer strebt er darüber hinaus nach irgend etwas Neuem.

Diese Entwicklungsfähigkeit des Menschen im Zusammenhang mit der damit verbundenen Unvollkommenheit und Unfertigkeit gilt es in ihrer Bedeutung für das Menschsein ganz neu zu werten und zum Maßstab für die Beurteilung einer Situation zu machen. Dann fällt es auch wieder leichter, die Geduld als Schonraum für Entwicklungsvorgänge zu lernen. Hierbei hilft, wenn man irgend eine künstlerische Betätigung anfängt. Dabei spielt es keine Rolle, ob ein Musikinstrument gelernt wird, ob man einen eurythmischen Laienkurs besucht oder zu malen beginnt. Wer anfängt, künstlerisch zu üben, auch wenn dies nur zweimal oder einmal in der Woche ist, wird erleben, wieviel Zeit nötig ist für kleine Fortschritte und wieviel regelmäßiges Üben, bis man den Fortschritt wirklich sehen oder hören kann. Das Schöne am künstlerischen Üben ist, daß die Mühe regelmäßig belohnt wird, denn jedes treue Üben führt zu Fortschritten und damit zum Erfolg. Dennoch ist man nie am Ziel. Auch bedeutendste Künstler sind noch in Entwicklung begriffen und ruhen sich nie auf ihren Lorbeeren aus. In dem Augenblick aber, wo man die Bedeutung der Wiederholung für das Üben erkannt hat und Freude am Wiederholen entwickelt, ist es nicht mehr schwer, die für das Durchhalten notwendige Geduld aufzubringen. Dabei kann aber auch deutlich werden, daß die Art und Weise, wie heute vielfach mit der Kunst umgegangen wird – indem man sie häufig nur noch konsumiert, statt sie auszuüben, und in die Perfektion treibt, statt durch sie Entwicklungsmöglichkeiten zu entdekken –, auch dazu beiträgt, die Freude am Werden zu untergraben.

Warum können Ideale Kraft geben?

Daß Gedanken Kräfte sind, ist in diesem Buch an verschiedenen Stellen darzustellen versucht worden (vgl. S.70), ebenso daß dieses nicht nur beim Menschen so ist. Denn es gibt auch Wesen, die nicht in der sinnlichen Welt anzutreffen sind, und die sich nur durch Gedanken den Menschen gegenüber bemerkbar machen können. Zu diesen Gedanken, in denen sich höhere Wesen dem Menschen gegenüber offenbaren wollen, gehören die Ideale. In den Idealen des Christentums lebt das Wesen des Christus selber und kann sich dem Menschen gegenüber aussprechen. Wahrheit, Licht, Liebe, Kraft und Leben – auch die Botschaft, daß der Mensch durch Erkenntnis der Wahrheit zur Freiheit gelangen wird – hierin spricht sich das Wesen des Christentums aus. Wer unter diesem Gesichtspunkt das Johannes-Evangelium liest, wird entdecken, daß hier ein vollendeter Schulungsweg für den Idealismus gewiesen ist. Auch wer jeden Abend nur einige Sätze regelmäßig liest, kommt im Lauf der Zeit dahin, in der Wirksamkeit und Wirklichkeit der dort geschilderten Ideale der Realität des Christentums zu begegnen. Es gibt Menschen, die den historischen Christus bezweifeln. Wer jedoch die Evangelien liest und darauf hin die Anwesenheit der dort geschilderten Ideale in der eigenen Seele entdeckt, empfindet unmittelbar, wie das Wesen des Christus Anteil an jedem einzelnen Menschenwesen hat, genauso, wie es im Evangelium beschrieben wird. Man bedarf nicht der äußeren Absicherungen – man findet durch eigene Erfahrung die Realität und Existenz der Christuswesenheit.

Wer sich mit diesen Idealen identifiziert und zum Beispiel die Wahrheit zur Richtschnur für sein Erkennen und Handeln machen möchte, der erlebt, welche Kraft für die tägliche Lebensbewältigung ihm von da an durch dieses Ideal zukommt.

So kann der Idealismus dazu führen, durch die Ideale die Wesen der geistigen Welt zu ahnen und schrittweise kennenzulernen. Es wird auch verständlich, warum beispielsweise Engel oder Erzengel dem Menschen nicht einfach erscheinen dürfen. Wie wäre es um die Freiheit des Menschen bestellt, um dieses edle Entwicklungsideal, wenn ein solches Wesen in seiner überirdischen Pracht und Herrlichkeit und seiner vollen moralischen Größe erschiene? Hingegen ist es mit der menschlichen Freiheit voll vereinbar, daß wir zunächst nur die Ideale denken, die mit diesen Wesen verbunden sind; es kann zunächst völlig unverbindlich, schattenhaft und oberflächlich sein. Wenn wir uns jedoch mit unserem Wesen ganz einem solchen Ideal hingeben *wollen,* wird dies anders. Schritt für Schritt in bewußter eigener Auseinandersetzung mit dem Ideal werden die Kräfte wirksam, die in ihm verborgen sind. Alle Gedanken sind zarte Berührungsmöglichkeiten mit der geistigen Wirklichkeit des Daseins. Ganz besonders gilt das für die Ideale. Denn hier kann es am unmittelbarsten erlebt werden. In jeder meditativen gedanklichen Anstrengung wird dieses Erlebnis vertieft, und man lernt vom bloßen Denken zum Erleben der Kräfte, die in den Gedanken verborgen sind, fortzuschreiten.

In diesem Sinne wäre Selbsterziehung der freie Entschluß, sich von einem geistigen Wesen, beziehungsweise dem mit ihm verbundenen Ideal erziehen zu lassen. Entscheidend dabei ist jedoch der Wille und die Fähigkeit, selber die Geschwindigkeit dieses Erziehungsprozeßes zu bestimmen, damit man weder überfordert noch unterfordert ist. Wir müssen unser Verhältnis zu den Idealen selber aktiv gestalten, indem wir uns weder durch sie unter Druck setzen lassen, noch je aufgeben, ihnen zu folgen. Rudolf Steiner hat am Ende seiner ›Philosophie der Freiheit‹ dieses Problem für die Selbsterziehung so formuliert: »Man muß sich der Idee erlebend gegenüberstellen können; *sonst* gerät man unter ihre Knechtschaft.« Ideen und Ideale verlieren ihren zwingenden Charakter, wenn wir selbst entscheiden, ob wir ihnen folgen wollen, und wenn wir selbst die Geschwindigkeit unserer Schritte bestimmen.

Fragen zum Thema:

Frage: Ideale werden ja heute immer als Adjektiv gebraucht: Die ideale Mutter, die ideale Hausfrau usw. Mir scheint, daß das eigentliche Ideal dabei verlorengegangen ist und man immer konfrontiert wird mit einer Gesellschaft, die von einem solche ideale Eigenschaften verlangt.

Antwort: Jedes Ideal, das man nicht selber hat, sondern das zu haben andere von uns erwarten, stört die Entwicklung und sollte Anlaß sein, sich dagegen zu wehren. Was andere Menschen von Ihnen erwarten, dürfen Sie nur ernst nehmen, wenn Sie dies auch selber wollen. Sonst sollten Sie solche Erwartungen dahingestellt sein lassen und als das Problem der Menschen ansehen, die diese Erwartungen haben. Auch das durch die Kirchen gepflegte religiöse Leben ist in diesem Zusammenhang nur dann für die Entwicklung hilfreich, wenn sich die religiösen Ideale mit dem Ideal der Freiheitsentwicklung verbinden und auf den moralischen Imperativ des ›du sollst‹ und ›du mußt‹ eigentlich verzichtet wird. Die Menschen der Gegenwart sind gegenüber der mittelalterlichen Menschheit eben deutlich im Bewußtsein ihrer Freiheit fortgeschritten und können nicht mehr wie Kinder behandelt werden.

Daß jedoch immer noch so viele Erwartungshaltungen und moralische Instanzen von außen da sind und ihre Ansprüche stellen, wie alles eigentlich zu sein hätte, zeigt, daß das Bewußtsein für die Freiheit des einzelnen eben noch nicht allgemein verbreitet ist. Wer in seinem Verhalten sich zuviel nach den Ansprüchen der Umgebung richtet und es immer allen Menschen recht machen möchte, wird früher oder später in eine Sackgasse geraten. Denn das läßt sich auf die Dauer nicht durchhalten. Zum einen deswegen nicht, weil man es nie allen Menschen recht machen kann, und zum anderen, weil man sich dabei letztlich doch unfrei fühlt und in seiner Menschenwürde beeinträchtigt. Hier haben es natürlich junge Menschen leichter, die frühzeitig das Elternhaus verlassen und wirklich lernen, auf eigenen Füßen zu stehen. Wer jedoch immer ein liebes

Kind war und bemüht gewesen ist, den Erwartungen der Eltern zu entsprechen, schleppt dieses Verhalten unter Umständen bis weit in sein Leben hinein mit und kommt nicht zur inneren Selbständigkeit. Das bewirkt dann, daß Lebenskrisen auftreten, die einen darauf aufmerksam machen, daß man einen entscheidenden Schritt in seiner Entwicklung noch vor sich hat.

Frage: Wie kommen Menschen zum Terrorismus? Ich könnte mir vorstellen, daß Terroristen doch auch Ideale haben?

Antwort: Terroristen sind eigentlich durchweg Idealisten, die enttäuscht sind von der Lebenswirklichkeit. Während meiner Studentenzeit habe ich selbst die Erfahrung gemacht, daß bei den marxistisch orientierten Studenten viele Idealisten zu finden waren – eine Wohltat gegenüber der satten Wohlstandsmentalität vieler anderer Studenten. Rudolf Steiner hat die Lehrer an den Waldorfschulen wiederholt darauf hingewiesen, daß für die Jugend die Gefahr gegeben wäre, in den Terrorismus hereinzukommen, wenn es ihnen nicht gelänge, sie zu einer positiven Lebenseinstellung zu erziehen. Ist es doch viel leichter, etwas zu zerstören, als etwas zu verwandeln. Wer in der Schule nicht den Übergang kennengelernt hat von der Erziehung zur Selbsterziehung und erlebt hat, wie schwer eine wirkliche Veränderung herbeizuführen ist, der wird leicht in die Illusion verfallen, daß man durch äußere Zerstörungen und gewaltsame Veränderungen Entwicklung beschleunigen kann.

Vieles in unserem heutigen Erziehungswesen fördert terroristische Neigungen, besonders das In-den-Vordergrund-Rücken der Verstandesintelligenz. Alles verstandesmäßige suggeriert immer Perfektion. Da muß alles klappen, die Dinge sind entweder richtig oder falsch. Dies ist die Haltung des Radikalismus, das ›Alles oder Nichts‹, in der der Sinn für Wandlung und Entwicklung verlorengeht. Die zunehmenden fundamentalistischen Tendenzen unserer Zeit hängen auch mit dieser Art des Intellektualismus zusammen, der alles Verstandesmäßige überbewertet. Hier bekommen die Ideale etwas Zwingendes, wonach die Wirklichkeit gewaltsam und ohne Entwicklung verändert werden soll.

Frage: Ich habe den Eindruck, daß viele Menschen der Gegenwart gar nicht darunter leiden, keine solchen Ideale wie Liebe, Treue oder Frieden zu haben. Sie haben andere Ideale wie Reichtum, Karriere, Freizeitgestaltung und fühlen sich sehr wohl dabei. Sind das denn keine berechtigten Ideale?

Antwort: Es gibt sicher nichts in der Welt, was nicht irgendwo oder irgendwann seine tiefe Berechtigung hätte. Auch die Ideale des Materialismus: Bequemlichkeit, Sicherheit und Vergnügen haben ihre Bedeutung. Die Frage ist nur, welche Ideale die Kraft haben, den Menschen durch alle wechselnden Lebenslagen hindurchzuführen und ihm immer wieder die Stärkung zukommen zu lassen, die er zur Bewältigung seines Alltags braucht. Es gibt eben keine richtigen oder falschen, berechtigten oder unberechtigten Ideale. Es gibt nur die freie Entscheidung des Menschen, welchem Ideal er sein Leben verschreiben möchte, welches Ideal er durch sein Leben und Dasein verwirklichen will. Dies zu prüfen und immer wieder zu überdenken ist eben menschlich. Und wer Kraft und Begeisterung aus dem Ideal der Bequemlichkeit zieht, ist selbstverständlich besser dran als ein Mensch, der resigniert hat. Es gibt jedoch viele Lebenssituationen, die man mit Bequemlichkeit nicht bewältigen kann, und wo Bequemlichkeit zur Unterlassung wichtiger Handlungen führt. Ideale haben eben nicht nur ihre Auswirkung auf das Leben des Einzelindividuums, sondern auch auf dessen sozialen Umkreis. Es gibt Ideale, deren Verwirklichung besonders dem sozialen Umkreis zugute kommt, und solche, deren Verwirklichung in erster Linie dem Wohl der eigenen Person dient. Auch das muß mit geprüft werden, wenn es um die Entscheidung geht, welches Lebensideal die höchste Verbindlichkeit besitzen soll. Ein Leben ohne Bequemlichkeit und Sicherheit ist eben auch kein Leben! Entscheidend ist nur, daß all diese verschiedenen Werte und Qualitäten da geübt werden oder auch genossen werden, wo sie am Platze sind. Meiner Erfahrung nach kann gerade das christliche Ideal von Freiheit und Liebe helfen, alle anderen Werte in bezug auf den ihnen gemäßen Standort im menschlichen Leben zu überprüfen und zu lernen, das Richtige zum richtigen Zeitpunkt zu tun oder zu unterlassen.

Frage: Wie kann man sich gegen Haß oder schlechte Gedanken anderer Menschen schützen?

Antwort: Vor schlechten Gedanken anderer Menschen kann man sich am besten dadurch schützen, daß man versucht (insofern man von ihnen weiß) zu verstehen, warum sie gedacht werden. Interesse und Liebe zur Wahrheit, diese Hinwendung zur Umwelt baut wie einen Schutzwall um Sie herum auf, weil dies Kräfte sind, die von Ihnen ausgehen. In dem Augenblick jedoch, in dem Sie sich ängstlich zurückziehen, landen derartige Attacken viel leichter bei Ihnen und können Ihr Wohlbefinden beeinträchtigen.

Zu diesem Verstehenwollen gehört auch die Einsicht, daß die vielleicht haßerfüllten Gedanken anderer Menschen doch irgend etwas mit uns zu tun haben müssen. Wer das nicht akzeptieren kann, daß diese Gedanken letztlich doch auch Ausdruck einer Beziehung zwischen zwei Menschen sind, der scheut an einer bestimmten Stelle doch die ehrliche Selbsterkenntnis. Diese Einsicht kann auch dazu führen, daß man selbst den anderen besser versteht und seine eigene Antipathie ihm gegenüber abbaut. Dadurch verlieren dessen antipathische Gefühle und Gedanken auch ganz objektiv an Schärfe, da sie durch die interessevolle Zuwendung gleichsam aufgefangen werden.

Frage: Inwieweit gibt es eine Beziehung zwischen Vorbildern und Idealen? Oft werden wir doch durch die Begegnung mit anderen Menschen auf den ›rechten Weg‹ gebracht.

Zusatzfrage: Wie findet man überhaupt Ideale? Zum Beispiel Jugendliche, die ›Null-Bock‹ haben?

Antwort: Die Null-Bock-Mentalität ist eine Vorstufe der ausweglosen Situation, die ich zu Beginn meiner Ausführungen darzustellen versuchte. Wer zu nichts mehr Lust hat, wird sich so schnell auch nicht zu irgendeiner Form der Selbsterziehung aufschwingen wollen. Wenn jedoch diese Situation beginnt, unangenehm zu werden, und diese Lustlosigkeit belastend wird, dann zeichnet sich die

Möglichkeit einer Veränderung ab. Ist der Leidensdruck dann groß genug, so tritt die geschilderte Verzweiflung ein und das Bemühen, aus der Situation herauszukommen. Da beginnt dann die innere Arbeit in der seelischen Münchhausen-Situation. Dieses Münchhausen-Bild ist wirklich ausgezeichnet. Auch der Sumpf ist natürlich sprechend in diesem Bild: Ein Mensch ohne Ideale hat keinen tragenden Grund mehr unter seinen ›geistigen‹ Füßen. Wer nichts mehr hat, was ihn trägt – auch nicht den Wunsch nach einem Auto oder einem schönen Leben –, der empfindet alles wie einen Sumpf, in dem er die Orientierung verloren hat. In dieser völligen Ausweglosigkeit gibt es dann eigentlich nur noch ein einziges Ideal, welches da herausführen kann: Das Ideal, überhaupt wieder etwas *wollen* zu *können*, das heißt, das Ideal der Entwicklung selbst. Nur wenn man sich selbst und auch den anderen Entwicklung zugesteht, findet man das Vertrauen wieder, einen neuen Schritt zu wagen – egal wohin, Hauptsache man geht. Viele Menschen, die in einen derartigen Verzweiflungszustand geraten, sind nicht mehr gesund, sondern krank und bedürfen der Hilfe. Dann ist es das wichtigste Ziel der Therapie, diese Menschen zu irgendeiner Art von Tätigkeit anzuregen. Denn erst im Tätigsein wird der Mensch sich seiner Produktivkräfte wieder bewußt und erlebt seine Handlungsfähigkeit. In dem Maße, wie die eigene Handlungsfähigkeit erlebt wird, erwacht auch wieder das Zutrauen zu sich selbst.

Zu Lebensidealen raten kann man jedoch nur, wenn man gefragt wird. Wer ungefragt hier gute Ratschläge gibt, kann eigentlich immer die Erfahrung machen, daß dies entweder nichts nützt oder aber nicht gut aufgenommen wird. Was jedoch immer hilft und vorwärts bringt, ist die Fähigkeit, Jugendlichen oder anderen Menschen in einer schwierigen Situation Fragen zu stellen. Fragen schließen auf, Fragen regen an, Fragen machen produktiv, Fragen rufen eigene schöpferische Möglichkeiten hervor. Auch führen Fragen immer dazu, daß der andere selbst zu Einsichten kommt und sich deswegen auch mit der gewonnenen Einsicht frei fühlt.

Wer hingegen gute Ratschläge empfängt, muß immer erst noch prüfen, ob er die denn auch wirklich selber wollen kann.

Der Unterschied zwischen Vorbildern und Idealen ist nur ein scheinbarer. Denn das, was an einem Menschen vorbildlichen Charakter hat, ist ja gerade dessen Beziehung zu einem Ideal oder vielmehr die Tatsache, daß er sich schon weitgehend mit einem Ideal identifiziert hat und dies bei ihm Charaktereigenschaft geworden ist. Allerdings ist es oft so, daß man sich zunächst einen Menschen zum Vorbild nimmt und ihm nachstrebt, bis man eines Tages entdeckt, daß dieser Mensch auch Schwächen hat. Dann lernt man zum Ideal selber seine Zuflucht zu nehmen und nimmt den vorbildlich geglaubten Menschen wieder als Mensch, der eben auch seinen Entwicklungsweg zu gehen hat und einem Ideal nachstrebt.

Rudolf Steiner schildert diesen Prozeß sehr ausführlich in seinen pädagogischen Vorträgen. Insbesondere das Kind bis zur Pubertät orientiert sich an menschlichen Vorbildern. Nach der Pubertät ist es wichtig, daß der Lehrer, wenn er vom Kind geliebt wird, ihm auch Vorbild ist, nun als Persönlichkeit mehr zurücktritt, um dem Heranwachsenden mehr und mehr die Möglichkeit zu geben, seine Liebe den Idealen selbst und der Erkenntnissuche als solcher zuzuwenden. Steiner nennt dies den Weg von der Liebe zur Autorität hin zur Liebe gegenüber Wahrheit und Erkenntnis. Dadurch wird dann auch Freiheit möglich, so daß man nicht mehr in Abhängigkeit von einem Menschen strebt, sondern sich selber unmittelbar zur Wahrheit der Welt in Beziehung zu setzen trachtet.

Zur Frage nach dem Sinn lebenslanger Partnerschaft und Ehe

> *Die Sehnsucht ist ein Irrtum der Seele, welche die*
> *Kraft des Geistes verkennt. Denn der Geist allein ver-*
> *mag zu erschaffen, was jene von außen vergebens er-*
> *hofft. Wer nach Liebe sucht, wird sie nicht finden; wer*
> *aber Liebe gibt, wird sie wieder empfangen.*
>
> ERNST V. FEUCHTERSLEBEN

Vorbemerkung

Der Besprechung praktischer Fragen zu diesem Thema seien zwei übergeordnete Gesichtspunkte vorangestellt. Zunächst die Szene aus dem Matthäus-Evangelium (Kapitel 22, 23–33), wo Jesus von den Sadduzäern gefragt wird, welchem ihrer sieben Ehemänner (eine Frau hatte nacheinander sieben Brüder geheiratet, die alle gestorben waren) sie bei der Auferstehung der Toten gehören würde. Er antwortete daraufhin:»In der Auferstehung werden sie weder freien noch sich freien lassen, sondern sie sind gleich wie die Engel im Himmel.« Unser irdisches Vorstellungsvermögen ist an Raum und Zeit gebunden. Es ist gut, dies ins Bewußtsein zu heben, wenn ein Thema behandelt wird, wo es nicht nur um Fragen alltäglicher Lebensgestaltung, sondern um die Pflege ideeller Werte wie Liebe, Ehe und Treue geht, die einen überräumlichen und überzeitlichen Charakter haben. Da ist es sinnvoll, sich vor Augen zu führen, daß Ereignisse, die auf der Erde geschehen, wie zum Beispiel ein siebenfacher Partnerwechsel, vom geistigen Gesichtspunkt aus anders zu bewerten sind als vom raum-zeitlichen her. Denn das »Haben-Wollen«, das sich Verbinden und Trennen, sind an das irdisch-körperliche Leben gebunden. Erst der Körper gibt die Möglichkeit, zwischen Selbst und Umwelt zu unterscheiden, und wenn dieser Leib wegfällt oder in der Besinnung auf die ewigen Werte davon abgesehen wird, treten neue Bewertungsmaßstäbe und Gesichtspunkte auf.

Und noch ein zweites sei aus dem ideell-geistigen Bereich heraus angeführt: in den Evangelien wird das Leben des Jesus so geschildert, daß es kein Ereignis gibt, nicht einmal den Leidensweg mit Peinigung und Todesqual, das Ihm nicht die Möglichkeit gibt, durch all diese Ereignisse hindurch den Menschen seine unermeßliche Liebesfülle zu zeigen. Auch Tod und Schmerz werden hier zu Äußerungsformen, durch die Er der Menschheit seine Liebe zeigt. Und diese Fähigkeit, die Liebe zu bewahren, ja zu stärken und selbst in widrigsten Lebenslagen noch bewahren zu können – das ist seither jedem Menschen möglich. Denn Liebe bedarf der Gegenliebe nicht, um sich zu erhalten, wenn sie einmal wirklich geweckt wurde. Damit hängt die Heiligkeit der Ehe und der menschlichen Treue zusammen. Es sind dies Qualitäten, die man unter primär irdischen Gesichtspunkten nicht zureichend schätzen kann, weil da doch vieles darauf abzielt, es im Augenblick so bequem und schön wie möglich zu haben.

Mit diesen beiden geistigen Gesichtspunkten kann das vielschichtigte und schwer zu bearbeitende Thema »Eheproblematik« erhellt werden. Denn hier wie auch in andere menschliche Konstellationen ragen höchste moralische Qualitäten in alltäglichste Lebensverhältnisse herein.

Welchen Sinn hat die Ehe?

Schon ein Überblick über die Ethnologie (Völkerkunde) zeigt, daß die Vielehe und die Einehe Formen menschlichen Zusammenlebens darstellen, die an bestimmte Kulturgewohnheiten und religiöse Gebräuche gebunden sind. Daher kann man mit demselben Recht, mit dem man nach dem Sinn der Einehe fragt, auch nach dem Sinn der Vielehe fragen. Und die Antwort kann lauten: der Sinn liegt in dem, was in der einen oder anderen Konstellation gelernt werden kann. Selbstverständlich sind es ganz andere Erfahrungen, die gemacht werden in einer lebenslangen Partnerschaft und in dem Durchtragen einer Beziehung, als es diejenigen Erfahrungen sind, die man bei häufigem Partnerwechsel macht oder in einer größeren polygamen Ehegemeinschaft. Als Rudolf Steiner gefragt wurde, was der Sinn der Ehe sei, antwortete er eher pragmatisch. Er nannte die Ehe eine soziale Einrichtung, die es möglich mache, zureichend stabile Bedingungen zu schaffen, in denen ein gesundes Aufwachsen von Kindern möglich ist. Das ist auch die Erfahrung der kinderärztlichen Praxis, daß Kinder aus stabilen Partnerschaften und Ehen gesünder sind und bessere Startbedingungen haben als Kinder aus wechselnden oder zerbrochenen Verbindungen.

Dieses Sinnvolle für das Kind darf jedoch nicht darüber hinwegtäuschen, daß eben eine Vielzahl von Zeitgenossen nicht in der Lage ist, das lebenslange Zusammenleben auszuhalten. In den Zeiten, in denen fast alle Ehen äußerlich stabil waren und gesellschaftlich aufrechterhalten wurden, ereignete sich hinter den Kulissen in der verborgenen häuslichen Situation oft ein unsägliches Elend. Demgegenüber ist es ein Fortschritt, daß in der heutigen Zeit die gesellschaftlichen Zwänge und Normen nicht mehr so stark binden, so daß die Menschen es wagen, sich aus menschenunwürdigen sozialen und auch ehelichen Zuständen zu befreien. Es besteht ein enormer Widerspruch zwischen den Vorstellungen vom Wesen einer Ehe und deren ideellen Werten und der tatsächlich erlebten Wirklichkeit. In dieser Spannung sich zurechtzufinden und die für einen selber mögliche Sinngebung zu erarbeiten, ist eine Aufgabe. Und da bedeutet es natürlich auf der einen Seite eine echte Befreiung, die jeweilige Sinngebung selbst vorzunehmen und diese sich nicht durch gesellschaftliche Normen oder religiöse Wertsetzungen vorgeben zu lassen. Auf der anderen Seite wird dadurch die Verantwortung zum persönlich zu bestimmenden Faktor: was brauchen die

Kinder, was braucht der Partner – ist die Ehe nur meine persönliche Angelegenheit oder Bestandteil eines mehr oder weniger gefestigten Sozialgefüges?

Im folgenden seien einige Beispiele genannt, die deutlich machen können, wie unterschiedlich die Sinngebung, die Konfliktlösungsmöglichkeiten und die individuellen Lernsituationen von Partnerschaften sind:

– die Partnerschaft auf Zeit. Beide Partner sehen keinen Sinn in der Dauerhaftigkeit und gehen eines Tages ohne größere Dramatik recht friedlich wieder auseinander. Beide wollten die Ehe nicht.
– eine andere Beziehung. Drei Kinder, das jüngste jetzt neunzehn Jahre alt, sind bereits aus dem Haus. Er hat mit fünfzig seit zwei Jahren eine junge, neue Beziehung. Seine Ehefrau, etwa genau so alt wie er, kann das akzeptieren und entschließt sich, auf ihn zu verzichten und allein weiterzuleben. Es gelingt ihr, mütterliche Gefühle für ihren Partner zu entwickeln, der jetzt in seinem letzten Lebensdrittel noch einmal eine völlig neue Lebensgrundlage schafft. Für sie kommt eine neue Partnerschaft nicht in Frage. Sie geht wieder in den Beruf und bleibt mit ihrem Ex-Partner in freundschaftlicher Beziehung, so daß sie weiterhin über alles sie Interessierende sprechen können. Diese Partnerschaft ist aus der ehelichen Beziehung in eine freundschaftliche übergewechselt. Das, was der Beziehung Dauer verleiht, ist das gegenseitige Interesse: er hat das Bedürfnis, ihr zu erzählen, was er macht und wie es ihm geht, und sie hat das Bedürfnis, ihm zu erzählen, was sie jetzt tut. Und es ist nichts da, was Schmerzen bereitet, weil jeder voll akzeptieren kann, daß der andere jetzt, wo keine bindenden gemeinsamen Aufgaben mehr da sind durch Kinder oder Bedürftigkeiten anderer Art, in seiner Lebensgestaltung frei sein soll.
– eine andere Situation: sechs Kinder, er geht eine neue Beziehung ein – sie ist verzweifelt. Die Umgebung versucht in dieser Katastrophe zu lindern und zu helfen, so gut es geht.
– kinderlose Ehe über fünfzehn Jahre. Er lernt eine junge Frau An-

fang zwanzig kennen und möchte mit ihr eine neue Verbindung eingehen. Die Ehefrau möchte bei ihrem in der Kirche gegebenen Ja-Wort bleiben und fühlt die starke Bindung durch das Treue-Versprechen. Gibt es eine Möglichkeit, diese Treue auch auf andere Art zu halten? Ist dies an eine Weiterführung der Ehe gebunden?

– der Dichter Adalbert Stifter liebte eine Frau, die er aber aus Schüchternheit nicht um die Ehe zu bitten wagte. Diese Liebe blieb zwar äußerlich unerfüllt, indem er eine andere bürgerliche Ehe einging. Aber in seinen Werken und für sein dichterisches Schaffen hatte diese unerfüllte Beziehung entscheidende Bedeutung. Die unerfüllte Sehnsucht und der Verzicht machten ihn geistig schöpferisch.

– Goethes Jugendliebe Friederike: viel später kehrte er noch einmal an den Ort zurück, an dem er sie als junger Student kennen- und liebengelernt hatte. Er wollte sie noch einmal sehen. Sie war ehelos geblieben, denn *er* war nach wie vor *ihre* Liebesbeziehung gewesen. Er wurde von den Eltern, die beide noch lebten, auf das Herzlichste wie ein alter Freund begrüßt. Goethe schreibt über diesen Besuch an Frau von Stein und erzählt mit bewegten Worten, wie es Friederike gelungen sei, nicht mit einem Blick, nicht mit einer Handbewegung oder Geste ihn an die vergangene Jugendliebe zu erinnern, obwohl die ganze Art, wie sie aufgetreten sei und ihn empfangen habe, den Ausdruck tiefster Freundschaft und seelischer Verbundenheit gezeigt hätte.

Worin liegt nun der Sinn dieser so verschiedenen Schicksalskonstellationen und Möglichkeiten, eine Ehe zu führen oder auch zu beenden? Eine Friederike Brion konnte ihrem Leben einen neuen Sinn geben durch die Art, wie sie ihre Enttäuschung verarbeitet hat und gleichzeitig in der Lage war, die Liebe zu Goethe aufrechtzuerhalten durch ihr ganzes Leben hindurch. Eine andere Frau an ihrer Stelle wäre vielleicht aus Liebeskummer erkrankt oder wäre eine andere Beziehung eingegangen.

Eine Beziehung, die zerbricht, schafft für beide eine neue Situation. Welche Sinngebungen möglich sind, hängt davon ab, ob beide in der Lage sind, etwas aus dieser neuen Situation zu machen – oder ob es nur dem einem gelingt und der andere in seiner Entwicklung zurückfällt, beziehungsweise stagniert.

Mögliche Sinngebungen

Neulich habe ich einen Ehemann gefragt, worin er denn den Sinn einer lebenslangen Partnerschaft oder Ehe sieht. Er gab folgende Gründe an:

– in der Zweierbeziehung ist die Möglichkeit gegeben, sich der eigenen Einseitigkeiten stärker bewußt zu werden. Wie vieles kann gelernt werden, im Wahrnehmen der anderen Art zu reagieren und das Leben zu bewältigen, die der Partner hat!
– in der Begegnung mit dem anderen Geschlecht, beziehungsweise mit einem ganz anderen Menschen kann man sich Dinge zum Bewußtsein bringen, die ohne diese Begegnung unbewußt blieben. Insbesondere wenn man über viele Jahre zusammenbleibt, liegt darin ein Erfahrungsraum im Zwischenmenschlichen, der durch nichts ersetzt werden kann. Denn in dem täglichen Sichbegegnen werden ja nicht nur gute unbewußte Eigenschaften bewußt gemacht, sondern es kommen auch Schwächen zutage, die man vielleicht schon überwunden glaubte. So gesehen kann die Ehe als ein Ort nicht aufhörender Selbsterkenntnis und Selbsterziehung angesehen werden, der durch die vertrauensvolle Zweierbeziehung einen gewissen Schutz hat. Wie anders sind die Erlebnisse in einer häufiger wechselnden Sonntagsbeziehung, aus der man ausbricht in dem Augenblick, wo die ersten Probleme auftauchen. So gesehen kann man wechselnde Partnerschaften auch als Ausdruck dafür sehen, daß man nicht bereit ist, sich sel-

ber kennenzulernen. Denn dann, wenn man auf unangenehme Erlebnisse stößt an sich selbst und am andern, bricht man die Beziehung ab. Man sucht in der neuen Beziehung wieder die Selbstbestätigung für das, was man ist, und ist nicht bereit, sich zu dem zu entwickeln, was man noch nicht ist.

– die Einehe hat der Vielehe voraus, daß man eine Persönlichkeitsqualität üben kann, die mit Kontinuität und Dauer zusammenhängt: die Ich-Qualität; die Persönlichkeitsqualität, die wir seit dem Erwachen des Selbst-Bewußtseins haben und als »Ich bin Ich« durch das ganze Leben hindurch bewahren. Wenn wir nun ein Leben lang oder sehr viele Jahre zu einem anderen »du« sagen und im täglichen Umgang die Entwicklung des anderen und unsere eigene erleben, dann führt das zu einer Stärkung auch dieses Persönlichkeitserlebens. Denn dies lebt in der Dauer, in der Kontinuität, in der Treue zu sich und dem anderen. Dagegen hat eine Vielehe einen viel höheren Grad an Unverbindlichkeit. Es ist auch interessant, daß da, wo sich bis heute die Vielehe gehalten hat, das Bewußtsein von der Bedeutung der Individualität noch unterentwickelt ist. Menschen aus einem solchen Kulturraum haben es schwer zu akzeptieren, was bei uns jeder Mensch selbstverständlich beansprucht: eine Persönlichkeit mit Eigenverantwortung zu sein. Wenn beispielsweise ein Mensch aus einer Großfamilie oder einem anerkannten Stamm ein Verbrechen begeht, so fällt das auf das Familien- oder Stammeskollektiv zurück, und die ganze Gruppe ist geächtet. Da kann man sich nicht darauf berufen, daß das doch die Sache des einzelnen ist, der das Verbrechen begangen hat, nun für die Konsequenzen einzustehen. Das Kollektivbewußtsein erweist sich als weit stärker als das Individualbewußtsein.

Es ist auch häufig zu beobachten, daß da, wo ein häufiger Partnerwechsel vorgenommen wird, eine Schwäche in der Persönlichkeitsentwicklung vorliegt. Denn in den wechselnden Partnern wird nicht die Person, sondern der oder die Angehörige des anderen

Geschlechtes gesucht. Die kollektiven Merkmale sind anziehender als die individuellen. Ein Mensch, der in der Lage ist, Beziehungen leicht abzubrechen, hat noch wenig Empfinden für die Wahrnehmung der Person und damit auch wenig Eigenerleben von seiner Ich-Qualität. Denn das Wesen des Ich ist auf Kontinuität und Dauer veranlagt. In allem Wandel und in aller Entwicklung erleben wir uns doch stets als eigenverantwortlich für jeden Fehler und für jedes Ereignis, durch das wir gegangen sind. Wir arbeiten an den negativen Erfahrungen, und wir freuen uns über die glücklichen Ereignisse. Wir sind bereit, uns selber und anderen zu verzeihen, weil wir die Unvollkommenheit des eigenen Selbst nur zu genau kennen und gerade in dem Durchhalten die Kraft des eigenen Ich und seiner Entwicklungsmöglichkeiten erleben. Daran kann auch deutlich werden, daß eine Dauerbeziehung nur gewinnen kann, wenn beide dieses Geheimnis der Entwicklung und des An-sich-unablässig-Arbeitens kennen. Dann kann sie nie langweilig werden oder in eine Sackgasse geraten. Denn die Weiterentwicklung bringt immer wieder neue Zeiten und Möglichkeiten mit sich.

Es ist schwierig, über diese gesamte Thematik zu sprechen, da es sich jeweils um ganz individuelle Entwicklungszustände konkreter Menschen handelt, die eben einen jeweils persönlichen Reifegrad besitzen. Und von diesem hängt es ab, wie die Frage nach dem Sinn gestellt und beantwortet wird.

Zur Bedeutung von Dauer und Wechsel in der Beziehung

Wer mit der Selbsterziehung begonnen hat, entdeckt, daß jeder Mensch, dem er begegnet, eine neue Seite in ihm aufweckt. Beispielsweise gibt es Begegnungen, wo man sich durch den anderen in seinen besten Kräften gestärkt fühlt und sich eigentlich besser benimmt, als man dies normalerweise tut. Im Zusammensein mit anderen Menschen dagegen geschieht genau das Gegenteil. Man reagiert ärgerlich oder gar aggressiv und fragt sich hinterher: Warum fahre ich denn eigentlich immer aus der Haut, wenn ich *den* treffe? So gesehen liegt in der Bereitschaft, immer wieder neue Beziehungen einzugehen, eigentlich – positiv genommen – das Bedürfnis vor, sich selber erst noch besser kennenzulernen. Denn in der Begegnung mit jedem Menschen werden neue Seiten des eigenen Reaktionsvermögens und der eigenen Persönlichkeitsstruktur bewußt. Wer sich selbst noch wenig kennt, braucht eben viele Begegnungen, um überhaupt erst zu erfahren, wer er ist. In dem Augenblick aber, in dem man sich kennengelernt hat und jetzt an einer bewußten Ausbildung und Festigung der eigenen Persönlichkeit arbeiten möchte, werden stabile Freundschaften und Beziehungen gesucht. Denn nur in der Qualität der Dauer, der Verbindlichkeit, der Verantwortlichkeit können, wie schon gesagt, die typischen Charaktereigenschaften des Ich als des Kerns der Persönlichkeit gepflegt werden. Da nun das Christentum die Religion ist, in der eine besondere Ich-Kultur gepflegt wird, liegt es in der Natur der Sache, daß eine christliche Eheschließung auf Treue, Beständigkeit, Konsequenz und Verantwortlichkeit angelegt ist. Es wird dies besonders deutlich im Johannes-Evangelium, wo sich die Ich-bin-Worte des Christus zu einer vollständigen Lehre vom Wesen der menschlichen Persönlichkeit beziehungsweise der menschlichen Ich-Natur zusammenschließen.

Geben und Nehmen im Schicksalszusammenhang

Viele Beziehungen werden da abgebrochen, wo der Partner einem das nicht mehr geben kann, was man zu brauchen meint. Eine solche Beziehung war stark auf das Empfangen, aber auch auf das Haben angelegt. Man kann jedoch auch entdecken, daß dann, wenn man vom Partner nicht mehr bekommt, was man braucht, sich neue

Möglichkeiten eröffnen, dem *anderen* zu geben, was *er* gerade braucht. Denn Geben und Nehmen fällt im Leben nicht immer zusammen. Viele Tragödien im ehelichen Bereich entstehen gerade dadurch, daß in dem Augenblick, in dem der eine Partner unzufrieden wird und nicht bekommt, was er braucht, die Beziehung beendet wird, und der andere, der viel gegeben hat, mit leeren Händen da steht. In der Hochblüte einer Beziehung fallen Geben und Nehmen immer zusammen. Das macht das Hoch-Zeitliche und Beglückend-Besondere des Aufblühens einer Beziehung aus. Dann bringt es der Wechsel der Lebensverhältnisse und der Schicksalsverlauf mit sich, daß neue Situationen eintreten und man den andern immer wieder neu kennenlernen muß, um wirklich die Beziehung weiterpflegen zu können.

Zur Sinngebung bei abgebrochenen Beziehungen

Freude und Harmonieerleben geben Kraft und erleichtern das Leben. Schmerzen und Trennungsvorgänge rauben Kraft, aber sie bringen dafür Bewußtsein, neue Fragen und fördern so die Persönlichkeitsentwicklung in erkenntnismäßiger Hinsicht. Und dies wird besonders von Frauen immer wieder Jahre nach der Trennung übereinstimmend gesagt: durch die Ehescheidung und all die Schmerzen, die mit der Trennung verbunden waren, bin ich eigentlich erst zu mir als zu einer selbständigen Persönlichkeit aufgewacht, ich möchte das heute nicht mehr missen. Es gibt eben keine Katastrophe, aus der ein Mensch nicht etwas Positives für seine Entwicklung holen kann. Daher taugen auch von außen hergenommene Moralbegriffe nicht zur Beurteilung oder zur Lösung von Eheproblemen. Werden die Werte, die für das Zusammenbleiben sprechen, nicht in völliger innerer Freiheit gesucht und gefunden, so erweisen sie sich nicht als tragfähig für die Beziehung. Dann ist es ehrlicher, die Trennung vorzunehmen und jedem die Chance zu

geben, sich selber neu zu finden. Hier wird bisweilen die Frage gestellt: ja, dann kann man ja eigentlich alles machen, dann ist ja alles
erlaubt, wenn man aus jeder Katastrophe etwas Sinnvolles machen
kann. So richtig das auf der einen Seite ist, so sehr gilt auf der andern
Seite auch dieses, daß jede Handlung eben Konsequenzen hat, für
die der, der sie begangen hat, einstehen muß, mit denen er verbunden bleibt, ob er dies will oder nicht. Das heißt, wenn einer der
Partner durch einen Treuebruch im Eheversprechen den andern
verläßt und nach Jahren erlebt, daß der andere sich von dem Schlag
erholt hat und eine positive Entwicklung durchmachen konnte, so
bedeutet dies nicht, daß die eigene Tat deswegen ungeschehen ist.
Der Mensch gewinnt ja oder verliert in seinen charakterlichen Möglichkeiten durch die Art und Weise, wie er über sich und andere
Menschen denkt, und wie er handelt. Im Falle einer Tat, die für
einen anderen Menschen bedrohlich und schmerzhaft war, hat er
etwas auf sich geladen, das er zu einem anderen Zeitpunkt wieder in
Ordnung bringen muß, weil er dadurch an Charakter und Wert
verloren hat. Dieser Gesichtspunkt wiegt um so schwerer, je deutlicher man sich einen Begriff vom Schicksal gebildet hat und von der
Möglichkeit wiederholter Erdenleben und fortlaufender Schicksalsgestaltung. Dann wird deutlich, daß man sich nur auf Zeit trennen kann, und daß man den Menschen wiederbegegnen wird, denen
man geschadet hat, und daß man Möglichkeiten suchen wird, es
eines Tages wiedergutzumachen. Ein solcher Gesichtspunkt gibt
auf der einen Seite die Möglichkeit, neue Sinnperspektiven für das
eigene Leben zu schaffen und auch mutig zu den eigenen Entscheidungen zu stehen. Auf der anderen Seite gibt er aber auch die Möglichkeit, viel sorgfältiger zu prüfen: wie will ich eigentlich mit mir
und anderen Menschen umgehen? Wie nimmt sich meine jetzige
Lebenssituation unter dem Gesichtspunkt wiederholter Erdenleben aus? Kann ich nicht gerade in meiner Lage etwas lernen, was
mich für die Zukunft frei macht dadurch, daß ich jetzt etwas durch-
halte, und wie verhält es sich, wenn ich mich jetzt befreie, aber in
der Zukunft unbekannte neue Bindungen auf mich lade? In der Zeit

der Frage und Suche nach der Entscheidung kann vielleicht der folgende Spruch von Ch. F. Oetinger hilfreich sein:

> Gott, gib mir die Gelassenheit,
> die Dinge hinzunehmen,
> die ich nicht ändern kann,
> den Mut, die Dinge zu ändern,
> die ich ändern kann
> und die Weisheit,
> das eine vom andern zu unterscheiden.

Wenn man den Sinn einer Ehe nicht unter einem geistigen Gesichtspunkt, sondern nur unter dem Gesichtspunkt des raum-zeit-gebundenen Alltags ansieht, müssen die persönlichen Wünsche beherrschend für die Sinngebung werden. Es geschieht selten, daß beispielsweise der Kinderarzt im Ehescheidungskonflikt gefragt wird: ›Wir wollen uns trennen. Was würden Sie uns raten, was wir zu berücksichtigen haben, damit es die Kinder am wenigsten zu spüren bekommen?‹ Diese Frage ist sogar leider sehr selten. Meist geht es bei den Gesprächen um den Ehescheidungskonflikt, um die Probleme der beiden Partner, und die Kinder werden häufig sogar in diese Auseinandersetzung miteinbezogen und sind die eigentlichen Opfer dieses Konfliktes. Das »Sich-Entscheiden« vom begrenzten Standpunkt eines Erdenlebens aus birgt die Gefahr, sich selbst und die eigenen Probleme überdimensional groß zu sehen und den Blick für den Partner, die Kinder und den sozialen Umkreis zu verkleinern.

Liebe in der Ehe

Die Ehe ist *eine* Form einer besonders innigen menschlichen Beziehung. Daneben gibt es die Mutter-, die Geschwister-, die Lehrer/ Schüler-, die Freundes- und die Arbeitsbeziehung. Es gibt einmalige Begegnungen: beispielsweise eine Begegnung im Zug, verbunden mit einem Gespräch, das neue Gesichtspunkte für das ganze weitere Leben eröffnet – und man trifft diesen Menschen das ganze Leben lang nicht wieder. Die Beziehung jedoch bleibt, die Dankbarkeit für die Begegnung überstrahlt das ganze weitere Leben. Was ist das für eine Beziehung? Liebe und Dankbarkeit sind geweckt, aber sie haben einen ganz anderen Charakter als die Liebe, die mit Besitzansprüchen irgendwelcher Art verbunden ist. Diese Liebe ist ein völlig freies, dankbares Schenken ohne jeden Anspruch. So ist jeder Mensch mit vielen, vielen anderen Menschen schicksalsmäßig verbunden. In bestimmten Augenblicken steht man sich nahe, in anderen rückt man sich wieder fern – die Beziehung aber geht weiter und trägt zur Persönlichkeitsentwicklung der jeweiligen Partner bei. Und so ist auch eine abgebrochene Beziehung eine Beziehung.

In früheren Jahrhunderten war das Eheleben vor allem anderen eine soziale Angelegenheit. Persönliche Liebe und Erfüllung waren nur selten gegeben. Vielmehr bedeutete Ehe soziale Sicherheit, viele Kinder Altersversorgung. In unserem Jahrhundert ist die Ehe oder die lebenslange Partnerschaft immer mehr zu einem Ort geworden, in dem das Individuell-Menschliche in den Mittelpunkt des Interesses gerückt ist. Und so liegen auch die meisten Konflikte, die eine lebenslange Ehe oder Partnerschaft verhindern, im Nichtbewältigen dieses menschlichen Problems, das heißt des Umgangs mit sich selbst und dem anderen. Eigenliebe und Liebe zum anderen sind eben in allen Beziehungen unterschiedlich stark gemischt. So kann die Liebe zu einem Menschen in dem Augenblick verlorengehen, in dem dieser Mensch auch noch andere Menschen liebt. Die Eifersucht wird stärker als die Liebe. Diese Eifersucht ist jedoch nichts anderes als eine bestimmte Form der Eigenliebe. Denn man liebt das schöne Gefühl, der einzige zu sein, mehr als den anderen Menschen. Man ist nicht in der Lage, das, was den anderen beglückt, mit in die Liebe zu ihm einzubeziehen. Nur durch die Eigenliebe, durch die egoistischen Forderungen des Brauchens und Haben-Wollens können die Probleme des Macht-über-den-anderen-ausüben-Wollens oder Mit-ihm-Spielen und ihn Nicht-ganz-ernst-Nehmen zustande kommen. Aber diese egoistischen Forderungen sind eben möglich, da jeder einen individuellen Leib besitzt, der uns das Bewußtsein von uns selbst und unseren eigenen Bedürfnissen vermittelt. Daher fällt es so schwer, die Botschaft, aber auch das Geschenk, das durch jede menschliche Begegnung und Beziehung gegeben ist, ungetrübt aufzunehmen. Man vergleicht, man will behalten, man hat keine Geduld, und so kann sich auch keine Dankbarkeit für das entwickeln, was man hat genießen dürfen, und durch diese Dankbarkeit auch keine Kraft gesammelt werden, um schwierige Lebenssituationen auszuhalten und durchzuhalten.

Wer Goethes Leben daraufhin studiert, welche Metamorphosen die Liebefähigkeit in seinen Begegnungen, in seinen Dichtungen, ja in seinem ganzen Wesen durchgemacht hat, der wird auch hier ganz neu auf die Frage nach der Bedeutung der Liebe in der Ehe und in der menschlichen Beziehung stoßen. Das Haben-Wollen und das Brauchen ist eben nur *ein* Aspekt der Liebe. Er ist jedoch der belastetste und konfliktreichste. Alle anderen Aspekte haben mehr mit einem Geben, einem Schenken, einem Stützen und Tragen des andern zu tun. Mit welcher Dankbarkeit blickte Goethe auf die verschiedenen Lebensbegegnungen in seinen verschiedenen Lebensaltern zurück! Wie kann er beschreiben, was er den Menschen verdankt, denen er da begegnen durfte! Gerade an seinem Leben kann man lernen, wie jedes Lebensalter ihn empfänglich macht für bestimmte Menschenbegegnungen, und wie er dadurch neue Entwicklungsmöglichkeiten bekommt. Goethes gesamtes Werk kann als Ausdruck verarbeiteter Schicksalsbeziehungen aufgefaßt werden. Betrachtet man das Ganze jedoch unter dem Gesichtspunkt des Haben-Wollens, so wird deutlich, daß diese ganze Biographie, dieser Lern-Prozeß, das dichterische Schaffen nicht möglich gewesen wäre, wenn man ihm »verboten« hätte, diesen oder jenen Menschen zu treffen, sich mit diesem oder jenem Menschen zu befreunden. Daran kann deutlich werden, wie unmenschlich und anmaßend ein solcher Totalitätsanspruch an eine menschliche Beziehung ist. Daher wird er auch immer weniger verkraftet. Wo daran gearbeitet wird, anzuerkennen, daß ein anderer Mensch dem eigenen Partner in einer bestimmten Situation etwas geben kann, was jetzt für seine Entwicklung wichtig ist, und was man selber ihm nicht geben kann, wird eine seelische Haltung entwickelt, die in der Lage ist, vielen möglichen Konflikten die Schärfe zu nehmen und ein wahres und offenes Klima der Zweierbeziehung zu erhalten.

Fragen zum Thema

Frage: Sie haben das Thema mehr vom geistigen Gesichtspunkt aus betrachtet. Ich sehe die Probleme mehr im seelischen Bereich, wenn ich mir überlege, wieviel unerfüllt bleibt in einer Ehe und wie oft man sozusagen seelisch auf dem Zahnfleisch geht.

Antwort: Dieses seelisch auf dem Zahnfleisch Gehen hängt, wie Sie ja selber sagen, mit den vielen unerfüllten Wünschen und Erwartungen an die Ehe zusammen. Denn wären diese Sehnsüchte und Wünsche und auch Besitzansprüche nicht da, so könnte man seelisch nicht in die Verfassung kommen, vom anderen zu erwarten, was er nicht geben kann. Gerade der seelische Streß kann am besten dadurch abgebaut werden, daß man sich im wahrsten Sinne des Wortes ent-täuscht. Daß man anfängt, sich an das zu halten, was real möglich und gegeben ist, und sich für den anderen und seine Entwicklungsmöglichkeiten realistisch zu interessieren. Jede Krise drängt, wenn sie ihren Höhepunkt erreicht hat, nach einer Entscheidung. Diese kann nach außen hin dadurch gefällt werden, daß die Trennung oder die erneute Verbindung unter anderen Voraussetzungen angestrebt wird. Sie kann aber auch nach innen gefällt werden, indem man sich vornimmt, sein Verhältnis zum Partner grundlegend zu ändern. Oft ist zu erleben, daß durch dies innere Sichverändern auch die Beziehung zum Partner sich schlagartig ändert und er mit einemmal Möglichkeiten und Seiten zeigt, die man bisher an ihm nicht beobachtet hat.

Frage: Gibt es Unterschiede bei Männern und Frauen in bezug auf die Persönlichkeitsentwicklung und in bezug auf das Alter? Sie erwähnten, daß es zu gewissen Zeiten sogar gut sein kann, wechselnde Beziehungen einzugehen. Vielleicht ist dies eher in jüngeren Jahren angebracht, wenn die Persönlichkeitsentwicklung noch im Aufbau ist. Aber wie ist es später? Gibt es da eine Altersgrenze?

Antwort: Frauen haben in der Regel eine größere seelische Trag- und Leidensfähigkeit, wohingegen Männer das Aushaltevermögen mehr im physischen haben. Im seelischen Bereich sind sie oft weniger belastbar. Daher sind sie entweder geneigt, keine Entscheidung zu fällen oder arbeiten auf eine rasche und radikale Entscheidung hin. Meiner Erfahrung nach hängt es fast immer von der Frau ab, ob sie die Beziehung aufrechterhalten will, wenn beispielsweise ein Dreierverhältnis entstanden ist. Und wenn sie es wirklich will, ist es für ihn fast unmöglich, sich so zu benehmen, daß sie aufgibt. Die Frau hat jedoch nicht nur eine größere seelische Belastbarkeit, sondern hat es auch leichter, in schwierigen Situationen die Entwicklungsmöglichkeiten herauszufinden. Sie braucht jedoch ein Motiv, um ihren Entschluß fassen zu können.

Eine eindeutige Altersgrenze konnte ich bisher nicht entdecken, da im zwischenmenschlichen Bereich außerordentlich vielfältige und individuelle Lebensmöglichkeiten verwirklicht werden. Es ist sogar häufig so, daß in der Jugend und im frühen Erwachsenenalter eine lange stabile Partnerschaft gelingt, und die Sehnsucht nach einem Wechsel erst später auftaucht. Es hängt dies eben ganz mit den jeweiligen individuellen Entwicklungsbedürfnissen der Partner zusammen, die es zu erkennen und zu respektieren gilt.

Frage: Wie kann man es lernen, das eigene Mißtrauen bei Kontakten des Partners mit anderen Menschen zu überwinden? Wie lernt man auf's »Haben-Wollen« zu verzichten?

Antwort: In dem Mißtrauen ist natürlich auch die Angst vor dem Alleinsein verborgen, die Angst, vom andern irgendwie getrennt zu werden, sein Vertrauen zu verlieren. Da hilft nur die offene Aussprache. Der menschliche Geist und die Seele brauchen zu ihrer

Entwicklung den Reichtum und die Vielfalt der Dinge und auch den Wechsel der Lebensverhältnisse. Alles, was jedoch mit dem Leib zusammenhängt und mit den seelischen Regungen, die mit ihm verbunden sind, braucht das Selbstbezogene, Einfache, Stabile. Da die Seele zwischen Leib und Geist vermittelt, hat sie einen Teil ihres Lebens in den Bedürfnissen des Leibes, womit die Besitzansprüche und das Auf-sich-Beziehen und Haben-Wollen verbunden sind. Einen anderen Bereich hat sie durch die Verbindung mit dem geistigen Leben, zu dem die Vielfalt der Interessen und das Streben nach dem Welt-Umspannenden gehören: Damit ist naturgemäß ein Spannungszustand vorgegeben, in dem man sich immer wieder neu orientieren muß. Ein Verzicht kann eigentlich nur durch Einsicht in die Notwendigkeit oder in das Sinnvolle einer bestimmten Situation oder Maßnahme geleistet werden. Nur dann kann er seelisch verkraftet werden und zur Stärkung der Persönlichkeit führen. Jeder unfreiwillige Verzicht, der letztlich eben nicht auf Einsicht beruht, führt früher oder später in Verkrampfungen hinein, die an den körperlichen und seelischen Kräften zehren. Eines ist mir jedoch immer wieder begegnet: je stabiler eine Zweierbeziehung ist, desto freier können beide im Eingehen der unterschiedlichsten anderen Beziehungen sein. Und diese anderen Beziehungen und ihre Ergebnisse bereichern dann das Leben in der festen Partnerschaft, anstatt es zu unterminieren.

Frage: Warum werden – insofern man den Statistiken Glauben schenkt – die meisten Ehen in der Lebensmitte geschieden?

Antwort: Unter Lebensmitte verstehen wir das Alter zwischen 35 und etwa 55 Jahren. Warum in dieser Zeit geradezu typischerweise Ehescheidungen stattfinden, kann im Zusammenhang mit folgender biographischer Gesetzmäßigkeit gesehen werden:

In den ersten zwanzig Jahren steht die körperliche Entwicklung im Vordergrund bis zum Ausgewachsensein und Mündigwerden. In den folgenden zwanzig Jahren findet ein ähnlicher Reifungsprozeß für das seelische Leben statt. In Schwaben gibt es den Ausspruch: Mit vierzig Jahren wird der Mensch gescheit. Das entspricht dieser Tatsache, daß man in diesem Alter mehr und mehr empfindet, daß man seelisch belastbarer und unangreifbarer geworden ist als in früheren Jahren, und daß eine gewisse Beruhigung und Ausreifung des seelischen Lebens stattgefunden hat. Damit eröffnet sich nun die Möglichkeit, die geistige Entwicklung in anderer Weise in die Hand zu nehmen als vorher. Eine größere Objektivität, die Möglichkeit, verzichten zu können auf eigene Intentionen und Wünsche, das interessevolle Mitleben-Können mit den Problemen anderer Menschen, der Weitblick – kurz, die Möglichkeit, Altersweisheit zu entwickeln, geben diesem letzten Lebensdrittel ein neues Gepräge gegenüber den vorangegangenen Etappen. Und da beginnt die Krise. Wer nämlich seelisch diesen Reifungsprozeß nicht vollendet, hat größere Mühe, in das geistige Erfahrungsfeld und die Möglichkeiten der geistigen Entwicklung einzutreten. Und die Menschen empfinden deutlich, daß in diesem Alter etwas Neues beginnen muß. Kann dieses nicht im Innern gefunden werden, so sucht man den Neubeginn auf der seelischen oder körperlichen Ebene. Das ist die klassische Situation der neuen Beziehung, der neuen Ehe, des neuen Frühlings, des Neuanfangs – alles noch einmal erleben, aber jetzt viel bewußter, viel innerlicher. Es wird als die ganz große Erfüllung erlebt. Die frühere Beziehung erscheint gemessen an der neuen kindlich-naiv und nicht vergleichbar mit dem jetzigen Erleben, dem die Fülle und Reife des fortgeschrittenen Alters zur Verfügung steht.

Gelingt es jedoch, diesen Neubeginn im Inneren zu vollziehen, so werden die auch hier oft eintretenden neuen Beziehungen anders in das bisherige Leben integriert. Möglicherweise wird die neue Begegnung sogar zur entscheidenden Hilfe für den inneren geistigen Aufschwung. Dann gelingt es, auch diese neue Entwicklungsetappe in Verbindung zu bringen mit den bereits eingegangenen Schicksalsbeziehungen und Verpflichtungen. Diese können fruchtbar weiter geführt werden.

Es ist dies eine Gesetzmäßigkeit, die bei dem einen früher, bei dem andern später kommt, die jedoch jeder Mensch auf seine Weise durchmacht, weil hier tatsächlich ein Neuanfang fällig ist. Was mit der leiblichen Mündigkeit Anfang der Zwanzigerjahre erst halbbewußt deutlich wird, daß man jetzt die Möglichkeit hat, seine Schritte selber zu lenken, das geschieht in diesem Alter noch einmal in viel größerer Bewußtseinsklarheit. Daher hört man auch so oft Aussprüche wie die: Ich brauche das für meine Entwicklung. Es wird die Notwendigkeit erlebt, die geistige Entwicklung neu in die Hand zu nehmen. Wird das nun auf der seelisch-geistigen Ebene nicht möglich, so tritt der Ersatz ein, und der Neuanfang wird auf der physischen Ebene gesucht. Daran ist auch gar nichts auszusetzen, wenn der soziale Umkreis so ist, daß er diesen Neubeginn im beruflichen oder familiären Bereich positiv begleiten und mittragen kann, und wenn dies unter Berücksichtigung auch der Bedürfnisse und Wünsche der anderen geschieht. Ist dies jedoch nicht der Fall, so liegt in diesem Neubeginn die Quelle vielfältiger Tragödien.

Frage: Wenn man den Entschluß gefaßt hat, bei einer Beziehung zu bleiben, aber dann entdeckt, wie viel Kraft man dabei vergeudet – ist das denn dann noch sinnvoll?

Antwort: Der Krafteinsatz lohnt sich immer, wenn man ihn anspruchslos leisten kann. Wenn Sie mit Ihrem Krafteinsatz jedoch bestimmte Erwartungen auf Erfolg verbinden, so sind Rückschläge zu erwarten. Denn dieses Erwarten eines Erfolges, der nicht eintritt, raubt einem sehr viel Kraft infolge der Enttäuschungen und führt dadurch in das Erlebnis sinnloser Kraftvergeudung hinein. Wenn Sie jedoch einen Krafteinsatz leisten, weil Sie für sich einen Sinn darin sehen, oder wegen Ihres Kindes, oder wegen Ihres eigenen Versprechens, ohne daß der andere einer Erfolgskontrolle unterliegt, so lohnt sich der Krafteinsatz immer. Viele Beziehungen leiden daran, daß der eine vom anderen etwas erwartet, was der andere nicht geben kann und auch nie geben wollte. Man hat sich ineinander getäuscht. In einer solchen Situation kann man sich vornehmen: ich möchte den andern, den ich geheiratet habe (z. B. vor zehn Jahren) jetzt wirklich lieben lernen, so wie er ist. Ich will ihn kennenlernen. Einmal hörte ich bei einer Trauung den Beginn der

Predigt mit einigem Erstaunen: es wurde Christian Morgenstern zitiert und gesagt: »Die zur Wahrheit wandern, wandern allein« – und der Priester schloß die Frage an: »Warum heiraten Sie?« Am Ende der Predigt stand dann der Ausblick darauf, daß die Wahrheit, die man selber in Einsamkeit suchen muß, auch die Wahrheit des noch weithin unbekannten Wesens, das man da heiratet, beinhaltet. Wenn einem der andere Mensch selbst zur Frage wird, zu einem Gegenstand der Wahrheits- und Erkenntnissuche und man in seinem persönlichen Ringen um Wahrheit auch den anderen immer besser versteht, so kann man jede Beziehung ein Leben lang außerordentlich positiv sehen, und dann ist eine solche Beziehung auch größten Belastungen gewachsen.

Frage: Kann man das sagen, wenn Paare sich trennen und Kinder da sind, daß auch das im Schicksal der Kinder liegt, die sich eben diese schwierige Situation gewählt haben?

Antwort: Mir kommen Äußerungen wie diese von Menschen, die anfangen, mit dem Schicksalsgedanken umzugehen, recht anmaßend vor. Sie hängen jedoch mit dem Nichtwissen zusammen. Sie kommen dadurch zustande, daß man für sein Handeln instinktiv eine Erklärung sucht, bei der man selber nicht so schlecht wegkommt. Man versucht sich seiner Verantwortung zu entledigen, indem man eben sagt bei der Trennung einer Ehe: das haben sich die Kinder eben so herausgesucht, daß sie jetzt diese schwierige Situation durchmachen müssen. Selbstverständlich ist in jeder menschlichen Beziehung die Möglichkeit der Kontinuität und die Möglichkeit der Krise und des Abbruchs enthalten. Diese Möglichkeiten sind jedoch niemals so vorgegeben, daß der Mensch automatisch einer inneren Notwendigkeit folgen muß. Vielmehr kann auf das Abwägen dieser Möglichkeiten eine freie Entscheidung folgen. Kinder sind zur Zeit des Konfliktes nicht in der Lage, zu entscheiden, sie sind ihm ausgeliefert. *Das* kann unmittelbar gesehen werden und ist deshalb maßgeblich, nicht eine Spekulation über früheres »Aussuchen«.

Frage: Ist nicht der Anspruch an die eine Partnerschaft überfrachtet, wenn man sämtliche Bedürfnisse von Geist, Seele und Körper in dieser Partnerschaft befriedigt sehen will? *Antwort:* Meines Erachtens liegt in diesem Anspruch oder in diesem Wunsch bereits eine Verkennung realer Lebensverhältnisse. Denn es scheint mir nicht real, dasjenige, was man für seinen Leib, für seine Seele und für seinen Geist braucht, von *einem* Menschen haben zu wollen. Von jedem Menschen hat man etwas für seinen Geist, für seine Seele und oft auch für seinen Leib (wenn beispielsweise einer einem etwas einkauft oder die Wohnung putzt). Dieser Totalitätsanspruch an *die eine Beziehung* entspringt dem Bedürfnis nach Ausschließlichkeit, das nur auf der leiblichen Ebene eine Existenzberechtigung hat. Denn nur bei dem eigenen Leib kann man sagen: ›Da, wo ich stehe, steht im selben Moment kein anderer.‹ Da herrscht immer die Ausschließlichkeit. Schon im Seelischen ist es so, daß man es immer mit Durchdringungsphänomenen zu tun hat. Seelisch sind wir nicht annähernd so abgegrenzt wie leiblich. Das Interessante ist nur, daß das menschliche Vorstellungsleben heute sehr stark an dem Leib und seinen Bedürfnissen und damit an der Ausschließlichkeit orientiert ist. Es entspricht dies dem Charakterzug eines materialistischen Zeitalters. Wenn das, was für den Leib gilt, nämlich das Phänomen der Ausschließlichkeit und des Habens oder Nichthabens, in das Seelische und Geistige projiziert wird, dann führt das früher oder später zu Problemen, denn letztlich hält das kein Mensch aus. Eine tiefe Wahrheit liegt jedoch in dem Phänomen der leiblichen Ausschließlichkeit. Denn auf der leiblichen Ebene, wo ein Maximum an Haben-Wollen und an Egoismus berechtigt ist, ist es sinnvoll, auf andere sexuelle Verhältnisse Verzicht zu leisten und die Einmaligkeit und Ausschließlichkeit zu bejahen. Wenn dasjenige, was für den seelischen und geistigen Bereich richtig ist: Vielfalt, Freiheit, Offenheit, Reichtum, Durchdringung und unendliches Sichbeschenken – wenn das auf die leibliche Ebene übertragen wird, so tritt Unsicherheit, Mißtrauen und Chaos ein. Mit dieser leiblich-geistigen Verschiedenheit des Menschen hängen Größe und Elend dieser ganzen Fragestellung zusammen.

Zusatzfrage: Hängt damit auch das Problem der Treue zusammen?

Antwort: Meines Erachtens ja. Im Hintergrund dieser Problematik steht die Tatsache, daß der Mensch ein Doppelwesen ist. Er hat eine egoistische, habenwollende Natur – all das, was sich auf den Leib und seine biologische Einmaligkeit und Ausschließlichkeit gründet. Wird dieses Erleben der Einmaligkeit zu stark in das Seelische und Geistige hineinprojiziert, so entstehen Besitzansprüche und Machtansprüche, sowie all die Neid- und Haßkonflikte und Verkrampfungen auf seelischem Gebiet. Wird hingegen diese Grenze zwischen leiblichem und geistigem Erleben geachtet, so können sich moralische Qualitäten wie die der Treue entwickeln und das ganze Seelenleben mit ihrer Kraft durchstrahlen. Dann wird das, was auf der leiblichen Ebene an Egoismus berechtigterweise sich darlebt, dadurch kultiviert, daß man hier bewußt den Verzicht auf die Vielfalt leistet und seine seelischen Bedürfnisse nicht in den Leib hineinprojiziert. Dafür entsteht dann für das seelische und geistige Leben Freiheit für sich und für den andern – und Vertrauen.

Die Ehe als Aufgabe in persönlicher und sozialer Hinsicht

Es gibt Entschlüsse, die wie Götterworte,
Gebot und Erfüllung zugleich sind.

DIOTIMA

Wer den Sinn einer lebenslangen Ehe und Partnerschaft nicht an-
zweifelt und sich dennoch immer wieder vor gravierende Probleme
gestellt sieht, beginnt mit der Frage zu leben: Welche Aufgaben stellen sich, wenn man bemüht ist, die begonnene Ehe sinnvoll fortzusetzen und in persönlicher und sozialer Hinsicht befriedigend zu
gestalten?

Zum Begriff der Ehe

Schon der Begriff: *eine Ehe führen* zeigt, daß das mit der Ehe keine
selbstverständliche Angelegenheit ist. Man muß sie *führen*, von selber erhält sie sich nicht. Dabei gibt es verschiedene Ebenen, auf
denen sich die Führung ereignet. Leibliche, seelische und geistige
Bedürfnisse bedürfen der Pflege, und auf all diesen Ebenen gibt es
die Ehe. Es gibt Menschen, für die das körperliche Zusammenleben
das Wesentlichste bei der Eheführung darstellt. Für andere ist es
unter Umständen so, daß sie sich nach der gefühlsmäßigen Harmonie, nach Geborgenheit, Sicherheit, Vertrauen sehnen – nach seelischer Erfüllung also. Es gibt aber auch Menschen, denen es genügt,
geistig in einer stabilen Ehegemeinschaft zu leben. Die seelische und
leibliche Ebene ist für sie nicht so wichtig. So sind die Erwartungen,
die an das Eheleben gestellt werden, sehr unterschiedlich. Bei der
mehr auf der geistigen Ebene angesiedelten Ehe stehen das Denken,

das Gespräch, die gemeinsamen Interessen und Ideale ganz im Vordergrund. Bei der mehr auf seelischer Ebene gepflegten Ehe steht das Gefühlsleben und das mit ihm verbundene Harmoniebedürfnis oben an. Und da, wo die Pflege der körperlichen Beziehung zentrales Thema des Ehelebens ist, herrscht die an den Leib gebundene Form der gegenseitigen Hingabe vor.

Manchmal heißt es auch: »Ja, am Anfang, als das Körperliche noch ganz im Vordergrund stand, da ging es uns gut. Aber dann lebten wir uns irgendwie auseinander. Und nun ist das Problem da: wie wird man damit fertig, wie findet man wieder zueinander, wie lernt man eine befriedigende Ehe zu führen?« Damit ist auch gesagt, daß eine wirkliche Ehe alle drei Bereiche je nach Lebenszeit und Bedürfnis gewichtet.

Der Leib ist in seiner Art vollkommener ausgebildet als Seele und Geist. Ist er ausgewachsen, so stehen dem Gesunden alle Funktionen zur Verfügung. Seelisch und geistig sind wir hingegen stets unvollkommen, immer in Entwicklung und auf verschiedenen Stufen tätig. Daher hat auch der leibliche Vollzug der Ehe eine ganz besondere Qualität, durch die naturgegebene Möglichkeit des vollständigen Gebens und Empfangens. Auf seelischem und geistigem Gebiet hingegen muß die Ehefähigkeit erst errungen werden. Sie ist nicht naturgegeben da, sie bedarf der Erarbeitung und der bewußten Fortsetzung.

Es gibt Menschen, die empfinden instinktiv: wenn ich mich zu früh auf der leiblichen Ebene verheirate oder mich damit begnüge, dann versäume ich, etwas für die eheliche Beziehung auf dem seelischen und geistigen Gebiet zu tun. Dann leben wir immer in einer Scheinharmonie, die zwar von der Natur gegeben, jedoch nicht persönlich erarbeitet und seelisch und geistig errungen ist. Diese Menschen suchen dann zunächst danach, im Seelischen und Geistigen miteinander in bewußter Weise die Ehe zu schließen und verzichten längere Zeit auf die leibliche Eheschließung.

Die Problematik der Eheführung und dasjenige, was die Ehe zur Aufgabe macht, hängt mit den unterschiedlichen Bedürfnissen und

Reifezuständen des Menschen in leiblicher, seelischer und geistiger Hinsicht zusammen. Wenn jemand beispielsweise auf seelischem oder geistigem Gebiet die entsprechenden Bedürfnisse nicht hat, so kann man ihm nicht sagen, daß er diese eigentlich haben sollte. Gerade die vom anderen als Zumutung empfundenen Ansprüche sind es ja, die viele Ehen behindern.

Die Ehe als Ideal genommen repräsentiert einen vollkommenen Daseinszustand: Geben und Empfangen, Harmonie, Vertrauen, Dankbarkeit und Liebe. So gesehen erscheint die Ehe als Zustand vollkommener Einswerdung: geistig im Verstehen, so daß man wirklich im anderen darinnen ist, daß man wissen darf, was in ihm vorgeht und so sein Wesen immer besser erkennen lernt; seelisch in vollkommener Harmonie und innerer Übereinstimmung und leiblich im Einsein mit der Möglichkeit, sich dadurch einem Neuen gegenüber zu öffnen, so daß etwas Einmaliges geboren werden kann.

Blickt man darauf hin, wie dieser Zustand der Ehe in der Literatur und Geistesgeschichte betrachtet wird, so fällt auf, daß die Ehe als Begriff besonders in den religiösen und mystischen Schriften auftaucht. Sie wird dort zum Realsymbol für die Vereinigung des Menschen mit Gott, das heißt für einen höchsten geistigen Erkenntniszustand. Der Begriff der mystischen und chymischen Hochzeit taucht auf. Es ist dies der Erkenntniszustand der völligen Einswerdung mit dem Erkannten: Die Intuition.

An diesem Ideal gemessen, kann die Ehe als Vorahnung für die höchste dem Menschen mögliche Erkenntnis angesehen werden. Und es wird deutlich, daß die Ehe so gesehen eine Zukunftsaufgabe hat: Sie lehrt uns die Wesenserkenntnis und bringt uns damit auch der geistigen Welt und Gott näher. Wo sie jedoch nicht gelingt, kann eine Gottverlassenheit und Verzweiflung erlebt werden, wie nirgendwo sonst. »Wo Streit ist, zieht sich die geistige Welt zurück.« Dieser Ausspruch Rudolf Steiners wird in seiner Wahrheit erlebt.

Vom Egoismusproblem in der Ehe

Alles Menschliche kann nur im Umgang mit Menschen entwickelt werden. Das heißt zwischen unserem Selbst und der Umwelt liegt der Raum für die Entwicklung. Manche Menschen können das Hereingestelltsein in den dadurch gegebenen Spannungszustand genau beschreiben. Sie sagen beispielsweise: Ich brauche das für mich, obwohl ich weiß, daß es den Interessen meiner Umgebung zuwiderläuft. Oder: Hier habe ich meine persönlichen Wünsche einmal ganz zurückgestellt zugunsten der Notwendigkeiten meiner Umgebung. Andere fühlen sich uneins und irgendwie gespalten. Sie erleben das Egoismusproblem, wie es objektiv in jedem menschlichen Leben auftritt. Biographisch gestaltet sich dieses Spannungsverhältnis zwischen Selbst und Welt meist so, daß in der ersten Hälfte des Lebens die persönlichen Wünsche und Bedürfnisse im Vordergrund stehen, während es in der zweiten Lebenshälfte mehr und mehr gelingt, sich den Erfordernissen der Umgebung zur Verfügung zu stellen und die persönliche Weiterentwicklung gerade durch diese Hingabe an die Umgebung zu vollziehen. Dadurch werden andere menschliche Qualitäten geweckt, als durch das Verwirklichen der primär persönlichen Erwartungen und Wünsche. So entwickelt sich alles Menschliche mit der Welt, *zwischen* den Menschen, *an* den Dingen. Es gibt nichts, was wir nur ganz aus uns heraus lernen könnten. Selbst dann, wenn wir einen genialen Einfall haben, haben wir ihn aufgrund bestimmter Erfahrungen, aufgrund bestimmter Gespräche plötzlich bekommen. Die Ehe ist etwas, das von vorneherein deutlich macht: Hier geht es nicht nur um den einen, hier geht es nicht nur um den anderen – hier geht es um die Gestaltung der Entwicklungsmöglichkeit für beide.

Sinnvoll ist die Ehe, die in diesem Sinne fruchtbar ist. Wird der eine oder andere in seiner Entwicklung anhaltend behindert, so ist der Sinn der Ehe in Frage gestellt. Denn diese ist nicht nur leiblich, sondern auch seelisch und geistig auf Fruchtbarkeit hin veranlagt.

Solange man aneinander, miteinander und füreinander lernen kann, ist diese immer gegeben. Auch wenn die Ehe dazu dient, anderen Menschen Entwicklungsmöglichkeiten und Hilfen zu geben: Kindern, Kranken, Ratsuchenden. Die Lebensgemeinschaft, die Ehe als Zelle sozialer Gestaltungen geht oft weit über die Wünsche und Interessen der Partner hinaus – manchmal auch daran vorbei. Dennoch zeigt sie sich als wertvoll – für andere.

Fördernde und hemmende Faktoren im Eheleben

Auf leiblicher Ebene wird die Ehe erleichtert durch die natürliche Anziehung der Geschlechter, auf seelischer Ebene durch gemeinsame Tätigkeiten und das Erleben der damit verbundenen Übereinstimmung. Auf geistiger Ebene sind es gemeinsam erlebte Erinnerungen oder Zukunftsideale, die etwas dauerhaft Verbindendes darstellen, an die man sich in schwierigen Situationen halten kann. Zusammengefaßt heißt dies: Die Eheführung wird erleichtert durch jede Form von Gemeinsamkeit. So lautet auch eine der ersten Fragen in einer Eheberatung: Haben sie noch irgendwelche Gemeinsamkeiten? Denn solange es die noch gibt, hat man einen Ansatzpunkt, von dem aus man dann weitergehen kann. Es können dies die Kinder sein oder der Kauf eines Hauses oder die noch zu bezahlenden Rechnungen. Manchmal sind es aber auch bestimmte Ideale, die für beide wichtig sind wie z.B. die Treue oder der Friede. Ist jedoch die Gemeinsamkeit auf allen Ebenen geschwunden, so ist es schwierig, noch einen Weg zur Stabilisierung und Wiederbegründung der Ehe zu finden.

Wodurch geht das Erleben von Gemeinsamkeit zurück? Welche Faktoren können es untergraben oder zerstören? Da stehen an erster Stelle die persönlichen Wünsche und Ansprüche und Erwartungen an den Partner. Erwartungen, denen der andere nicht entsprechen kann, trüben den Blick für die tatsächlich noch vorhandenen Gemeinsamkeiten und bewirken Unzufriedenheit. Wenn dann der Partner sagt: Du, ich glaube, das ist nur dein Problem – so ist man verletzt.

Andere Probleme in diesem Zusammenhang kommen daher, daß beide Partner versuchen, den Erwartungen des anderen zu entsprechen. Dadurch kann eine mehr oder weniger starke Verunsicherung entstehen, die dann ihrerseits wieder zu Zweifeln an sich selbst oder am anderen führt. Hat man es ihm recht gemacht? Wollte er vielleicht doch etwas anderes? Warum merkt er nicht, wie sehr ich mich bemühe und meine eigenen Wünsche zurückstelle?

Ein anderer Problemkreis betrifft die Illusionen. Sie sind oft mit den persönlichen Wünschen und den auf den Partner projizierten Erwartungen verbunden und beziehen sich auf das Bild, das man sich von dem idealen Eheleben gemacht hat. Sind die (Ehe)-Wertvorstellungen nicht realistisch, so führen sie früher oder später zu Unzufriedenheit, die man meist in den Partner projiziert, indem man ihm vorwirft, daß er daran schuld ist, daß das Eheleben sich nicht so verwirklichen läßt, wie man das gerne hätte. Hier hilft nur eins: der Wille zur Ent-Täuschung und das Besinnen auf die Gemeinsamkeiten, die real vorhanden sind.

Ein anderer Störfaktor der ehelichen Beziehung ist jede Form von Macht- und Besitzanspruch an den anderen. Alles, was schön ist, wollen wir wie Kinder gerne haben und nicht mehr hergeben. Und wenn die »Kinder« nicht erwachsen werden, so führt dies eben in eheliche Konfliktsituationen hinein. Rudolf Steiner hat einmal auf die Frage, warum das mit den Ehen immer schwieriger wird, geantwortet, daß dies eine Frage der Erziehung sei. Wer nicht zur Verträglichkeit erzogen würde, hätte es eben mit der Eheführung schwer. Jede Form von Eifersucht oder Neid kann nur da gedeihen, wo Macht- und Besitzansprüche vorhanden sind. Sie verlieren an Boden, wo man sich dessen bewußt wird und diese abbaut.

Machtansprüche und Illusionen sind die Hauptfeinde jedes Ehelebens und zerstören unter Umständen auch den letzten Rest der ursprünglich noch vorhanden gewesenen Gemeinsamkeit. Und es ist dies tatsächlich ein Erziehungsproblem, wie man lernt, mit Illusionen und Besitz- und Machtansprüchen umzugehen. Die Frage ist: wie lernt man, sich im Spannungsfeld dieser beiden Gefahren menschlich zu entwickeln, ohne einem dieser Bereiche zu verfallen? Seitdem Menschen ehelich zusammenleben, hat die Ehe immer ihre Einbindung in das religiöse Leben der Menschen gehabt. Ihre Schließung war mit sakralen Handlungen verbunden, weil man wußte, daß die menschliche Gemeinschaft, das Gemeinsame unter Menschen, eigentlich das heiligste und höchste Gut ist. Im Christentum kommt dies dadurch zum Ausdruck, daß Christus sagt:»Wo zwei in meinem Namen zusammen sind, da bin ich mitten unter ihnen.« Dieses Ideal, sich im Zusammengehen in einen neuen Wesens- und Daseinsbereich erhoben zu fühlen, ist es auch, das viele Paare dazu führt, sich kirchlich trauen zu lassen. In jedem der Traurituale findet man in besonderer Weise das Persönliche mit dem Sozialen der Ehe verbunden. Im Trauritual der Christengemeinschaft kommt dies dadurch zum Ausdruck, daß vom *Lebensglück* der beiden Partner gesprochen wird und auf der anderen Seite von der *ganzen Menschheit Heil und Glück*. Kann dieses von den Partnern ernst genommen werden, so wird die Ehe nicht nur als Ort der persönlichen und partnerschaftlichen Lebensverwirklichung angesehen, sondern auch als ein Weg, einen Beitrag zu leisten zum Wohl der Menschheit. Und damit hängt der soziale Aspekt der Ehe zusammen. Man kann ja zunächst auch ganz bescheiden sein und sagen: Die ganze Menschheit ist mir noch zuviel, stellvertretend nehme ich erst einmal meinen persönlichen Schicksalsumkreis ernst. Wer dies tut, merkt, welche Aufgaben sogleich vorliegen. Jeder Eheschluß ist ein soziales Zusammenführen von zwei Familien und zwei Freundeskreisen. Hinzu kommen noch die eigenen Kinder und die Menschen, zu denen die Kinder wiederum als Klassenkameraden oder Lehrer in Beziehung treten. Bei diesen immer neu hinzutretenden anderen Menschen, die an dem Schicksalsumkreis der eigenen Ehe und Familie Anteil haben, kann bewußt werden, daß hier Anforderungen an die Entwicklung der Liebefähigkeit gestellt werden.

Eine Mutter, die ihre drei Kinder von Herzen liebt, wird nie eines vorziehen. Sie wird jedes Kind individuell lieben, denn von jedem Kind kommt ja etwas ganz anderes zurück, um dessentwillen sie es lieben kann. Gerade dadurch, daß wir Menschen alle voneinander verschieden sind, sind wir in der Lage, jeden einzelnen ungeteilt um seiner selbst willen zu lieben. Sobald sich Vergleiche einstellen und ein Messen von lieb oder weniger lieb, treten Probleme auf. Hier liegt auch der Schlüssel für den Umgang mit neu hinzukommenden Freunden oder Freundinnen der beiden Partner. In dem Maße, wie es gelingt, eine sachliche, interessevolle menschliche Beziehung zu dem Neuling aufzubauen, läßt sie sich leichter in das bisherige Familienleben integrieren. Wo dies hingegen nicht gelingt, wo Ablehnung, Eifersucht und Mißtrauen auftreten und auch Minderwertigkeitskomplexe und Vergleiche, wird durch den dadurch herbeigeführten Ausschluß aus dem Familienleben die neue Beziehung belastet. Sie gestaltet sich unter dieser Belastung meist intensiver, als es ohne diese geschehen wäre. Die neu Befreundeten kommen so eher in die Situation, ein heimliches Zusammenleben anzufangen, das sich dann störend in den ursprünglichen Sozialzusammenhang hineinstellt. Viele sogenannte Problembeziehungen kommen dadurch in eine Krise und können nicht menschlich in den Schicksalszusammenhang der Familie integriert werden. Da kann es eine Hilfe sein, daran zu denken, wie es den eigenen Kindern gegenüber doch möglich ist, jedes auf seine Art herzlich lieb zu haben. Es ist dies eine Art naturhaftes Vorbild für das aus eigenem, freiem Entschluß zu erringende Liebenlernen verschiedener Erwachsener, die dem Ehepartner nahestehen und dadurch auch für einen selbst die Aufgabe darstellen, hier in eine nähere Beziehung zu kommen.

Sicher wird der eine oder andere von Ihnen jetzt denken: Wenn das so einfach wäre ... Oder: Da hat sie sich ganz geschickt an dem Problem der sexuellen Treue und dem damit verbundenen Mißtrauen vorbeibewegt.

Daher sei noch ein Gesichtspunkt hierzu angeführt. Es gibt Ehen, die daran zerbrechen, daß der eine der Partner sich vom anderen nicht jederzeit körperlich berühren lassen will und der andere dies als Liebesentzug mißversteht. Es gibt auch Beziehungen, wo von Anfang an die Neigung (meist bei *ihm*) vorhanden ist, außereheliche sexuelle Beziehungen zu pflegen – aus welchen Neigungen heraus und mit welchen Entschuldigungen auch immer. Derartige, auf das körperliche Erleben der Liebe und der damit verbundenen Sehnsüchte und Wünsche bezogenen Vorlieben oder Abneigungen liegen tief im Schicksal der betreffenden Menschen begründet. Hier zu moralisieren ist leicht – zu verstehen dagegen schwer.

Hier kann man eigentlich nur weiterkommen, wenn man sich mit dem Gedanken der wiederholten Erdenleben im Schicksalsverlauf vertraut macht und am Verständnis auch solcher Schicksalsbedingungen arbeitet. Nicht zur Rechtfertigung von menschlichen Schwächen sei das ausgeführt, sondern als Hinweis auf einen Weg zum *gegenseitigen* Verstehen.

In diesen Zusammenhang gehört auch die Frage, wie mit *dem* ganz unerwartet auftauchenden neuen Freund oder *der* Freundin umzugehen ist, die in eine harmonische und bisher nicht belastete Beziehung hereinkommen und eben für den Partner *mehr* bedeuten als nur eine Freundschaft; die dem Partner vielleicht das Glück einer bisher nicht gekannten tiefen und fraglos-harmonischen Liebe gewähren – ganz unabhängig davon, ob und inwieweit sich diese Beziehung auch auf die körperliche Ebene erstreckt.

Auch hier hilft nur ein Arbeiten am Rätsel der Schicksalsgestaltung weiter. Es tröstet dies zwar nicht unmittelbar über den Schmerz der Einsamkeit, über die Enttäuschung, die Selbstzweifel und Vorwürfe hinweg. Es hilft jedoch, Motive für die eigene Weiterentwicklung zu finden, die einen diese Erfahrung als wesentlich annehmen lassen und zur Reifung der Persönlichkeit beitragen.

Es würde dem christlichen Entwicklungsziel der Freiheit widersprechen, angesichts all dieser möglichen Konstellationen und Konflikte neue Regeln aufzustellen von »erlaubt« und »nicht erlaubt« oder aber altbewährte einfach nur zu übernehmen. Ob und unter welchen Bedingungen ich mit meinem Partner zusammenleben will, ist in meine Freiheit gestellt, auch wenn ich diese Bedingungen im Laufe des Ehelebens ändere, aufgebe oder neue schaffe – es ist dies meine ganz persönliche Schicksalsfrage. Von mir hängt es ab, was ich tragen kann und will, und was ich in die Ehe einbringe. Und so ist es auch für den Partner. Gelingt so ein Wachsen des gegenseitigen Verstehens, dann vertieft sich die eheliche Liebe in neuer Weise – gerade *durch* die Probleme, so paradox das auch klingen mag.

Ehe als Kraftquelle

Bisweilen wundert man sich, wie zwei Menschen, die geheiratet haben, beide voll im Beruf stehen können, Kinder betreuen und sich um die Schule kümmern müssen, zusätzlich noch sozial engagiert sind und hier und da auftauchen und tätig mitarbeiten – wie sie das eigentlich schaffen.

In jeder Ehe tritt eines Tages das Kraftproblem auf. Stellt sich jedoch die beglückende Erfahrung ein, daß es gelingt, die Ehe wirklich zu führen und die Gemeinsamkeit zu erleben und zu pflegen – dann können einem daraus bisher nicht gekannte Kräfte zuströmen. Zerbricht jedoch diese Einigkeit oder muß sie jeden Tag mühsam errungen werden, so werden Kräfte gebunden und unter Umständen in einem täglichen Kleinkrieg verbraucht, so daß nur noch wenig für den Pflichtenkreis übrigbleibt. Die Ehe ist ein Ort, wo man sich gegenseitig Kraft geben und nehmen kann – um so stärker, je mehr man sich in der geistigen Gemeinsamkeit und Einigkeit begegnet ist und aus diesem Bewußtsein heraus lebt und handelt.

Wer eine Ehe schließt, hat damit nicht nur eine persönliche Verantwortung auf sich genommen für den Partner und für sich, sondern steht zugleich in einer sozialen Verantwortung darinnen, die den ganzen Schicksalsumkreis betrifft. Dieser freut sich oder leidet mit den Betreffenden. Die Freude und das Ausstrahlende, welche im Umkreis einer geschlossenen Ehe vorhanden sind, haben immer etwas enorm Anziehendes und Kraftspendendes für alle Menschen der Umgebung, insbesondere auch für Kinder und Jugendliche. Wo jedoch eine Ehe zerbricht, entsteht eine Art Vakuum, das Kräfte aus dem Umkreis an sich zieht und bindet und verbraucht. Wenn zwei Menschen sich verbinden, ist dies eben nicht nur eine Addition von Kräften. Vielmehr entspricht diesem Zusammenschluß die Potenzierung der Kraft. Das Gemeinsame, worum die beiden sich bemühen, ist etwas, das beide umfaßt, was größer ist als jeder einzelne der Ehepartner.

Wenn zwei Menschen in dem Gedanken verbunden sind: Wir leben für ein bestimmtes Ideal des Friedens, der Wahrheit oder der Liebe, und sie freuen sich täglich darüber, daß sie für dieses Ideal leben dürfen, so bemerken sie im Laufe des Lebens immer mehr, daß ihnen von diesem Ideal selbst die Kraft zuströmt, mit der sie dann zum Segen ihrer Umgebung umgehen können. Dies wird auch von Menschen erlebt, die die geistigen Hintergründe dieser Tatsache nicht kennen. Sie sagen dann: Ich fühle mich dadurch bereichert und in meinen besten Kräften gestärkt, ich fühle mich begnadet. Fragt man sich dann: Woher kommt denn dieses Sich-Bereichert-Fühlen? so kann bewußt werden, daß sich Gedanken und Gefühle der geistigen Welt so nähern, daß deren Wesenswirkungen sich zeigen und dem Eheleben so eine höhere Weihe geben können. Die Hoffnung darauf lebt in dem Wunsch nach der kirchlichen Trauung, die das Bewußtsein auf dieses Kraftzentrum hinlenken möchte, zu dem die eheliche Gemeinsamkeit führen kann.

Fragen zum Thema

Frage: Ist es in jedem Fall wichtig, eine Ehe aufrechtzuerhalten, wenn zum Beispiel ein Partner heroinabhängig ist, und der andere und das Kind sehr darunter leiden?

Antwort: Auch die durch Rauschgiftkonsum belastete Ehe ist ein Beispiel für die Frage nach der Treue. Die Ehe ist sicherlich kein Selbstzweck, sondern vielmehr ein Ort der Kraftsammlung, ein Ort der Gemeinsamkeit und vor allem ein Ort der Fruchtbarkeit. Wenn eine Ehe unfruchtbar wird und beide eigentlich weniger werden dadurch, daß sie zusammen sind, dann ist es doch selbstverständlich im Interesse aller Beteiligten, daß man auseinandergeht und das, was schön war in der Beziehung, in Dankbarkeit mitnimmt und dem die Treue hält. Sie werden sagen: »Ja, wenn man so gescheit und vernünftig miteinander reden kann, gibt es eigentlich das Problem nicht.« Das ist völlig richtig. Es gibt ja auch die Partnerschaften, in denen einer schon so durch den Alkoholismus beeinträchtigt ist, daß er in manchen Situationen gar nicht mehr zurechnungsfähig ist. Dann liegt die Entscheidung eben beim anderen Teil.

Der Ehepartner hat vielleicht das Gefühl: »Ich kann das aushalten, weil ich das will, und weil dieser Mensch sonst noch mehr absacken würde.« Es gibt ja unzählige dieser Ehen, die ganz vom Opfer leben, in denen der eine Partner sagt: »Ich stehe dazu. Ich halte diesen Menschen, auch wenn er mich verprügelt. Diesen Entschluß habe ich damals gefaßt, und ich halte das durch.« Dagegen kann man gar nichts sagen, das kann man nur bewundern.

Aber wenn jemand sagt: »Ich wollte das zwar, aber jetzt merke ich, ich kann es nicht. Mein Kind geht dabei drauf. Ich selbst gehe vor die Hunde.« Dann sollte man sich doch darauf besinnen, daß die Ehe weder ein Gefängnis noch ein Zwang ist, sondern eben dieser Ort der Lebensgemeinsamkeit, der Fruchtbarkeit. Und wenn dies nicht mehr gegeben ist, so hat die Ehe ihren Sinn verloren. Und etwas Sinnloses, meine ich, sollte man nicht fortsetzen. So allgemein gesagt, ist es jedoch auch wieder falsch. Man muß natürlich jede einzelne Situation anschauen. Aber genau so, wie es außerordentlich fruchtbare Ehen gibt, gibt es eben wahre Höllen, die unter dem Namen Ehe durchlitten werden. Es ist dann eine Frage der Menschenwürde, ob man das aufrechterhalten will oder nicht. Und so, wie man in Freiheit sein Jawort gibt, kann man auch in Freiheit ein Neinwort geben. Wenn man das unter der Perspektive der wiederholten Erdenleben anschaut, dann weiß man: Weder das Ja noch das Nein sind absolute Werte. Vielmehr sind es Möglichkeiten, sich für bestimmte Wegstrecken zu verbinden und in den Konsequenzen dieser Entscheidungen zu leben.

Frage: Wenn ein Partner Kontakte zu einem anderen Menschen hat, wie überwinde ich die Unsicherheit gegenüber dieser für mich undurchschaubaren Beziehung? Ich habe Angst, daß meine Ehe gefährdet ist!

Antwort: Die Angst vor dem Nichtdurchschauen einer Beziehung ist das Härteste und Schmerzlichste, was es überhaupt im Leben einer Ehe geben kann. Sie ist aber andererseits auch ein Signal, um sich weiterführende Gedanken über das menschliche Schicksal zu machen. Ich möchte jetzt nicht betonen, das empfinden Sie ja selbst, daß sich auch hinter dieser Angst unter Umständen so ein schillernder Treuebegriff und persönliche Ansprüche und auch Illusionen verbergen können. Auch wenn man das durchschaut, hat man das Problem, und das ist ja gerade das Schmerzliche. Und wenn man nicht ständig in dieser Angst weiterleben will, muß man versuchen, diese Beziehung so ernst zu nehmen, daß man sie in die eigene Ehe, in die eigene Liebe zum anderen voll mitaufnehmen kann. Das Problem löst sich nur, wenn man die Angst dadurch überwindet, daß man versucht, die Bedeutung zu verstehen, die diese Beziehung für den Partner hat. Leider ist es oft so, daß dem Partner vorgeworfen wird: »Was du mit dem oder der machst, interessiert mich nicht! Das macht mich fertig! Ich kann es nicht sehen! Ich will davon nichts wissen!« Wenn natürlich so etwas gesagt wird, bleibt die Angst, und die Beziehung wird durch die Ausgeschlossenheit intensiver. Wenn man den eigenen Partner wirklich liebhat und versucht, Anteil zu nehmen an dem, was ihm da geschieht, dann kann das eine große Hilfe sein, einmal für das Verstehen und zum anderen für ein Überwinden dieser Ängstlichkeit. Die Angst vor der nichtdurchschauten Beziehung kann sich nur auflösen, wenn man die Beziehung durchschaut. Und dazu ist es nötig, an Schicksalsfragen zu arbeiten, unter Umständen am Gedanken der wiederholten Erdenleben, und sich aus dieser Einigkeit des Hier und Jetzt und »Wir haben doch ausgemacht... und warum du jetzt...?« sich herauszubewegen und eben das Interesse am anderen zu verstärken. Und ein drittes ist vielleicht auch noch wichtig: die Besinnung auf das, was man hat. Ich habe das in verschiedenen Eheberatungsgesprächen den Partner, der sich beklagte, gefragt: »Was hast du denn weniger, seitdem der andere diese Beziehung hat?« Allein diese Besinnung in aller Nüchternheit bringt das Problem auch wieder in gesündere Grenzen zurück. »Bevor diese Beziehung war, war meine Ehe so und so. Über verschiedene Dinge habe ich mir überhaupt keine Gedanken gemacht. Jetzt, wo die Beziehung da ist, mache ich mir plötzlich über neue Dinge Gedanken.« Ist das nicht eine Bereicherung? Ein Aufwachprozeß? Kannst du nicht dafür dankbar sein und jetzt bewußt das pflegen, was möglich ist, mit dem Partner zu teilen, und dadurch diese andere Beziehung als etwas Neues, Zusätzliches, Bereicherndes zu integrieren?

Frage: Wenn die Ehe eine Vorübung zur Intuition ist, wie ist es dann für die Menschen, die nicht heiraten; können diese auch die Intuition erlangen?

Antwort: Intuition ist der Zustand tiefster, unmittelbarster Wesenserkenntnis. Sie kann erreicht werden durch geistige Schulung. Dabei ist jede menschliche Beziehung ein Übungsfeld, wo das Interesse für das Wesen des anderen ausschlaggebend ist. Diese Frage führt uns wieder zum Ausgangspunkt der Betrachtung zurück: zu den drei Ebenen, auf denen Ehe sich vollziehen kann. Die seelisch-geistige Ehe ist eine Form menschlicher Beziehung, die die Sexualität nicht einbeziehen *muß.* Auch wenn die leibliche Vereinigung der Geschlechter das getreueste *physische* Abbild der Wesenserkenntnis ist. Intuition dagegen als höchster Erkenntniszustand ist gerade nicht mehr an den Leib gebunden, vielmehr reine Geisterfahrung.

Warum Menschen heiraten oder nicht heiraten, ist eine persönliche Schicksalsfrage, die nur aus dem Zusammenhang der wiederholten Erdenleben wirklich zu verstehen ist.

Frage: Was ist Treue und wo beginnt Untreue?

Antwort: Treue entwickelt sich aus der Standhaftigkeit, mit der man zu einem einmal gefaßten Entschluß steht. Sie ist auf das Wesen des anderen Menschen hinorientiert und Ausdruck einer seelisch-geistigen und damit dauerhaften Beziehung. Sie muß allerdings im Bemühen um das Verständnis des anderen immer wieder neu errungen werden. Ein Problem ist, daß dieses Ideal in unserer Zeit immer häufiger reduziert wird auf den Bereich der sexuellen Treue. Wie fragwürdig das ist, hat Goethe in seinem Roman »Die Wahlverwandtschaften« eindrucksvoll dargestellt, wo rechtmäßige Ehepartner miteinander ein Kind zeugen, aber während dieses Vorgangs jeder der beiden an seinen heimlichen Geliebten denkt. Das Kind, das dann geboren wird, sieht den Geliebten ähnlich und nicht den Ehepartnern. –

Sexuelle Treue kann Ausdruck seelischer und geistiger Treue sein – muß es aber nicht. Entscheidend ist jedenfalls die Gesinnung der Partner und nicht das äußere Verhalten. Was Treue in seelisch-geistiger Beziehung sein kann, hat Rudolf Steiner einmal in einem Brief an einen Jugendfreund so formuliert:

»Schaffen Sie sich eine neue, starkmutige Anschauung von Treue an; was die Menschen sonst Treue nennen, vergeht so schnell. Das aber machen Sie zu Ihrer Treue:

An dem andern Menschen werden Sie Augenblicke erleben, schnell dahingehende: da wird er Ihnen erscheinen wie erfüllt, wie durchleuchtet von dem Urbild seines Geistes. Und dann können, ja werden andere Augenblicke, lange andere Zeiten kommen, da verdüstern sich die Menschen. Sie aber sollen lernen, in solchen Zeiten zu sagen: ›Der Geist macht mich stark. Ich denke an das Urbild; ich sah es doch einmal. Kein Trug, kein Schein raubt es mir.‹

Ringen Sie immer um dieses Bild, das Sie sahen. Dieses Ringen ist Treue. Und so nach Treue strebend, wird Mensch dem Menschen wie mit Engel-Hüter-Kräften nahe sein. –«

In der geistigen und seelischen Treue lebt die dauerhafte Hinwendung zum Wesen des anderen. Diese kann sich auch standhaft erweisen, wenn ein Partner untreu wird und das Eheversprechen bricht.

Was jedoch meines Erachtens nichts mit Treue zu tun hat, sind Eifersucht und Besitzansprüche, die oft im Zusammenhang mit ihr gesehen werden und im Grunde beide Partner in ihrer Entwicklung hemmen. Treue, die man fordert und die nicht freiwillig geschenkt wird, verdient diesen Namen eigentlich nicht.

Es gibt Treue in bestimmten zeitlichen Grenzen. Es gibt aber auch den Begriff ewiger Treue. Sexuelle Treue ist an den Zeitraum *eines* Erdenlebens gebunden. Sie ist eine wesentliche Stütze des Ehelebens, und die damit verbundenen Verzichte und Erfahrungen vertiefen das gegenseitige Vertrauen.

Ewige Treue geht als verbindliches Interesse für das Wesen des anderen durch alle weiteren Erdenleben hindurch, wenn sie einmal von Herz zu Herz versprochen wurde. Sie ist jedoch unabhängig vom ehelichen Verhältnis, auch wenn ein solches in einem Erdenleben bestanden haben kann.

Frage: Die Ehe lebt durch Gemeinsamkeiten (Kindererziehung und so weiter). Wie ist dann das Phänomen zu erklären, daß Ehepartner nach vielen Jahren der Einschränkungen und persönlichen Opfer, um ein gemeinsames Haus zu erwerben, dann, wenn alles vollbracht ist, auseinandergehen?

Antwort: Das, was eine Partnerschaft trägt, ist das gemeinsame Ziel. Wenn das fehlt, muß eins gefunden oder erarbeitet werden, sonst geht der Zusammenhalt notwendigerweise verloren.

Frage: Sie sagten, daß es die Vollkommenheit nur auf leiblichem Gebiet gibt und nicht auf seelischem und geistigem Gebiet. Wieso zerbrechen dann viele Partnerschaften daran, daß der eine keine Erfüllung durch den anderen hat und sich einem anderem zuwendet?

Antwort: Daß man keine Erfüllung findet und nach einem anderen Partner sucht, ist ein seelisches und geistiges Problem. Die Möglichkeit leiblicher Vereinigung kann in ihrer naturgebundenen Vollkommenheit nur erlebt werden, wenn der andere auch als seelisch-geistiges Wesen ernst genommen und gesucht wird. Dann

kann man auch mit dem anderen den Weg beschreiten, auf dem die
Erfüllung gelernt wird – denn sie ist ja häufig nicht von Anfang an
gegeben aufgrund der unterschiedlichen leiblichen, seelischen und
geistigen Ansprüche und gegenseitigen Erwartungen.

Frage: Es würden weniger Probleme entstehen, wenn die Partner
miteinander reden könnten. Viele können einfach nicht miteinander reden, aber wir müssen miteinander reden!

Antwort: Das Miteinander-Reden-Können ist tatsächlich ein
Problem. Es gibt Menschen, die lieber schweigen als reden. Wenn
man denen auf den Pelz rückt, dann werden sie noch schweigsamer.
Das Unpassendste, was man tun kann, ist, von einem Schweiger zu
erwarten, daß er doch reden möge. Man hat diesen Schweigsamen
schließlich geheiratet und hat ein gewisses Interesse an ihm. Und
wenn man etwas von ihm erwartet, was er eigentlich gar nicht erfüllen kann, dann ist das eben ein Zeichen dafür, daß man den anderen
noch nicht richtig kennt. Daß man ihn noch nicht »erschlossen«
hat. Er ist noch »verschlossen«. Der nächste Schritt wäre also, diesen »schweigenden Eisberg« kennenzulernen. Er will vielleicht gefragt werden, aber nicht so, daß man gleich fünf Fragen hintereinander stellt und dann am Schluß ruft: »Sag doch endlich etwas!«

Es ist zweifellos richtig, daß wir miteinander reden lernen müssen. Wir müssen aber auch miteinander schweigen lernen. Wenn
wir den anderen so nehmen, wie er ist und ihm nicht mit falschen
Erwartungen begegnen, kann er sich besser uns gegenüber öffnen,
als wenn er sich mißverstanden und unter Druck fühlt.

Wo liegen die leiblichen, seelischen und geistigen Kraftquellen für das Bewältigen des Alltags in Familie und Beruf?

Geschöpf nicht mehr, Gebieter der Gedanken,
des Willens Herr, nicht mehr in Willens Frone,
der flutenden Empfindung Maß und Meister,

zu tief, um an Verneinung zu erkranken,
zu frei, als daß Verstocktheit in ihm wohne:
So bindet sich ein Mensch ans Reich der Geister:

So findet er den Pfad zum Thron der Throne.

CHRISTIAN MORGENSTERN

Am 28. Oktober 1978 wurde im Deutschen Ärzteblatt unter der Rubrik »Themen der Zeit« eine Reihe guter Ratschläge gegeben, was man angesichts der Gesundheitsgefährdung durch Technik und Streß tun kann. Unter anderem wurde da gesagt, daß allein der Urlaub und die Freizeitgestaltung nicht ausreichen, um die Schäden auszugleichen, die durch Hetze, Streß und das Eingespanntsein in eine technisierte Umwelt verursacht werden. Vielmehr müsse hierbei auch berücksichtigt werden, was zur inneren Erholung gehört, und zwar insbesondere die »seelische Haltung der Muße«. Hierzu gehört innere Disziplin, die Fähigkeit, gute Gedanken zu denken, und zu entspannen. Auch Religiosität und meditative Versenkung gehören in diesen Bereich. »Das alles kann uns helfen, mit den negativen Belastungen fertigzuwerden, sie aufzuspüren und zu versuchen, unsere eigene Persönlichkeit zu reflektieren und unsere Verhaltensweisen zu ändern.« Am Schluß des Artikels heißt es: »Am allerwichtigsten ist es, Zufriedenheit zu üben und zu lernen.«

Sicher geht es Ihnen ähnlich wie mir, wenn Sie so etwas lesen. Man würde am liebsten sogleich an den Autor schreiben und ihn fragen: »Wie machst Du das?« Denn daß es wichtig ist, sieht jeder ein. Das Problem ist nur, wie man es zuwege bringt. Friedrich Hölderlin wußte, wie schwer dies ist. Er sagt: »Zufrieden – da wäre ja geholfen, wo selbst ein Gott nicht helfen kann.« Es spricht ein deutliches Problembewußtsein aus diesen Zeilen. Die Frage bleibt bestehen: Wie kommt man dazu?

Wir haben uns für heute abend vorgenommen, herauszuarbeiten, wo die leiblichen, seelischen und geistigen Kraftquellen liegen, um den alltäglichen Anforderungen gewachsen zu sein. Auf allen drei Ebenen können wir uns verausgaben. Jeder weiß, daß eine gute Bilanz dadurch zustande kommt, daß die Ausgaben im richtigen Verhältnis zu den Einnahmen stehen, wobei jeder Markt seine eigenen Gesetze hat, die es zu kennen gilt. Auf den genannten drei Ebenen gelten ebenfalls spezifische Gesetzmäßigkeiten.

Leibliche Kraftquellen

Den Leib kennen wir in der Regel besser als unsere Seele und unseren Geist. Wir kennen seine Organe und wissen so ungefähr, was wir tun müssen, um ihn gesund zu erhalten. Die Organe, die am effektivsten arbeiten – Tag und Nacht, ohne Unterbrechung, rund um die Uhr vom ersten bis zum letzten Atemzug, sind Herz und Lunge. Ohne je zu ermüden, sind sie in jeder Stunde ihrer Arbeitsanforderung gewachsen. Alle anderen Organe haben größere Phasen von Anspannung und Entspannung, von Arbeit und Ruhe. Herz und Lunge sind gleichsam Vorbilder im besonders ökonomischen Umhang mit der Kraft. Von ihnen kann man daher am besten lernen, wie man für die härteste Arbeit und für die schönste Erholung immer genau die Kräfte hat, die man gerade braucht. Denn das Geheimnis der Herz- und Lungentätigkeit liegt darin, daß sie rhythmisch, das heißt regelmäßig arbeiten und immer rechtzeitig eine kleine Pause einlegen, bei der sie sich wieder für die nächste

Aktion erholen. Da die Pausen so klein sind, merken wir sie nicht – dennoch sind sie da. Denn auf jede Einatmung folgt eine kurze Pause, in der noch nicht ausgeatmet, sondern wie einen Moment innegehalten wird: Atemruhe. Dann kommt die Ausatmung, ebenfalls gefolgt von einem kurzen Moment der Atemruhe. Mit dem Herzschlag ist es ebenso: Auf jede Herzaktion folgt am Ende der Erschlaffungsphase die sogenannte Diastase-Zeit (wörtlich heißt das, zwischendurch zum Stillstand kommen): ein wundervoller Moment der Ruhe, bei dem sogar das Blut im Herzen für Bruchteile von Sekunden zur Ruhe kommt, bevor es dann mit der nächsten Kontraktion wieder in Bewegung gebracht wird und in die großen Körperschlagadern ausgeworfen wird. Je besser ein Herz diesen Ruhemoment realisieren kann, um so unproblematischer ist ihm ein lebenslanges Arbeiten.

In diesem Zusammenhang kann es alarmieren, daß die Todesursachen infolge einer Herz-Kreislauf-Erkrankung von 1905 bis 1985 von 10,4 Prozent auf 50,7 Prozent angestiegen sind: ein deutlicher Hinweis darauf, daß die leiblichen Kraftquellen allein nicht mehr ausreichen, wenn ihnen nicht die Erschließung der seelischen und geistigen zu Hilfe kommt. Denn der Leib kann allein aus sich selbst heraus nicht gesund bleiben – auch nicht die am besten und gesündesten arbeitenden Organe, Herz und Lunge. Vergleicht man nun die Tätigkeit dieser Organe mit den Nerven- oder Stoffwechselorganen, so wird deutlich, daß letztere in ihren Ruhephasen stärker von der Willkür des Menschen abhängen: Das Nervensystem kommt erst zur Ruhe, wenn der Mensch sich entschließt, schlafen zu gehen, beziehungsweise sich auszuruhen und die Augen zu schließen, und die Stoffwechselorgane wiederum sind davon abhängig, wieviel Nahrung der Mensch ihnen zumutet und auch, wann der Mensch seine Mahlzeiten zu sich nimmt. Nur Herz und Lunge arbeiten relativ unabhängig von der menschlichen Willkür, unermüdlich. Dennoch kommt, wenn man all die vielen kleinen Ruhepausen zwischen den Atemphasen und den Herzaktionen zusammenzählt, im Laufe des Lebens eine Ruhephase heraus, die etwa der eines Menschen entspricht, der – bei einem Schlafminimum – tagsüber leistungsfähig sein kann.

Diese Organe beherrschen also das Geheimnis, die leiblichen Kraftreserven in regelmäßigen Erholungspausen immer wieder zu regenerieren. In der Tat gibt es für den Leib nichts Erholsameres, als wenn das ganze Leben rhythmisch gegliedert ist: regelmäßige Mahlzeiten, regelmäßige Schlaf- und Wachzeiten (nie zuviel, nie zuwenig), regelmäßiger Ausgleich von Arbeit und Erholung, von körperlicher Betätigung und Entspannung.

Wir alle wissen, daß solche Lebensbedingungen in keinem normalen Erwachsenenleben herrschen und wir deswegen ja auch immer wieder in die Situation geraten, uns körperlich zu verausgaben und zu erschöpfen. Auch ein Urlaub ist anstrengend, in dem man nur faulenzt und zunächst nur entdeckt, wie kaputt man ist, – nichts ist verschleißender als ein ständiger Streß, bei dem immer wieder die notwendige Erholung, auch am eingeplanten Wochenende, durch irgend etwas verhindert, unmöglich gemacht wird. Es ist wichtig, dieses Gesetz rhythmischer Lebensgestaltung für die leibliche Gesundheit zu kennen und, soweit es irgend möglich ist, zu berücksichtigen.

Das gilt besonders für das Leben mit Kindern, denn solange der Körper sich noch entwickelt, braucht er ganz besonders die Berücksichtigung dieses Gesetzes. Daher liegt eine hohe Verantwortung bei den Erwachsenen, die Kinder aufziehen. Sie sind tatsächlich von Berufs wegen (Kindererziehen ist eben auch ein Beruf) dazu gezwungen, auf eine rhythmische Lebensgestaltung zu achten. Wie wohl fühlen sich Kinder in einem Haushalt, wo sie einfach an bestimmte Regeln des Aufstehens, Essens, Spielens, Aufräumens und Schlafengehens gebunden sind; Kraft und Sicherheit gewinnen sie aus einem solchen Alltagsgeschehen. Auch liegt das Geheimnis vieler Mütter in dieser rhythmischen Lebensgestaltung verborgen, daß sie jahraus jahrein sehr leistungsfähig sind und eigentlich nie erkranken. Wenn der Körper während seiner Entwicklungsjahre diese Pflege des Rhythmus genossen hat, ist er in der

Regel so kräftig, daß er auch großem Streß im späteren Leben gewachsen ist. Hingegen sind die Belastungsgrenzen wesentlich enger gezogen, wenn das Kind und der Jugendliche durch unregelmäßige Lebensweise schon öfter an die Kraftgrenzen gekommen sind und Anlagen zur organischen Unregelmäßigkeit (sogenannte vegetative Dystonie) bereits von Jugend auf geprägt sind.

Wer das Geheimnis des Rhythmus einmal kennengelernt hat, wird auch bei größter, unregelmäßigster Arbeitsbelastung anstreben, sich selbst einen Rhythmus zu geben. Es genügen unter Umständen fünf Minuten in der Mittagszeit, um für die zweite Tageshälfte wieder neue Kräfte zu sammeln. Hat man einen Raum, in dem man sich während dieser fünf Minuten auf den Boden legen kann, so ist das natürlich ideal. Hat man ihn nicht, so kann man sich auch in irgendeinem Abstellraum, zur Not in der Toilette für einige Minuten so bequem wie möglich an die Wand lehnen und innere und äußere Ruhe herstellen. Gelingt es nicht auf Anhieb, so kann es eine Hilfe sein, auf den eigenen Atemrhythmus zu achten und ganz besonders auf den Ruhemoment zwischen den Atemphasen: Wie zart die Atmung da zum Stillstand kommt, wie kostbar-lebendig und doch tief schweigend dieser Augenblick des wirklichen Innehaltens ist, bevor dann die Umwendung zur Ein- oder Ausatmung hin erfolgt! Gelingt es einem, seelisch mitzuerleben, was sich da vollzieht, so beginnt man die Heiligkeit und Heilkräftigkeit der Ruhe wieder zu ahnen und geht erfrischt in sein Tagesleben zurück.

Damit stehen wir nun an der Grenze, wo das Erschließen der seelischen und geistigen Kraftquellen sich mit dem der körperlichen Kraftquellen verbindet. Denn wenn man in solchen Augenblicken über Versäumnisse des Tages oder über die Schlechtigkeit der Welt nachdenkt, so geht man unter Umständen nicht erfrischt, sondern deprimiert an seinen Arbeitsplatz zurück. Hieran wird deutlich, daß für uns Erwachsene die Antwort auf die Frage nach den Kraftquellen in erster Linie im seelischen und geistigen Bereich zu suchen ist, da die Lebensverhältnisse ein Zurückgreifen auf körperliche Kraftreserven nur selten gestatten. Bei Kindern hingegen ist dies anders. Sie sind noch nicht in der Lage, körperliche Krafteinbußen seelisch und geistig zu kompensieren. Solange sie wachsen, solange der Körper sich aufbaut, bedürfen sie der stützenden Hilfe von außen in Form einer gesunden rhythmischen Lebensgestaltung und Lebensführung. Körperliche Kraft, nicht nur Muskelkraft, sondern z. B. auch Verdauungskraft, gibt uns das Gefühl, arbeitsfähig zu sein. Dabei ist der Körper am gesündesten, wenn wir ihn am allerwenigsten bemerken. Und diese körperlichen Kräfte erwachsen aus einer guten Nahrungsverarbeitung, aus einem guten Zusammenarbeiten der Organe, aus genügend Ruhe, aber auch aus genügend Kraftanspannung und -anstrengung. Jeder weiß, daß die Muskulatur schwindet, wenn man z. B. einen Arm in Gips legt. Ein Körper, der nicht immer wieder und regelmäßig in all seinen Leistungen angespannt und beansprucht wird, taugt nicht zur vollen Leistungsfähigkeit. Er wird bequem und neigt zur Kraftlosigkeit. Jedes vernünftige sportliche Training beruht darauf, die Leistungsgrenzen täglich ein klein wenig zu erweitern und immer vor der absoluten Leistungsgrenze haltzumachen und rechtzeitig aufzuhören. Überspannung und Überschreitung der Kraftgrenzen wirken immer schwächend und bedürfen dann zum Ausgleich längerer Erholungs- und Rekonvaleszenzzeiten.

Seelische Kraftquellen

In der Kurmedizin ist es bekannt, daß die vielen Menschen, die wegen einer Erschöpfung Erholung brauchen, in den seltensten Fällen sich körperlich verausgabt haben. Meistens liegen schwere seelische Beanspruchungen und zermürbende Ereignisse hinter ihnen, die an den körperlichen Kräften gezehrt haben. Oft sind sogar gute Ernährung, ausreichender Schlaf und ordentliche äußere Arbeitsbedingungen gegeben, – sie können aber von dem betreffenden Menschen nicht genügend genützt werden, weil die inneren Voraussetzungen dazu fehlen. Was an den Kräften zehrt, sind Störungen des emotionalen Lebens: Gemütsverstimmungen, Verhärmungen, Verbitterungen, geistige Ratlosigkeit, Sorge, Verzweiflung, Resignation, Wut oder Angst. Wie kommt es eigentlich, daß Gefühle und Gedanken einen derartig beeinträchtigen können, ja daß sie sich letztlich stärker erweisen als der eigene Körper mit seinen aus der Nahrung gewonnenen Kräften? Warum kann uns eine Gemütsverstimmung den Appetit nehmen, uns nervös machen, uns Kopfschmerzen bereiten? Wieso kann ein freudiges Ereignis schlagartig das Erlebnis vermitteln, wieder fit zu sein? Augenscheinlich ist im Erwachsenenalter der Körper mit seinen Kräften dem seelischen und geistigen Kraftpotential mehr und mehr untergeordnet. Daher die Frage, wie man an dieses Kraftpotential herankommt. Wer schon einmal ein Wochenendseminar besucht hat, in dem seelische oder geistige Entspannungstechniken vermittelt werden, wird auch hier gehört haben: Eigentlich kann man an seine seelischen und geistigen Kraftreserven nur herankommen, wenn es einem gelingt, innere Ruhe herzustellen. Ruhe also – nicht Aktivität ist zunächst das Schlüsselwort. Nicht nur für die körperliche Erholung, sondern auch für die seelische und geistige Erkraftung ist *Ruhe* die unabdingbare Voraussetzung.

Das folgende Gedicht von Johann Wolfgang von Goethe hat man vielfach als ein Totengedicht verstanden. Es beschreibt die Ruhe:

> Über allen Gipfeln ist Ruh,
> in allen Wipfeln spürest du
> kaum einen Hauch.
> Die Vögelein schweigen im Walde.
> Warte nur balde
> ruhest du auch.

Es klingt etwas vom Sterben, von der ewigen Ruhe an. Im Grunde aber ist es eine schlichte Meditation über die Qualität der Ruhe. Man versuche einmal, sich das vorzustellen: diese Stille, kaum ein Hauch – so wie in der verwehenden Ausatmung, Stille über dem

Wald, kein Vogelgesang. Man geht durch die Natur und merkt, wie die Stille immer vernehmlicher wird und zum Schluß so groß ist, daß sie einen selbst ergreift und man Teil von ihr wird: ganz Ruhe.

Seelenruhe ist die Vorbedingung für seelische Aktivität. Und diese wiederum die Vorbereitung für seelische Ruhe.

Die mit dem Gefühls- beziehungsweise Seelenleben so eng verbundenen Sinnesorgane Auge und Ohr spiegeln diese Polarität wider: Vorbedingung für das Sehen ist die Aktivität der Augenmuskeln. Wenn die Augen nicht rollen, sich nicht bewegen, nicht fixieren, nicht akomodieren, kann nicht gesehen werden. Das Auge ist ein aktives, umweltgerichtetes Organ. Es wird zwischendurch immer wieder einmal kurz geschlossen: der rhythmische Lidschlag erzwingt gleichsam immer wieder eine kleine Ruhepause, so daß die Sehtüchtigkeit und -aktivität erhalten bleiben. Dies ist ganz anders beim Ohr. Das Ohr können wir nicht verschließen. Es hat aber auch eine entgegengesetzte Arbeitsweise: es bringt die vom Luftschall in Bewegung gebrachten Flüssigkeitswellen in der Innenohrflüssigkeit zur Ruhe. Hören ist ein zur Ruhe bringen äußerer Bewegungen. Wenn eine Schallwelle im Innenohr ankommt und in einer letzten Kippschwingung zur Ruhe gebracht wird, entsteht das Hörerlebnis als eine rein seelische Qualität, als eine innere Regsamkeit, nachdem die äußere Schwingung ausgeklungen ist.

Daher ist es auch nicht verwunderlich, daß ein wirkliches Zuhören nur zustande kommen kann, wenn der Mensch sich seelisch aktiv an diesem Vorgang beteiligt. Menschen, die nicht zuhören können, haben meistens ausgezeichnete Ohren und nehmen äußerlich alles wahr, was gesagt wird. Sie können es aber innerlich nicht wirklich aufnehmen und verstehen, weil ihr eigenes seelisches Innenleben so bewegt ist, daß nicht wirklich ein Miterleben mit dem aufklingen kann, was den anderen beschäftigt. Nur wer die eigenen Gemütsstimmungen zur Ruhe bringen kann, hat sein seelisches Ohr dem anderen geöffnet und kann hören, was dieser sagen will. Beim Auge wendet sich die seelische Aktivität nach außen und muß selber beim Zustandekommen der Wahrnehmungen mitarbeiten.

Beim Ohr hingegen wendet sich die seelische Aktivität nach innen und muß, um wahrzunehmen, sich selbst zur Ruhe bringen können. Ein gesundes Seelenleben kann nur stattfinden, wenn Aktivität und innere Ruhe in gleicher Weise von der Seele angestrebt und auch ausgehalten werden. Erschöpfung nach einer Überanstrengung ist keine innere Ruhe, sondern eben Erschöpfung.

Am Beispiel des Hörens versuchte ich zu zeigen, daß die wirkliche Seelenruhe eben kein Erschöpfungszustand, sondern ein der äußeren Aktivität entgegengesetzt gerichteter Zustand innerer Aktivität ist. Diese *aktive Ruhe* entsteht dann, wenn man alle im Inneren spontan auftretenden Gedanken, Gefühle, Impulse, dies oder jenes zu sagen oder zu rechtfertigen, durch eigenen Willensentschluß zur Ruhe bringen kann und in der Lage ist, sich ausschließlich dem hinzugeben und zu öffnen, dem man sich in diesen Momenten der Ruhe öffnen will. Es ist ein Zeichen seelischer Gesundheit, wenn das gelingt. Ebenso wie es ein Zeichen einer seelischen Gefährdung ist, wenn es auch bei größter Anstrengung nicht gelingen will. Gesundheit ist, daß man auf leiblicher und seelischer Ebene immer wieder das Gleichgewicht finden kann zwischen Aktivität und Ruhe, und das Sich-frei-Fühlen, etwas zu tun oder auch zu unterlassen: das heißt, das Sich-Beherrschen-Können. Hat sich die Waage verschoben zum aktiv sein Müssen, auch wenn man eigentlich gerne ausruhen möchte, oder zum pathologischen Ausruhen, obwohl man eigentlich vieles tun müßte, so fühlt man sich nicht mehr ganz gesund – so ist man aber auch nicht mehr ganz gesund.

Ein Beispiel, wie eine solche Kraftverschiebung aussehen kann, ist das folgende: Es gibt heute viele Menschen, die es schwer haben, einem anderen wirklich zuzuhören. Man kann sich nun fragen, wo die inneren Kräfte hingelenkt werden, die sich jetzt nicht mehr im aktiven Herstellen der inneren Aufnahmebereitschaft und Ruhe betätigen können. Es ist interessant zu sehen, daß Menschen, die selber nicht zuhören können, dazu neigen, viel an anderen Menschen herumzukritisieren. Man findet hier eine gesteigerte Regsamkeit, weil die Kraft, die eigentlich zum Schweigen und zum Herstellen der inneren Aufnahmefähigkeit benützt werden müßte, nach außen, statt nach innen gerichtet ist. Anstatt im Inneren die eigenen Ansichten zur Ruhe zu bringen, sich selbst zurückzunehmen, ja gleichsam sich selber auszuschalten, richtet man diese Aktivität auf den anderen: Man möchte ihn am liebsten ausschließen, man möchte von seinen Ansichten etwas weg- beziehungsweise zurücknehmen und ihn anders haben, als er ist, etwas anderes an die Stelle setzen. Kritiksucht korreliert oft mit dem Mangel an Fähigkeit zum Zuhören und kann Symptom werden für die beginnende Entgleisung des gesunden Seelenlebens. Allerdings spielt hier auch das Gedankenleben, das heißt das geistige Leben der Seele im Gegensatz zum rein Seelischen des Gefühlslebens, stark mit hinein, auf das wir noch zu sprechen kommen werden.

Zunächst sei jedoch der Frage nachgegangen, wie man ein derart gestörtes seelisches Gleichgewicht wieder herstellen kann. Wo liegt denn eigentlich das wirkliche Ruhemoment der Seele zwischen äußerer und innerer Aktivität? Wo findet man den Ruhepunkt der Seelenwaage, wo zwischen äußerem und innerem Erleben dieser freie Umschlagpunkt ist, wo die Seele selbst entscheidet, wohin sie sich orientieren und öffnen will. Wo findet man den Quellort der wirklichen tiefen Seelenruhe? Wo erlebt die Seele ihr eigenes Schweigen? Welche seelische Grundstimmung muß da sein, damit man überhaupt schweigen kann?

Eine Voraussetzung ist, daß das eigene Selbst und die Welt in einem gewissen Einklang stehen müssen. Man entdeckt, daß die Ruhelosigkeit von der Unzufriedenheit mit sich selbst und mit den Zuständen der Umwelt herrühren, und daß gerade dieser Einklang, diese Übereinstimmung nicht gefunden werden kann. Man kommt innerlich nicht zur Ruhe, solange einem innere oder äußere Probleme nachlaufen, und solange man mit sich selber nicht zurecht kommt. Seelenruhe kann eigentlich erst in dem Augenblick auftreten, in dem man es schafft, immer wieder zwischen dem inneren und dem äußeren Leben einen gewissen Einklang herzustellen. Und hierfür gibt es tatsächlich nur ein einziges Mittel, das in jeder Lebenslage anwendbar ist und immer hilft: der Umwelt und sich selbst gegenüber Verständnis aufzubringen – das heißt, die Umwelt und sich selbst in gleicher Weise lieb zu gewinnen. Die Liebe ist das einzige Gefühl, die einzige seelische Regung, die in jeder Lebenslage dazu verhilft, die innere Ruhe zu finden. Sich nur zu sagen: »Ich will ruhig sein. Ich will ruhig sein. Ich bin ganz entspannt...« – hilft nicht. Versucht man es dennoch, so kommt zu dem Erlebnis des Mißlingens noch der Selbstvorwurf hinzu: »Ich will doch ganz ruhig sein – warum gelingt es mir nicht?« Anstatt sich in dieser Weise über die eigene Schwäche zu ärgern, ist es tatsächlich besser, etwas Sinnvolles zu tun: zum Beispiel wie ein Wirbelwind durch das Haus zu fahren und zu putzen. Die Ruhe wird zwar dadurch nicht errungen, jedoch eine gewisse Zufriedenheit über die sinnvoll verbrachte Zeit. Gelingt es jedoch, an irgend etwas zu denken, das man liebgewonnen hat, so wird dieses besondere Gefühl geweckt, das weder Sympathie noch Antipathie ist, weder Hingabe noch Empfangen –, sondern immer beides zugleich oder auch keines von beiden. Liebe ist der Zustand vollkommener Harmonie, vollkommener innerer Ruhe. Da gibt es Menschen, die sagen: »Ich kann mich selbst nicht leiden und finde auch in meiner Umwelt so viel verkehrt, daß mir ein solcher Vorschlag gar keine Hilfe ist.«

Aber die Liebefähigkeit ist etwas, das eigentlich doch jeder jederzeit haben kann, wenn er nur daran denkt und sie regsam machen will. Die Liebefähigkeit ist schon durch die Tatsache vorhanden, daß wir alle einmal Kinder waren, die an sich und der Welt Freude hatten. Bevor der Mensch im dritten Lebensjahr das bewußte Denken lernt, lebt er in freudiger Hingabe an seine Umgebung und empfindet sich mit ihr in tiefer innerer Übereinstimmung. Erst durch das Denken beginnt diese Trennung von Selbst und Welt, die wir im späteren Leben oft so schmerzlich erleben. Erst mit dem Denken ist die Möglichkeit der Unzufriedenheit mit sich und anderen gegeben. Daher kann man von den Kindern wieder lernen, zu lieben. Sie sind immer offen, vergessen leicht, was man ihnen angetan hat, sind stets fröhlich, immer wieder für Kleinigkeiten dankbar. Weil wir alle einmal diesen Lebenszustand durchgemacht haben, tragen wir tief in unserer Erinnerung, in unseren unbewußten Lebensschichten diese vergessene Freude und Liebefähigkeit in uns. Selbstverständlich haben jene es leichter, solche Kindheitserfahrungen wieder zu beleben, bei denen die erste Lebenszeit lange ausgedehnt und durch die Erwachsenen geschützt und gefördert wurde. Schwerer gelingt es jenen, bei denen liebevolle Erfahrungen durch negative Erziehungseinflüsse immer wieder getrübt wurden. Wenn im Evangelium gesagt ist, daß man das Reich Gottes erst erlebt, wenn man wieder wird wie ein Kind, so ist das eine tiefe Wahrheit. Denn liebegetragene Ruhe ist gleichsam der Schlüssel, der die Türen zur geistigen Welt und ihren stärkenden Kräften aufschließt. Wenn also ein Mensch, wie vorhin empfohlen, nach dem Mittagessen in der Fabrik sich irgendwo zurückzieht, um sich fünf Minuten lang zu erholen, so kann es eine Hilfe sein, sich an die Kindheit zu erinnern und ein besonders harmonisches, glückhaftes Erlebnis ins Bewußtsein zu rufen. Bei diesem Erlebnis zu verweilen, in sich die freudige und hell-warme Seelenstimmung zu vergegenwärtigen, kann helfen, Hetze und Unruhe und Gedanken des Mißbehagens aus der Seele zu vertreiben. Gelingt das nicht, so sollte man nach der Arbeit die Gelegenheit wahrnehmen, Kinder zu beobachten. Natürlich nicht gerade wenn sie hungrig sind oder ins Bett müssen, sondern wenn sie zum Beispiel mit Bauklötzen spielen oder ihre Autos »in die Garage fahren«. Welch ein Einklang von Selbst und Umwelt lebt im kindlichen Spiel, in dem hingebungsvollen Herumrutschen mit diesen kleinen Autos. Sie werden leise anfangen zu schmunzeln, wenn Sie das wahrnehmen. Sie werden fühlen, wie das Herz, das eben noch so bedrängt und verkrampft war, sich entspannt, und wie der Kopf, in dem die Sorgen kreisten, leichter und freier wird. Die Atmung wird tiefer und gleichmäßiger, und man lernt, zu sich zu sagen: Was diese Kleinen können, das kann ich doch als Erwachsener auch wieder lernen.

426

Versucht man, sich selber wieder mehr leben zu lassen, sich eine Chance zu geben genauso wie jedem anderen, dem es ja auch auf seine Art nicht viel besser geht als einem selbst – schafft man es, so eine Art Spielplatzatmosphäre, Kinderzimmeratmosphäre im Erwachsenenleben einzurichten, durch die man Lust bekommt, wieder von vorne anzufangen – so ist das eine große Hilfe.

Das Wachrufen von Augenblicken der Liebe in der Erinnerung hat jedoch nicht nur die genannte beruhigende und kräftigende Wirkung. Interessant ist, daß einem nach einer solchen Bemühung die besten Ideen kommen, wie man zum Beispiel mit sich und den anderen am nächsten Tag besser zurechtkommen könnte. Wie oft geschieht es, daß man mit dem Partner eine Auseinandersetzung hat und kein Ende finden konnte und bis nachts um drei nicht locker gelassen hat in der Hoffnung, doch noch zu einem gewissen Abschluß zu kommen. Man geht müde zu Bett und findet durch die Müdigkeit am folgenden Tag nicht den richtigen Dreh, und schon wieder ist Anlaß genug da, um mit dem Gespräch von vorne zu beginnen. Dieses immer Weiterbohren und nicht Loslassenkönnen führt natürlich gelegentlich auch zur Lösung eines Problems. In den meisten Fällen wird jedoch die Problematik dadurch verschärft und immer komplizierter. Hinzu kommt, daß durch dieses Verfahren Unsummen an körperlichen und seelischen Kräften verschlissen werden. Hat man also länger als eine Stunde fruchtlos geredet, sollten beide sich sagen: »Wir ziehen uns fünf Minuten zurück. Jeder versucht einmal, an die Liebe zu denken, die einen ursprünglich zusammengeführt hat, und dann treffen wir uns wieder.« Man kommt tatsächlich ganz anders wieder zusammen! Vielleicht ist nach einer halben Stunde das Problem sogar gelöst, oder man hat es auf die Ferien vertagt, wo mehr Zeit ist, die Dinge wirklich in Ruhe zu besprechen. Es kann auch sein, daß einer zurückkommt und sagt: »Also, heute nicht mehr. Mir ist etwas eingefallen, das muß ich erst einmal ausprobieren. Ich bin gespannt, ob du es merkst.« Dann beschließt man vielleicht, sich in vierzehn Tagen wieder zu treffen und die entsprechenden Erfahrungen auszutauschen.

Solche Augenblicke der Liebe sind Einfallstore für gute Ideen, schaffen den Gefühlen einen Ruhemoment, bringen Menschlichkeit in das Alltagsleben. Natürlich kann man auch andere beruhigende oder erhebende Gefühle in der Seele wecken. Man wird jedoch finden, daß die Liebe das einzige Gefühl ist, in dem die gebende und empfangende Komponente, das heißt, das Verhältnis zwischen Selbst und Welt in vollständiger Harmonie ist.

Geistige Kraftquellen

Gibt es auch geistige Ruhe? Wie unterscheidet sich die seelische von der geistigen Tätigkeit? In unserem Zusammenhang sei mit seelischer Tätigkeit alles individuelle, persönliche Denken, Fühlen und Wollen gemeint. Durch die geistige Tätigkeit hingegen findet der Mensch Anschluß an die großen Weltvorgänge und -gesetze, die über sein persönliches Dasein hinausweisen.

Dies kann jedoch nur gelingen, wenn ein gewisses Maß an seelischer Ruhe hergestellt ist. Sie ist daher die wichtigste Voraussetzung für geistige Aktivität. Denn solange man seelisch nicht ausgeglichen ist und die eine oder andere Emotion einen beherrschen, sind die Gedankenprozesse dadurch beeinflußt. In diesem Fall pocht man auf *seine* eigene Meinung, macht *seine* eigenen Ansichten geltend. Dies hat jedoch mit der geistigen Dimension des Daseins unmittelbar nichts zu tun. Geistige Ruhe kann auf diese Weise nicht gefunden werden. Sie ist jedoch die Vorbedingung dafür, daß man das Geistige als Kraftquelle kennenlernt. Denn wenn man normalerweise denkt, kostet auch das Denken Kraft: das Nervensystem wird in Anspruch genommen und muß während der Nacht wieder regeneriert werden. Es gibt jedoch auch ein Denken, das aufbaut, das Kraft gibt und uns schon nach wenigen Minuten wieder frischer sein läßt, als wir vorher waren. Ein Denken, das einen anderen Charakter hat und das sich in seiner Kraftnatur der Seele und dem Leib mitteilen kann. An dieses Denken kommt man nur heran, wenn man vorher schon ein gewisses Maß an seelischer Ruhe, das heißt, an einer liebevollen seelischen Grundstimmung erworben hat.

Es gibt die verschiedensten Wege, der Geisteskraft oder der Gedankenkraft auf die Spur zu kommen. Man kann damit beginnen, zunächst einmal über das Denken selber nachzudenken. Dabei kann man gewahr werden, daß jedem Gedanken etwas in der Welt entspricht, daß Gedanken Wirklichkeiten sind und sich immer auf etwas Reales in der Welt beziehen. In diesem Sinne sind auch Irrtümer real. Vieles wird durch sie zerstört. Auch Lügen wirken. Dadurch sind sie wirklich und letztlich auch wahr, denn sie existieren und haben eine Wirkung. Jede Wahrheit ist irgendwo wirksam in der Welt, und diese Wirksamkeit kann im eigenen Gedankenleben entdeckt werden. Dadurch wird dessen Kraftnatur offenbar und erfahrbar.

Ist man gewöhnt, von kleinauf jeden Morgen und jeden Abend ein Gebet zu sagen, wie zum Beispiel das folgende, so ist das eine Hilfe, wenn man sich später im Erwachsenenalter für die Kraftnatur des Denkens interessiert. Denn durch das Beten lernt man, Beziehung aufzunehmen zu Gott und um seine Hilfe und Kraft zu bitten.

> Vom Kopf bis zum Fuß
> bin ich Gottes Bild.
> Vom Herzen bis in die Hände
> fühl' ich Gottes Hauch.
> Sprech' ich mit dem Mund,
> folge ich Gottes Willen.
> Wenn ich Gott erblick'
> überall, in Mutter, Vater,
> in allen lieben Menschen,
> in Tier und Blume
> in Baum und Stein
> gibt Furcht mir nichts;

nur Liebe zu allem,
was um mich ist.*
    Rudolf Steiner

Da kann einem dann im Erwachsenenalter, wenn man einmal innerlich schweigsam wird, plötzlich solch ein Gedanke wieder einfallen
– zum Beispiel: »Vom Kopf bis zum Fuß bin ich Gottes Bild« –, den
man in der Kindheit ungezählte Male ausgesprochen hat. Man wird
gewahr, daß dieser Gedanke nicht nur inhaltlich etwas ist oder eine
Information gibt, sondern daß er eine *Kraft* hat. Wenn man dieses
Krafterlebnis in sich aufsucht und verstärkt, ist man vom gewöhnlichen Denken zur Meditation fortgeschritten. Man *erlebt,* was man
bisher nur gedacht hat: die Gottebenbildlichkeit der Menschenge-
stalt.

Es gibt verschiedene Wege, an diese Kraft in den Gedanken oder
auch im Wort heranzukommen. Es gibt Gedankenmeditationen
und Wortmeditationen, es gibt auch Bildmeditationen, bei denen
man versucht, vom Schauen auszugehen und das Geschaute innerlich zu erleben. Ein Gedanke kann durch ein Bild veranschaulicht
werden, ein Gedanke kann sich im Wort darleben, ein Gedanke
kann aber auch in seiner eigenen Wesenheit erfahren werden. Die
Frage ist, woher empfängt er seine Kraft?

Im Evangelium wird an verschiedenen Stellen wiedergegeben,
was geistige Wesen sagen: der himmlische Vater, Engel, aber auch
Teufel und Dämonen sprechen mit Christus. Christus selber sagt zu
seinen Jüngern: Ich bin unter euch, so ihr Liebe untereinander habt.
Er bezeichnet selbst die Kraft, die mit seinem Wesen identisch ist,
und durch welche er den Menschen helfen kann. Dieses bedenkend
kann einem klarwerden, daß tatsächlich *jeder* Gedanke und *jedes*
Wort mit einer geistigen Wirksamkeit, einem Gesetz – letztlich aber
doch mit einem Wesen, das durch diese Gesetzlichkeit wirksam
wird – verbunden ist. Ein guter Gedanke, dem wir uns hingeben,
kann uns stärken, wenn wir ihn aufnehmen und uns für ihn persön-

---

* Aus »Gebete für Mütter und Kinder«, Dornach 1915.

lich begeistern. Begeisternde, erwärmende, erhellende Gedanken wirken sich aber auch wohltuend auf das Seelen- und Geistesleben aus. Sie lassen das Blut regsamer kreisen, befreien die Atmung und machen uns frisch. Lähmende oder zerstörerische Gedanken, die uns deprimieren, rauben uns Kraft und beeinträchtigen unser Lebensgefühl.

Das menschliche Denken verhüllt uns zunächst die Welt der geistigen Wesen, ihre Wahrheit und Wirksamkeit, denn wir glauben, schattenhaft-unwirklich unser Denken einfach nur zu benützen, und ahnen nicht, daß dieses Denken der Ort der Berührung ist, wo wir unmittelbar mit den geistigen Wesen in Beziehung stehen. Wenn wir uns mit einem Gedanken persönlich identifizieren und verbinden, können wir mehr und mehr erleben, daß mit ihm eben doch ein Wesenhaftes verbunden ist. Dabei ist die Kraft der Liebe deswegen so besonders erhebend und stärkend, weil sie sowohl im Leib als auch in der Seele, als auch als rein geistige Kraft erfahren werden kann und zu Christus selber wesensmäßig in Beziehung steht.

Den wenigsten Menschen ist dieser Zusammenhang bewußt. Das Gefühlsleben wird zwar als konkret-spannungsvoll und wirksam erlebt, das Gedankenleben dagegen mehr neutral-schattenhaft. Es ist jedoch gerade heute von besonderer Wichtigkeit, auf den Wirklichkeitscharakter des Denkens aufmerksam zu werden. Denn es wirken so viele destruktive Gedanken, der Angst und der Sorgen, daß man ihnen nicht gewachsen ist, wenn man in ihnen nicht das Konkret-Wirksame und Zerstörerische erkennt. Es ist nötig, sein Gefühlsleben vor diesen destruktiven Gedanken abzuschirmen und sich bewußt immer wieder guten, aufbauenden Gedanken hinzugeben, die ja ebenfalls in der Welt sind.

Die heutige Zeit fordert dazu heraus, auf die Suche zu gehen, geistige Kräfte verstärkt zur Wirksamkeit zu bringen, und zwar so, daß sie uns stärken können. Dazu müssen wir die hilfreichen und aufbauenden Gedanken aufsuchen und uns gefühlmäßig an sie anschließen, so daß sie unser ganzes Wesen durchdringen können, bis in den Leib hinein.

Vorbedingung für dieses Erleben der Gedankenrealität ist die seelische Ruhe. Gelingt sie, so können auch die Gedankenabläufe zur Ruhe gebracht werden: die geistige Ruhe ist da. Nun wird es möglich, sein Bewußtsein wirklich auf einen Gedanken zu konzentrieren, *einen* Gedanken in seinem Umkreis aufzusuchen. Dann gelingt es auch, ein Wort auf seine Eigenqualität hin, auf seinen Sinn, auf seine Bedeutung, auf seinen Umkreis in Verbindung mit anderen Worten zu untersuchen.

Es gibt eine Reihe von Grundübungen, durch die man sich die Fähigkeit zu seelischer und geistiger Ruhe erwerben kann. In seinem Buch: »Die Geheimwissenschaft im Umriß« schildert Rudolf Steiner fünf dieser Übungen. Sie seien zum Abschluß noch kurz dargestellt.

Zu den Grundübungen:

Die erste Grundübung bezieht sich auf das Denken und heißt Gedankenkontrolle. Man prüft sein Denken in bezug darauf, ob man wirklich ganz sachbezogen denkt, oder ob sich andere Einfälle und Assoziationen einmischen wollen. Bei dieser Übung entdeckt man plötzlich, wie anstrengend eigentlich das Denken ist, wenn man wirklich versucht, es ganz präzise Schritt für Schritt zu überschauen. Übt man das fünf Minuten täglich, so lernt man sein Denken besser kennen und erlebt wohltuend, wie man immer mehr Herr in diesem Bereich seines Seelenlebens wird. Es ist jedoch sinnvoll, nicht über große Fragen wie beispielsweise die nach dem Sinn des Lebens nachzudenken, sondern lieber darüber, wie eine Kaffeemaschine funktioniert oder wie ein Streichholz zustande kommt. So ist es leichter, ganz sachbezogen, objektiv und genau zu denken. Bemerkt man, wie wenig man eigentlich von diesen Gegenständen weiß, so ist das eben auch eine wichtige Erkenntnis. Man geht dann aus einer solchen Übung mit neuen Fragen an sich und die Welt hervor.

Bei der nächsten Übung handelt es sich um die Gefühlskontrolle. Das Wichtigste ist hier, das Gefühl der Liebe als gesunde Ausgangslage immer wieder in sich wachzurufen, denn ohne Liebe ist es schwer, sein Gefühlsleben zu kontrollieren, da einem der Bezugspunkt fehlt. Ein liebloses Üben führt dazu, daß man unter Umständen gefühlskalt-beobachtend anderen Menschen gegenübersteht. Gefühlskontrolle darf nicht Gefühlsverlust heißen, sondern vielmehr Erziehung des Gefühlslebens, daß es sich immer wach und beziehungsvoll und empfindend zur Welt und zum eigenen Selbst verhält. Kommt zum Beispiel jemand zu Besuch und man begrüßt ihn voller Überschwang, so sollte man sich hinterher fragen: »War diese Freudenreaktion ganz echt und sachgemäß oder war das zuviel des Guten?« Man sollte versuchen, seinen Gefühlshaushalt genauer kennenzulernen und den anderen Menschen und Dingen gemäßer damit umzugehen. Das gibt dem Gefühlsleben dann das Gepräge der Gelassenheit.

Drittens die Willensübung: Auch die Handlungen können viel genauer beobachtet und überprüft werden. Wodurch wird die Handlung veranlaßt? Kommt der Anlaß von außen? Kommt der Anlaß von innen? Man sollte bestrebt sein, sich darüber Rechenschaft abzulegen. Es führt dies zu einer stärkeren Objektivität sich selbst und der Umwelt gegenüber.

Als vierte und fünfte Grundübung führt Rudolf Steiner zwei Übungen an, in denen das Denken einmal mit dem Gefühlsleben und einmal mit dem Willensleben verbunden geübt werden soll. Spannt man das Denken und das Fühlen zusammen, so eröffnet sich die Möglichkeit, alles, was geschieht, von zwei Seiten anzuschauen. Denn das Typische des Gefühlslebens zeigt sich darin, daß es immer schwankt zwischen Sympathie und Antipathie. Jetzt fängt man an, jede Wahrheit, die durch das Denken vermittelt wird, auf diese Gefühlswaage zu legen mit der Frage: »Was ist an dir sympathisch, was ist an dir antipathisch?« Diese Übung nennt Rudolf Steiner die Positivitätsübung. Ist es doch weit schwieriger, am Häßlichen und Problematischen auch die schönen und sinnvollen Aspekte aufzusuchen, als am Positiven die zweifellos auch vorhandenen negativen Seiten.

433

Die letzte, fünfte Übung sei mit Rudolf Steiners eigenen Worten wiedergegeben (GA Nr. 13, S. 335):

»Das Denken in Verbindung mit dem Willen erfährt eine gewisse Reifung, wenn man versucht, sich niemals durch etwas, was man erlebt oder erfahren hat, die unbefangene Empfänglichkeit für neue Erlebnisse rauben zu lassen. Für den Geistesschüler soll der Gedanke seine Bedeutung ganz verlieren: ›Das habe ich noch nie gehört, das glaube ich nicht.‹ Er soll während einer gewissen Zeit geradezu überall darauf ausgehen, sich bei jeder Gelegenheit von einem jeglichen Dinge und Wesen Neues sagen zu lassen. Von jedem Luftzug, von jedem Baumblatt, von jeglichem Lallen eines Kindes kann man lernen, wenn man bereit ist, einen Gesichtspunkt in Anwendung zu bringen, den man bisher nicht in Anwendung gebracht hat. Es wird allerdings leicht möglich sein, in bezug auf eine solche Fähigkeit zu weit zu gehen. Man soll ja nicht etwa in einem gewissen Lebensalter die Erfahrungen, die man über die Dinge gemacht hat, außer acht lassen. Man soll, was man in der Gegenwart erlebt, nach den Erfahrungen der Vergangenheit beurteilen. Das kommt auf die eine Waagschale; auf die andere aber muß für den Geistesschüler die Geneigtheit kommen, immer Neues zu erfahren. Und vor allem der Glaube an die Möglichkeit, daß neue Erlebnisse den alten widersprechen können.

Damit sind fünf Eigenschaften der Seele genannt, welche sich in regelrechter Schulung der Geistesschüler anzueignen hat: die Herrschaft über die Gedankenführung, die Herrschaft über die Willensimpulse, die Gelassenheit gegenüber Lust und Leid, die Positivität im Beurteilen der Welt, die Unbefangenheit in der Auffassung des Lebens. Wer gewisse Zeiten aufeinanderfolgend dazu verwendet hat, um sich in der Erwerbung dieser Eigenschaften zu üben, der wird dann noch nötig haben, in der Seele diese Eigenschaften zum harmonischen Zusammenstimmen zu bringen. Er wird sie gewissermaßen je zwei und zwei, drei und eine und so weiter gleichzeitig üben müssen, um Harmonie zu bewirken.«

Zum Abschluß sei noch einmal an den Ausgangspunkt unserer

Betrachtung zurückgekehrt und die Frage gestellt: Wie kann die Zufriedenheit als Kraftquelle erschlossen werden? Zufriedenheit kann gelernt werden, indem man jenes leibliche, seelische und geistige Gesetz in Anwendung bringt, das besagt: Eine wirklich befriedigende Aktivität kann nur aus der inneren Ruhe, aus einer inneren Besonnenheit hervorgehen. Es ist deswegen so schwer, an die Zufriedenheit heranzukommen, weil sie die innere Ruhe voraussetzt, die Übereinstimmung mit sich selbst und mit der Welt. Wenn Sie fragen: »Warum ist es so schwer, beispielsweise eine Übung zu machen wie die, von den Kindern das Lieben zu lernen?«, so kann man sagen, daß dies beispielsweise daran liegt, daß in unserem Leib, in unserer Seele und in unserem Geist polare Kräfte miteinander zu ringen haben, die wir kennen und beherrschen lernen müssen. Wir Menschen sind weder gut noch böse, sondern Wesen, die sich gerade dadurch entwickeln, daß sie mit den Kräften des Guten und Bösen umgehen lernen müssen. Geistig, seelisch und leiblich gehen wir mit beiden Kräfte- und Wesensarten um. Dadurch können wir auch über ihnen stehen.

Jedes Wesen in der Welt hat seine Aufgabe und möchte im Sinne des Ganzen wirken. Unsere Aufgabe als Menschen kann es sein, mitzuhelfen beim Schaffen eines harmonischen Gleichgewichtes der Kräfte und Wirksamkeiten in der Welt.

Die Fähigkeit des Über-den-Dingen-Stehens, des Ausgleichen-Könnens von Gegensätzen hat jeder Mensch von Anfang an bei sich veranlagt. Schon in den ersten drei Lebensjahren zeigt sich dies: Drei verschiedene Stufen in der Gleichgewichtsfindung werden in diesen drei ersten Jahren gelernt. Im ersten Lebensjahr muß das Kind sein körperliches Gleichgewicht finden im Erwerb des aufrechten Ganges. Im zweiten Lebensjahr lernt es, über die Sprache in ein seelisches Gleichgewicht zwischen sich selbst und seiner Umwelt zu kommen, indem es zuhört und sich äußert. Im dritten Jahr lernt es dann denken und beginnt mit dem ›nein‹ und ›ja‹ und mit dem Gut und Böse umzugehen und sich geistig in Beziehung zu setzen mit den Wesen und ihren Wirkungen.

Dieses Mittlere, um das sich gleichsam die Waagebalken bewegen, entspricht der dreifachen Ruhe, die ich darzustellen versucht habe. Dieser Ruhe- beziehungsweise Gleichgewichtspunkt ist der Quellort leiblicher, seelischer und geistiger Erneuerungskraft. Was auch geschieht, immer können wir hier wieder zu uns selbst zurückkehren. Es ist der Ort der Übereinstimmung mit uns selbst, wo das ›ich bin ich‹ zu Hause ist. Und so sei zum Abschluß als bedeutendste Kraftquelle, an die Kraft der Identifikation erinnert. Im Neuen Testament begegnen wir ihr in den Aussprüchen des Christus, in denen er sich identifiziert mit dem Brot des Lebens, mit dem Licht der Welt, mit der Tür, dem Weg, der Wahrheit, der Auferstehung und dem Leben. Was geschieht, wenn wir Menschen uns mit etwas identifizieren? Wenn wir beispielsweise mit einem Ideal, mit einem Menschen, mit einer Arbeit uns verbinden? Dann fühlen wir uns gestärkt durch das, womit wir uns verbunden haben. Die Kraft der Identifikation macht uns stark, weil dasjenige, was wir in uns aufgenommen haben, uns die Kraft gibt. Durch diesen Anschluß wurden wir stark. Wenn wir uns nicht identifizieren, so fehlt uns die Kraft des Wesens oder des Vorgangs, mit dem wir uns eben nicht verbunden haben. Hadern wir mit uns selbst, sind wir uneins mit uns, sind wir nicht in der Lage, uns mit uns selbst zu identifizieren, so raubt uns das viel Kraft. Wir erleben den Zwiespalt, wir erleben das Auseinanderfliehen der Waagebalken, das sinnlose Hin- und Herpendeln im Ungleichgewicht und finden nicht das vermittelnde Ruhe-Element, das die Gegensätze vereinigt, das uns mit uns selbst wieder in Übereinstimmung bringt. Können wir diesen Ruhepunkt jedoch finden, in der Geduld mit uns selbst und in der Liebe zur Welt, so finden wir Anschluß an die wirksamen, geistigen, helfenden Kräfte in der Welt – und an die Wesen, von denen diese Kräfte ausgehen.

Fragen zum Thema:

Frage: Bei der vierten Übung kommt mir als erstes der Gedanke, daß ich die Bedrohung zum Beispiel durch Atombomben oder durch Atomkraftwerke als sehr schlimm empfinde. Eine Tatsache, der gegenüber ich mich ohnmächtig fühle. Sie haben erwähnt, daß die bösen Kräfte, wozu ich auch diese Atombomben rechnen würde, notwendig sind. Gerade für diesen Fall finde ich das überhaupt nicht anwendbar.

Antwort: Das ist natürlich eine entscheidende Frage. Denn wenn unsere Betrachtung vor den Atombomben halt machen müßte, so würde sie nicht helfen, mit den heutigen Alltagssorgen fertigzuwerden.

Im Zusammenhang damit hat mir die Überlegung geholfen, daß einer der größten Kraftzehrer die Angst ist – in Verbindung mit dem Gefühl der Bedrohtheit und der Ohnmacht. Denn die Angst und das Sinnlosigkeitserlebnis nimmt einem die Möglichkeit, sich in dieser Welt, die man nicht mehr versteht, als sinnvoll eingebettet zu erleben. Und das raubt natürlich Kraft, da keine Übereinstimmung zwischen Selbst und Welt auf diesem Gebiet mehr da ist. Man verliert durch diese Art der Angst seinen Bezug zur Wirklichkeit, in der man lebt. Arbeitet man an der Überwindung dieser Angst, so erlebt man zugleich das Positive auch dieser furchtbaren Vernichtungswerkzeuge: Sie fordern uns auf zur Mitverantwortung und zum Nachdenken über das ewige, unzerstörbare geistige Leben der Welt.

Frage: Mir fehlt der Dreh- und Angelpunkt für gewisse Situationen. Wo ist die Wahrheit? Welchen Maßstab lege ich zur Beurteilung an?

Antwort: Was für eine Situation richtig ist, kann eigentlich nur gefunden werden, wenn man mit seiner Mitleidsfähigkeit und gefühlsmäßigen Hinwendung in die Situation eintaucht. Das feine Abwägen sympathischer und antipathischer Elemente verhilft einem zu anderen Entscheidungen, als wenn man abstrakt und ohne

Gefühlsbeteiligung verschiedene Lösungsmöglichkeiten in Erwägung zieht. Letztlich führt eben das zur Entscheidung, was man selbst nach bestem Wissen und Gewissen in einer Situation für richtig empfindet *und* die Bereitschaft, mit den Konsequenzen der Entscheidung zu leben. Man kann auch sagen: Jede Entscheidung ist richtig (denn wenn ich sie gefällt habe, ist sie wahr und wirkt), vorausgesetzt, daß ich bereit bin, mit den Folgen zu leben, und an Problemen, die mit dieser Entscheidung verbunden sind, zu arbeiten.

Frage: Können Sie bitte den Unterschied zwischen Emotionen und Gefühlen erklären?

Antwort: Wir benützen das Wort Emotion im Deutschen eher da, wo es sich um die Gefühle handelt, die spontan als innere Seelenbewegungen auftreten und woran man noch nicht bewußt gearbeitet hat. Von Gefühlen sprechen wir dann, wenn die Emotionen gedanklich bearbeitet bzw. geklärt worden sind und wir dann differenzierte Worte dafür finden wie sanft, hart, friedlich und ähnliche. Ich benütze die Begriffe so, daß ich für ein mehr unbewußt wirkendes Gefühl den Ausdruck Emotion bevorzuge und für ein bewußt erlebtes Gefühl den Ausdruck Gefühl.

Frage: Ist es ein gutes oder ein schlechtes Zeichen, wenn man sagt: Ich möchte die schrecklichen Nachrichten in der Zeitung lieber nicht lesen, ich weiß, daß es sie gibt, aber ich will mich damit nicht auseinandersetzen. Ich habe diese Einstellung und werde dadurch oft mit Vorwürfen konfrontiert, daß ich mich mit diesen Problemen nicht genügend befasse.

Antwort: Letztlich muß doch jeder selbst entscheiden, wie weit er sich gefühlsmäßig belasten kann. Viele Resignationszustände der Gegenwart kommen gerade daher, daß die Menschen mehr belastende Informationen aufnehmen, als sie zu verarbeiten in der Lage sind. Es ist sicher besser, wenn Sie sich mit positiven Zielsetzungen erfüllen und Ihren Alltag meistern, als wenn Sie deprimiert in einer Ecke sitzen und die Schreckensnachrichten aus der Morgenzeitung nicht verarbeiten können. Allerdings können wir immer danach streben, unsere Belastungsfähigkeit und Tragfähigkeit zu erweitern. Hierzu kann es helfen, wenn wir andere Menschen fragen, wie sie mit diesen Nachrichten fertigwerden. Wenn Sie solche Fragen stellen, werden auch die Vorwürfe nachlassen, daß Sie sich zuwenig damit auseinandersetzen.

Frage: Ich bin eine berufstätige Mutter und bin eigentlich mit der Erwartung gekommen, daß ich mit nach Hause nehme, wie ich die Kräfte, die ich im Alltag ständig schwinden sehe, wieder aufmöbeln kann, um klarzukommen. Was Sie hier geschildert haben, erschlägt mich irgendwie, und ich denke, das kostet mich auch unendlich viel Energie. So gehe ich jetzt also nach Hause und denke, diese Arbeit am Finden des Gleichgewichts frißt zusätzlich Energie, und die Frage bleibt: Wo bekomme ich nun die Kraft her, um erst mal meinen Alltag zu bewältigen?

Antwort: Diese Frage verhilft vielleicht dazu, den Bogen zu schließen und nach dem bisher Geschilderten nun noch in den praktischen Alltag einzutauchen. Was hier dargestellt wurde, sollte zeigen, daß ein Kraftzuwachs nur aus der Ruhe kommen kann. So wie die Kraft für den nächsten Herzschlag aus dem kleinen Ruhemoment kommt. Deshalb muß man sich als Mutter zu Hause und als Gestreßte am Arbeitsplatz in dieser doppelten Funktion die Frage stellen: Wo finde ich die Möglichkeiten, in meinem Tageslauf Augenblicke der Ruhe einzubauen?

Das wäre der erste Schritt in die Praxis. Es ist also unbedingt notwendig, Momente der Ruhe einzuschalten. Überprüfen Sie Ihre häusliche Situation und den Tageslauf vom Morgen bis zum Abend mit der Frage, wo Sie am ehesten etwas Zeit für sich beanspruchen können. Schauen Sie sich die Woche an, ob es Tage gibt, wo Sie ein bis zwei Stunden für sich gewinnen, und welche Tage es sind, wo es vielleicht nur wenige Minuten sein können. Tun Sie in diesen ausgesonderten Zeiten irgend etwas, was Ihnen wirklich Freude macht. Der zweite Schritt in die Praxis ist: herauszufinden, ob man tatsächlich noch an irgend etwas wirklich Freude haben kann. Denn das Erlebnis der Freude gibt Kraft. Wenn Sie Freude an körperlicher

Betätigung haben, so suchen Sie sich jemanden, mit dem Sie in dieser Zeit sich einer sportlichen Betätigung hingeben können. Es kann aber auch etwas anderes sein. Oft ist es schwer, solche ausgesonderten Zeiten täglich oder auch wöchentlich einzurichten. Dann sollte man beispielsweise alle vierzehn Tage einen ganzen Tag für sich in Anspruch nehmen. Es ist nur eine Frage der Organisation, wer an diesem Tag die Kinder übernimmt und das Haus versorgt. Eine Mutter hat mir einmal erzählt, daß ihr zweimal im Jahr eine Woche genügt, um das ganze übrige Jahr voll für Beruf und Familie zur Verfügung zu stehen. Während dieser Woche ist sie dann aber unerreichbar und ganz dem hingegeben, was sie sich für diese Zeit vornimmt.

Es ist entscheidend, einzusehen, daß neue Kräfte nur aus der Ruhe kommen können. Und wem seelische und geistige Übungen nicht liegen, der muß eben zunächst sehen, daß er sich genügend Gelegenheit für körperliche Ruhe und Entspannung verschafft. Hat man das über eine längere Zeit hin fertigbekommen, so stellt sich ganz von selbst auch das Erlebnis einer größeren inneren Ruhe ein, und man wird aufgeschlossener gegenüber den Fragen, die wir heute abend im weiteren Sinne besprochen haben.

Wichtig ist jedoch bei all diesen Versuchen, daß noch etwas hinzutritt, worüber wir bisher nicht gesprochen haben: Ehrlichkeit mit sich selbst. Wir müssen in diesen ruhigen Zeiten wirklich bereit sein, loszulassen und uns selber nichts vorzumachen. Auch wenn wir dann eine Stunde weinen und eben ratlos sind und uns nicht zu helfen wissen, ist es unter Umständen am erholsamsten, im Weinen zu entspannen und langsam zur Ruhe zu kommen, als irgendwelche Übungen vorzunehmen. Beim nächstenmal kann man sich dann an dieses Erlebnis erinnern und schauen, ob man inzwischen schon ein wenig weitergekommen ist. Vielleicht gelingt es dann eher, sich auf ein frohes Jugenderlebnis zu besinnen oder sich eine Erfahrung der Liebe ins Bewußtsein zu rufen und das damit verbundene Gefühl in der Seele lebendig zu machen. Da merkt man dann, wie einem durch dieses Gefühl geholfen wird, seelisch zu entspannen. Und dann gelingt es vielleicht auch, den Gedanken zu denken, daß durch den Christus die Liebe als eine objektive Kraft in der Welt immer anwesend ist und von jedem Menschen gefunden werden kann, der sich damit identifizieren und sich an IHN anschließen will.

Oft sind derartige Appelle an die Selbsterziehung zunächst erschlagend, vor allem, wenn man sich ohnehin schon erschöpft und irgendwie am Ende fühlt. Das Wichtigste wäre, daß Sie mit dem Gedanken nach Hause gehen: Die Kraft kommt mir aus der Ruhe, und ich muß jetzt einmal darüber nachdenken, wie ich mir in meinem Alltag Augenblicke der Ruhe verschaffe. Zunächst leiblich und dann, wenn ich das geschafft habe, auch seelisch und vielleicht zu einem späteren Zeitpunkt auch geistig – in aller Geduld mit mir und mit meiner Umgebung.

Sie werden sicher bemerken, daß Ihnen in derartigen Augenblikken der Ruhe Gedanken kommen, die Ihnen helfen, die nächsten Schritte zu tun. Wir Menschen sind nicht von allen guten Geistern verlassen. Diese können uns nur keine guten Einfälle senden, weil wir die nötige Ruhe in uns und das nötige Vertrauen in sie nicht herstellen. Wenn man es schafft, über sein eigenes Elend zu schweigen und es für kurze Zeit einmal seelisch loszulassen, dann können die guten Geister in der so entstehenden Stille zu einem sprechen und einem helfen, mit der Situation fertigzuwerden.

> Wenn Ruhe der Seele Wogen glättet
> Und Geduld im Geiste sich breitet,
> Zieht der Götter Wort
> Durch des Menschen Inneres
> Und webt den Frieden der Ewigkeiten
> In alles Leben des Zeitenlaufes.
>
> *Rudolf Steiner*

Namen- und Sachregister

Literaturhinweise

Barz, Brigitte, »Feiern der Jahresfeste mit Kindern«, Stuttgart 1984.
Bauer / Görg / Hoffmeister, »Gespräche mit Ungeborenen«, Stuttgart 1986.
Bock, Emil, »Wiederholte Erdenleben. Die Wiederverkörperungsidee in der deutschen Geistesgeschichte«, Stuttgart 1975.
Britz-Crecelius, Heidi, »Kinderspiel – lebensentscheidend«, Stuttgart 5. Auflage 1987.
Bühler, Walther, »Meditation als Erkenntnisweg. Bewußtseinserweiterung mit der Droge«, Stuttgart 1980.
Buddemeier, Heinz, »Illusion und Manipulation. Die Wirkung von Film und Fernsehen auf Individuum und Gesellschaft«, Stuttgart 1987.
–: »Die unhörbare Suggestion. Forschungsergebnisse zur Beeinflussung des Menschen durch Rockmusik und subliminale Kassetten«, Stuttgart 1989..
Bund der Freien Waldorfschulen (Hrsg.), »Von der Würde des Kindes«, Erziehungskunst, Heft 7/8, 1979.

Carlgren, Frans, »Erziehung zur Freiheit«, Stuttgart 4. Auflage 1981 und Fischer Taschenbuch 1981.

Debus, Michael, »Vom Tod zur Wiederverkörperung. Die Frage der Identität«, Stuttgart 1980.

Erziehungsfragen, Erziehungshilfen, »Programmiertes Lernen«, Zürich 1968.

Freie Pädagogische Vereinigung, Bern, »Waldorfpädagogik in öffentlichen Schulen«, Freiburg 1976.
Fucke, Erhard, »Lernziel: Handeln können«, Fischer Taschenbuch 1981.

Gabert, Erich, »Die Strafe in der Selbsterziehung und in der Erziehung des Kindes«, 8. Aufl. Stuttgart 1982.
–: »Das mütterliche und väterliche Element in der Erziehung«, Stuttgart 1949.
Goebel, Wolfgang / Glöckler, Michaela, »Kindersprechstunde. Ein medizinisch-pädagogischer Ratgeber«, Stuttgart 7. Aufl. 1988.

Glöckler, Michaela, »Die männliche und weibliche Konstitution. Medizinisch-menschenkundliche Aspekte zur Ehe«, Stuttgart 1987.
Grosse, Rudolf, »Erlebte Pädagogik«, Dornach 1968.
Grunelius, Elisabeth M., »Erziehung im frühen Kindesalter«, Freiburg 1974.

Haag, Herbert, »Vor dem Bösen ratlos«, München 1978.
Hauschka, Margarethe, »Zur künstlerischen Therapie«, Bd. I.
Heimeran, Marta, »Von der Religion des kleinen Kindes«, 3. Aufl. Stuttgart 1983.
Hertl, Michael und Renate, »Kranke und behinderte Kinder in Schule und Kindergarten«, dtv 1979.
Heydebrand, Caroline v., »Vom Lehrplan der Waldorfschule«, Auslieferung vom Verlag Freies Geistesleben, Stuttgart.
–: »Vom Seelenwesen des Kindes«, Stuttgart 1971
–: »Vom Spielen des Kindes – das Kind beim Malen«, Stuttgart 1966.
Holtzapfel, Walter, »Krankheitsepochen der Kindheit«, Stuttgart 1984.
Horny, Ilse, »Eurythmie – die heilende Bewegungskunst«, Verein f. ein erw. Heilwesen, Bad Liebenzell.

Kloss, Heinz, »Waldorfpädagogik und Staatsschulwesen«, Stuttgart 1955.
König, Karl, »Die ersten drei Jahre des Kindes«, Stuttgart, 7. Aufl. 1981.
Korselt, Trude, »Matthias – unser mongoloides Kind«, Stuttgart 1987.
Kranich, Ernst Michael, »Pädagogische Projekte und ihre Folgen«, Stuttgart 1971.
– »Pädagogische Projekte und ihre Folgen«, Stuttgart 1972.
Kügelgen, Helmut von (Hrsg.), »Plan und Praxis des Waldorfkindergartens«, Stuttgart 1973.
Kümmell, Hans Chr., »Die Herz-Kreislauf-Idee. Ihre Entdeckung und weitere Entwicklung aus erkenntnistheoretischer Sicht«, Stuttgart 1985.

Lebenshilfen, hrsg. v. Verein für ein erweitertes Heilwesen, Bad Liebenzell.
Bd. 1 »Natur – Ernährung – Gesundheit. Gefährdung und Pflege«, Stuttgart 1988.
Bd. 2 »Lebenslauf. Das Ich als geistige Wirklichkeit«, Stuttgart 1988.
Bd. 3 »Arzneimittel. Was ist Heilung?«, Stuttgart 1988.
Bd. 4 »Freuden der Zivilisation. Die täglichen Verführer«, Stuttgart 1988.
Bd. 5 »Sucht und Drogen. Gewohnheit – Flucht – Abhängigkeit«, Stuttgart 1989.
Bd. 6 »Zivilisationskrankheiten. Ursachen – Vorbeugung – Heilung«, Stuttgart 1989.
Bd. 7 »Kinderkrankheiten und Entwicklungsstörungen. Menschenkundliche Grundlagen«, Stuttgart 1989.
Bd. 8 »Das Kind in unserer Verantwortung. Geburt und erste Lebensjahre«, Stuttgart 1989.

Bd. 9 »Das Kind im Vorschulalter. Pädagogik im Elternhaus«, Stuttgart 1989.

Bd. 10 »Zeitkrankheiten. Entstehung – Vorbeugung – Ganzheitsbehandlung«, Stuttgart 1989.

Bd. 11 »Helfen und Heilen durch Kunst. Neue Wege der Therapie«, Stuttgart 1989.

Leber, Stefan, »Die Sozialgestalt der Waldorfschule«, Stuttgart 1974.

–: »Geschlechtlichkeit und Erziehungsauftrag«, Stuttgart 1981.

Lievegoed, B. C., »Entwicklungsphasen des Kindes«, Stuttgart 1976.

–: »Lebenskrisen, Lebenschancen«, Stuttgart 1982.

Lindenberg, Christoph, »Die Lebensbedingungen des Erziehens«, Rowohlt 1981.

–: »Waldorfschulen: angstfrei lernen, selbstbewußt handeln«, Rowohlt 1981.

Lusseyran, Jacques, »Blindheit – ein neues Sehen der Welt«, Stuttgart 1970.

–: »Das wiedergefundene Licht«, Stuttgart 1978.

Mander, Jerry, »Schafft das Fernsehen ab«, Rowohlt 1980.

Menschenkundliche Hinweise zur Sexualerziehung. 6 Aufsätze verschiedener Autoren in: »Erziehungskunst«, Monatsschrift zur Pädagogik Rudolf Steiners, Heft 3/4 1981.

Müller-Wiedemann, H., »Mitte der Kindheit«, Stuttgart 1979.

Neuschütz, Karin, »Lieber spielen als fernsehen!«, Stuttgart 1984.

Patzlaff, Rainer, »Bildschirmtechnik und Bewußtseinsmanipulation«, Stuttgart 1985.

Piaget, J., »Das Erwachen der Intelligenz«. Ges. Werke I, Stuttgart 1975.

Plattner, Elisabeth, »Die ersten Lebensjahre«, Sutttgart 1987.

Rittelmeyer, Friedrich, »Meditation. Zwölf Briefe über Selbsterziehung«, 10. Aufl. Stuttgart 1980.

Schad, Wolfgang, »Erziehung zur Kunst. Fragen und Motive«, Fischer Taschenbuch 1984.

Schroeder, Hans-Werner, »Der Mensch und das Böse. Ursprung, Wesen und Sinn der Widersachermächte«, Stuttgart 1984.

– »Mensch und Engel. Die Wirklichkeit der Hierarchien«, Stuttgart, 3. Auflage 1988.

Steiner, Rudolf, »Theosophie«, Dornach 1973, GA 9.

–: »Der menschliche und der kosmische Gedanke«, Dornach 1980. GA 151.

–: »Die Brücke zwischen der Weltgeistigkeit und dem Physischen des Menschen«, Dornach 1980, GA 202.

–: »Die Philosophie der Freiheit«, Dornach 1978, GA 4.

–: »Reinkarnation und Karma. – Wie Karma wirkt«, Dornach 1978.

–: »Offenbarungen des Karma«, Dornach 1975, GA 120.

–: »Gebete für Mütter und Kinder«, Dornach 1962.

–: »Über Gesundheit und Krankheit. Grundlagen einer geisteswissenschaftlichen Sinneslehre« (GA 348). Achtzehn Vorträge für die Arbeiter am Goetheanumbau 1922/23. GA 348.

–: »Geisteswissenschaft und soziale Frage«. Drei Aufsätze 1905/1906, Dornach 1977.

–: »Die Kernpunkte der sozialen Frage«, Dornach 1976. GA 23.

–: »Die Geheimwissenschaft im Umriß«, Dornach 1977. GA 13.

–: »Wie erlangt man Erkenntnisse der höheren Welten?«, Dornach 1975, GA 10.

–: »Das Geheimnis der menschlichen Temperamente«, Basel 1980.

–: »Die Hygiene als soziale Frage«. Ein Vortrag, 7.4. 1920, Dornach.

–: »Die Erziehung des Kindes vom Gesichtspunkt der Geisteswissenschaft«, Dornach 1978.

–: »Erziehung des Kindes/Die Methodik des Lehrens«, Stuttgart 1961.

–: »Aspekte der Waldorfpädagogik«, München 1977.

–: »Wege und Ziele des geistigen Menschen. Lebensfragen im Lichte der Geisteswissenschaft«. Vortrag vom 26.11. 1910, GA 125.

–: »Eurythmie – Die Offenbarung der sprechenden Seele«, Dornach 1972, GA 277.

–: »Inneres Wesen des Menschen und Leben zwischen Tod und neuer Geburt«, Dornach GA 153.

–: »Die geistige Führung des Menschen und der Menschheit«, GA 15, Dornach 1974. Taschenbuchausgabe: TB 614.

–: »Die Geheimwissenschaften im Umriß«, GA 13, Dornach 1972.

–: »Der Tod als Lebenswandlung«, GA 182, Dornach 1900.

Strauss, Michaela, »Von der Zeichensprache des kleinen Kindes«, Stuttgart 1976.

Tautz, Johannes, »Die Freie Waldorfschule«, Stuttgart 1972«.

– »Würde der Dinge – Freiheit des Menschen.« Goethe-Texte, ausgewählt und eingeleitet von Wolfgang Schad, Stuttgart 1983.

Verbrugh, Hugo S., »…wiederkommen. Erfahrungen des Vorgeburtlichen und der Reinkarnationsgedanke«, Stuttgart 1982.

Wachsmuth, Günther, »Reinkarnation«, 2. Aufl. Dornach 1983.

Wilmar, Fritz, »Wie wirken Rundfunk und Fernsehen auf Kinder?«, Stuttgart 1974.

Winn, Mary, »Die Droge im Wohnzimmer«, Rowohlt 1979.

WOLFGANG GOEBEL / MICHAELA GLÖCKLER

Kindersprechstunde

Ein medizinisch-pädagogischer Ratgeber
13., überarbeitete und erweiterte Auflage,
680 Seiten, 120 farbige Abbildungen,
Zahn- und Gesundheitspaß als Beilage, Pappband

Dieses Buch ist ein umfassender ärztlicher und pädagogischer Ratgeber für Eltern und alle, die mit Kindern zu tun haben. Es ist sowohl ein Nachschlagewerk für Fragen im akuten Krankheitsfall als auch eine grundlegende Darstellung des Kindes in seiner Entwicklung und der dazu erforderlichen Pflege und Erziehung. Aus der langjährigen Erfahrung im klinischen Bereich und in der ambulanten Kinderarztpraxis des Gemeinschaftskrankenhauses Herdecke entstanden, basiert dieses Werk unter Berücksichtigung der modernen Schulmedizin auf den menschenkundlichen Grundlagen der Waldorfpädagogik und der anthroposophisch orientierten Medizin.

In neuartiger Weise wird versucht, den Zusammenhang von Erziehung und Heilkunst darzustellen. Die Einsicht in diesen Zusammenhang ist besonders für die Kinderheilkunde von weittragender Bedeutung. Denn hier kann durch rechtzeitiges Wahrnehmen möglicher Schäden und durch positive Arbeit an bereits eingetretenen Beeinträchtigungen eine umfassende Krankheitsprophylaxe geleistet werden.

Der Stoff ist so gegliedert, daß im ersten Teil die Betrachtung alltäglicher Krankheitssituationen im Mittelpunkt steht. Im zweiten Teil werden die kindliche Entwicklung dargestellt und Anregungen zu deren Förderung gegeben. Der dritte Teil befaßt sich mit therapeutischen Gesichtspunkten der Pädagogik, wobei auch Wege zur Bewältigung typischer Konflikt- und Krisensituationen in der Erziehung aufgezeigt werden. Der Anhang enthält neben einem ausführlichen Register viele praktische Anleitungen und einen Gesundheitspaß mit Zahnpaß.

VERLAG URACHHAUS STUTTGART

JULIAN SLEIGH
Freiheit erproben

Das dreizehnte bis neunzehnte Lebensjahr
Verständnishilfen für Eltern
Aus dem Englischen. 136 Seiten, kartoniert

Die Zeit des Erwachsenwerdens bringt mancherlei Veränderungen
und Konflikte mit sich. Die Eltern erleben Zeiten voller Sorge,
wenn sie erkennen, daß sie keine Kontrolle mehr über den Jugendlichen haben und daß sie ihn loslassen müssen. Für ihn selbst sind
dies aufregende Jahre der Selbstfindung, in denen viel Dunkles auf-
brechen kann, die aber auch voller Zauber sind. In diesem Alter hat
die Liebe der Eltern zu ihrem Kind ihre größte Bewährungsprobe.

BRONWYN DONAGHY
Annas Geschichte

Das kurze Leben der Anna Wood, die nach einer
Ecstasy-Pille starb
Aus dem australischen Englisch von Barbara Hoos de Jokisch
256 Seiten, kartoniert

Anna hat mit fünfzehn Jahren ihre erste und einzige Ecstasy-
Tablette genommen. Und die wirkte sofort tödlich. Wie ein Puzzle
läßt Bronwyn Donaghy das Bild eines ganz besonderen Menschen
entstehen, der alles andere war als ein »Drogentyp«.
Eingestreut in den aufrüttelnden Tatsachenbericht sind wichtige
Informationen. Fachleute liefern medizinische Fakten über die
Wirkung der verschiedenen Drogenarten und Erklärungen für die
Anziehungskraft, die Drogen auf Jugendliche ausüben, Fakten zum
alltäglichen Umgang mit Suchtmitteln in unserer Gesellschaft, über
die Vorbildwirkung der Erwachsenen, über die Risikobereitschaft
von Jugendlichen – ohne jeden »moralischen Zeigefinger«.

MICHAELA GLÖCKLER

Elternfragen heute

Erziehung aus Verantwortung

464 Seiten, Pappband

Dieses Buch von Michaela Glöckler schließt an ihre erfolgreiche »Elternsprechstunde« an. Auch dieser Band ist entstanden aus regelmäßigen »Elternabenden«, deren Themen von den Eltern aus ihren konkreten Fragen heraus gestellt wurden und die über den Erziehungsalltag hinaus auch vielerlei Zeitprobleme und -phänomene einschließen. Dabei werden nicht nur lebensnahe Beispiele aus dem täglichen Leben gebracht, sondern das Dargestellte wird stets vertieft durch Hinweise auf menschenkundliche oder geisteswissenschaftliche Gesichtspunkte. Gleichzeitig werden Hilfen zur Selbsterziehung des Erziehers aufgezeigt, ohne die »Erziehung aus Verantwortung« kaum möglich ist.

Aus dem Inhalt:

Kinderwunsch in unserer Zeit. Fragen an das Schicksal – Seelenleben und Körperbau – Die Temperamente und ihre Behandlung bei Kindern und Erwachsenen – Farb-Erleben – Der Wärmeorganismus und seine Pflege – Identitätsfindung als Aufgabe – Heilende und zerstörende Kräfte des Denkens – Gefühl und Emotionen – Willensstärkung für Kinder und Erwachsene – Geistesgegenwart und Entscheidungsfreude – Vom Umgang mit sozialen Problemen. Welche Rolle spielen dabei die Erwartungen und Ansprüche? – Partnerschaft und Freiheit – Tod und bedrohliche Krankheit. Wie sprechen wir darüber mit Kindern? – Vom Sinn der Krankheit – Drogensucht verstehen, behandeln, vorbeugen – Vom Umgang mit der Sexualität – Sinneserfahrung und Sinnespflege bei Kindern und Erwachsenen – Geistige Gesundheit. Was ist und wie finden wir das Schöpferische im Menschen.

VERLAG URACHHAUS STUTTGART

Religiöse Erziehung
Von MARIEKE ANSCHÜTZ
112 Seiten, kartoniert

Von der Religion des kleinen Kindes
Von MARTA HEIMERAN
160 Seiten, kartoniert

Feiern der Jahresfeste mit Kindern
Für Eltern dargestellt von BRIGITTE BARZ
172 Seiten, kartoniert

Kinderspiel – lebensentscheidend
Von HEIDI BRITZ-CRECELIUS
232 Seiten, kartoniert

Problemkindern helfen
durch Spielen, Malen und Erzählen.
Ein Ratgeber für Eltern und Erzieher.
Von JEANNE MEIJS
Aus dem Niederländischen von Griet Hellinckx
228 Seiten, kartoniert

Der schmale Weg zur inneren Freiheit
Ein Leitfaden durch die Zeit der Pubertät.
Von JEANNE MEIJS
Aus dem Niederländischen von Agnes Dom-Lauwers
312 Seiten, kartoniert

Das Kind in unserer Verantwortung
Geburt und erste Lebensjahre
»Lebenshilfen« Bd. 8. 112 Seiten, kartoniert

Musik für kleine Kinder
Von RITA JACOBS
68 Seiten, 25 Notenbeispiele, Pappband

Lieder
Für Ferien, Fahrt und Lagerfeuer
Hrsg. von DIETER HORNEMANN
192 Seiten, kartoniert

VERLAG URACHHAUS STUTTGART